universo**DALÍ**

30 recorridos
por la vida y la obra
de Salvador Dalí

Este libro ha sido editado con la colaboración de la Fundación Gala-Salvador Dalí

Ricard MAS PEINADO

universo**DALÍ**

30 recorridos
por la **vida** y la **obra**
de **Salvador Dalí**

Prefacio

Carlos ROJAS

alvador Dalí es uno de los artistas más significativos y populares del siglo XX. Su figura trasciende el mundo del arte y forma parte ya del imaginario creativo contemporáneo. ¿Quién no reconoce los relojes blandos de *La persistencia de la memoria*, sus autorretratos flácidos como *El gran masturbador*, la inquietante presencia de sus dos *Cesta de pan* o la misteriosa belleza de su hermana dándonos la espalda en *Figura asomada a una ventana*?

Dalí fue el primer gran artista mediático, mitad genio, mitad exhibicionista impúdico. Su maestría trasciende la pintura para invadir, entre otros, el mundo del cine, el teatro, la publicidad y la literatura. *La vida secreta de Salvador Dalí* es una de las obras cumbre de la literatura contemporánea, y sus contribuciones a *Un chien andalou* y *Spellbound* forman ya parte de la historia del cine.

Universo Dalí es el primer intento de desentrañar para el gran público toda la complejidad del fenómeno daliniano mediante breves síntesis temáticas, abundantemente ilustradas con fotografías y una selección de testimonios y documentos de época.

Este proceso de «deconstrucción» está articulado alrededor de seis grandes bloques, divididos a su vez en cinco recorridos. Cada recorrido informa al lector de un aspecto básico del universo daliniano de forma lo suficientemente sintética, pero completa.

Así pues, *Figuras* nos introduce en el entorno familiar y afectivo del pintor, *Paisajes* nos describe su mundo exterior, *Etapas* nos detalla sus evoluciones artísticas, *Mitos* desvela las principales obsesiones dalinianas, *Plataformas* indaga su creatividad más allá de la pintura y, por último, *Dalí superstar* estudia las consecuencias del «fenómeno Dalí».

SALVADOR DALÍ. Retrato de familia en tres óleos y un cuadro escénico

GUILLERMO TELL

obrevive una ovalada fotografía del padre de Dalí, Salvador Rafael Aniceto Dalí Cusí, tomada hacia 1904 y exhibida por su célebre hijo en *La vida secreta de Salvador Dalí* o *The Secret Life of Salvador Dalí*, en la edición original americana de 1942. Retocada y rejuvenecida al estilo de la época, aquella placa muestra la supuesta vera efigies de un joven abogado de unos treinta años. Afeitado cual un jesuita vestido de seglar, como diría su contemporáneo el novelista Gabriel Miró, la prematura calvicie le ensancha la frente y las sienes empiezan a encanecerle. En su gesto y sus rasgos se trasluce una serena inteligencia entreverada de tristeza. Otra foto del mismo año, con su hijo Salvador Galo y Anselmo sentado en sus rodillas, muestra al letrado encalvecido, mostachoso y barbiespeso. Su expresión roza ahora la brutalidad sin desmentir la ensimismada pesadumbre.

Galo José Salvador Dalí, operario corchotaponero de Cadaqués y *self-made man* que terminaría por perder el juicio y suicidarse en Barcelona, llevó a la ciudad de conquista a sus hijos, Salvador y Rafael, para que estudiaran y se hiciesen hombres de provecho. Terminado el bachillerato, Salvador cursó leyes y su hermano, un par de años más joven, medicina. Licenciado en 1893, Salvador ya era entonces, como lo sería hasta el término de la guerra civil, cuarenta y seis años después, federalista, catalanista, ateo y anticlerical. Otro joven letrado y luego lumbrera del foro, Amadeo Hurtado, le dio un puesto como defensor de los encausados por el nunca esclarecido atentado de la calle Canvis Nous o Cambios Nuevos. Al paso de la procesión, el día de Corpus Christi de 1896, una bomba mató a doce obreros pero dejó ilesas a las autoridades que encabezaban

el cortejo. Cinco anarquistas fueron agarrotados, uno de los encausados se suicidó en su celda y a otros los torturaron hasta la muerte. La policía detuvo a Hurtado y a Dalí pero pronto los puso en libertad.

Dos acontecimientos determinaron la vida íntima y profesional de Salvador Dalí Cusí en 1900, el año de gracia que cerraba el siglo XIX: ganó por oposición una de las cinco notarías de Figueres y casó con Felipa Domènech Ferrés, una barcelonesa dos años más joven que él. Al llevarla consigo al Ampurdán, la aproximaba a su paraíso perdido, el Cadaqués de donde había huido su padre, camino del suicidio y acaso ya medio dementado por la tramontana. Pero también el perdido edén, que el hijo quiso recobrar fervorosamente desde el día de la niñez en que llegó a Barcelona. En 1910 alquiló, y más tarde compró, un antiguo establo propiedad de su amigo José o Pepito Pichot y situado en la playa de Es Llané, donde edificaría una casa. Allí le correspondería morir, canceroso y arteriosclerótico, el 21 de septiembre de 1950. Día y medio después, en una tarde de ululante y significativa tramontana, lo enterraban en el cementerio del pueblo.

A su debido tiempo, en Figueres, en el número 20 de la calle Monturiol, nacieron los tres hijos del matrimonio Dalí. Primero vino al mundo Salvador Galo Anselmo, el 12 de octubre de 1901, aunque iría a morir en aquel piso, el primero de agosto de 1904, al hilo de veintidós meses. La brutal desgracia afligió al padre de tal modo, que en su nombre un zapatero y leal amigo tuvo que dar parte de la defunción al juzgado. A los nueve meses y diez días Felipa paría a Salvador Felipe Jacinto, el más esclarecido figuerense de todos los tiempos. No obstante, el hecho de que sus padres lo concibiesen poco antes o inmediatamente después de la muerte de su hermano y homónimo, como si en él quisieran resucitarlo, obsesionaría al artista durante toda su vida. Ya no existe la casa donde nació, y en la que la señora Dalí dio también a luz a una niña, Ana María o Anna Maria, que de ambos modos vendría a firmarse. En su lugar se levanta un edificio con una placa y un bajorrelieve de Dalí en la fachada. Desvelaron la inscripción el 12 de agosto de 1961, honrando la cuna del afamado pintor: el tercer Salvador Dalí de la familia.

En 1912 el notario trasladaría su despacho y su hogar al número 24 de la calle Monturiol, con fachada sobre la plaza de la Palmera. Según cuenta Salvador Dalí en *The Secret Life*, en un abandonado lavadero de la terraza su madre le instaló el primer taller. Allí, a solas, aprendió los rudimentos de tres artes conjuntas que sólo abandonaría en la más avanzada vejez: la pintura, la masturbación y el histriónico transformismo. De forma más frecuente pero hasta cierto punto previsible, también su padre renovaba máscaras y disfraces mudando de estado civil e ideológico en distintos puntos de su larga vida.

Felipa murió de cáncer uterino en Barcelona el 6 de febrero de 1921. Según dos biógrafas de Dalí –Meryle Secrest y Meredith Etherington-Smith–, ya tenía entonces su padre por querida a su cuñada Caterina, alojada con su madre, Maria Anna Ferrés, en modestos áticos de los números 20 y 24 de la calle Monturiol. Fallecida la suegra en octubre de 1922, el notario casó con la cuñada el 15 de noviembre del mismo año. Un comentario de Salvador Dalí al anuncio de los próximos esponsales, «Papá, no veo yo la necesidad de todo esto» –esta vez recogido por Ian Gibson–, parece confirmar la relación de los presuntos amantes inmediatamente antes o después del tránsito de Felipa Domènech.

Caterina moriría también de cáncer durante la guerra civil. Por aquellas fechas, el SIM o Servicio de Investigación Militar de la República detuvo y torturó a Anna Maria, absurdamente acusada de espionaje. Durante la contienda varios vecinos de Cadaqués fueron asesinados por comités incontrolables; Figueres produjo diversas espías franquistas y padeció salvajes e indiscriminados bombardeos que perseguían al Gobierno republicano en su huida hacia la frontera. Al término de la guerra el notario experimentó la más ex-

traordinaria metamorfosis, se convirtió en un piadosísimo y medio iluminado creyente aquel hombre, cuyas blasfemias sólo las superaba su propio hijo, según testimonio del artista, en los años del más fervoroso descreimiento daliniano. Paseando con el escritor Josep Pla por los alrededores de Figueres, entre los huertos recién regados, Salvador Dalí Cusí le diría: «No comprendo, amigo Pla, cómo nadie pueda decirse o sentirse ateo ante el maravilloso verdor de estas coles y estas escarolas entreabiertas».

Pero mayor variedad de reencarnaciones arrojaría el *karma* del notario, en el arte de su hijo y a través de las conflictivas relaciones entre aquellos dos seres, casi tan opuestos como a veces asombrosamente parecidos. Para Dalí, que contaba dieciséis o diecisiete años cuando firmó un retrato impresionista de su padre en 1920 o 1921, el notario, de perfil, con traje oscuro, chaleco, leontina y reloj de oro sobre el vientre prócer, no era sino Zeus, el progenitor de todos los dioses, erguido y pipa en mano ante un cielo atravesado por relámpagos malvas. Por el contrario, en dos óleos de 1929, *El juego lúgubre* y *El gran masturbador,* Zeus se convertía en una langosta de alas transparentes y ojos protuberantes que devoraba o besaba los labios emborronados del gran masturbador: un personaje decapitado y de perfil en el que Dalí quiso representar un esquematizado doble de sí mismo. Paseando una tarde de la infancia con su padre por un paisaje aledaño a Figueres, Dalí cobró una repentina aversión, entrecruzada de horror, hacia los saltamontes. Como lo confirmaban antiguos compañeros del bachillerato, las langostas le infundirían aún mayor asqueado pánico que las hormigas: signos referenciales de podre y decadencia en sus pinturas, desde aquel hormiguero abierto en la panza del saltamontes que besaba o mordía al gran masturbador.

En 1929, el año en que Dalí se unió a Gala y al movimiento surrealista, del que un cuarto de siglo después diría ser el único representante legítimo –*le surrealisme c'est moi, le divin Dalí!*–, el notario experimentaría otros dos o tres metamorfismos en el arte de su hijo. Quien antes había sido patriarca de los dioses y monarca del Olimpo, era un león rugiente o rey de la selva en *Monumento imperial a la mujer-niña*. Asimismo, reaparecía allí como el arquetipo de *los putrefactos*, término acuñado por Dalí en la madrileña Residencia de Estudiantes en alusión a todo lo reaccionario,

Dalí con su padre,
al poco de su regreso de
Estados Unidos, en 1948.
Portada del semanario *Destino*.

Salvador Dalí Cusí.
hacia 1904.

pintoresco o anecdótico en arte o literatura. Recordaba entonces el padre la estatua modernista del comediógrafo catalán Serafí Soler, *Pitarra,* en las Ramblas barcelonesas. Pero, mostachoso y revuelto el pelo sobre la alta frente, en *Monumento imperial* semejaba el penúltimo emperador austríaco Franz-Joseph.

En sardónica referencia a su notariato, devendría al año siguiente *Le bureaucrate moyen* o «El burócrata común y corriente». Humillaba ahora la cabeza, rasurada y parecida a un queso de bola con un par de orificios llenos de diminutos juguetes; escondía la mirada, aviesa o abochornada, en tanto sus extendidos mostachos remedaban una especie de manillar de bicicleta. En 1930 pintó Dalí la paródica reencarnación paterna en el legendario arquero suizo. Para Whitney Chadwick, su gran acierto consistió en volver del revés la freudiana interpretación del mito edípico, centrada en el inadvertido parricidio de Layo a manos de su hijo y la boda de Edipo con Yocasta, la madre a quien tampoco supo o pudo reconocer el héroe. Suponía Dalí que, consciente o inconscientemente, Guillermo Tell quiso matar a su vástago y no partir la manzana. Sólo la inmóvil impasibilidad de su presunta víctima pudo salvarle, y aquel hijo, cuyo nombre olvidó la leyenda, vino a conceder así la inmortalidad al padre.

Con los putrefactos y barbudos trazos de Pitarra*,* volvía a repetirse Guillermo Tell en *Guillermo Tell.* Acomodado en un taburete y acompañándose al piano, cantaba presuntuosamente mientras la cabeza se le convertía en otra testa leonina. (Eran conocidas en Figueres la buena voz de Salvador Dalí Cusí y su abundante colección de discos, desde la música barroca hasta las sardanas.) En el centro de la tela, despechugado y con el pene al aire, sostenía el sayón las sangrientas tijeras que castraron al aterrado muchacho, carne de su carne. Apuntándose con el índice para distanciarse y no para unirse, padre e hijo invertían el gesto de Jehová y Adán en el instante de la creación y en el techo de la Sixtina. A los pies de Guillermo Tell, un bajorrelieve de Andómeda, la princesa etíope cautiva de un monstruo, aludía a Gala. Creyéndola una pervertida drogadicta, el notario despreciaba cordialmente a Gala Diakanova, aquella rusa nacionalizada francesa, antes casada con Eugène Grindel o Paul Éluard. Y en aun peor concepto tendría entonces al propio Dalí.

En tanto los alemanes entraban en París, el 14 de junio de 1940, los Dalí huían hacia el sur con media Francia. Cuando, tres días después, el nuevo jefe de Gobierno, el mariscal Henri-Philippe Pétain, solicitaba el armisticio en Burdeos, escapaban de Arcachon y volvían a España por Irún. Gala se fue a Lisboa para tramitar los visados americanos y Salvador se trasladó en visita de médico a Figueres y Portlligat. A pesar de sus pasadas diferencias, Guillermo Tell abrazó a su hijo y Anna Maria vino a detallarle todo su calvario en manos del SIM.

Dalí encontró su casa de Portlligat –la que había construido a espaldas de Es Llané– saqueada y pringada a pintadas por los anarquistas primero y los moros de Franco después. Tras reunirse en Lisboa, Dalí y Gala pasarían ocho años en Estados Unidos. Pero el 28 de julio de 1948, mediado el tercer verano de la posguerra mundial, se apeaban de regreso en la estación de Figueres. Anna Maria diría entonces que su hermano volvió con suficiente equipaje para llenar un furgón y encima el mayor de los trastos, Gala, su mujer o lo que fuese.

El 14 de agosto, el semanario *Destino* publicaba una portada con la fotografía de Dalí y su padre en Cadaqués. Cual un antiguo jerarca fascista italiano, el pintor lucía una camisa negra, recamada con hilo de oro, y abrazaba su libro *Cincuenta secretos mágicos para pintar.* Imitando la renegrida mirada de Picasso, abría desmesuradamente los ojos y pensaba haberse reconciliado con la familia. No compartían aquel sentir ni la esposa ni la hermana del artista. Gala aborrecía a Guillermo Tell y a su hija, mientras que Anna Maria no ocultaba sus incestuosos celos de la rusa, dignos de Sófocles o Eurípides. En la foto de *Destino* el antiguo notario tenía setenta y seis años; pero, chepudo, revejecido y alelado el gesto, parecía llevar a cuestas media eternidad.

En diciembre de 1949 Anna Maria publicaba un estúpido libelo, *Salvador Dalí visto por su hermana* –corregido o acaso enteramente pergeñado por un periodista reaccionario y cavernícola, Manuel Brunet– donde ponía por los cielos al joven Federico García Lorca pero condenaba la vida y obra del pintor después de unirse a Gala y el surrealismo. Encabezaba el ridículo bodrio una estremecida nota manuscrita del notario, al dictado de su hija, afirmando reflejarse allí la innegable verdad sobre su familia. Inevitablemente, rompió con los suyos un airado Salvador Dalí. En una nota repartida entre periodistas y amistades, decía que lo arrojaron de casa y pretendieron condenarle a la miseria. Más tarde, llevado por la buena fe, quiso reconciliarse, pero el mercantilismo de Anna Maria hizo imposible toda convivencia.

Cuando murió su padre, en aquel huracanado septiembre de 1950, Dalí fue a verlo de cuerpo presente. En *Diario de un genio* (1964) dijo haber besado entonces sus pálidos labios. En otras palabras, el gran masturbador devolvía el beso de Judas a la langosta de sangre helada. Después de varios fallidos intentos, el 5 de septiembre de 1952 otro notario figuerense, Evarist Vallès, entraba en casa de Dalí en Portlligat y le leía el vergonzoso testamento paterno. A evidentes instancias de Anna Maria, Guillermo Tell la nombró heredera universal tres meses antes de su fallecimiento. Dalí recibiría únicamente 32.000 pesetas, veinticinco mil de las cuales fueron adelantadas en un préstamo de 1935, durante una breve tregua o falsa reconciliación entre padre e hijo. Las restantes las abonaría su hermana a Dalí con sus propias pinturas, almacenadas en Figueres y Cadaqués.

Fuera de sí, el artista hizo trizas el testamento y lo esparció por los suelos. Tan pronto fue a arrodillarse Vallès para recoger los pedazos, le dio un puntapié en el trasero. «¡Qué gusto tan grande patear el culo de un notario!». O, en otros términos, tan personales como surrealistas, ¡qué placer sodomizar por persona interpuesta, otro burócrata común y corriente, al padre muerto! Vallès se recobró lo suficiente para interponer una querella por destrucción de documento público y agresión a un miembro del Colegio de Notarios. Dalí temió entonces que pudieran retirarle el pasaporte. Al cabo, en funciones de amable componedor, Miguel Mateu –primer alcalde de Franco en Barcelona y dueño del palacio de Peralada– consiguió las disculpas del demandado y la retirada de la acusación. Sustraídas las obras que dejó su hermano, Anna Maria las enajenaría al Museo Dalí, propiedad de Reynolds y Leonor Morse, en Saint Petersburg de la Florida.

MA MÈRE, MA MÈRE, MA MÈRE

Dalí concluye el óleo *L'énigme du désir.* «Ma mère, ma mère, ma mère» o *El enigma del deseo.* «Mi madre, mi madre, mi madre» en 1929, el mismo año en que firma *El jue-go lúgubre* y *El gran masturbador.* Con los ojos cerrados y de perfil sobre el suelo, pardo y llano, reaparece el gran masturbador con un hormiguero en la mejilla. Su garganta se extiende hasta formar una especie de monstruoso útero –recuérdese que Felipa Domènech falleció de cáncer de matriz ocho años antes– con dos grandes cavidades abiertas sobre el horizonte y un conjunto de cegados orificios, en los que Dalí escribió treinta y cinco veces *ma mère, ma mère.* Al fondo, como dice Robert Deschanes, el artista reúne sus fantasmas personales: el león rugiente y el saltamontes, signos referenciales del notario; un autobiográfico adolescente sin rostro con un huevo enorme a cuestas, y una mujer, de largo rostro y prolongada cabellera, que en otras pinturas dalinianas se apresta a cometer o comete felación.

La madre de Dalí es una belleza y lega a su hijo los cincelados rasgos –en contraste con las facciones un tanto porcinas del notario y Anna Maria– sin embargo Dalí no la retrata casi nunca, ni viva ni muerta. En una caricatura a lápiz, de acaso 1920 o 1922, la reúne en el bote de un pescador con la abuela, el marido, la hija y la hermana. Un óleo de Felipa Domènech, fechado en 1920, no parece en absoluto obra de Dalí a los dieciséis años, sino de alguien con formación técnica superior a la suya, aunque vacua y desangelada. Semejante retrato nada tiene en común con los que pinta Dalí, aquel mismo año, de su tía Caterina y de su abuela cosiendo junto a una ventana de Cadaqués.

Por el contrario, en pintura, dibujo y obra gráfica pervive una amplia iconografía, tácita o explícita, del notario y Anna Maria antes y después de sus diferencias con Dalí. Entre sus dos expulsiones de la madrileña Academia de Bellas Artes, Dalí realiza en 1925 un dibujo de su padre y su hermana que revela la definitiva superación de sus dudosos principios artísticos. No sólo le habrían envidiado el doble retrato a lápiz Ingres y Picasso, a quienes conscientemente imita, sino también Leonardo y Miguel Ángel. Se abre y extiende entonces, de 1925 a 1927, la daliniana «época de Anna Maria», como la denomina Rafael Santos Torroella. Su hermana es la modelo preferida de Dalí, y acaso la tela más representativa de aquel período sea *Figura asomada a una ventana* (1925), obra destinada a una lejana y sardónica reencarnación en *Joven virgen autosodomizada por su propia castidad* (1954).

> *Parfois, je crache par plaisir sur le portrait de ma mère,* 1929. Tinta china sobre tela pegada sobre cartón, 68,3 × 50,1 cm. Centre Georges-Pompidou Musée National d'Art Moderne, París.

abre los ojos saltones y exhibe una grotesca sonrisa de exclusivos caninos. En los *Placeres iluminados* y *Retrato de Paul Éluard* parece mantener un diálogo soez y sarcástico con el notario/león; en *La vejez de Guillermo Tell* se ríe del notario/Pitarra, en tanto él se tienta el flácido sexo detrás de una sábana; en *Fantasmagoría,* muerde el fino pellejo del Gran Masturbador: ahora su propio hijo desollado y con un gigantesco saltamontes prendido a los labios inexistentes.

Entre el 20 de noviembre y el 5 de diciembre de 1929, la Galería Camille Goemans muestra en París la primera exposición individual de Salvador Dalí. Con sus pinturas, el artista exhibe sus *Amalgamas* o «Inscripciones oníricas». Sobre la silueta de un Sagrado Corazón diseñado con tinta china, Dalí escribe: «Parfois je crache, par plaisir, sur le portrait de ma mère» (A veces escupo, por placer, sobre el retrato de mi madre). Naturalmente, la sentencia puede traducirse como «borro por placer el retrato de mi madre». Pero si evocamos obscenidades como «escupir fuera», *cracher* vendría a ser el equivalente de correrse el hombre en el coito, en argot parisiense o castellano.

Aquella exposición, asegurado por Goemans el éxito de venta y crítica, equivale a la entrada en hombría artística de Dalí. Pero la víspera del *vernissage,* el artista vuelve inesperadamente a España con su mujer. (De forma tan curiosa como acaso insoslayable, cuando, medio siglo después el Centro Pompidou abre en París la gran retrospectiva de Salvador Dalí, la inauguración coincide con una huelga de operarios. Gala se enfurece al toparse con los piquetes, pero Dalí los saluda y felicita antes de marcharse. Sin regresar al Centro Pompidou, a los pocos días el matrimonio parte hacia Nueva York.)

Gala y Dalí matan unos días en Barcelona y en Sitges antes de que ella regrese a París. Su marido la despide en Figueres, donde se apea del expreso de Francia para recalar en el piso del notario y la madrastra. Dalí cuenta a su padre que dentro de nada llegará Luis Buñuel, su antiguo compañero de la Residencia de Estudiantes madrileña. Quieren repetir *le succès d'estime* que obtuvieron con su primera película, *Un chien andalou* o *Un perro andaluz,* estrenada en París en abril de aquel mismo año y filmada por Buñuel sobre el guión que en enero compusieron en Figueres. Ahora se

En 1972 Dalí revela a André Parinaud haber padecido en la adolescencia la terrible y frecuente pesadilla de que su madre lo sometía a una felación. También a Parinaud, en tanto los dos preparan el libro *Confesiones inconfesables,* le dice de pasada: «La femme chez *Le grand masturbateur* est ma mère» (La mujer en *El gran masturbador* es mi madre). En *Ma mère, ma mère* y *El gran masturbador,* una dama de afilados trazos y perfil semejante al daliniano aproxima los labios a los genitales de un presunto adolescente. En *La fuente* (1930) reitera de rodillas la felación, en tanto el joven oculta el rostro en la palma de una mano y, braceando, imprecia al rostro de la misma mujer, labrado a relieve en la taza de una fuente. Aquella escultura, siempre con los párpados caídos, la boca zurcida y pasto de hormigas, reaparece en *El sueño* (1930).

Obras como los *Placeres iluminados, Fantasmagoría, Retrato de Paul Éluard, El hombre invisible* y *La vejez de Guillermo Tell* (la última de 1931 y las demás de 1929) caricaturizan siniestramente a la misma mujer. Casi siempre de perfil, proponen filmar otro corto surrealista: *L'Âge d'or* o *La edad del oro*, y don Salvador les ofrece la casa de Cadaqués hasta las Navidades, fechas que él suele pasar en Es Llané con Caterina y Anna Maria.

Buñuel comparece y se recluye con Dalí en Cadaqués, pero la fácil y fluida colaboración que mantuvieron al redactar el guión de *Un chien andalou* ha desaparecido. Cada uno reprueba cuanto propone el otro o vacila y se arrepiente de sus propias sugestiones. Al final resuelven separarse amistosamente y acuerdan que Buñuel concluya el texto a solas y lo filme en París. Antes de marcharse a Zaragoza para visitar a su madre, Buñuel presencia en Figueres una inenarrable escena entre Dalí y un rugiente Guillermo Tell, apoplético de ira y con toda la sangre en la cabeza. El padre, que ha leído en *La Vanguardia* un artículo de *Xenius* (Eugeni o Eugenio d'Ors) detallando la última exposición de Dalí y muy especialmente *Amalgama*, con su escandalosa inscripción, maldice a su hijo, lo deshereda y, bíblicamente, profetiza que volverá un día, en la miseria y cubierto de piojos, para echarse a sus pies suplicando el perdón: el amán de los moros.

La madre de Buñuel financió *Un chien andalou*, como después subviene *L'Âge d'or* el vizconde Charles de Noailles. Aunque ninguno de aquellos extremos sea cierto, desde Zaragoza Buñuel escribe a Noailles haber terminado el guión de la película y ser éste muy superior al de *Un chien andalou*. (La posterioridad atribuye a Buñuel la dirección de *L'Âge d'or* y la casi completa autoría de su texto. No obstante, secuencias como la de los obispos con mantos y tiaras, mágicamente surgidos de los roquedales del cabo de Creus, están colmadas de referentes dalinianos. Asimismo, la figura de Cristo o el Salvador vuelto a la tierra responde a una muy personal e inalienable problemática del pintor, como aquí se verá en *Retrato de mi hermano muerto*. Mientras, en Madrid, un celoso Federico García Lorca dice a quienquiera que se prestase a escucharlo: «Buñuel y Dalí hicieron una película pequeñita, muy pequeñita, que llaman *Un chien andalou*. Por supuesto, el perro andaluz soy yo».)

Dalí pasea constantemente a solas por la playa de Es Llané. Cada mañana almuerza erizos de mar, el plato preferido de su padre. Un día se topa con un gato extraviado, una de cuyas pupilas reluce al sol como si fuese de mercurio. Al aproximarse, profiere un grito de horror: aquella bestezuela tiene un anzuelo hundido en un ojo. Como no podría quitárselo sin arrancarle de cuajo el globo de la cuenca, en su horrorizada impotencia lo ahuyenta a gritos y cantazos. Teme también que el gato, tuerto y perdido, sea una transposición de su propio desheredado destino. Pero no advierte que tal vez sea un traslado de la famosa escena inicial de *Un chien andalou*, siempre interpretada como un signo freudiano de la castración, cuando una nube se transforma en navaja de barbero y saja al bies el ojo de una mujer.

Aquel mismo día, se afeita la cabeza a navaja y reincide así en el inconsciente recuerdo de la apertura de *Un chien andalou*, que por cierto fue idea suya y no de Buñuel. Después, coronándose con el caparazón de un erizo, contempla la sombra de su perfil en un muro. Comprende entonces que acaba de convertirse en el hijo innominado de Guillermo Tell y sólo le corresponde enfrentarse a su destino. Apalabra por teléfono un taxi en Figueres para que lo lleve a Port Bou, donde tomará el expreso de París. Se jura volver, pero no llagado y piojoso como predijo el notario, sino dispuesto a exigir su dominio incuestionable: Portlligat, al otro lado del edén. Ni aquella tarde ni ninguna otra, en las seis décadas que le quedan de vida, llega a atinar que acaso su resolución sea idéntica a otra de su padre, cuando a los nueve años el abuelo Galo lo arrancó de Cadaqués para llevárselo a Barcelona, mientras el niño, oculta y celosamente, se prometía su regreso al paraíso.

Fechan en 1982 uno de sus últimos óleos, una *Pietà* como variante de la vaticana de Miguel Ángel; pero acaso lo pinte en el invierno de 1983, cuando Dalí resume el trabajo enclaustrado en Púbol y en un respiro de sus varios males. El proscrito de Cadaqués, el hijo de Guillermo Tell, goza de mayor nombradía pictórica y publicitaria que ningún otro artista en la tierra. Pero desde hace dos años lo acuclilla la neurastenia en cualquier rincón, gimiendo «*Sóc un cargol! Sóc un cargol!*» (¡Soy un caracol!) Se identifica entonces con uno de sus muertos padres putativos, Sigmund Freud, cuyo cráneo vio en Londres, en 1938, como la concha de un caracol.

No obstante, el doctor Joan Obiols, fallecido súbitamente en 1980 cuando extendía una receta para Dalí en Portlligat, le había diagnosticado una aguda paranoia. Después de in-

> *Retrato de mi hermano muerto*,
1963. Aguada sobre tela,
175 × 175 cm.
Colección particular.

tervenirlo en una ocasión, el célebre urólogo Antonio Puig-vert lo creía envenenado por el abuso de antibióticos. Su Parkinson y sus depresiones son ahora manifiestos, aunque todos sus temblores cesen a veces de improviso en tanto dibuja o se dispone a pintar.

Gala muere en Portlligat el 10 de junio de 1982. Un año antes Dalí le rompe dos costillas a bastonazos y ella le abre un costurón en la frente golpeándole con el tacón de un zapato. Al margen de la ley y a escondidas, la llevan al castillo de

Púbol y la sepultan junto a otra tumba, todavía abierta, que en vano aguarda a su esposo. Prendido a la reja de la cripta, desesperadamente solloza Dalí el día del entierro. Luego se encierra en Púbol, pero nunca más desciende a aquella huesa. Arriba, en un improvisado estudio del castillo que debía ser residencia exclusiva de Gala Diakanova, pinta como ya se dijo, su *Pietà*.

En aquel óleo, de trazos estremecidos por el Parkinson, María y Cristo muerto son igualmente jóvenes. Ambos

❮ *Afgano invisible con aparición sobre la playa del rostro de García Lorca en forma de frutero con tres higos*, 1938.
Óleo sobre tabla, 19,2 × 24,1 cm.
Colección particular.

❯ *El sueño*, 1931.
Óleo sobre lienzo, 100 × 100 cm.
Colección particular, Nueva York.
(Antigua colección Félix Labisse).

❮ *Pietà*, 1982.
Óleo sobre lienzo, 95 × 65 cm.
Fundació Gala-Salvador Dalí,
Figueres.

❯ *El espectro del sex-appeal*,
1934. Óleo sobre lienzo.
18 × 14 cm.
Fundació Gala-Salvador Dalí,
Figueres.

mantienen los ojos cerrados y parecen indiferentes a unos boquetes, en los pechos de la madre y el vientre del hijo, por donde vuelve a reflejarse el Mediterráneo con las últimas estribaciones pirenaicas. En una acumulación de metáforas muy semejante a otras de la poesía lorquiana, en el seno vacío de la Virgen repiten los montes el perfil de Cristo. Es ésta la última vez en que Dalí traza su autorretrato sobre la esquematizada marina de un edén definitivamente perdido, pues nunca regresará a Portlligat. Por otra parte, ni que decir tiene, él es el hijo muerto en el regazo resucitado de su propia madre. No la de Dios.

Esculpida o pintada a imagen de la Virgen/madre, María/Felipa Domènech debe recogerse en el interior de sí misma, como Cristo/Dalí lo hace en la muerte. Sus trazos recuerdan los de la mujer en *El gran masturbador*, y una larga sombra, acaso reminiscencia del hormiguero en los labios de *El sueño*, le cruza la boca. Si la pesadilla de la madre, violándole en la infancia o la adolescencia, traducía una terrible realidad, como parece desprenderse de la obsesión del pintor por las felaciones, él finalmente perdona a quien le dio a luz. De pasada, invierte la patética afirmación de Miguel Ángel en su *Pietà*. Dalí transfigura la misericordia de la Virgen por Cristo descendido de la cruz, en la conmiseración del hijo muerto por una madre devuelta a la vida en plena juventud.

RETRATO DE MI HERMANO MUERTO

Desde la niñez, los primeros recuerdos de su padre vinieron determinados por sus ciegos celos del hermano muerto. Cada tarde, al dejar la oficina, el notario subía al piso y se encerraba en la alcoba conyugal. Fascinado y horrorizado, muy a su pesar, Dalí entreabría la puerta para espiarlo en silencio. Al igual que un creyente frente al altar, el ateo vociferante se recogía y ensimismaba delante de una cómoda. Sobre el tablero de aquel mueble lo aguardaban una fotografía de su primogénito desaparecido y una estampa, vagamente coloreada o ya desteñida, del *Cristo* de Velázquez.

Aquella lámina la traería la madre desde Barcelona al casarse con el notario. Ella iba a misa todos los domingos, y su esposo la despedía a la puerta de la iglesia, negándose tercamente a pisarla. Pero cada tarde, acechado por Dalí niño, parecía

△ *Autorretrato desdoblado en tres*, 1927.
Óleo sobre cartón,
71,5 × 51,5 cm.
Fundació Gala-Salvador Dalí, Figueres.

Desde el despunte de la vida, lo había perseguido por persona interpuesta aquella criatura a quien sus padres querían resucitar cuando, por error o por azar, concibieron a Dalí en la alcoba donde él espiaba al notario. Combatía a su modo al hermano, que sustrajo parte de su identidad en el instante de la concepción, aunque todavía no comprendiera la sádica crueldad de aquella lucha. Una tarde de la infancia, en el pueblo de Cabrils, arrojó a un amiguito y su triciclo al fondo de un barranco de cinco metros. Otra vez, en tanto el cometa Halley cruzaba por los cielos de Figueres, el 20 de mayo de 1910, pateó a Anna Maria cuando aún cuatropeaba por el piso. Inconscientemente, creería a aquel niño y su hermana prefigurados en su hermano muerto.

En 1966, Dalí confesaría a Alain Bosquet llamar con frecuencia a Figueres, desde Nueva York o París, para pedir una corona de rosas para el nicho de su hermano y la abuela Maria Anna. Añadió que todas las mañanas «mataba» al espectro de su homónimo «a golpes de dandismo», sin advertir lo contradictorio del reiterado fratricidio, si el hermano «resucitaba» puntualmente por la tarde. Como el propio artista solía afirmarlo, aunque aquel día lo pasó por alto, el crepúsculo era la hora apropiada para el descenso en tropel de todos los monstruos y fantasmas sobre el Mediterráneo. Ítem más, Dalí manifestó a Bosquet que en su familia volvía a cumplirse el mitológico destino de los Dióscuros: los gemelos de Leda, Cástor y Pólux: «Yo soy Pólux, el hermano inmortal. Él es Cástor, el perecedero». Olvidaba que la leyenda confirmó la inmortalidad de ambos Dióscuros en días alternos y por gracia de Zeus, padre carnal y divino de Pólux.

Entre 1932 y 1935, Dalí escribió en francés el mejor de sus libros: *El mito trágico del Ángelus de Millet.* En la huida a España, los Dalí dejaron aquel original en Arcachon. Tras sobrevivir a la invasión alemana y a su correspondiente saqueo, el manuscrito reapareció, como por prodigio, al término de la guerra. Corregido y completado con un escáner, que hizo el Louvre del *Ángelus* (1859) a demanda del artista, el libro se publicaría en Francia en 1963. A partir de 1932 y hasta casi el final de su vida artística, el cuadro de Millet acompañaría a Dalí en copias, variantes y diversos motivos de su pintura, dibujo, escultura, obra gráfica y *objects trouvés.*

rezar al *Cristo* de Velázquez por su hijo extinto. Dalí sentía entonces la lúgubre e irónica convicción de que cuatro «Salvadores» –su padre, el espectro invisible de su hermano y homónimo, la fotografía de aquel niño y Cristo, el Salvador crucificado– se citaban en la alcoba para «cadaverizarlo», arrastrándolo eternidad adentro hacia los abismos de la muerte.

Casi medio siglo después, pintaría su *Cristo de san Juan de la Cruz* (1951) partiendo del dibujo de una crucifixión escorzada y atribuida al santo. En la conciencia artística de Dalí, el Cristo «descendiente» de Velázquez, con la cabeza caída y el rostro medio oculto por la guedeja, se transfiguraba en el hermano desaparecido. Tal por cual como a Velázquez le bastaba con ser quien era para determinar su propia inmortalidad, según le dijo un día a Gala en el Prado. Por el contrario, el ascendiente *Cristo de san Juan de la Cruz*, elevándose sobre el edén de Portlligat, sería el mismo Salvador Dalí liberándose de su homónimo muerto. Al menos en aquella tela, abierta al infinito.

Entre otras muestras, su iconografía del *Ángelus* comprende títulos tan significativos como *Retrato de la vizcondesa Marie-Laure de Noailles* (1932), *La esfinge de azúcar* (1933), *Gala y el Ángelus de Millet precediendo la llegada inminente de las Anamorfosis cónicas* (1933), ilustraciones de *Los cantos de Maldoror* (1933-1934), *Atavismo crepuscular* (1934), *El Ángelus de Gala* (1935), *Reminiscencia arqueológica del Ángelus de Millet* (1935), *Retrato de mi hermano muerto* (1963), *La estación de Perpiñán* (1965) y *Amanecer, mediodía, crepúsculo, entre luces* (1979).

A Dalí el *Ángelus* le recordaba un par de cipreses en el jardín de la escuela primaria. Llegado el crepúsculo de los monstruos, los dos árboles se entintaban de un oscuro borgoña y el más alto parecía inclinarse sobre el otro. El artista tenía la convicción de que una pintura como el *Ángelus* nunca habría alcanzado el reconocimiento universal de no haber ocultado el beato Jean-François Millet un propósito implícito en aquella tela, que perseguía y obsesionaba a un Dalí determinado a leerla como si fuese un palimpsesto.

A la postre agregó a las ilustraciones de *El mito trágico* las copias de unos carboncillos, recién publicados por Bradley Smith, donde Millet mostraba los primeros planos de dos gigantescas parejas entregadas a la sodomización y la felación. Dalí siempre sospechó, y aun sostuvo, que el *Ángelus* no representaba el toque del misterio de la encarnación, coincidiendo con el crepúsculo espectral, sino el desolado entierro de un niño entre sus marginados padres. El escáner del Louvre vendría a revelarle una especie de diminuto ataúd a los pies de la campesina orante y debajo de su cesto de patatas.

En aquel preciso punto del libro, donde Dalí imaginaba la transformación de la labriega de Millet en una mantis religiosa –la hembra de un insecto, no muy desemejante del saltamontes, que muerde y decapita al macho después de la cópula–, los protagonistas del *Ángelus* dejaban de ser «el marido» y «la mujer» para convertirse en «el hijo» y «la madre». De aquel modo y en una pintura de otro siglo, el vástago de Guillermo Tell descubría el entierro de su hermano y la resurrección de «la madre terrible» –valga la casi correcta cita de un verso lorquiano: «pero las madres terribles / levantaron la cabeza»–, también conocida a veces como «la mujer en *El gran masturbador*».

Frente a la madre y su primogénito, muerto en el cuadro de Millet como falleció en la familia Dalí, el padre dejaba de serlo para convertirse en el propio artista. Cabría deducir que Pólux, el Dióscuro sagrado, compartía la inmortalidad con el notario después de concedérsela a su hermano. Pero *le mari* o *le fils*, el padre o el hijo en el *Ángelus* de Millet, parecían sufrir común impotencia y escondían vergonzosamente el sexo debajo del sombrero. Nos consta que el padre no sólo humillaba y empequeñecía a Dalí en la niñez, comparándolo desfavorablemente con el primogénito extinto, también lo aterraba en la adolescencia precaviéndole contra las enfermedades venéreas que podían dejarlo impedido y desfigurado. En consecuencia, diría a veces Dalí, Gala fue la única mujer con la que pudo cumplir genésicamente.

Pero Dalí no sería Dalí si no cerrara el pleito de los Dióscuros con un impromptu irónico. En 1972 sorprendió a Luis Romero y a Rafael Santos Torroella con la ampliación de la fotografía de un adolescente que había descubierto en *La Vanguardia* y que pensaba pintar y titularla *Retrato de mi hermano muerto*. El tachonado del impreso se convertía en diversas hileras de pigmeos, posibles metempsicosis de las hormigas dalinianas, que a su vez componían el mentón, los labios, la nariz y los ojos del modelo. Sobre la frente, se oscurecía el mismo motivo para metamorfosearse en una especie de ave rapaz presta a devorar la cabeza de aquel muchacho, inexpresivo o indiferente, que no guardaba parecido alguno con el joven Dalí ni con su fallecido hermano. A un lado reaparecían, disminuidos, otros fantasmas del maestro: la carretilla del *Ángelus*, que según Dalí significaba la impotencia; la campesina de Millet; el par de sacos a supuesta imagen de una incestuosa sodomía, y el hijo que los llevaba en brazos por mandato de su mantis/madre.

EL JUEGO LÚGUBRE

En 1923, cuando Dalí y Lorca se conocen en la Residencia de Estudiantes, aquél tiene diecinueve años y éste veinticinco. Al contrario de Picasso o Rimbaud, ninguno de los dos es un prodigio del arte o la literatura. En Figueres, su mentor privado en dibujo y pintura –Juan Núñez– consideraba a Dalí casi el último de sus discípulos. Sus compañeros de bachi-

El enigma sin fin, 1938.
Óleo sobre lienzo, 114,3 × 144 cm.
Museo Nacional Centro de Arte Reina Sofía, Madrid.

llerato, incluido el acuarelista Ramón Reig, no se explicarán el día de mañana como alguien tan incapaz pudo convertirse en un magnífico artista, extravagancias publicitarias aparte. Aunque diga lo contrario en *Vida secreta*, mal imita el joven Dalí a todo el Olimpo contemporáneo, de Chagall a Matisse pasando por el inevitable Picasso, sin hallarse a sí mismo. El notario quería que su hijo lograra un título de profesor de dibujo y pintura, pero dudaba de que tuviera mano o vocación de verdadero artista.

Por los días de su encuentro con Dalí, Lorca ha publicado dos libritos, *Impresiones y paisajes* (1918) y *Libro de poemas* (1921). También estrenó, con rotundo fracaso, un ambiguo ballet poético: *El maleficio de la mariposa* (1920). Aunque muestra soltura para la música y un temperamento extrovertido, muy opuesto a la timidez de Dalí en la época, aún desconoce el verdadero timbre de su voz como poeta. Sus mejores logros expresivos y conceptuales, la traslúcida acumulación de metáforas y la originalísima concepción de la naturaleza, pertenecen todavía al porvenir. Mientras, con escasa fortuna y notable cursilería, imita a escritores de tan distinto signo como Zorrilla y Rubén Darío.

Conocido homosexual, Lorca se enamora del gran masturbador. En Madrid, los hombres retraen a Dalí en la misma medida en que rehuía a las chicas en Figueres. Pero veinte años después, en *Vida secreta*, reconocerá sus furiosos celos de Lorca cuando teme que se distancie de él y frecuente a otros amigos. De su relación erótica viene su doble avatar en un poeta y un artista entre los mayores de Occidente, en su siglo o en cualquier otro. Pero acaso fuera imposible su doble transformación de no haberse exhibido Lorca como único protagonista de un cuadro escénico que él llamó «el juego lúgubre». Valga el inciso al pie de párrafo, el tema del lienzo daliniano del mismo nombre nada tiene que ver con el monólogo lorquiano.

Tendido en la alcoba y rodeado por los amigos, finge Lorca los primeros cinco días de su muerte. Describe el cuerpo agusanado, el féretro y el traqueteo del coche fúnebre en una granadina cuesta enguijarrada, mientras se diluye la tarde en un siempre siniestro ocaso. Cuando ya los demás son incapaces de resistir la tensión, el poeta en agraz salta riéndose de la cama, los echa a todos de la estancia y duerme largas horas para recobrarse. Aparentemente muerto en vida, Lorca vendrá a confundirse con el otro Dióscuro: el Salvador Dalí que Salvador Dalí tiene que matar cada mañana para que no le robe el ser. Como ya quiso arrebatárselo, recién fallecido, aquel hermano y verdugo suyo. Aunque luego diga que Lorca nunca pudo consumar su posesión, *casi* llega Dalí a asumir la identidad del homónimo espectral e implacable al entregarse al poeta. Como todo amante trata de desvanecerse en su otro yo –el amado o la amada–, fundiéndose en la nada momentánea del espasmo y asumiendo así, al menos por un instante, la huidiza identidad de su pareja.

Antes de que los distancie una sardónica crítica que Dalí manda a Lorca con motivo de la aparición de *Romancero gitano* en 1928, el pintor crea una múltiple iconografía lorquiana. En un dibujo de manchas y manchones de tinta china (1924) se quiebra y emborrona el oscuro fantasma del poeta. Un óleo tratado con técnica mixta, *Cabeza amiba* o *Cabeza de mujer* (1927), presenta una simbiosis de los cráneos de Lorca y Dalí. Resurgen en *Cenicitas* (1927-1928) sus cabezas degolladas y separadas. Al igual que en otros diseños o pinturas de la época, duerme la decapitada testa del amante y parece evocar el daliniano presentimiento de su próxima muerte.

Maniquí de Barcelona (1926-1927) presenta, entretallados y en pie, al pintor y al poeta. Dalí vocea su relación homosexual al hacerles compartir pechos, útero, vulva y hasta medias y zapatos de mujer. En otros óleos, y muy especialmente en *Autorretrato partido en tres* (1927), se distingue el patricio perfil de Dalí y el braquicéfalo cráneo lorquiano de protuberantes arcos superciliares. («Tenía cabeza de gañán», solía decir de Lorca el poeta granadino Luis Rosales, a cuya casa fueron a prenderlo para asesinarlo en 1936.) Sumida en la sombra y entre las emblanquecidas y esquematizadas efigies de Dalí y Lorca, brota la cabecita de un niño, que no puede ser sino el Dalí desaparecido, el hermano homónimo, muerto en la infancia.

Rafael Santos Torroella ha analizado dos tablas de 1934 pintadas al óleo un año antes de un fortuito encuentro barcelonés de los distanciados amantes: *Calavera atmosférica sodomizando un piano de cola* y *Calavera con apéndice lírico, apoyándose en una mesita de noche que debe de te-*

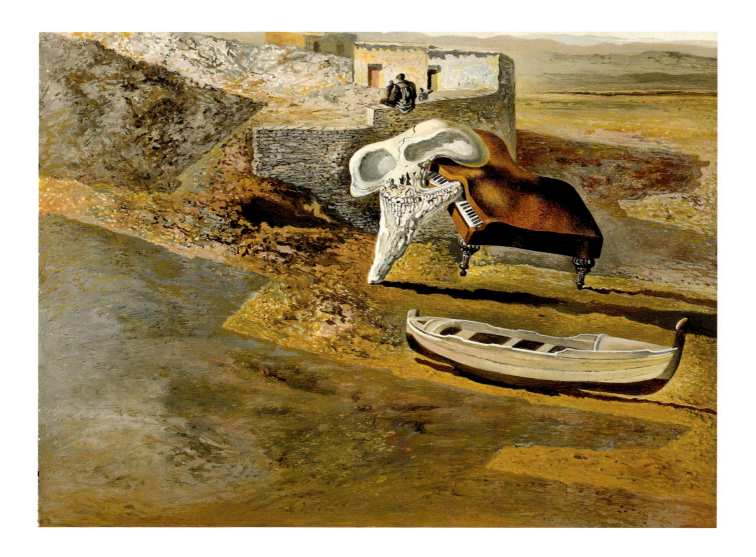

ner la temperatura exacta del nido de un cardenal. En aquellas obras, la calavera de abultadas sienes se identifica con Lorca, en tanto el piano deviene un traslado de Dalí, a través de los conciertos de pianoforte y violonchelo que Luis y Ricardo Pichot daban sobre una balsa y en mitad del puerto de Cadaqués, en los veranos de su niñez. En *Calavera atmosférica*, el cráneo del poeta, devuelto y roído por el mar o la muerte, muerde y penetra al piano. En *Calavera con apéndice lírico*, el teclado prolonga la dentadura de la despellejada calavera y en vano el piano quiere huir de su feroz mordisco.

Como en un previo del piano, y la calavera en la vida real, siete años antes Dalí y Lorca posan juntos para un fotógrafo de Figueres. Cumple el pintor el servicio militar y se exhibe de uniforme, con las manos en los bolsillos. Recién ra-

surado y repeinado a lo Rodolfo Valentino, sus enjutos trazos recuerdan los de un galgo. Por el contrario, «la cabeza de gañán» de Lorca, sobre el grueso pescuezo de labriego y entre los anchos hombros, podría caricaturizarse como un frutero o una compotera.

En agosto de 1938, a los dos años del asesinato de su amante, Dalí se vale de aquella fotografía –la última de la pareja– para componer un magnífico tríptico en homenaje al poeta, aunque sólo una vez mencione su nombre: *Afgano invisible con aparición sobre la playa del rostro de García Lorca en forma de frutero con tres higos*, *Aparición de un rostro y un frutero en la playa* y *El enigma sin fin*. En el supuesto de que Dalí no abocete e ilumine conjuntamente las tres pinturas, el frutero de la primera recuerda el busto de Lorca en la fotografía de Figueres. Pero el afgano, dise-

‹ *Calavera atmosférica sodomizando un piano de cola*, 1934.
Óleo sobre tabla, 14 × 17, 8 cm.
The Salvador Dalí Museum, Saint Petersburg, Florida.

ñada su silueta por unas nubes delgadas e huidizas, reproduce o remeda el perfil de Dalí en aquel mismo retrato.

El afgano se transfigura en un mastín danés en *Aparición de un rostro y un frutero.* En *El enigma sin fin* se convierte en una híbrida bestia con cuello y cabeza de lebrero, largos remos rematados por cascos de caballo, la grupa doblemente trasmudada en un ave traslúcida y un benigno monstruo de patas y testuz equinas. En los tres óleos del verano de 1938, la conocida figura de la nodriza de Dalí, sentada en la arena delante del Mediterráneo en *El destete del mueble alimento* (1934), compone la nariz, los labios y el mentón de Lorca, en esta playa repleta de prodigios.

Nunca alcanzaría el método paranoico crítico más refinada complejidad que en las tres telas de aquel estío, ni estaría

el entretejido de las metamorfosis dalinianas más cerca del criterio poético lorquiano. En uno de los últimos poemas de *Canciones* (1927), «De otro modo», Lorca contempla cómo los elementos de la naturaleza se transmutan unos a otros y obran sus apariencias de catalizadores de aquellas renovaciones. Las llamas de una hoguera devienen las astas de un ciervo enfurecido y el monte configura su lomo. Mientras, el viento será un corcel que caracolea por el llano antes de detenerse sobre el humo de la fogata y mudarse en un ágata amarillenta y triste. Únicamente el poeta se sabe y se siente determinado por una identidad intransferible y por un nombre único, tan sorprendente como inmutable: «¡Qué raro que me llame Federico!».

Incorporándose con su amante muerto a la dinámica metamórfica de la naturaleza, Dalí trasciende la concepción poética de *Canciones*. Si en la playa de las maravillas, el espectro de Lorca es un frutero, el artista será el galgo, el mastín y la extraña quimera de *El enigma sin fin.* En «De otro modo», y como aquí vinimos a señalarlo, las laderas de la sierra eran los flancos de un ciervo, pero en *El enigma sin fin* y sobre la bahía de Portlligat, el Pirineo se transfigura en la aparición de un hombre tendido y desnudo que oculta el rostro en la palma de una mano.

En «Romance sonámbulo» de *Romancero gitano*, Lorca indicó que todos los muertos –o al menos la gitana innominada en aquel poema– venían a confundirse, al revés de los vivos, con el unánime metamorfoseo de la naturaleza, aunque sus sombras fuesen ciegas, «con ojos de fría plata», y vacilaran desmemoriadas. Tal por cual como en los repechos de *El enigma sin fin* el espectro del poeta parece cegarse con la mano en tanto acaso se pregunte por todo lo olvidado desde la primera vez que interpretó el juego lúgubre en Madrid. Mientras, medio sumergido en la playa, el plácido anfibio tricéfalo estira el largo pescuezo y con su hocico de galgo daliniano besa delicadamente la fantasmal cabeza de Lorca asesinado.

Al hilo de treinta años, entre 1968 y 1970, Dalí reitera su triple homenaje de 1938 y su relectura de los poemarios lorquianos en la última de sus obras maestras: *Torero alucinógeno*. Concibe la vasta tela a partir de una imagen de Afrodita de Milo en una caja de lápices Venus Esterbrook. Inmediatamente, cree percibir la transformación del torso de la diosa en el rostro del torero. De aquel modo, según cuenta a Luis Romero en Portlligat, el propósito temático central de la pintura que se dispuso a emprender –la aparición del diestro alucinógeno– volvería a reunirlo con Lorca y todos sus amigos muertos.

En un redondel de vacíos tendidos, donde Gala se aparece a solas y la esfumada silueta de un espada le brinda con la montera, amanece una procesión de estatuas de la Venus de Milo. Confronta al espectador el par de esculturas a la cabecera del cortejo, pero las restantes se emborronan y le dan la espalda. En el pecho de la primera se perfila la sombra del torero, en tanto se ilumina su faz sobre el busto de la siguiente. Otro juego de sombras recompone el torso de Afrodita en la nariz, la boca y el men-

tón del diestro, mientras la túnica prendida a las caderas de la deidad se trasmuda en un capote rojo, recogido al hombro del matador, o en la pechera de su camisa con corbata verde.

Si el torero emplazado por la muerte personifica los amigos muertos de Dalí, desde Lorca a Robert Kennedy, también será aquel hermano suyo que en Lorca venía a reencarnarse cuando representaba el juego lúgubre. Según asegura Dalí, a todos los efectos salvo el estricto acabamiento físico, ya está muerto el torero alucinógeno, puesto que sabe su muerte inmediata e inevitable. Tal vez por eso mantiene los ojos abiertos, al igual que Ignacio Sánchez Mejías en la elegía que le dedicó Lorca –«no se cerraron sus ojos / cuando vio los cuernos cerca, / pero las madres terribles / levantaron la cabeza»–, de donde, evidentemente, Dalí deriva su razonamiento y la rotunda sentencia con que lo expresa a Luis Romero.

También en un rincón de *Torero alucinógeno* expira sobre la bahía de Portlligat un toro banderilleado en lo alto del morrillo. A la luz de «Llanto por Ignacio Sánchez Mejías» –«Ya se acabó; ¿qué pasa? Contemplad su figura: / la muerte le ha cubierto de pálidos azufres / y le ha puesto cabeza de oscuro minotauro»–, su común agonía viene a confundir a dos víctimas recíprocas, la res y el diestro, en un híbrido monstruo a imagen del hombre y la bestia. Dalí da por sobrentendido que el par de banderillas en la cerviz del minotauro son las que sellan la elegía lorquiana a Ignacio Sánchez Mejías: las últimas, las más tenebrosas y terribles. Detrás se emborrona un guardia civil, de tricornio y ferreruelo, sintetizando uno de los más significativos romances lorquianos, el de la Guardia Civil española. «Los caballos negros son / las herraduras son negras. Sobre las capas relucen / manchas de tinta y de cera.»

Frente a la recogida túnica de Venus y ante los farallones del Pirineo, dos rosas abiertas en el aire reiteran otro emblemático verso de Lorca, éste de la «Oda a Salvador Dalí» (1926), «¡Siempre la rosa, siempre, norte y sur de nosotros!». Decía allí el poeta no elogiar el torpe pincel adolescente de Dalí, ni su pintura tan imitativa de otras de su tiempo, aunque sí alabase la rosa de su mutua vocación creadora y las dalinianas ansias de «eterno limitado».

Eternidad limitada, aunque excepcionalmente abierta al mundo, contiene el ruedo de *Torero alucinógeno*. No sólo confronta el espada la muerte con los ojos abiertos, también la dinámica lorquiana de apariencias y realidades connotadas se entrevera y entreteje con el método paranoico crítico. Todo responde a un concepto de caleidoscópica unidad. Venus, que en la oda de Lorca era «una naturaleza muerta», es ahora los amigos muertos de Dalí. Como el torero alucinógeno es el toro que lo mató al matarle. Como juntos serán el minotauro. Como el morrillo de la fiera estoqueada deviene la sombra de un guardia civil. Como la rosa de Lorca reaparece en la rosa de Dalí. Como el criterio poético de uno es el criterio pictórico del otro.

Pero a los pies de Venus y en la bahía de Portlligat, Dalí se reserva un personalísimo espacio al margen de Lorca. Sobre la playa, se elevan tres diminutas tallas de Afrodita escoltadas por cinco moscas, insectos siempre sagrados de la mitología daliniana, en oposición a las hormigas. Dalí niño, vestido de marinerito, contempla las estatuillas como, ataviado con el mismo uniforme, observaba la aparición del espectro del *sex-appeal* en 1934. En ambos óleos, separados por más de tres decenios, sostiene un aro en una mano y un palitroque en la otra que él identifica como «un pene petrificado», según Dawn Ades. En otras palabras, una tangencial referencia a su impotencia psicológica.

Una doble transfiguración de Venus se manifiesta en aquellas pinturas. En *El espectro del* sex-appeal, la deidad de la belleza femenina –nacida del Mediterráneo y los genitales de Urano o el firmamento, padre del Tiempo y castrado por su hijo según el mito helénico– se convierte en un monstruo, también en parte petrificado y osificado, que se apuntala en gigantescas muletas. Sus pechos deformes son los sacos de la carretilla de Millet, copiados aquel mismo año en *Atavismo crepuscular*. En el par de fardeles ve el artista la transferencia de una violación anal que en *La estación de Perpiñán*, tres años antes de *Torero alucinógeno*, se traduce en la sodomización de una madre por su hijo.

Aunque a veces Dalí dijese que el monstruo del *sex-appeal* representa el pánico a los males venéreos que le inculcó el notario, más bien parece una variante de la mantis religiosa de *El mito trágico del Ángelus de Millet*, el libro en el que el pintor trabajaba en 1934, como acaso merezca la pena volver a recordar. En otras palabras, aquella informidad vendría a ser un traslado de la madre devoradora, que en *La fuente* comete felación y en *El sueño* presenta los labios cosidos y comidos por las hormigas. Pero la doble aparición de Venus en *Torero alucinógeno*, no sólo en la plaza de los tendidos vacíos sino también en la bahía de Portlligat, devendrá la sublimada y definitiva reencarnación de la horrenda quimera del *sex-appeal*.

En la playa de *Torero alucinógeno*, Dalí permanece siempre niño junto al Mediterráneo, como la muerte mantiene a su hermano en una eterna infancia de veintidós meses, mientras Afrodita se transforma en Lorca fusilado y los amigos del pintor asesinados o simplemente extintos. Cuando Dalí concluyó *Torero alucinógeno* en 1970, todavía ignoraba que en la *Pietà*, siete años antes de su propia muerte biológica, el marinerito de Portlligat habrá alcanzado la edad de Cristo crucificado. Como ya vimos, en aquella copia de la *Pietà* vaticana, el Hijo de Dios descendido de la cruz se convierte en el hijo de Guillermo Tell, muerto y deslavazado en el regazo de una madre virgen. Parece por fin llegada la última de las horas crepusculares, aunque no sea precisamente la del ángelus sino la de la misericordiosa redención de todos los monstruos.

Carlos ROJAS

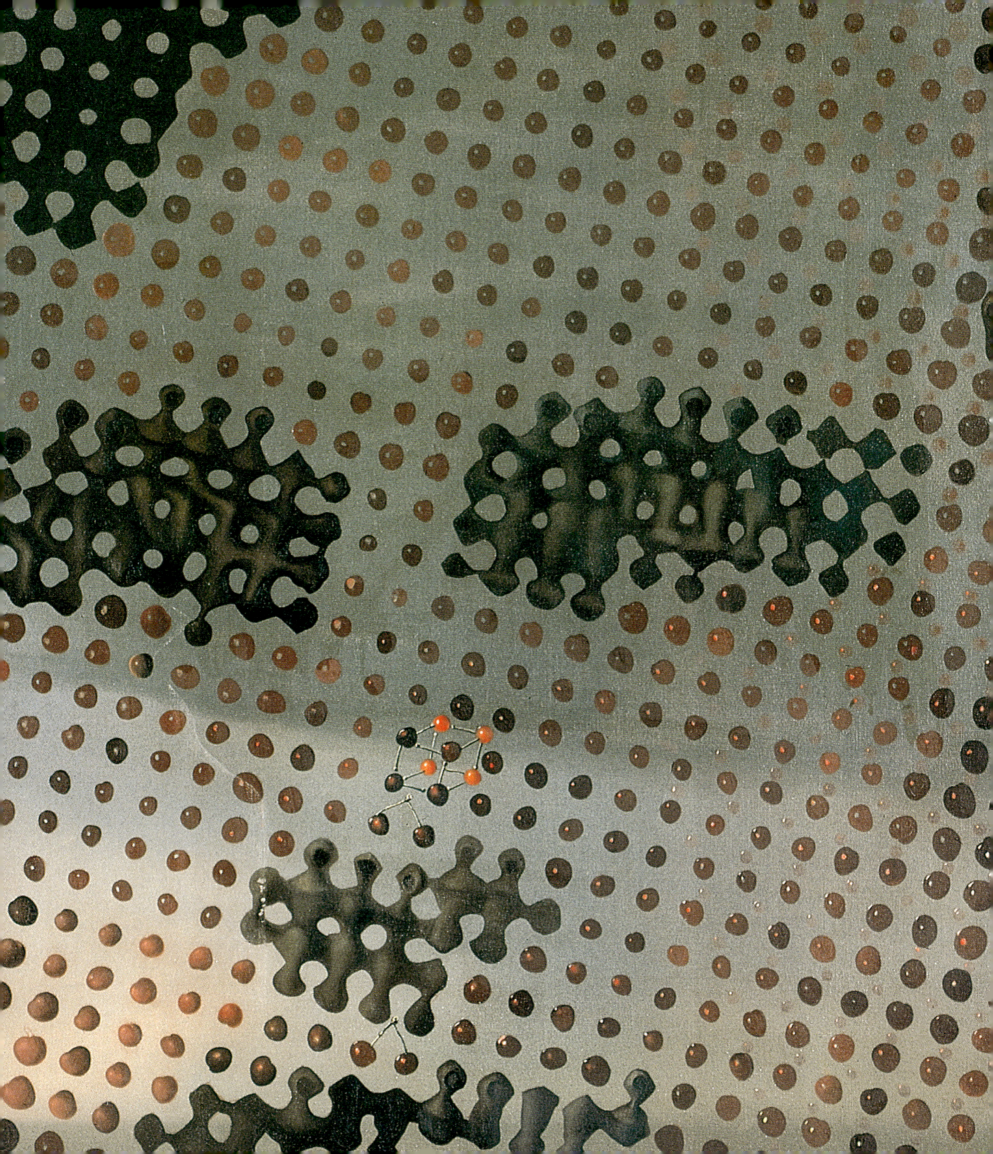

figuras

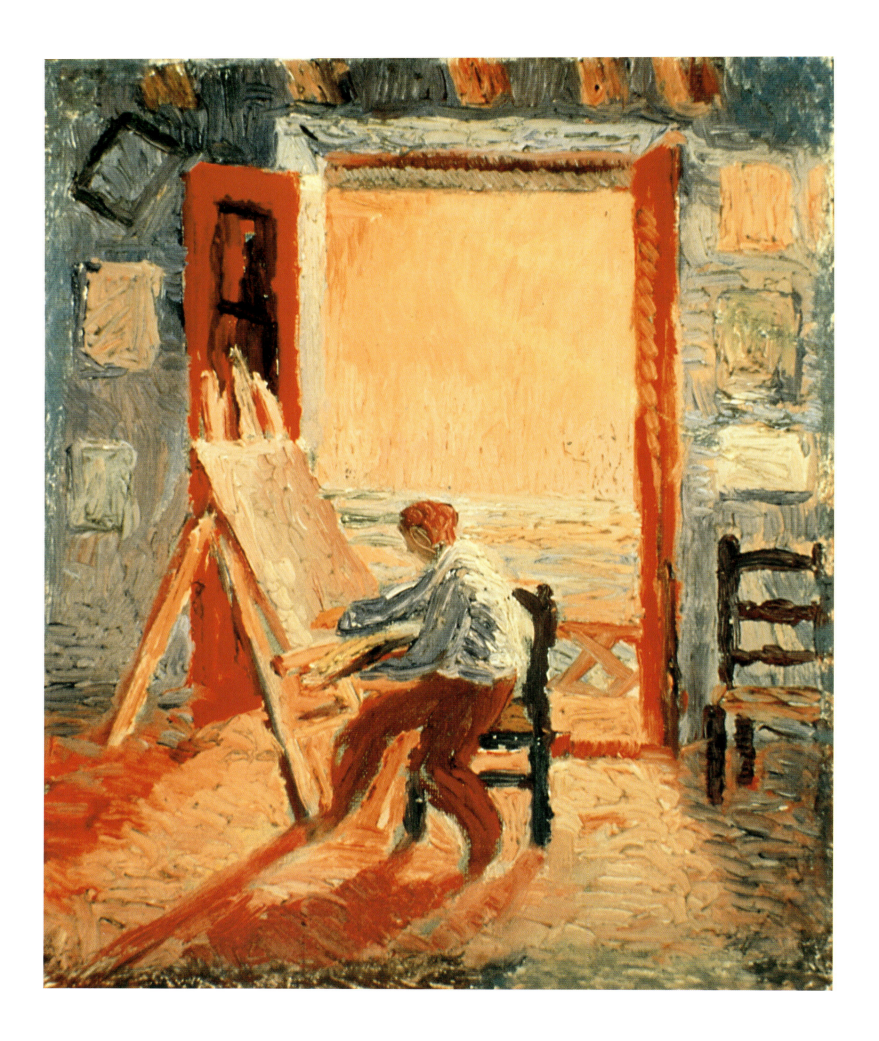

AUTOICONOGRAFÍAS
dalinianas

Prácticamente no hay pintor que no se haya autorretratado. Ya sea como simple ejercicio de autodisciplina, vía de conocimiento, voluntad expresiva, puro narcisismo o una mezcla de todos estos ingredientes. En todo caso, cada autorretrato nos cuenta mucho de la relación del artista con su particular universo creativo. Y en el caso concreto de Dalí, mucho más, ya que llegó al extremo de elevar su rostro a la categoría de icono.

Ya en su particular *Vida secreta* nos introduce al prólogo con la siguiente declaración: «A los seis años quería ser cocinero. A los siete años quería ser Napoleón. Y mi ambición ha ido aumentando sin parar desde entonces».

Podríamos tomar a broma esta peculiar forma de verse a sí mismo, pero si la analizamos detenidamente observaremos dos de sus más destacadas constantes: el deseo alquímico por la transformación de la materia y su asimilación de acuerdo con la máxima «todo me influye, nada me cambia», y unos narcisistas aires de grandeza que bien pueden alejarlo del principio de realidad –con todas sus inclemencias–, bien pueden servir para insuflar las energías suficientes en su constante búsqueda del éxito.

En pintura, su primer autorretrato se hace esperar un poco, ya que no se representó a sí mismo hasta 1919, a la edad de quince años, cinco después de que el escenógrafo Sigrido Burmann le regalara su primera caja de óleos. Se trata, además, de una composición en la que vemos al artista pintando una tela en su recién estrenado estudio de la playa de Es Llané, en Cadaqués –estudio que había pertenecido a Ramon Pichot, amigo de la familia–, pero que no nos permite adivinar su rostro, tan sólo su actividad.

Sin embargo, en 1920, en plena fiebre impresionista por influencia de Pichot, Dalí se ejercitó plenamente retratando a su padre, hermana, abuela materna y tía –posteriormente, madrastra– y a sí mismo en dos ocasiones: una a la manera del francés Eugène Carrière, con la cala Jònculs al fondo, y la segunda, con el cuello alargado, vagamente a la manera del renacentista Rafael, con la cala de Sa Sabolla al fondo. Ambos cuadros –en vista de tres cuartos– fueron pintados en verano, estación de máxima actividad pictórica de Dalí, cuando se trasladaba, junto a su familia, al aislado pueblo pescador de Cadaqués, cuyos aires marinos eran tan beneficiosos para un enfermizo adolescente.

En el siguiente invierno se retrataría de perfil, con pipa y sombrero de ala ancha, en un óleo oscuro, de dominantes marrones, o esbozado en un baño de luz, también con un solo ojo a la vista. Este último autorretrato lo conservaría Dalí, tras la muerte de su padre –recibido como irónica herencia–, expuesto en un lugar privilegiado de su estudio. En septiembre de 1922 –un año después de perder a su madre– se trasladó a Madrid para estudiar en la Escuela de la Academia de Bellas Artes de San Fernando, inaugurando una nueva tipología en la que se ausentan el corte de pelo largo, la mirada melancólica, unas marcadas patillas y ese aire misterioso de pintor romántico decimonónico que tanto le gustaba aparentar.

Hasta 1923 no encontramos óleos significativos con la nueva efigie daliniana. Precisamente de este año son los autorretratos en los que el pintor aparece con sendas publicaciones, *L'Humanité* y *La Publicitat*, que denotan un hábito de lectura y una ideología muy concreta: el comunismo y el catalanismo. El primero de ellos está compuesto en estilo «clownista», inventado por el artista uruguayo Rafael Barra-

A

B

C

D

SALVADOR DALÍ. — 1926

A. *Autorretrato de cuello rafaelesco*, 1920. Óleo sobre lienzo, 40,5 × 53,2 cm. Fundació Gala-Salvador Dalí, Figueres (Legado Dalí).

B. *Autorretrato con* L'Humanité, 1923. Óleo, gouache y collage sobre cartón, 105 × 75 cm. Fundació Gala-Salvador Dalí, Figueres.

C. *Autorretrato*, 1926. Tinta china y pincel sobre papel, 22,2 × 16 cm. Fundació Gala-Salvador Dalí, Figueres (Legado Dalí). En este dibujo se retrata Dalí como trovador. De clara inspiración picassiana, mantiene algunos guiños cubistas, como por ejemplo en el tratamiento de la pipa, y resalta el arco entre la barbilla y el labio inferior como pronunciado rasgo de identidad. Realizado un año antes de dejarse un finísimo bigote –que no crecerá desmesuradamente hasta doce años más tarde–, la adición de éste parece una premonición de futuro.

D. *Autorretrato* publicado en *L'Amic de les Arts*, 1927. Típica doble imagen, trazada en 1926, también de inspiración picassiana, en la que se funden los rostros del propio Dalí con su amigo Federico García Lorca. Cada ceja mantiene un grosor diferente, las orejas son también dispares, y el hemisferio derecho mantiene la daliniana forma ovalada mientras que el izquierdo es más rectangular, como corresponde al cráneo de Lorca.

❯ *Autorretrato con* La Publicitat,
1923.
Gouache y collage sobre cartón,
105 × 75 cm.
Museo Nacional Centro de Arte
Reina Sofía, Madrid (Legado Dalí).
Autorretrato realizado según la
interpretación daliniana de la
técnica cubofuturista.
Por el titular del periódico, se ha
podido averiguar que éste
pertenece al 14 de diciembre de
1923. Dalí siempre consideró al
periódico catalanista *La Publicitat*,
de Barcelona, como su favorito.
Su rostro ovalado, vaciado de
elementos expresivos, conserva
tan sólo unas marcadas cejas y las
cuencas vacías de los ojos,
siguiendo la técnica clownista del
pintor uruguayo Rafael Barradas.
Una serie de collages color
ocre rompen el predominio de
tonos azules: el periódico, un
paquete de cigarrillos y unas
bandas que simulan la decoración
de su habitación en el domicilio
familiar de Figueres.

das: su rostro almendrado se reduce aquí a unas marcadas cejas y unos ojos vacíos. El segundo está inspirado en el cubofuturismo; si bien la composición se halla sincopada por múltiples planos, se adivina todavía el mismo rostro vacío y la pipa con que gustaba retratarse pero que nunca encendió.

A partir de 1925 representó, en algunas composiciones pictóricas y dibujos, numerosos rostros de perfil que podemos identificar con el rostro de Dalí por una característica física muy peculiar: una pronunciada hendidura entre la barbilla y los labios debida a la conservación de los primeros dos dientes inferiores, llamados comúnmente de leche. Este detalle, junto a la forma almendrada del cráneo, nos permite identificar el rostro daliniano cuando aparece en un mismo cuadro con el del poeta García Lorca, más cuadrado y de facciones ásperas.

Este cúmulo de características físicas y circunstancias vitales se concentra en su más lograda iconografía, el rostro conocido como del «gran masturbador». Visto de perfil, con un solo ojo siempre cerrado –recordando un sexo femenino–, superlativa nariz aguileña y, las más de las veces, con un saltamontes donde debería haber una boca, Dalí se cosificó de esta manera para representar sus terrores sexuales justo en el momento de conocer a Gala –verano de 1929– y huir así de un estado anímico rayano en la locura. Dicho rostro aparece por primera vez en *Le jeu lugubre*, composición de tema onanista cuyo título, ironías del destino, fue inventado por el poeta Éluard, marido de Gala, y se desarrolla –ablandándose y simplificándose– en los sucesivos *El enigma del deseo* y *El gran masturbador*.

A partir de 1929, Dalí recurrió en numerosas ocasiones tanto al modelo figurativo realista como al «cosificado» en *El gran masturbador* y *La persistencia de la memoria* (1931), su cuadro más conocido. Sirvan como ejemplo sus dos últimas representaciones en ambas modalidades, *Dalí de espaldas pintando a Gala de espaldas eternizada por seis córneas virtuales provisionalmente reflejadas por seis verdaderos espejos* (1972) y *Monstruo blando en un paisaje angélico* (1977).

DALÍ VISTO POR SU HERMANA

Salvador era un chiquillo encantador; su carita infantil denotaba ingenuidad al mismo tiempo que una gran viveza. Sus ojos han tenido siempre una mirada penetrante y su sonrisa un algo de viejo, aunque la boca, una vez cerrada, tenga un candor de infancia que jamás ha perdido.

Un hecho curioso es que, tanto mi madre como él y yo, tenemos sólo dos dientes superiores en vez de cuatro, pero hay que saberlo para darse cuenta, pues los incisivos están configurados de tal modo que lo disimulan completamente. Mi hermano tiene, además, otra anomalía, y es que cambió todos los dientes de leche, menos dos: los inferiores del centro. Estos dientecitos, que son como dos granos de arroz, hacen que la configuración del labio inferior forme una leve depresión. Todos los de casa queremos mucho a estos dos dientes, que le quedaron como recuerdo de la más remota infancia. A veces, Salvador se fijaba mucho en ellos, y con frecuencia lo comentábamos, y él decía que se le volvían transparentes y que dentro de uno de ellos, mirándolo bien, podía verse a la Virgen de Lourdes, como en los palilleros de marfil que de allí vienen.

Una chalina, una cazadora (jamás quiso llevar americana ni chaleco), unos pantalones bombachos con polainas hasta la rodilla, vestían la figura, rematada por el inconfundible rostro, del que más tarde sería el pintor Dalí. De aquel rostro pálido y delgado, más afinado todavía por las negras patillas, me queda el vivo recuerdo de dos ojos también verdosos, de mirada intensa, que en los momentos en que una brizna de reposo se filtraba en su alma tomaban el aspecto sereno y reposado de los ojos de mi padre.

Anna Maria Dalí,
Noves imatges de Salvador Dalí, 1988

^ *El enigma del deseo. «Mi madre, mi madre, mi madre»*, 1929. Óleo sobre lienzo, 110 × 150 cm.
Staatsgalerie moderner Kunst, Munich.
Dalí consideraba este cuadro uno de sus diez mejores pinturas. Realizado a un tiempo que *El gran masturbador*,
en septiembre de 1929, en el cuarto de coser de su tía y madrastra. También fue uno de los primeros cuadros vendidos
por Dalí en París, junto a *Le jeu lugubre*, con el que inaugura la particular estilización de su rostro.
La segunda parte del título, alusiva a su madre, está inspirada en el poema de Tristan Tzara, *El gran lamento de mi oscuridad* (1917).
La inquietante escena del fondo a la izquierda, representa al propio Dalí abrazando a su padre, junto al rostro de su hermana.
Por detrás, completan la escena evidentes símbolos de terror, deseo y sexo, de entre los cuales cabe destacar el saltamontes,
animal al que Dalí tenía verdadero pavor y que, en numerosas ocasiones, encontraremos pegado al rostro del pintor.

^ *La persistencia de la memoria*, 1931. Óleo sobre lienzo, 24 × 33 cm. MoMA, Nueva York.
Se trata del cuadro más famoso de Salvador Dalí. Fue pintado una noche en que, aquejado de migraña, quedó solo en casa.
Había cenado queso camembert y se hallaba inmerso en sus pensamientos sobre lo duro y lo blando. Había empezado
con anterioridad un cuadro en el que se veía su admirado Cabo de Creus, allí donde los montes Pirineos se hunden en el Mediterráneo. Aparecía
también un olivo deshojado. Entonces tuvo la feliz ocurrencia de añadir a su rostro más emblemático una serie de relojes blandos, a los
que transfiere las hormigas que, habitualmente, corrompían su rostro. En cierto modo intuía así las teorías de Einstein sobre el espacio-tiempo.

^ *Monstruo blando en un paisaje angélico*, 1977. Óleo sobre lienzo, 76,2 × 101 cm.
Collezione d'Arte Religiosa Moderna, Musei Vaticani, Ciudad del Vaticano.
Postrera variante del rostro blando que Dalí convirtió en icono, aquí resaltando su flacidez mediante un pequeño pedestal
a modo de homenaje. La nariz, parcialmente amputada, sugiere el tema de la castración. La ceja ha perdido su pelo y, por primera vez,
esboza una sonrisa. Curiosamente, el resto del cuadro no guarda relación alguna con el aquí llamado «morstruo blando»,
a no ser que se trate de una ensoñación de éste.

la larga sombra
del PADRE

Es imposible abordar la iconografía daliniana sin contar con la, para bien y para mal, poderosa y persistente presencia paterna.

Don Salvador Dalí Cusí (Cadaqués, 1872–1950) era hijo de Galo Dalí, un cadaquesense afincado en Barcelona cuya progresiva paranoia le llevó al suicidio en 1892.

Deseoso de volver a su comarca natal, el Empordà, se estableció en Figueres en 1900 tras haber ganado la notaría local por oposición. Poco antes se había casado con Felipa Domènech Ferrés (Barcelona, 1874-1921), quien muy pronto le anunciaría su primer embarazo.

El primer Salvador Dalí Domènech, nacido el 12 de octubre de 1901, moriría veintidós meses después, víctima –según la partida de defunción– de un «resfriado gastrointestinal infeccioso». Los padres, profundamente afectados por esta pérdida, conservaron una fotografía de su primer hijo sobre la cajonera del dormitorio, al lado de una reproducción del *Cristo* de Velázquez. Tanto el hecho de dar el nombre de un hijo muerto al siguiente vástago como el de conservar su fotografía eran costumbres habituales en la cultura rural de la época.

El 11 de mayo de 1904, nueve meses y diez días después de la muerte de su hermano, llegó al mundo el segundo Salvador Dalí. Y cuatro años más tarde, Anna Maria, el tercer y último vástago. Más adelante, Salvador intentaría aprovechar la existencia de este primer hermano para justificar su leyenda como hombre escandaloso, obligado por la traición paterna a competir eternamente con un fantasma, jugando a identificarse con los míticos hermanos Cástor y Pólux, hijos de Zeus y Leda.

En 1910, la familia se ampliaría con la definitiva instalación de la suegra y la cuñada del notario, Maria Anna Ferrés y Caterina Domènech.

Creció el niño Dalí sobreprotegido, caprichoso y consentido por unos padres temerosos de perder otro hijo. Y lo fue de tal modo que llegó a la mayoría de edad con un nulo sentido de la vida práctica, en el más literal de los sentidos.

En 1921, Felipa murió víctima de un cáncer de útero. Al poco, murió también su abuela. Don Salvador se casó con su cuñada Caterina, a quien tanto Dalí como su hermana seguirían llamando, afectuosamente, *tieta* diminutivo de «tía», en catalán.

Dalí describió a su padre como un «gigante de fuerza, de violencia, de autoridad y de amor imperioso. Moisés

‹ *Casa familiar de «Es Llaner»*, ca. 1918. Lápiz y tinta sobre papel, 14,5 × 21,5 cm.
Fundació Gala-Salvador Dalí, Figueres.
Bucólica e irónica escena familiar, centrada en la casa familiar de los Dalí en la playa del Llané, en Cadaqués. Recrea una tarde de verano cualquiera, con el padre sentado en la mecedora, la madre y la tía vigilando un grupo de niñas, entre las que se encuentra Anna Maria, y un montón de niños de corta edad correteando por los aledaños del pequeño jardín familiar. Unos veraneantes llegan del núcleo de Cadaqués, a la izquierda, mientras que Dalí se retrata como plenairista, en la cima de una loma a la derecha del hogar. Remata el desenfado de la composición la presencia de una figura popular catalana, un *caganer* o personaje defecando, de ineludible presencia en los pesebres navideños.

y Júpiter a la vez». Y a su madre, como un ángel: «ella era la miel de la familia. Yo hubiera querido beberla a la manera de los amigos argentinos que habitaban el segundo piso de nuestra casa, los Matas, que cada tarde, hacia las seis, tomaban mate con su bombilla de plata». Tras la muerte de su madre, Dalí se sintió desamparado: «ella era la única que hubiera podido transformar mi alma. Su pérdida la sentí como un desafío y resolví vengarme del destino esforzándome en ser inmortal», contaría al periodista André Parinaud en la última etapa de su vida.

‹ *Escena en Figueres 2*, 1922.
Aguada sobre papel, 14,9 × 20,8 cm.
Colección particular.

Don Salvador trató de asegurar el futuro de su hijo mandándolo a la Escuela Especial de la Academia de Bellas Artes de San Fernando, en Madrid, donde al terminar sus estudios obtendría un título para ejercer la docencia en arte, lo que le permitiría contar con un medio regular de subsistencia. Trató también de proteger-

> *Estudio para «La familia del pintor»*, 1920. Lápiz y tinta sobre papel, 22 × 16,5 cm. Colección particular. Croquis de una escena familiar compuesta sabiamente en estructura piramidal. Al centro, Anna Maria con un vestido de falda corta es respaldada por su madre, doña Felipa Domènech. A la derecha, la reverenda figura del padre, sedente y con su sempiterna pipa, equilibra la movediza figura del hijo, caracterizado aquí como pintor plenairista, con la paleta y los pinceles en la mano, y el sombrero calzado. El croquis no llegará nunca a desarrollarse sobre lienzo a causa de la enfermedad y posterior muerte de la madre de Dalí, aquí en uno de sus escasos –y siempre muy esbozados– retratos.

Retrato del padre y de la hermana del artista, 1925. Lápiz sobre papel, 49 × 33 cm. Museu Nacional d'Art de Catalunya. Barcelona.

le de las enfermedades venéreas mediante el expeditivo método de colocar sobre el piano del hogar un ejemplar de un libro de medicina profusamente ilustrado con ejemplos de cuerpos infectados y dolientes. Según el propio Dalí, este brutal ejemplo condicionaría su aséptica sexualidad.

Ateo, catalanista, republicano federalista y librepensador, don Salvador fue presionado por las autoridades durante la dictadura de Primo de Rivera para que retirara una denuncia sobre un fraude electoral. Ante la negativa a modificar su postura, su hijo fue encarcelado por agitador y fue puesto en libertad sin cargos a las tres semanas.

Desconfiado ante la rotunda ineptitud práctica de su hijo, y temeroso del incierto futuro que le esperaba tras rendirse a su vocación artística, en 1925 inició un álbum

con todas las reseñas que había recogido sobre las exposiciones de éste, no sin advertir que «el éxito que ha obtenido con sus pinturas es mucho mayor del que jamás hubiera creído posible. Pero yo hubiera preferido que este éxito llegara más tarde, después de que hubiera terminado sus estudios y se hubiera creado una posición como profesor».

La ruptura entre padre e hijo llegaría, trágicamente, en 1929, cuando éste se unió sentimentalmente con Gala Éluard, una extranjera desvergonzada, casada y madre de una niña. Poco antes de terminar el año, la noticia de que su hijo había expuesto un *Sagrado corazón* en la galería Goemans, de París, con la inscripción *«Parfois je crache, par plaisir, sur le portrait de ma mère»* (A veces escupo, por placer, sobre el retrato de mi madre), provocaría una violenta discusión familiar que terminaría con la expulsión del hijo del hogar paterno.

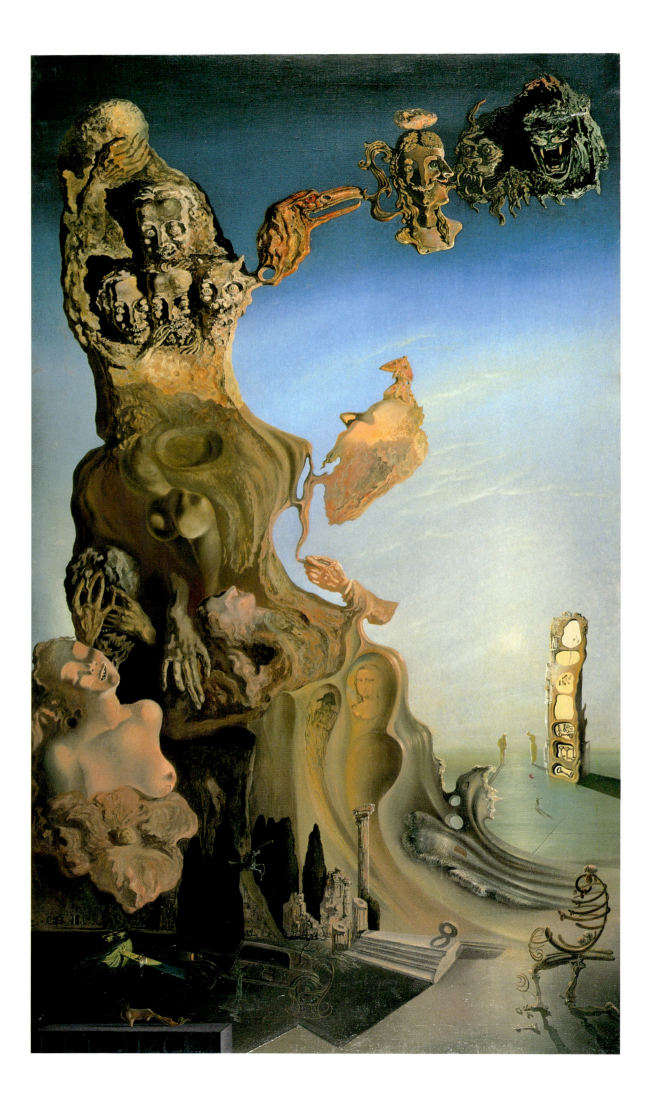

❯ *La vejez de Guillermo Tell*, 1931.
Óleo sobre lienzo, 98 × 140 cm.
Colección particular.
Dalí compró su pequeña barraca en
Portlligat –que con los años se
mudaría en laberíntica mansión–
con el importe que le avanzó el
vizconde de Noailles por este
cuadro, perteneciente a la serie
dedicada al complejo paterno bajo
el mito de Guillermo Tell. En éste,
inspirado por las teorías freudianas,
podemos adivinar la sombra
de un león –símbolo de un deseo
sexual incontrolable– proyectándose
sobre una sábana tras la que dos
mujeres, probablemente su madre
y su tía, dan placer a su padre,
representado en la serie como un
viejo barbudo con pechos. Dalí y su
hermana se representan doblemente
como figuras sujetas al pedestal y
huyendo en acto de reprobación.

❮ *Monumento imperial a la
mujer-niña*, 1929.
Óleo sobre lienzo,
140 × 80 cm. Museo Nacional
Centro de Arte Reina Sofía,
Madrid (Legado Dalí).

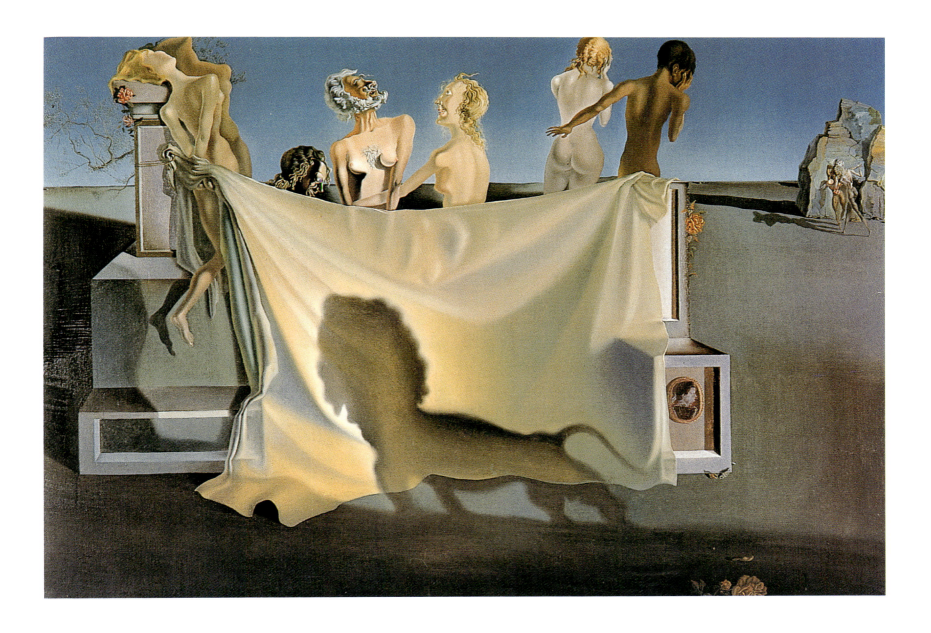

Esta ruptura fue la culminación de un proceso animado por la lectura de Sigmund Freud y su teoría sobre el verdadero héroe, que es aquel que vence al padre. Dalí empezó a provocar a su padre sistemáticamente aunque con suma cautela, puesto que «no podía, de ninguna manera –bajo pena de grave riesgo, y de ver que mi personalidad se disolvía como azúcar en el café, en un delirio permanente–, renunciar a admirarle y llegar a identificarme con él para mantener su estructura y moldearme en la imagen de su fuerza». De este modo, «Moisés se fue despojando de su barba de autoridad y Júpiter de su rayo. No quedó más que un Guillermo Tell».

En 1930, con el primer dinero que ganó en París, compró por 250 pesetas una barraca de 21 metros cuadrados en Portlligat. Su padre, temeroso de ver cómo Salvador se salía con la suya, ordenó que no se le diese alojamiento en Cadaqués y denunció a Gala como traficante de cocaína. Esta terrible lucha se refleja en una serie de pinturas donde aparece representada toda la familia, víctima de la depravación paterna.

Curiosamente, esta temática cesó repentinamente en 1934, coincidiendo con los primeros intentos de Salvador por hacer las paces con su padre, lo que consiguió parcialmente en 1935, tras un emocionante reencuentro propiciado por el hermano de don Salvador, Rafael.

Tras la guerra civil española, el notario Dalí experimentó un curioso fervor místico, y llegó a cierta aceptación de la figura de Gala como esposa de su hijo tras el regreso de éste a España en 1948. Aceptó incluso que Gala le llevase de excursión en el flamante Cadillac que Salvador había traído de América para demostrar su triunfo como artista.

Don Salvador Dalí Cusí murió en 1950, víctima de un cáncer de próstata. Los ocho testamentos redactados desde 1929 dan idea de los altibajos habidos en la relación paterno-filial. El último testamento, enteramente a favor de su hermana, le concedía a él tan sólo 22.000 pesetas, y ninguno de los cuadros que había tenido que abandonar precipitadamente en 1929.

En el fondo, el verdadero público de Salvador Dalí fue su padre y, por extensión, las gentes del Empordà. Al resto nunca tuvo que demostrarle nada.

CARTA DEL NOTARIO DALÍ A LUÍS BUÑUEL

Mi estimado amigo:

Supongo en su poder mi carta del sábado último.

Si conserva todavía amistad con mi hijo podría hacerme un favor. Yo no escribo porque ignoro la dirección que tiene.

Ayer pasó por Figueras según me enteraron y marchó a Cadaqués con la madame. Tuvo la fortuna de permanecer en Cadaqués sólo un par de horas porque por la noche la guardia civil cumpliendo órdenes que tiene recibidas le visitó. Se ahorró un disgusto pues de haberse quedado a dormir en Cadaqués lo hubiera pasado mal.

No tiene mi hijo ningún derecho a amargar mi vida. Cadaqués es mi refugio espiritual, mi tranquilidad de espíritu se perturba con la permanencia de mi hijo en dicho pueblo. Además, es el sanatorio de mi mujer que queda destruido si mi hijo con su conducta indecente lo ensucia.

No estoy dispuesto a sufrir más. Por esto lo he preparado todo para que durante este verano no se me moleste.

Hoy por hoy con el medio empleado tengo suficiente para que mi hijo no nos ensucie durante este verano y el siguiente. Cuando este medio no sirva recurriré a todo lo que tenga a mano, incluso el atentado personal. Mi hijo no irá a Cadaqués, no debe ir, no puede ir.

Este verano no, el próximo tampoco, porque tengo otros medios para impedir que me moleste, pero cuando los medios de que hoy dispongo no sirvan será preciso que nos demos los dos a palos para ver el que gana y le advierto que como quiero ganar a toda costa procuraré la ventaja de mi parte ya valiéndome de gente que me ayude a dar los palos o buscando ocasión propicia de darlos sin recibirlos. Esto no es ninguna vileza porque pongo en conocimiento del interfecto mis intenciones y por consiguiente si quiere ir a Cadaqués puede tomar todas las precauciones para defenderse o para agredir (como quiera).

Sus teorías me han convencido completamente. Él cree que en el mundo la cuestión es hacer todo el mal posible y yo también lo creo así. Mal espiritual no puedo causarle ninguno porque es un hombre que está totalmente envilecido, pero puedo causarle un mal físico porque todavía tiene carne y huesos.

Le abraza su amigo affmo.
Salvador Dalí

Carta del padre de Dalí a Luis Buñuel,
marzo de 1930

❯ *Canibalismo*, 1934. Aguafuerte sobre papel, 33 × 25,4 cm. Grabado perteneciente a las ilustraciones de *Les chants de Maldoror*, de Lautréamont, 1934. (Albert Skira Éditeur, París).

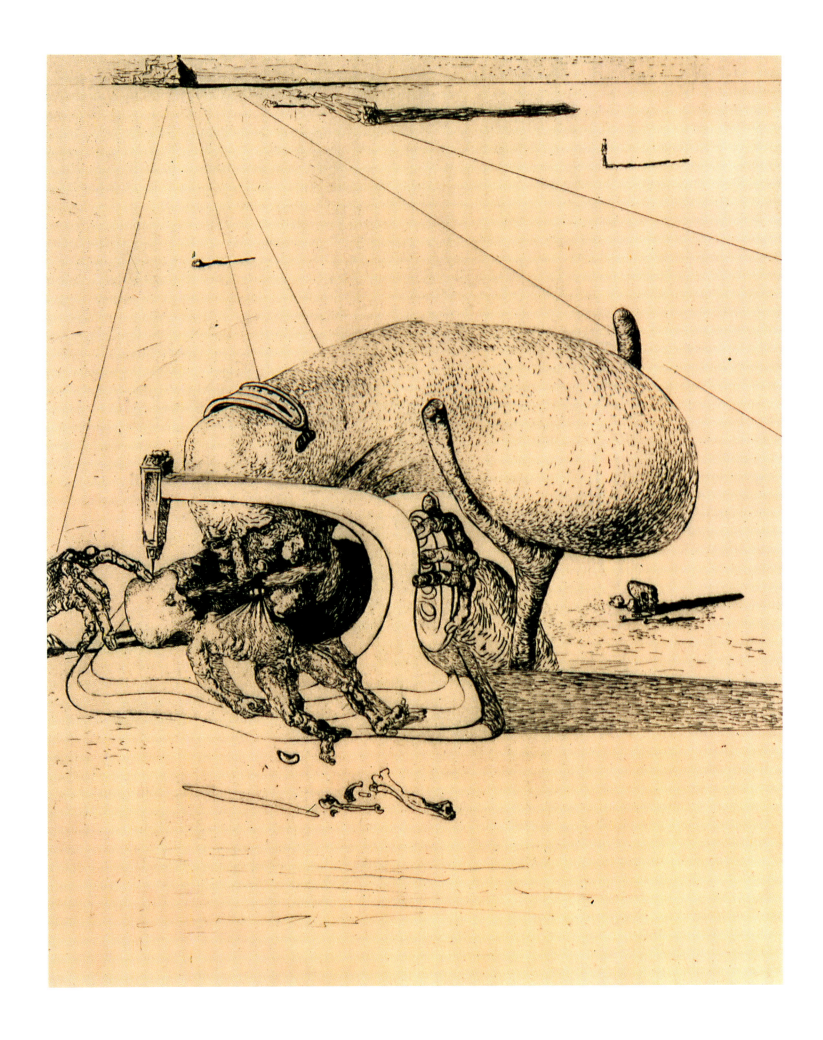

ANNA MARIA DALÍ,
de modelo a maldita

nna Maria Dalí (Figueres, 1908 – Cadaqués, 1990) no era tan sólo la hermana del artista; desde su adolescencia fue la mecanógrafa que puso orden a sus garabateados artículos y cartas, tradujo sus textos al castellano cuando convino para su publicación, fue cómplice de sus claves creativas y, durante el período de 1923 a 1926 fue musa y modelo casi exclusivo del artista.

Rafael Santos Torroella ha sido el primer especialista en advertir la existencia de una época «Anna Maria», previa a la época «lorquiana» que habría de encaminar al pintor de Portlligat hacia el surrealismo. A pesar de ser sustituida como protagonista de las telas de su hermano, el binomio Federico-Salvador se amplió a un triángulo de amores insinuados en que nada era lo que parecía. Por decirlo de algún modo, Anna Maria adoraba a su hermano y estaba enamorada de Federico, y Federico, durante sus estancias en Cadaqués, quería y se dejaba querer, utilizando a Anna Maria en los períodos de distanciamiento para, como se dice en España, «adorar al santo por la peana». Precisamente, Anna Maria fue la autora de la mayoría de fotografías en que Federico y Salvador aparecen juntos en Cadaqués.

Anna Maria nos da algunas pistas de cómo hubiera sido su hermano de no haber dado el salto al vacío, quemando las naves de la tradición pictórica y familiar. Sus escritos y reacciones nos enseñan cuánto de humano había en su hermano, cuánto de los Dalí –los lugareños coinciden en que esa estirpe era diferente del resto de los mortales–, y cuánto de personaje inventado.

Anna Maria sufrió, como su hermano, la pérdida de la madre y la personalidad absorbente del padre. Acompañó al hermano a Madrid para realizar los exámenes de ingreso en la Escuela de la Academia de Bellas Artes de San Fernando. También le acompañó a París, en 1926, en su primera visita a Picasso y al Louvre, y, como extensión de ese mismo viaje, a Bruselas, para que su hermano pudiera admirar en vivo las obras de los maestros flamencos, especialmente Vermeer.

El gran año de Anna Maria fue 1925, puesto que en la primera exposición individual de su hermano, celebrada en las Galerías Dalmau de Barcelona en noviembre de 1925, figuraban 8 retratos suyos, entre un total de 17 pinturas y 5 dibujos.

En la mayoría de los retratos Anna Maria aparece sentada. En el primer *Retrato de mi hermana* (1923) Dalí la representó sentada en un sillón. No obstante, a finales de 1926 el óleo sufrió un brutal retoque por el añadido, en la parte inferior del cuadro, de un rostro de inspiración picassiana, titulando el desaguisado *Baraja francesa*.

Los retratos de Anna Maria se centran en el busto de la modelo, cuyas facciones y manos están tratadas con gran pulcritud, pero hacia 1925 Dalí incidirá en la representación de la espalda de su hermana, como lo demuestran dos obras maestras de este período, *Figura de espaldas*, elogiada por Picasso, y *Figura asomada a una ventana*, una de las más conocidas composiciones dalinianas. Esta obsesión por la espalda de Anna Maria evolucionó en dos direcciones complementarias: una, en la que el centro de gravedad irá bajando hasta las posaderas, como revelan *Desnudo en el agua* y *Venus y cupidillos*, de 1925, y otra en la que el perfil idealizado de la hermana caerá en forma de sombra sobre incitantes cuerpos femeninos, como en *Academia neocubista* o *Figura sobre las rocas*, de 1926, sin olvidar la serie de perfiles dedicados al tema de *Venus y un marinero*, que demuestran que algo se movía en las entrañas dalinianas.

‹ *Retrato de mi hermana* (después *Baraja francesa*), 1923. Óleo sobre lienzo, 104 × 75 cm. The Salvador Dalí Museum, Saint Petersburg, Florida. Este óleo ejemplifica la evolución de Anna Maria en la pintura daliniana. La primera versión mostraba una bellísima quinceañera de mirada oblicua y labios sinuosos, sentada en una postura que, dos años después, repetiría Dalí en el retrato de su padre. Vestida con un albornoz –se supone que es un retrato realizado tras la hora del baño estival–, Anna Maria está pintada por un hermano de pie, que exagera el contrapicado al describir unos libros rematados con fruta en la mesilla del primer término. La composición fue sustituida, posiblemente a partir de 1926, por una figura sonriente bastamente esbozada, que recorre la tela en sentido inverso. Por ello, y con buenas dosis de sorna, años más tarde sería subtitulada por Dalí como *Baraja francesa*.

^ *Retrato de la hermana del artista*, 1924. Óleo sobre cartón, 55 × 75, 2 cm. Fundació Gala-Salvador Dalí, Figueres.
En mal estado de conservación, esta obra ejemplifica los múltiples estudios que justifican la existencia de una época
Anna Maria. Sentada de través en la habitual silla del estudio, Anna Maria vestida con una sencilla bata veraniega, construye una
forzada postura que provoca la desaparición de un ojo –sabiamente eliminado por economía compositiva–, y de un hombro,
cuyo exagerados brazo y mano protagonizan la imagen, afectando a la proporcionalidad del antebrazo izquierdo.
La composición está tratada sobriamente, en un estilo mediterraneista catalán con resonancias cezannianas.

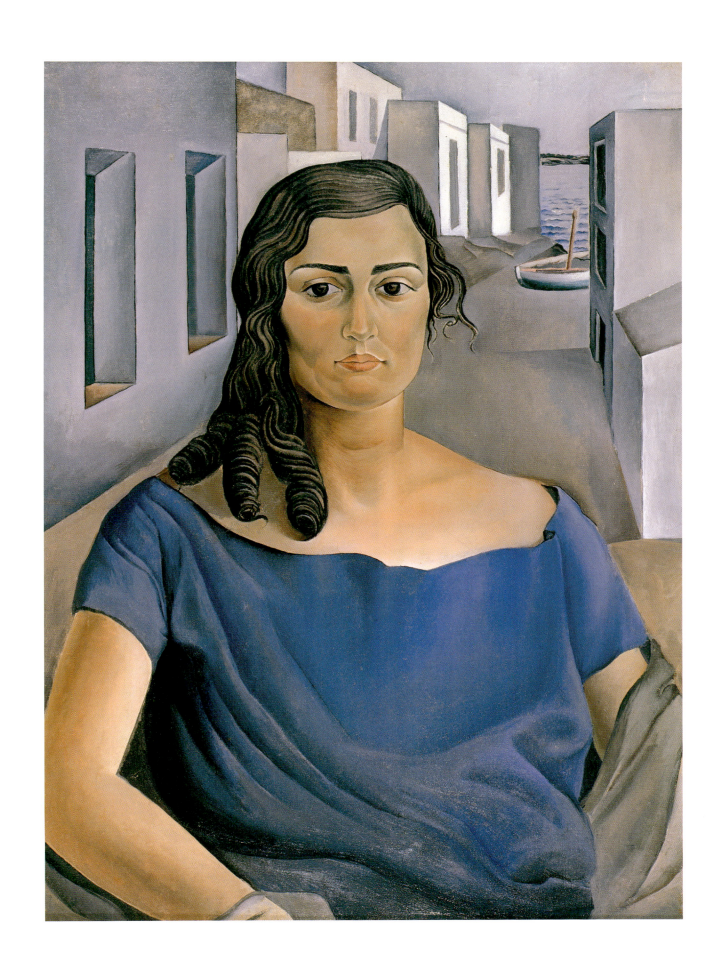

❮ *Figura asomada a una ventana*, 1925. Óleo sobre lienzo, 103 × 75 cm. Museo Nacional Centro de Arte Reina Sofía, Madrid. Se trata de una de las más conocidas obras maestras de Dalí y culminación de la época Anna Maria. En esta composición mediterraneista, Salvador pone ante sí dos de las cosas que más admira en el mundo: el prominente trasero de su hermana y el paisaje de Cadaqués. Rafael Santos Torroella fue el primero en observar que el toque secreto del cuadro consistía en la eliminación de uno de los batientes de la ventana, disimulado con un oportuno trapo, evitando así un perjudicial juego de reflejos que hubiera evitado la evocación lateral de Cadaqués. Tal y como él presumía, en este cuadro inundado de serenidad, «se pueden contar hasta las olas».

∧ *Espalda de muchacha*, 1926. Óleo sobre tabla, 32 × 27 cm. The Salvador Dalí Museum, Saint Petersburg, Florida.
Se trata de un minucioso estudio de una de las partes favoritas de la anatomía de la hermana del pintor. Ejecutado desde el mismo nivel visual que la modelo,
utiliza el recurso dramático del contraluz para descubrirnos, en esa misteriosa atmósfera de intimidad, un hombro desnudo y una minuciosa descripción del cabello de su hermana,
acabado en tres hermosos tirabuzones. Como en el caso de *Figura asomada a una ventana*, deja en blanco las peculiaridades faciales que tal postura podría dejar entrever.
Dalí presumía –erróneamente, al parecer– de que Picasso había admirado y elogiado este óleo en su segunda exposición individual en las Galerías Dalmau, de Barcelona (1926).

medio hundido
de leche tibia
el vaso de leche
colocado
en
un zapato de mujer.

Tras la muerte del padre y la lectura del testamento, que negaba a Dalí incluso sus propios cuadros, retenidos en el hogar paterno, Salvador se negó a ver a su hermana. Ella nunca trabajó y sostuvo su economía gracias, en parte, a la venta de dibujos y óleos de su hermano a través de una galería barcelonesa, lo que acrecentaría la aversión fraterna.

Dalí y su hermana coincidieron una última vez en 1984, durante la convalecencia de éste en la Clínica del Pilar, de Barcelona, donde se recuperaba de las importantes quemaduras sufridas en el incendio del castillo de Púbol. Después de más de treinta años sin verse, Dalí todavía reunió fuerzas para insultarla y echarla de la habitación a gritos.

Anna Maria no asistió al entierro de su hermano. Murió un año después, víctima de un cáncer de mama. Sabedora de su dolencia, no dijo nada al doctor Manuel Vergara, su médico de cabecera –que, curiosamente, lo era también de su hermano–, hasta que fue demasiado tarde. Según Manuel Vergara, «ambos hermanos se dejaron morir de lo que yo llamo síndrome Dalí. Los Dalí eran un poco paranoicos, y mantenían el miedo a raya en el fondo de su corazón. Y de repente, sin más, se daban por vencidos».

UNA IDÍLICA SESIÓN DE PINTURA

Durante las horas en que le servía de modelo, yo no me cansaba de observar aquel paisaje [de Cadaqués] que ya, para siempre, ha formado parte de mí misma. Pues siempre me pintaba cerca de alguna ventana. Y mis ojos tenían tiempo de entretenerse en los detalles más pequeños. Y entonces, aunque a lo lejos la brisa recorriese los olivares, cubriéndolos de luces y de sombras, esta señal era el signo evidente de que debíamos bañarnos e irnos a comer.

> Salvador Dalí y su hermana
en Cadaqués, *ca.* 1925.

La adoración al hermano se tornó en aversión tras la ruptura familiar y el relevo por parte de Gala. A pesar de las postreras reconciliaciones, Anna Maria nunca perdonó ni soportó a Gala, y cargó sobre ella toda la responsabilidad del «torcimiento» ético de su hermano. Esta acusación se hizo pública con la edición de su particular respuesta a *The Secret Life* (1942), el libro *Salvador Dalí visto por su hermana* (1949), que provocó un enésimo distanciamiento entre los hermanos. No debe extrañar que Anna Maria, tras ver a su familia vejada en las pinturas alusivas del período 1929-1934, leer los falsos recuerdos de su hermano en su «secreta» biografía, y recordar los versos que le había dedicado en *L'amour et la memoire* (1932), necesitara encontrar un culpable a tanta bajeza moral:

La imagen de mi hermana
El ano rojo
de mierda sangrando
la polla
semihinchada
apoyada con elegancia
contra
una inmensa
lira
colonial
y personal
el testículo izquierdo

La sesión de la mañana había terminado. El agua clarísima nos acogía. Flotábamos sobre ella, chapuzando la cabeza y abriendo dentro los ojos para ver balancearse las algas entre las manchas de sol que el agua hacía móviles y gelatinosas, y los peces que huían al vernos avanzar hacia ellos.

Los días transcurrían, bellos y perfectos.

El taller se llenó de telas, que Salvador seleccionaba con cuidado. El retrato de mi padre, retratos míos, paisajes de Cadaqués, los retratos de dos amigas suyas, las dos rubias, bonitas, de tez clara.

Salvador continuaba con el aspecto pulcro que adquiriese en Madrid. Sus trajes eran impecables y elegantes; llevaba el cabello bien peinado, siguiendo la forma de la cabeza. Su persona desprendía un aire de serenidad y bienestar.

En la tranquilidad de nuestro hogar, mi padre ha encontrado un placer nuevo. Es un gran cuaderno que ha hecho encuadernar en pergamino, como un protocolo. En él colecciona los artículos que hablan de su hijo. Y el libro va haciéndose más y más voluminoso. Pacientemente, lleno de ilusión, de ternura y de entusiasmo, mi padre, al ver convertidos en realidad sus entusiasmos, va pegando artículos y reproducciones en las páginas blancas, anotando en los márgenes, al mismo tiempo, comentarios acertados y fechas importantes, con lo que inicia la más viva y la más real bibliografía.

Anna Maria Dalí,
Salvador Dalí visto por su hermana, 1949

‹ Salvador Dalí, Anna Maria y Federico García Lorca en Cadaqués, 1927.

› Detalle de *El hombre invisible*, 1929. Óleo sobre lienzo, 140 × 180 cm. Museo Nacional Centro de Arte Reina Sofía, Madrid.

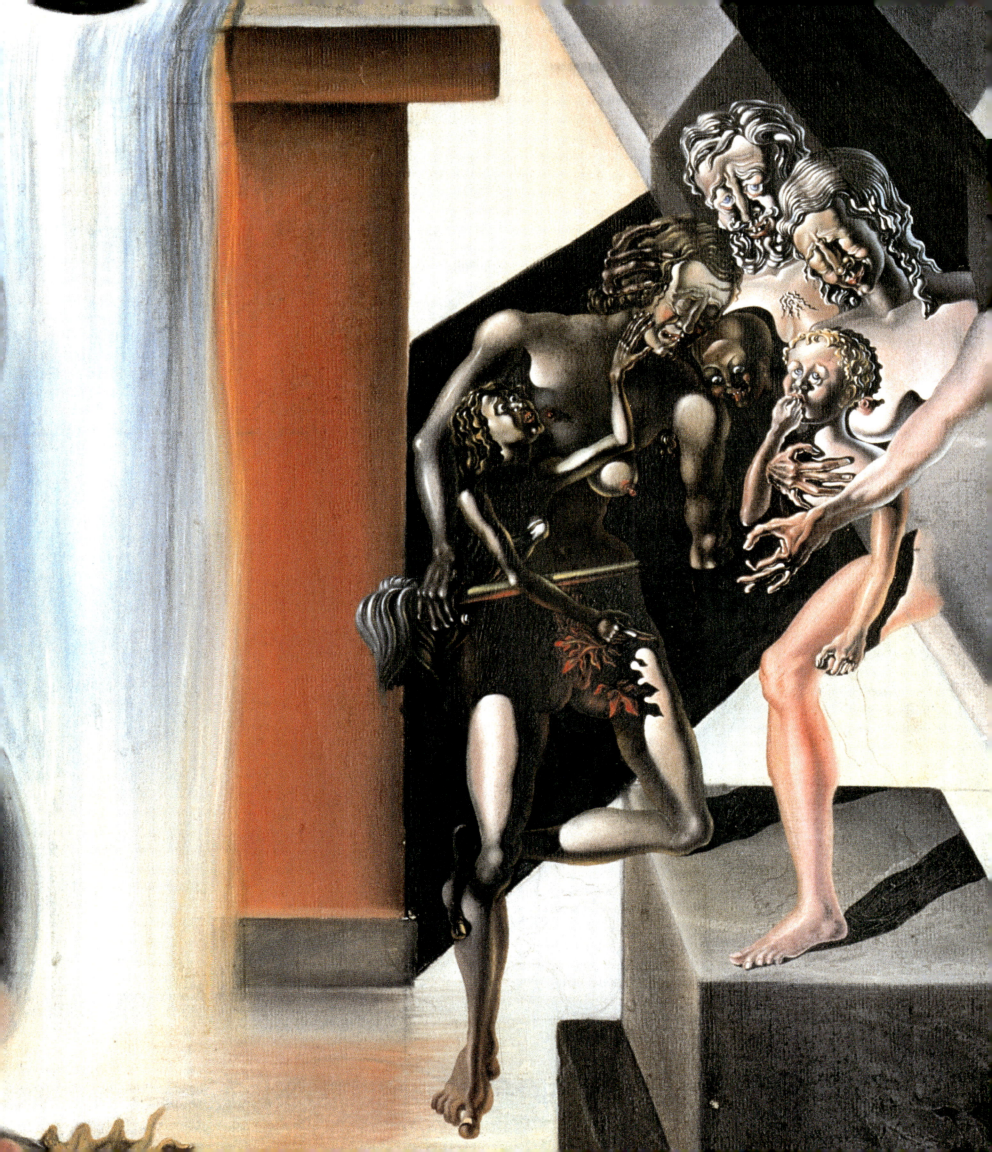

FEDERICO GARCÍA LORCA
y el mito de san Sebastián

uando Dalí se instaló en la Residencia de Estudiantes de Madrid, pasó varios meses prácticamente sin hablar con nadie. Por su laconismo y aspecto extravagante se le tenía poco menos que por un deficiente mental. Una tarde, el aragonés José –Pepín– Bello se aventuró en su habitación, cuya puerta estaba entreabierta, y descubrió, sorprendido, dos pinturas cubistas. La noticia se extendió por toda la residencia. ¡El pintor polaco –uno de los motes que le habían dado a Dalí– era cubista, el último grito en arte de vanguardia! Pronto fue invitado a ingresar en el grupo más mundano, dandi y cínico de residentes, formado por Luis Buñuel –estudiante de entomología–, Federico García Lorca –estudiante de derecho– y Pepín Bello –estudiante de medicina–.

En un tiempo récord, Dalí cambió su romántica indumentaria por ternos a la inglesa y chaquetas de golf, y su melena hasta la espalda se trocó en elegante corte de pelo. En el bar del selecto hotel Palace, conocido como Rector's Club, Dalí aprendió a emborracharse y a disfrutar el jazz de The Jackson Brothers, y se convirtió además en un experto bailarín de *foxtrot* y de tango.

Federico García Lorca (Fuentevaqueros, 1898 –Granada, 1936) era hijo de familia acomodada. En 1918 su padre le financió su primer libro, *Impresiones y paisajes*, en 1920 estrenó –con escaso éxito– su primera obra de teatro, *El maleficio de la mariposa*, y en 1921 publicó su primer *Libro de poemas*. Era dramaturgo, poeta, excelente pianista, elocuente conversador, apasionado narrador e incluso apañado dibujante. Pero ante todo García Lorca fascinaba por su grandísimo don de gentes, por el que un poeta como Jorge Guillén llegaría a afirmar que «cuando se estaba con Federico no hacía ni frío ni calor: hacía Federico».

Dalí y Federico tenían en común su pasión por la poesía de Rubén Darío y por la cultura francesa. Según Pepín Bello, Dalí «tenía una pureza admirable, y fue esa pureza, esa virginidad, la que atrajo a Federico, al homosexual, claro, que había en Federico». Según cuenta Dalí en su autobiografía, «Lorca produjo en mí una tremenda impresión. El fenómeno poético en su totalidad y en «carne viva» surgió súbitamente ante mí hecho carne y huesos, confuso, inyectado de sangre, viscoso y sublime, vibrando con un millar de fuegos de artificio y de biología subterránea, como toda materia dotada de la originalidad de su propia forma. Yo reaccioné y adopté enseguida una actitud rigurosa contra el «cosmos poético». No decía nada que no fuese definible, nada cuyo «contorno» o «ley» no pudiera establecerse, nada que no se pudiera «comer»».

Entre ambos creadores se estableció inmediatamente una intensa relación afectiva e intelectual cuya dialéctica enriquecería sus respectivas obras.

Federico viajó en dos ocasiones a Cadaqués. La primera, en abril de 1925, encandiló a la familia Dalí tras desplegar generosamente sus encantos, incluida una lectura privada de su nueva obra de teatro: *Mariana Pineda*. Dalí enseñó todos los rincones de Cadaqués a Federico, incluido el cabo de Creus, donde comieron un conejo con «sal y arena» tras una «arriesgada» excursión en barca. Federico quedó encandilado también de las fértiles llanuras del Empordà y las ruinas griegas de Empúries.

Dalí fue invitado a visitar a su amigo en Granada, pero prefirió quedarse para preparar su primera exposición individual en las Galerías Dalmau, de Barcelona. Influido por los metafísicos italianos, pintó *Naturaleza muerta. La botella*

⌃ *El casamiento de Buster Keaton*,
1925. Papel encolado,
21,3 × 16,8 cm. Fundación
Federico García Lorca, Madrid.

Ex-libris para Federico García Lorca,
1926. Lápiz sobre papel,
22,5 × 19 cm. Colección particular.

⌃ *Composición con tres figuras. Academia neocubista*, 1926. Óleo sobre lienzo, 200 × 200 cm. Museu de Montserrat, Barcelona.
Se trata de una obra maestra casi desconocida hasta hace pocos años.
Fue adquirida en la segunda exposición individual de Dalí en las Galerías Dalmau, por unos amigos de la familia,
y no fue mostrada al público hasta su donación al Museu de Montserrat. Ejecutada tras la definitiva expulsión de Dalí
de la Academia de San Fernando, trata de demostrar, por una parte, la capacidad del joven artista por realizar una "academia", y por el otro,
de establecer las nuevas bases para su relación con Lorca y el mundo de la creación. Concebida como una serie de cuadros y realidades
solapadas en estructura piramidal, bebe directamente de Picasso en el tratamiento de las figuras del Vicio, mostrando impúdicamente el sexo,
y la Virtud, reflexionando con la pierna cruzada, ambas con la inquietante sombra de Anna Maria, la testa de yeso que amalgama
los rostros del poeta y del pintor, y presenta por primera vez la figura de san Sebastián, emblema de la nueva relación entre ambos creadores,
más platónica que carnal, más irónica que sentimental, rodeada de presencias claramente fálicas.

❯ *Naturaleza muerta.*
La botella de ron, 1924.
Óleo sobre lienzo.
125 × 99 cm.
Museo Nacional Centro de Arte
Reina Sofía, Madrid.

^ *Naturaleza muerta al claro de luna malva*, 1926. Óleo sobre lienzo, 148 × 199 cm. Fundació Gala-Salvador Dalí, Figueres (Legado Dalí).
Una colorista escena se destaca de una serie de campos de colores nítidos, uno de los cuales representa una mesa.
En la escena, una luna llena malva centra una forzada perspectiva de una calle cadaquesense apuntada en el estilo de la escenografía de la
Mariana Pineda lorquiana. Un busto con el contorno de Lorca encierra un pececillo a punto de penetrar en el interior de una esfera,
posible alusión al primer intento del poeta por sodomizar a su amigo. El sólido busto se licua en la superficie dando un rostro daliniano precursor de la figura de
El gran masturbador. Rodean la escena una serie de restos humanos "ironizados": un ojo-piedra, huesos-pez, venas-coral... y un aparato, figura humanoide
compuesta de elementos geométricos, inspirada en la obra de De Chirico.
En el extremo derecho, un busto monocromo de Lorca, duerme –y simula que muere– con los ojos cerrados
en la misma postura que será pintado por Dalí en *Cenicitas*.

❯ *Naturaleza muerta (Invitación al sueño)*, 1926. Óleo sobre lienzo, 100 × 100 cm. Colección Albaretto, Turín.

△ *La miel es más dulce que la sangre*, 1927. Óleo sobre lienzo, dimensiones desconocidas. En paradero desconocido.

de ron, composición, inspirada en las naturalezas muertas de Morandi, que regaló a Federico como ejemplo de su nueva poética pictórica.

Federico le correspondió en abril de 1926 con la publicación de *Oda a Salvador Dalí*, uno de sus más reconocidos poemas. Dalí se sintió muy halagado por el acertado elogio, y posiblemente en mayo del mismo año accedió a participar en un curioso ritual: ante la imposibilidad de ser sodomizado por Federico, porque «le hacía daño», presenció cómo el poeta poseía a una joven en su primera y única experiencia con una mujer. Según Dalí, «el sacrificio obtenido de la muchacha quedaba compensado por el de él mismo».

Ese mismo año, Dalí inauguró su época lorquiana con *Naturaleza muerta (invitación al sueño)*, una tela inspirada en una fotografía, tomada por Anna Maria en Cadaqués, en la que Lorca recreaba el ritual de su propia muerte, representado cada noche en su cuarto de la Residencia de Estudiantes como exorcismo. Poco después llegaría la obra maestra de este período, *Composición con tres figuras. Academia neocubista*, cuyo personaje central, flanqueado por las representaciones femeninas de la virtud y el vicio,

era un san Sebastián, patrón de Cadaqués y emblema de la relación entre ambos creadores. Conocedores de la figura de este santo como patrón oficioso de los homosexuales, Federico y Salvador desarrollaron sus respectivas poéticas y afectos en clave. Si Federico resaltó la belleza del modelo, Salvador le recordó que éste tiene el culo pegado a una columna. A partir de ese momento, influido por Picasso, a quien había conocido recientemente, representará su rostro compartiendo testa con el de Federico en una serie de pinturas cuyo máximo exponente será *Naturaleza muerta al claro de luna malva*, de 1926.

La época lorquiana culminó tras la segunda visita de Federico a Cadaqués, en verano de 1927, coincidiendo con la aparición, en la revista suburense *L'Amic de les Arts*, del artículo «Sant Sebastià», verbalización en clave creativa de la estética daliniana. En el transcurso del verano, Salvador inició dos telas emblemáticas: *La miel es más dulce que la sangre* –actualmente en paradero desconocido– y *Los esfuerzos estériles*, titulada posteriormente *Cenicitas*. En ambas telas figuran las cabezas de los dos amigos, ahora por separado, en medio de un paisaje influido por la estética de Yves Tanguy, ribereño y sembrado de «aparatos» antropomórficos, cuerpos mutilados y peces y burros podridos. Federico intentó por segunda y última vez sodomizar a su amigo, pero no lo consiguió por idénticas razones. Su amistad entró en un callejón sin salida. Aunque siguieron escribiéndose hasta 1930, no volvieron a coincidir hasta 1935, cuando en una visita de Dalí a Barcelona, junto a Gala y el mecenas Edward James, realizaron una excursión a Tarragona.

Dalí no volvió a saber de Lorca hasta su muerte, en 1936, pero no lo olvidaría nunca, como lo demuestra la serie de pinturas iniciada con *El enigma sin fin* (1938), la representación en Nueva York del espectáculo *Café de Chinitas*, y la entrevista concedida en 1985, muerta ya Gala, por un decrépito Dalí que confesaba a Ian Gibson haber vivido junto a Federico una de las experiencias más cruciales de su vida. Sus sansebastianes son el mejor testimonio de una relación sin igual en la historia de la estética contemporánea.

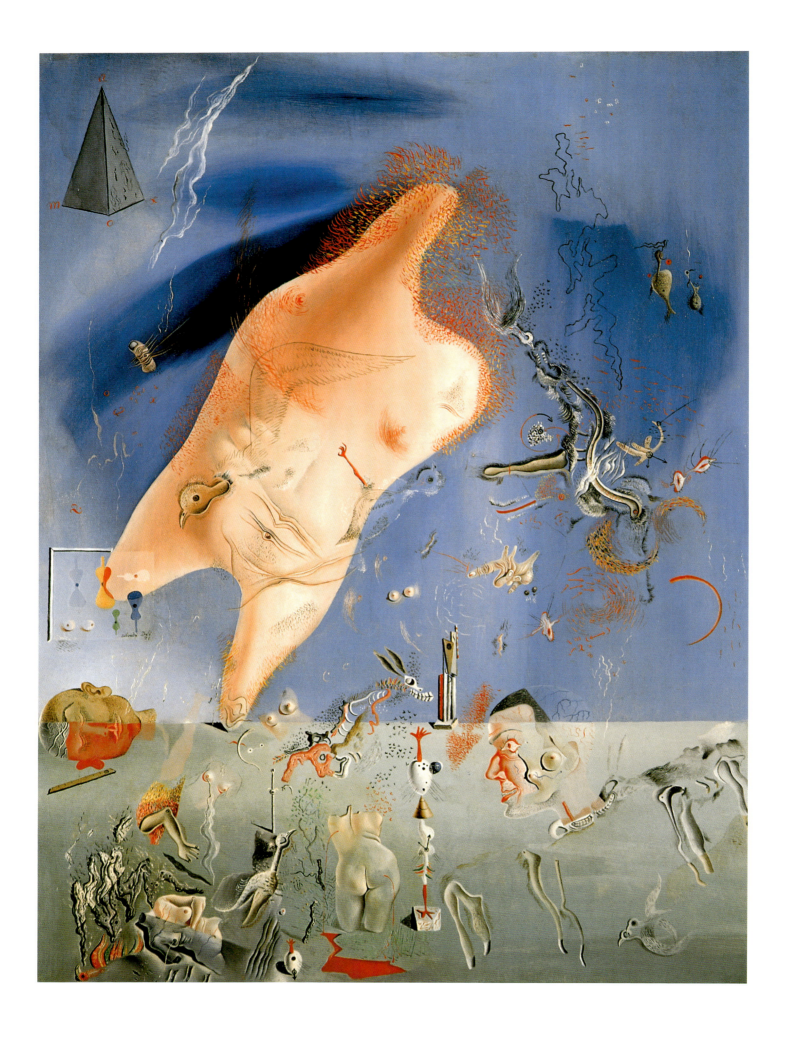

DOS POÉTICAS ENFRENTADAS

Querido Federico:

He leído con calma tu libro del que no puedo estarme de comentar algunas cosas.

Tu poesía actual cae de lleno dentro de la tradicional, en ella advierto la substancia poética más gorda que ha existido: ¡pero! Ligada en absoluto a las normas de la poesía antigua, incapaz de emocionarnos ya ni de satisfacer nuestros deseos actuales. Tu poesía está ligada de pies y brazos a la poesía vieja. Tú quizás creerás atrevidas ciertas imágenes, o encontrarás una dosis crecida de irracionalidad en tus cosas, pero yo puedo decirte que tu poesía se mueve dentro de la ilustración de los lugares comunes.

Tú te mueves dentro de las nociones aceptadas y anti-poéticas. Hablas de un jinete y este supones que va arriba de un caballo y que el caballo galopa; esto es mucho decir, porque en realidad, sería conveniente averiguar si realmente es el jinete el que va arriba. Si las riendas no son una continuación orgánica de las mismísimas manos, si en realidad más veloz que el caballo resultan que son los pelitos de los cojones del jinete y que si el caballo precisamente es algo inmóbil adherido al terreno por raíces vigorosas… etc., etc.

Hay que dejar las cositas libres de las ideas convencionales a que la inteligencia las ha querido someter. Entonces a estas cositas monas ellos solos obran de acuerdo con su real y consubstancial manera de ser. ¡Que ellas mismas decidan la dirección del curso de la proyección de sus sombras!

Federiquito, en el libro tuyo que me lo he llevado por esos sitios minerales de por aquí a leer, te he visto a ti, la bestiecita que tú eres, bestiecita erótica con tu sexo y tus pequeños ojos de tu cuerpo, y tus pelos y tu miedo de la muerte y tus ganas de que si te mueres se enteren los señores, tu misterioso espíritu hecho de pequeños enigmas tontos de una estrecha correspondencia horóscopa; tu dedo gordo en estrecha correspondencia con tu polla y con las humedades de los lagos de baba de ciertas especies de planetas peludos que hay. Te quiero por lo que tu libro revela que eres, que es todo al revés de la realidad que los putrefactos han forjado en ti. Un gitano moreno de cabello negro, corazón infantil, etc., etc.

Adiós. Creo en tu inspiración, en tu sudor, en tu fatalidad astronómica.

Abrazos,
Dalí

Salvador Dalí,
fragmentos de una carta a Federico García Lorca
con motivo de la publicación del *Romancero gitano*,
septiembre de 1928

GALA,
musa robada

⟨ *Gala y el Ángelus de Millet precediendo la llegada inminente de las anamorfosis cónicas*, 1933. Óleo sobre tabla, 24 × 18,8 cm. National Gallery of Canada, Ottawa. Antigua colección Henry P. McIlhenny. Según Robert Descharnes, el personaje de la habitación es Lenin, y el hombre de la puerta sería Máximo Gorky. Pero también podría tratarse de la última aparición de la figura paterna sosteniendo la puerta. De espaldas, Dalí, con la cabeza rasurada como tras la expulsión del hogar, contempla, vestido a la manera de Vermeer, un extraño objeto consistente en un cubo y una perla inclinados. Una reproducción de *El ángelus* de Millet nos daría la pista de que se trata del hogar paterno, y la presencia, divertida, de Gala al fondo, nos sugiere que es la destinataria de la misteriosa historia.

uando Dalí conoció a Gala, el artista catalán se hallaba en un callejón sin salida: por un lado necesitaba dar rienda suelta a su desbordante creatividad, inseparable de una compleja sexualidad, pero por el otro necesitaba económica, práctica y afectivamente a su familia. La ansiedad lo consumía en forma de brutales ataques de risa que lo dejaban, sin aliento, retorciéndose en el suelo. En cuestión de meses hubiera cruzado irremisiblemente el portal de la locura.

Cuando Elena Dimitrevna Diakonova (Kazán, 1894 –Cadaqués, 1982), Gala, conoció a Dalí, su relación matrimonial con el poeta Paul Éluard se hallaba muy deteriorada: tras haber forzado un *ménage à trois* con su marido y el pintor alemán Max Ernst, del matrimonio Éluard no quedaba más que una profunda amistad y una actividad sexual cada vez más reducida que cada uno de los cónyuges intercalaba con caprichosas infidelidades.

Los Éluard habían decidido acompañar al matrimonio Magritte y al galerista Camille Goemans a visitar el taller del joven artista catalán en el poco glamouroso litoral geruns dense. Las acciones de Éluard hubían perdido buena parte de su valor en el crack bursátil de 1929, pero serían unas vacaciones baratas, lejos de los lujosos balnearios a que estaban acostumbrados.

Éluard, según una tendencia habitual en él, lanzó prácticamente a Gala en brazos de Dalí: le encomendó un paseo en compañía del pintor por las calas de Cadaqués, en el transcurso del cual ésta debía sondear a Dalí acerca de sus supuestas simpatías coprófagas. El grupo había admirado días antes un óleo de Dalí, que Éluard se apresuró a titular *Le jeu lugubre*, en cuyo primer plano aparecía un hombre con los calzoncillos manchados de excrementos. Dalí, que no había apartado los ojos de Gala desde que la había visto, le aclaró inmediatamente que en su obra tan sólo exorcizaba sus temores, como las langostas, los excrementos y la sangre. O sea que de coprógrafo nada. Surgió entonces el chispazo. Ella le tomó la mano. Dalí creyó revivir un amor de su infancia –Julita/Dulita Pichot–, y, virgen todavía, fue iniciado en las artes sexuales por una más que experimentada Gala. Los amigos volvieron a París, Éluard incluido, y Gala, que había adivinado en Dalí un «niño genial perdido en el mundo», cuya horripilante risa no era más que un grito de desesperación, «el último mensaje de una inteligencia que se perdía en el laberinto de la nada», lo adoptó y lo liberó paulatinamente de sus complejos. Le declaró: «Pequeñito mío, nosotros no vamos a separarnos nunca». Y así fue.

Gala mediante, Dalí consiguió que sus fantasmas sexuales se esfumaran –aunque de un modo un tanto peculiar, pues sentía terror a las vaginas y encontraba el sumo placer en la contemplación y el onanismo– y logró que se desvanecieran también sus increíbles impedimentos para la vida práctica, ya que era incapaz de cruzar la calle o de saber siquiera el valor del dinero. Gala se enamoró perdidamente de un hombre diez años más joven que ella y que, expulsado de su hogar, pasaría varios años de penuria económica, hasta consolidar, con creces, su privilegiada posición anterior. Además, su relación con Dalí la alejaría durante buena parte del año del mundanal ruido –a ella, urbanita empedernida– para recluirse en una diminuta barraca de pescadores en la casi desierta cala de Portlligat.

Dalí, libre de trabas domésticas y administrativas, pudo desarrollar sin impedimentos su obra, firmando, a principios de la década de los treinta, con el nombre de ambos cónyuges. Ella, tan discreta para la vida social, fue, en cambio, el cerebro del negocio. Desde muy pronto Gala negoció los contratos, firmó los cheques, seleccionó los trabajos y calculó los beneficios. Ante ciertas situaciones de premura, esclavizaba a Dalí encerrándolo en su habitación hasta que terminase un encargo determinado.

Los dos sentían los mismos pavores: a las enfermedades y a la pobreza, que en sus mentes eran sinónimos. Gala, antigua tuberculosa, nunca se desplazaba sin dos abultadas maletas: la una llena de medicamentos, y la otra llena de dinero en efectivo que fundía vertiginosamente en casinos. En realidad, el anagrama AVIDA DOLLARS, ingeniado por Breton para describir el amor al dinero del antiguo compañero de filas surrealistas, sería más propio de Gala que de Dalí, más obsesionado por el oro como sinónimo de seguridad que por las cifras concretas.

Gala se había casado con Éluard, por la iglesia, en 1917. Por consejo del poeta, se casó con Dalí en 1934, en ceremonia civil. En 1958, seis años después de la muerte de Éluard, los Dalí sellaron su matrimonio con una boda religiosa en la intimidad.

Con los años, Gala se fue cansando de la activa vida social de Dalí, que invitaba a su casa de Cadaqués a «sucios» hippies encontrados en cualquier parte. Por otra parte, como Dalí no la podía satisfacer sexualmente, ella se procuraba amantes ocasionales, cada vez más jóvenes y más interesados, llegando a gastar una verdadera fortuna en regalos y favores. Dalí, por su parte, durante las prolongadas ausencias de Gala, en Italia o en el castillo que le construyó en Púbol, dirigió cuadros escénicos sexuales con modelos de agencia y advenedizos ocasionales para su esparcimiento visual. La pareja envejeció muy mal: Dalí cada vez necesitaba más atenciones médicas y se negaba a ser atendido si no estaba Gala, y Gala se desesperaba porque la cirugía estética ya no podía disimular su decrepitud ante el espejo y porque su último amante ya no quería saber nada de ella. Además, se negaba a recibir a Cécile, la única hija que tuvo de su matrimonio con Paul Éluard, de la que nunca se hizo cargo.

Finalmente, Gala murió una tarde de junio de 1982, tras una prolongada agonía, en Portlligat. De allí fue trasladada en secreto a Púbol, en cuya cripta yace junto a la tumba vacía de Dalí. Éste, decidido a ser enterrado junto a ella, cambió de parecer a última hora para formar parte, junto a su obra, del Teatro-Museo de Figueres.

Los múltiples retratos de Gala que pueblan la iconografía caliniana son, en cierto modo, una especie de autorretrato. Aunque su musa se muestre desnuda o con un pecho al aire, no se desprende de su perfecto cuerpo el más leve asomo de erotismo. Sus duras facciones muestran, sin atisbo de idealización, un rostro frío, arrogante y hasta cierto punto antipático, en coincidencia con la opinión de la inmensa mayoría de los que la trataron. Gala nunca interfirió en la calidad, el talante ni los contenidos de la obra de Dalí; su virtud radica en haber sido el antídoto necesario para que Dalí no pereciera bajo su propio veneno.

«NO ME HE VUELTO LOCO PORQUE GALA HA ASUMIDO MI LOCURA»

Gala revela a Dalí el amor daliniano. Yo había llegado a un narcisismo casi absoluto, pero la culminación del placer era el instante en que surgía, poco antes que el esperma, una imagen fuerte que me deslumbraba y que era como la negación de mi acto: mi padre sobre su lecho de muerte, por ejemplo, o bien miraba con gran intensidad otra imagen, como si quisiera grabarla en mí e inmobilizar el tiempo. He gozado mirando el campanario de Figueres por la lumbrera del granero –porque estaba ante mis ojos, puesto que el campanario fue derruido durante la guerra civil española––. Ese deleite de la imagen que expulsaba de mi memoria o que registraba intensamente en el momento del placer, constituía mi verdadero gozo erótico. Soy un gozador de imágenes y mi pintura es una percusión del éxtasis.

Hubiera podido no ser más que un *voyeur* apasionado por el espectáculo de las parejas soliviantadas por el deseo. Pero Gala me ha permitido alcanzar las delectaciones espirituales de Eros, ella ha derrumbado las barreras de mis fantasmas infantiles, de mis angustias de la muerte, poniéndose desnuda ante mí con sus propias obsesiones. Ella me ha curado de mi rabia autodestructora ofreciéndose en holocausto sobre el altar de mi rabia de vivir. No me he vuelto loco porque ella ha asumido mi locura.

De la más terrible enfermedad del espíritu, de mis errabundeos fantásticos, de mis visiones paranoicas, de mi delirio, ella ha hecho un *orden clásico*. Ella ha de-li-mi-ta-do, diría mejor dali-mitado mi delirio y ha montado los mecanismos mentales que fijan la parte de lo real. Gracias a ella, puedo diferenciar lo que es ensueño y lo que es real, mis intenciones etéreas y mis invenciones prácticas. Mediante el ejercicio constante, y con su inteligencia, he desarrollado mi sentido de la objetividad, pero dejando libre la parte irreducible de mi paranoia, de donde yo extraigo mi genio. Esta dualidad es la originalidad más increíble de mi ser. He llevado a cabo la mutación sublime del mal en bien, de la locura en orden e incluso he conseguido que mis contemporáneos admitan y compartan mi locura. Dalí se ha proyectado en el mundo y ha devenido verdaderamente Dalí.

Salvador Dalí,
Confesiones inconfesables, recogidas por André Parinaud, 1973

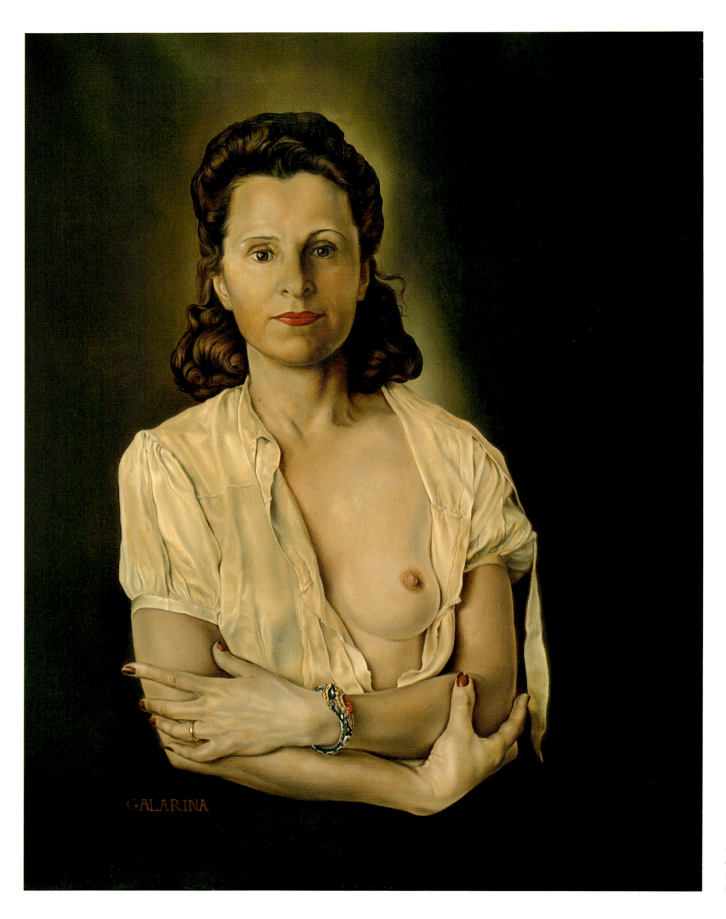

GALARINA

❯ *Leda atómica*, 1949.
Óleo sobre lienzo,
61,1 × 45,3 cm.
Fundació Gala-Salvador Dalí,
Figueres.
En esta insólita mezcolanza
de mitología griega y ciencia,
todos los elementos se hallan
suspendidos en el aire, a medio
camino entre la gravedad y la
ingravidez. Con ello pretendía
Dalí aludir al equilibrio energético
existente entre las fuerzas
de repulsión y atracción del
interior del átomo, parejas a la
intensidad de la relación entre
Leda y Zeus encarnado en cisne.
Dalí declaró que la *Leda atómica*
«es el lienzo clave de nuestra vida.
Todo está suspendido en el
espacio sin que nada toque nada.
La muerte misma se eleva a
distancia de la tierra».

❮ *Galarina*, 1944-1945.
Óleo sobre lienzo, 64,1 × 50,2 cm.
Fundació Gala-Salvador Dalí,
Figueres.

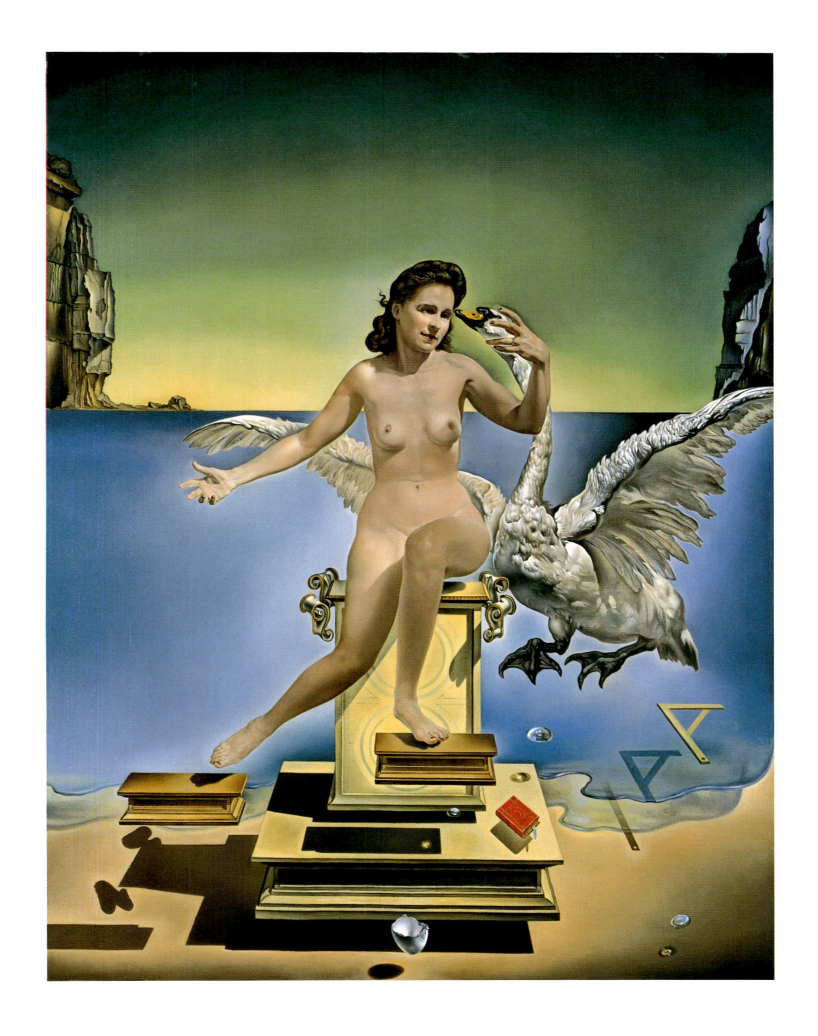

⌃ Gala posando para *La Madona de Portlligat*, 1949. Colección particular.

Estudio para *La Madona de Portlligat*, 1949. Tinta china sobre papel, 13 × 10,5 cm. Colección particular.

❯ *La Madona de Portlligat* (primera versión), 1949.
Óleo sobre lienzo, 48,9 × 37,5 cm. Marquette University, Milwakee, Wisconsin.De dimensiones inferiores,
y mucho más fiel a la tradición cuatrocentista italiana que su segunda versión, esta tela presentada ante el Papa de Roma para obtener un *nihil obstat*,
abre la época mística de Salvador Dalí. Aborda el tema de la Inmaculada Concepción. La Virgen, coronada por el rostro de Gala partido en dos,
adopta una estructura triangular y carece de antebrazos. El lugar ocupado por cajones en su Venus de Milo acoge simplemente el vacío.
El Niño flota sobre un cojín aterciopelado y sostiene la cruz y la esfera, símbolo de poder terrenal, pero la sombra nos muestra cruz y mano por separado.

paisajes

FIGUERES
y el Empordà

alí, en la cumbre de su fama, repetía medio en serio medio en broma que aspiraba a ser «el mejor pintor de su provincia». La verdad es que la provincia de Girona no ha dado a la historia del arte ningún otro pintor de fama universal, pero todos los honores ganados por Dalí en Europa y Estados Unidos no tenían ningún valor para él si no podía exhibirlos en su territorio natal, la comarca del Empordà. En realidad, Dalí pintaba para su padre y los suyos, los figuerenses, y no cesó hasta conseguir un museo propio en su ciudad natal.

Ávido lector del filósofo Montaigne, seguía al pie de la letra su divisa: «El único camino para llegar a ser universal es ser ultralocal», porque esa especificidad que nos distingue del otro es la que nos devuelve nuestra humanidad. En el caso de Dalí, pronto adivinamos en sus pinturas imágenes de localidades de la comarca, como Figueres, Cadaqués, Portlligat, el cabo de Creus, las islas Medes y, en menor medida, Vilabertran, Vila-Sacra, Tonyà, Roses, Palamós y Púbol. En su permanente lucha por la ultralocalidad, al final de sus días Dalí consiguió modificar su nombramiento como marqués de Púbol en marqués Dalí de Púbol. No quería apropiarse de un territorio sino de su personalísima visión de éste.

En Figueres existe una plaza Salvador Dalí, al igual que en los aledaños de la estación de Perpinyà; no así en Barcelona. Por cierto, durante la transición a la democracia hubo una controvertida votación en el Ayuntamiento de Figueres para devolver a la plaza el nombre que tenía antes de la guerra civil, que era el de plaza del Teatro, pero la masiva reacción, local e internacional, lo impidieron *in extremis*.

Su infancia –que para muchos es la verdadera patria– en Figueres ocupa un lugar relevante en su autobiografía *La vida*

> *Paisaje, ca.* 1914. Óleo sobre cartón, 14 × 9 cm. Colección Albert Field, Nueva York.

< *Los primeros días de primavera,* 1922. Tinta china y acuarela sobre papel, 22,8 × 15 cm. Fundació Gala-Salvador Dalí, Figueres.

secreta (1942), su nacimiento en el número 20 –actualmente, el número 6– de la calle Narcís Monturiol –socialista utópico e inventor del submarino–, y su traslado, en 1911, a un piso en la esquina de la misma calle con la plaza de la Palmera. Desde una ventana de este piso pintaría en 1926 su cuadro *La muchacha de Figueres*, en el que vemos la nuca de una muchacha cosiendo en la terraza de su casa,

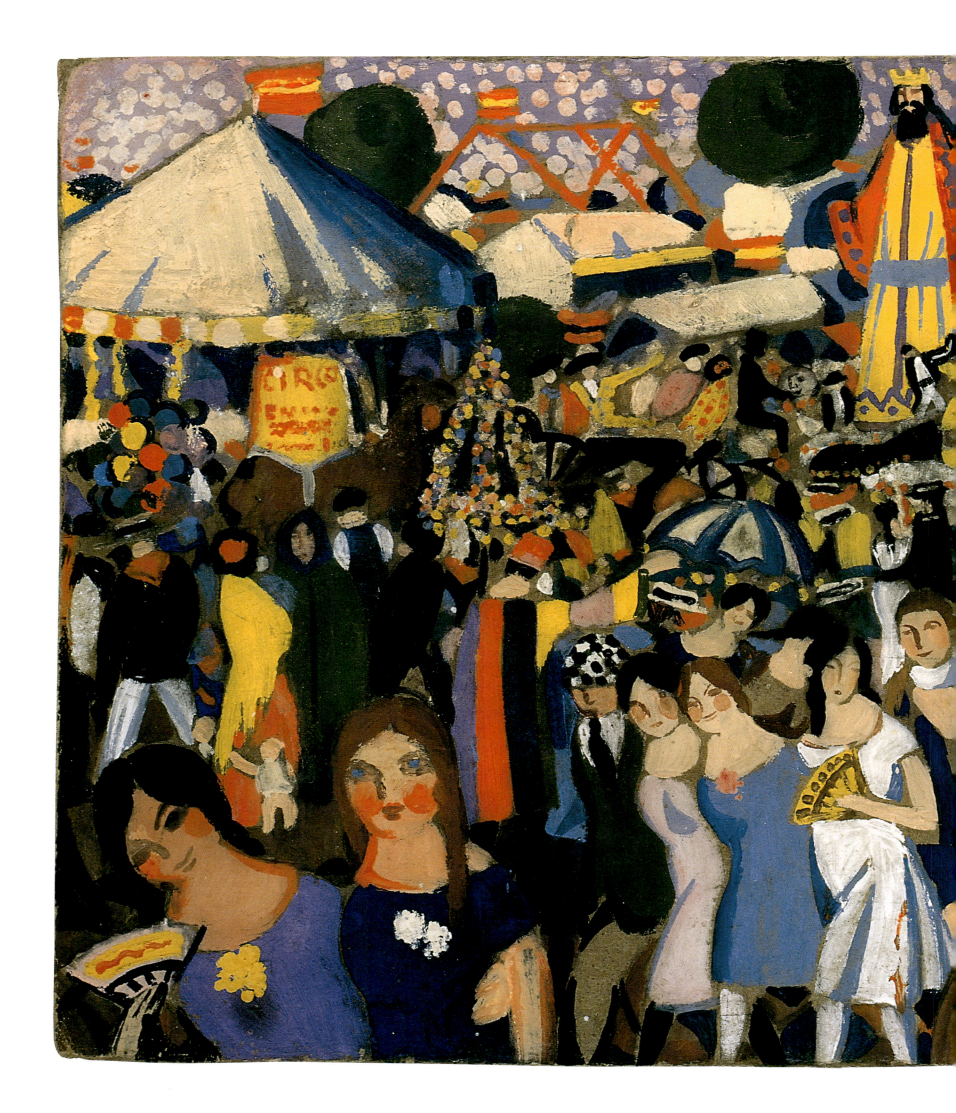

con la plaza al fondo, un cartel de la casa Ford que había enfrente, la cordillera de Roda y, a la izquierda, el colegio de las Francesas, donde estudió su hermana Anna Maria.

Poca gente de Figueres sabía de *La vida secreta*, porque el libro no apareció publicado en España hasta 1981. Así, Butxaques, de quien Dalí niño estaba enamorado, era Joan Butxaques, compañero de pupitre y de primera comunión, quien nunca se enteró de tal devoción. En las páginas del libro figuran también sus amigos Jaume Miravitlles, con quien Dalí compartiría cárcel en 1924, y Joan Subias, que le ayudó en la decoración de la carroza del desfile de Reyes de 1921: impresionó tanto a todo el mundo, que no hubo dudas a la hora de cortar las ramas de los árboles de la Rambla figuerense para que la carroza pudiera pasar.

En Figueres Dalí también diseñó dos carteles para las ferias de la Santa Creu, y montó una exposición de arte antiguo y moderno en la Sala Edison, la decoración de cuyas cornisas le fue encomendada.

Tras el paréntesis madrileño, en el que alternó Cadaqués con Figueres, Barcelona –donde expuso individualmente en dos ocasiones– y por supuesto la capital estatal, Dalí volvió a Figueres para escribir, junto a su amigo Buñuel, el guión de *Un chien andalou*. Buñuel estaba instalado en el piso de los Dalí, con una máquina de escribir, una botella de whisky White Horse y un paquete de Luky Strike, y Dalí en el Café Emporium bebiendo un *gin fizz*.

Durante el período de distanciamiento familiar, Dalí manifestó idéntica repulsa hacia los suyos y hacia su tierra, llegando a declarar: «Pienso en el abominable, innoble país natal donde viví mi adolescencia». Pero en el exilio, cuando redacte *La vida secreta*, recordará con nostalgia el «estimado llano del Ampurdán y su geografía única, de terrible vigor» que «ha amoldado toda la Estética de la Filosofía daliniana del paisaje». De hecho, a lo largo de su vida, sólo pintó tres paisajes que no pertenecen a su país natal: Florencia *(Paisaje pagano medio)*, las montañas de Semmerling, cerca de Viena *(La invención de los monstruos)*, y California *(Sonata de otoño)*.

Dalí fue el primer propagandista de la Costa Brava en Estados Unidos. Sólo los ampurdaneses residentes en Nueva

York, entre ellos su amigo de infancia Jaume Miravitlles, comprendían que su amigo se tomase los jueves de fiesta porque ése era precisamente el día de mercado en Figueres. Un año antes de su retorno, en 1948, firmó un boceto de su *Leda atómica* como «Dalí de Figueres», y no con el acostumbrado «Gala-Salvador Dalí», tal era su añoranza del terruño. Y en 1951 respondió a una pregunta de un periodista americano sobre la amenaza nuclear relatándole un Armaggedon apoteósico tras el cual exclamó «Visca Figueres!» (¡Viva Figueres!), festivo comentario que daría título a un editorial del *New York Times*.

Tras su vuelta apoteósica a Figueres en Cadillac, Dalí se instaló en Portlligat, pero en 1958 escogió el santuario dels Àngels, cerca de Púbol, para casarse religiosamente con Gala.

Dalí había conseguido su sueño, ser famoso ante los suyos. Lleno de orgullo, se dejaba ver por la terraza del café Astoria; comía frecuentemente en el Celler de Ca la Teta, del restaurant Duran; visitaba Can Canet, la librería de la Rambla; acudía a la zapatería Roig, para comprar sus zapatillas de veta, y a la droguería que le suministraba una goma especial para sujetar mejor su bigote.

Dos espacios cercanos a Figueres completan el paisaje daliniano: Vilabertran, cuyo pequeño lago romántico inspiró a Dalí los cisnes de Portlligat, y el Molí de la Torre, finca propiedad de Pepito Pichot, amigo paterno, donde pasó el verano de 1916, descubrió la pintura impresionista de Ramón Pichot –hermano de Pepito e íntimo de Picasso– y se enamoró de Julita, la hija adoptiva de los Pichot, cuatro años mayor que él; en su erótica *Revêrie* de 1933, que escandalizaría a los puritanos del Partido Comunista Francés, Dalí la llamaría Dulita. El Molí de la Torre es un espacio idóneo para contemplar los llanos del Empordà.

Dalí pintó también la bahía de Roses –donde había nacido su abuela– en una serie de cuadros, como *Aparición de mi prima Carolineta en la playa de Roses (presentimiento fluidico)* (1933), y el interior de aquel territorio, como *El carro fantasma* (1933), *Imagen paranoico-astral* (1935) y *Farmacéutico levantando con precaución extrema la tapa de un gran piano* (1936), cuya figura re-

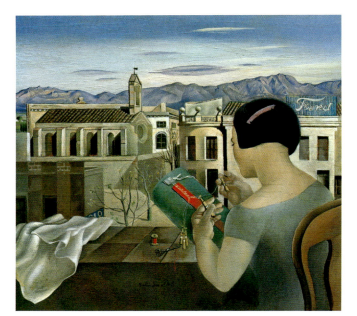

presenta al padre del historiador Alexandre Deulofeu, inventor de unas particulares «matemáticas de la historia» y propietario de una farmacia frente a la casa de los Dalí en Figueres.

Dalí pasó sus últimos años en la Torre Gorgot, transformada en Torre Galatea tras una dalinización polémica que revestiría el histórico edificio de panes y lo coronaría de unos huevos similares a los que ya empleó en su casa de Cadaqués. Durante los últimos días de su vida expresó su deseo de ser enterrado en Figueres, bajo la cúpula de su Teatro-Museo, para morir como artista ampurdanés y no como marido de Gala u hombre a secas.

^ *El carro fantasma*, 1933. Óleo sobre tabla, 19 × 24,1 cm. Colección G.E.D. Nahmad, Ginebra; antigua colección Edward James.
Si el escritor gerundense Josep Pla tuviera que escoger un cuadro de Dalí, se quedaría con éste ya que, para él, definía el paisaje de la comarca mejor que ningún otro.
El hecho de que el carro se aleje de espaldas al espectador, hacia un horizonte fantasmagórico,
responde a las técnicas escenográficas aprendidas de los metafísicos italianos y del pintor suizo Boecklin.

<small>PÁGINA ANTERIOR:</small>
La noia dels rulls (*La muchacha del Ampurdán*), 1926. Óleo sobre madera contrachapada, 51 × 40 cm. The Salvador Dalí Museum, Saint Petersburg, Florida.

EL PAISAJE DE DALÍ

En aquella época [1926] Dalí parecía un leopardo famélico. Pero todo eso eran simples hinchazones de juventud, que pasaran fatalmente. Y, en efecto, siempre que en el curso de estos años se expresó con sinceridad auténtica aparecieron enseguida sus cualidades de dibujante al servicio de su descubrimiento: del descubrimiento del paisaje del Alto Ampurdán, que ha sido, es y será la obsesión de su vida. Sobre esta base inició los primeros tanteos de sus grandes síntesis posteriores, realizados con una precisión prodigiosa, con un lúcido realismo. Cuando nosotros, los ampurdaneses, vimos aquella tartana puesta sobre el llano dilatado, bajo la bóveda del cielo limpio, despejado, reluciente e inmenso, constatamos que nuestro pintor había nacido –el pintor que había descubierto y comprendido (tan bien como un payés de la tierra) nuestro país.

A partir de este descubrimiento, Dalí ha puesto este paisaje en todas las obras que hasta ahora ha hecho. Se puede asegurar, además, que de este paisaje ya no se podrá separar nunca más, porque éste es un elemento de su formación, que ha sido amasado en sí mismo, en su real naturaleza. Más adelante, y por razones naturalísimas, creyó que se tenía que especializar en un contorno concreto de este paisaje, y sin duda creyendo que la marina de Cadaqués constituía su alcaloide más puro, se estableció allí.

Toda la pintura de Dalí está afectada precisamente por el espejismo del acercamiento –por la tendencia del paisaje a invadirnos, a aproximarse a vuestros sentidos, a hacer sentir, a través de un choque que a veces es literalmente físico, su presencia. No es un paisaje lánguido y pasivo, que se deja mirar con una displicente indiferencia, tocado por un instinto de frialdad separativa. Es, al contrario, un exabrupto que os viene a turbar, cordial o brusco, que se os fija en la pupila y ya no podéis prescindir de él. El espejismo de la cercanía, de la invasión, creado por el fenómeno meteorológico tantas veces aludido, no solamente constituye el espíritu de la tierra de este contorno, sino que es un elemento importantísimo en la pintura de Salvador Dalí. Él trató también de hacer una pintura invasora, abrumadora, una pintura que se acerca, triunfal y presente. Obedece al *genius loci* del país.

Josep Pla,
Homenots, 1958

Oliveres, 1921.
Óleo sobre lienzo, 62,5 × 82 cm.
Colección Eulalia Dalí, Barcelona.

Cadaqués
y PORTLLIGAT

Existen dos Cadaqués en Salvador Dalí: el de la infancia, ligado a la casa familiar en la zona del Llané Petit y a la figura del padre-Moisés, y el posterior a 1930, tras su expulsión del hogar paterno, ligado a su propia casa de Portlligat y a la figura de Gala, su esposa.

En 1908, don Salvador fue invitado por su amigo Pepito Pichot –miembro de un amplio clan de artistas bohemios– a su nueva residencia veraniega en la cala Es Sortell, al sur de Cadaqués. Al poco tiempo, decidió alquilar un viejo establo reacondicionado para pasar los veranos en su pueblo natal. Allí, un jovencísimo Dalí acompañaría al vecino Joan Salleras, pintor aficionado, en sus excursiones artísticas, llevándole el material y preguntando constantemente sobre aquella mágica actividad. Salleras, según la hija de éste, regaló a Dalí su primera caja de pinturas en 1914.

Según otra versión, ese mismo año apareció por Cadaqués un pintor escenógrafo alemán, Sigfrid Burmann, que venía huyendo del Marruecos francés –eran los años de la Primera Guerra Mundial– y que fue quien regaló a Dalí su primera caja de pinturas. La cuestión es que en 1914 Dalí pintaba según el estilo del alemán –salvando las distancias–, y que entre este período y 1926, según el periodista e historiador ampurdanés Josep Playá, Cadaqués aparece no menos de ochenta y dos veces en pinturas de Dalí. Un Cadaqués que delimita por el norte, con el cabo de Creus, por el sur con la cala Jònculs, al este con el mar, y al oeste con el macizo del Pení, aunque la gran mayoría de obras se limitan al área que va de la punta de Es Sortell, el hogar de los Pitxot, a la torre de les Creus, situada detrás mismo de Cadaqués.

Las vistas de Cadaqués cambian a tenor de los sucesivos cambios de estilo de Dalí: la técnica puntillista inspirada en Ramon Pichot, la técnica caricaturesco-festiva inspirada en Xavier Nogués, a la manera del paisaje mediterráneo de Joaquim Sunyer, el purismo de Ozenfant y la geometría morandiana, la nítida nueva objetividad de entreguerras, e incluso con elementos inspirados en la pintura de Arp y Max Ernst.

Desde lo alto de la ermita de San Sebastián, Dalí pintó tres temples festivos en conmemoración de la peregrinación anual. Y como Dalí no abandonó nunca una misma preocupación, desde su exilio americano inició gestiones por carta para comprar la ermita con la intención de decorarla con unos frescos dedicados al patrón de Cadaqués, símbolo de su particular visión de la estética y la sensualidad.

En Cadaqués, Dalí celebró la particular idiosincrasia de sus habitantes, en especial de Lidia Sabana, viuda de un pescador que enloqueció y se creía la protagonista de un libro del crítico de arte Eugeni d'Ors, Teresa la Bien Plantada. Su delirio paranoico inspiró el método daliniano a un tiempo que subyugó el espíritu de García Lorca.

Después de la expulsión del hogar paterno, decidido Dalí a no abandonar Cadaqués, compró a Lidia una barraca medio derruida donde sus hijos –afectados también de paranoia– guardaban las redes. A partir de entonces, el Cadaqués paterno desapareció de la escenografía daliniana y el artista se centró en su nuevo hogar, Portlligat, que significa puerto atado o cerrado, puesto que era un lugar ideal para fondear a resguardo de las inclemencias.

Aun así, Dalí pasó un breve tiempo en la casa paterna, tras una frágil reconciliación a su vuelta de América, y posteriormente se relacionó con los habitantes fijos y estaciona-

les de Cadaqués, como el artista Marcel Duchamp y el escritor Henry-François Rey, quien le dedicó un libro. El óleo *Mesa solar* (1936) nos presenta, según el fotógrafo Robert Descharnes, una mesa del Casino de Cadaqués y unas baldosas como las que Dalí acababa de mandar colocar en la cocina de su remozada barraca.

Con el tiempo, la barraca se convirtió en un laberinto coronado de huevos gigantescos, y el solitario paraje de Portlligat en centro de peregrinaje hippy. Pero en 1935, cuando Dalí pasaba allí incluso los crudos e inhóspitos inviernos en precario, y había que transportar todos los enseres a lomos

de mula o en barca, era una cala tan solitaria que el escritor J. V. Foix escribió un elogioso artículo en el que se refería a Dalí como el «solitario del Cap de Creus», una especie de asceta cuyos cuadros «descubren el misterio de nuestra geología. Sin el paisaje del cabo de Creus no hay interpretación fácil de los temas dalinianos más personales».

En el cabo de Creus rodó Buñuel *L'Âge d'or*, y ya en verano de 1930 recibió la pareja su primera visita: Paul Éluard y su nueva compañera, Nush. En el verano siguiente el invitado fue René Crevel, que aprovechó la estancia para redactar su célebre ensayo *Dalí ou l'antiobscurantisme*. En marzo de

‹ *La festa a l'ermita*, 1921. Aguada sobre cartón, 52 × 75 cm. Fundació Gala-Salvador Dalí, Figueres. La fiesta más importante de Cadaqués es la de san Sebastián. Tomando como punto de vista la ermita, desde cuyos altos pueden verse Cadaqués y el mar, Dalí centra la atención en la gitanilla vestida de amarillo, mientras que enmarca la composición con sendos oscuros cipreses. Su hermana, Anna Maria, de espaldas con una amiga, conversa con un pretendiente. Al fondo, un personaje sujeta un bebé para mostrarle el globo de papel que habitualmente se elevaba con ocasión de cualquier fiesta.

1932 pasaron por allí André Breton y Valentine Hugo, y en el verano de 1933, Marcel Duchamp y Man Ray.

Tras el exilio, muestra de la nueva orientación daliniana son las visitas que honraron un Portlligat cada vez más frecuentado: el crítico de arte Eugeni d'Ors, tras las huellas de Lidia; el ex rey de Italia Humberto de Saboya; el duque de Windsor; los multimillonarios Arturo López y Niarchos; Walt Disney, etc.

A consecuencia del boom turístico de la Costa Brava gerundense y del tirón daliniano, Portlligat empezó a urbanizarse.

Dalí reaccionó inmediatamente y, gracias a su influencia, Franco firmó en 1953 un decreto en el que se declaraba «paraje pintoresco la cala de Portlligat de Cadaqués y la zona montañosa inmediata».

Las primeras evidencias minerales del cabo de Creus en la obra de Dalí aparecen en 1929 en telas como *El gran masturbador*, *El enigma del deseo* y *Monumento imperial a la niña-mujer*. *La persistencia de la memoria* (1931) representaba, según Dalí, «un paisaje cercano a Portlligat donde las rocas estaban iluminadas por un atardecer transparente y melancólico». Y la bahía de Portlligat aparece en 1930 en

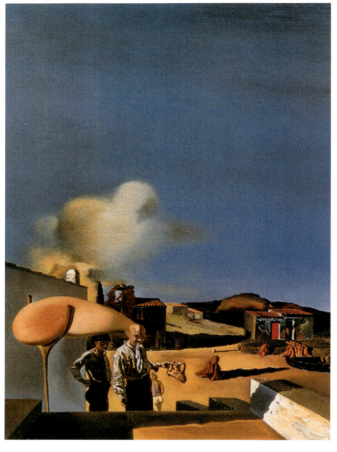

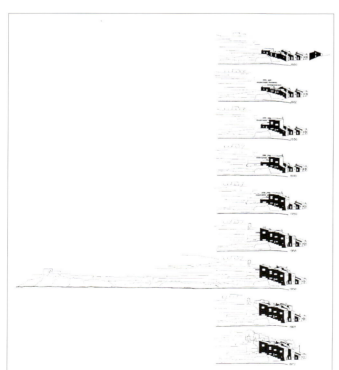

PáGINAS ANTERIORES:

⌃ *Naturaleza muerta*
(*Naturaleza muerta purista*), 1924.
Óleo sobre lienzo, 99,3 × 99 cm.
Fundació Gala-Salvador Dalí,
Figueres.

Port Alguer, 1924.
Óleo sobre lienzo, 100,5 × 100,5
cm. Fundació Gala-Salvador Dalí,
Figueres.
Obra realizada bajo la influencia
del pintor *noucentista* Joaquim
Sunyer, aunque con ligeros toques
cubistizantes. Según Rafael Santos
Torroella, se trata de Port Doguer,
no Port Alguer, ambos en
Cadaqués, aunque el título
definitivo podría ser *La iglesia de
Cadaqués a las siete de la mañana*.
Las dos figuras femeninas que
aparecen en primer término
sostienen en su cabeza el típico
doll –botijo– verde cadaquesense.

Mujer-caballo paranoica, cuadro destruido en París durante los alborotos posteriores a la proyección de *L'âge d'or*.

Al poco de volver de Estados Unidos, Dalí retomó el paisaje de Portlligat con su primera *Madonna de Portlligat*. Su etapa mística está plagada de ese escenario: *El Cristo de San Juan de la Cruz* (1951), *Corpus Hypercubicus* (1954) y *La última cena* (1955).

Todas las etapas de Dalí, mientras estuvo ligado a Gala, retoman el paisaje de Portlligat. Pero a partir del día en que Gala murió, en 1982, Dalí se trasladó a Púbol y no volvió a pisar nunca la casa junto a la que maduró como artista con voz propia. Sin Gala, Portlligat no tenía ningún sentido.

UN PAISAJE DE ESTRUCTURA

Eso que se llama y que yo llamo paisaje existe únicamente en las costas del mar Mediterráneo y en ningún otro sitio. Pero lo más curioso de todo es que el lugar donde este paisaje es mejor, más bello, excelente e inteligente se encuentra justo alrededor de Cadaqués, que, para suerte mía (soy el primero en reconocerlo), es precisamente el punto donde Salvador Dalí, desde los primeros días de su infancia, tenía que pasar periódica y sucesivamente los «cursos estéticos» de todos sus veranos.

¿Y cuáles son la belleza y la excelencia primordiales de este paisaje de Cadaqués milagrosamente bello? La «estructura»

❬ *El arpa invisible, fina y media*,
1932. Óleo sobre tabla,
21 × 16 cm. Colección particular.
En primer término, vemos a los
hijos de Lidia de Cadaqués, la
pescadora que vendió a Dalí su
cabaña; ambos están aquejados de
una incipiente locura que les
conducirá a la muerte. La expansión
craneal de uno de ellos es signo
evidente. Gala entrevista, con un
jersey como el que lucirá en
numerosos óleos de la época, se
dispone a entrar en la barraca,
mientras unas figuras misteriosas
cubiertas con tela roja añaden una
dimensión inquietante al intenso
azul del cielo.

Portlligat en 1930.

Oriol Clos: Estudio evolutivo
de la casa de Dalí en Portlligat,
resumida en nueve etapas.

¡y sólo eso! ¡Cada colina, cada perfil rocoso, podían haber sido dibujados por el mismo Leonardo! Fuera de la estructura no hay prácticamente nada. La vegetación casi es inexistente. Sólo los olivos, muy pequeños, cuya flor amarillenta, como unos cabellos grisáceos y venerables, corona las frentes filosóficas de las colinas, arrugadas por hoyos resecos y senderos rudimentarios, medio borrados por los cardos. Antes del descubrimiento de América era un país de viñedos. Después el insecto americano, la filoxera, llegó a devastarlos y con sus estragos contribuyó a resaltar más claramente la estructura del suelo, acentuada y sombreada por los muros de contención de los bancales, que cumplen estéticamente la función de líneas geodésicas que marcan el esplendor de esta cosa –que parece bajar en escalinatas múltiples e irregulares adaptadas al suelo– dándole énfasis y amplitud arquitectónica; hileras serpentinas o rectilíneas, reflejos duros y estructurales del esplendor del alma de la tierra misma; hileras de civilización incrustados en el dorso del paisaje; hileras tan pronto risueñas como taciturnas, o bien excitadas por sentimientos dionisíacos en cumbres maltratadas de divinas añoranzas; hileras rafaelescas o caballerescas, las cuales, bajando de los Olimpos de pizarra cálidos y argentinos, florecen cerca del agua en la esbelta y clásica canción de piedra, de todo tipo de piedra, hasta el granito de los últimos muros de contención de aquella tierra infertilizada y solitaria (desaparecidos sus prósperos viñedos hace ya mucho tiempo), en cuya elegíaca aspereza descansan, todavía hoy, los dos colosales pies desnudos de aquel fantasma grandioso, silencioso, sereno, vertical y penetrante que encarna y personifica todas las sangres diferentes y todas las viñas ausentes de la antigüedad.

Salvador Dalí,
La vida secreta de Salvador Dalí, 1942

el Madrid
de «LOS PUTREFACTOS»

A mediados de los años veinte, en círculos afines a las vanguardias artísticas y literarias de Madrid se puso de moda la palabra «putrefacto». Con ella se pretendía evidenciar una nueva sensibilidad muy ligada al cambio generacional.

Putrefacto era todo aquello relativo al *ancien régime*, trasnochado, sentimental y pasado de moda. Su significado abarcaba desde lo ridículo –principalmente en modas y costumbres– hasta lo *pompier* en arte. La palabra «putrefacto» venía a encarnar, pues, no sólo una ruptura generacional, sino el carácter de esta ruptura: crítica al academicismo, al romanticismo, a las formas pretéritas, pero a un tiempo sana ironía, banalización e, incluso, indulgencia cariñosa. Pero el concepto de putrefacto tenía también un trasfondo trágico, pues así eran designados los animales –básicamente, asnos y burros– cuando, tras su muerte, eran abandonados en despeñaderos, para que los devoraran las rapaces. Su visión era, probablemente, el primer contacto que tenía un niño con la muerte física y la destrucción de la carne.

❮ *Sueños noctámbulos*, 1922.
Tinta china y acuarela sobre papel,
31,7 × 24,3 cm.
Fundació Gala-Salvador Dalí,
Figueres.

❯ Reunión de la Orden de Toledo
en la Venta de los Aires, 1924.
De izquierda a derecha:
Pepín Bello, José Moreno Villa,
María Luisa González, Luis Buñuel,
Salvador Dalí y Juan Vicens.

Los estudiosos sitúan el origen de la palabra en el grupo de amigos compuesto por Salvador Dalí, Federico García Lorca, Pepín Bello y Luis Buñuel, alojados todos ellos en la célebre Residencia de Estudiantes de Madrid.

Jorge Guillén atribuye a García Lorca la autoría del vocablo y de los dibujos de figuras grotescas que lo ilustraban, dibujos que ya acostumbraba Federico a realizar en la tertulia de El Rinconcillo, en Granada, hacia 1920.

En cambio, para el poeta Rafael Alberti, por aquel entonces estudiante de bellas artes, los putrefactos de Dalí recordaban a veces «la figura esquemática de Pepín Bello», y creía que eran una invención de su gran amigo aprovechada por el de Figueres.

Tal vez el resultado final fuera una amalgama de chistes de colegio mayor y las agudas observaciones de cuatro jóvenes genios, pero cronológicamente hallamos el vocablo ya en los diarios de 1920 de Salvador Dalí, dos años antes de su ingreso en la residencia. En éstos, califica al juez de un tribunal de «tipo de Bagaría –el caricaturista–, un burro. Con Díaz –su acompañante–, lo hemos consagrado "putrefacto" inmediatamente». A continuación, lo describe como un tipo «catedrático, barrigón, gafas, bigote kaiser y punta germánica sobre la cabeza, que aunque no se ve, no hay duda de que debe estar».

Durante un corto período, entre 1924 y 1926, buena parte de la correspondencia privada de Dalí está llena de deliciosos dibujos de pequeño y mediano formato descaradamente irónicos, con trazos cubistas y una *joie de vivre* en extremo ingenua. En cierto modo podríamos comparar el trato entre cínico y afectuoso que Dalí otorga a sus putrefactos

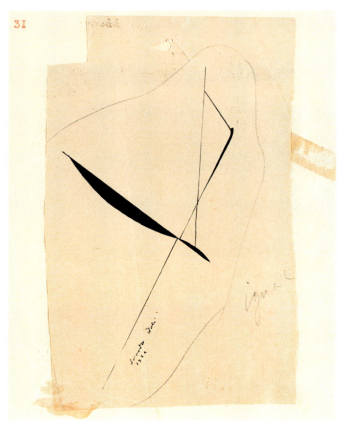

‹ *La caza / La pesca*, 1924.
Tinta china sobre papel,
21 × 16,5 cm. Museo Nacional
Centro de Arte Reina Sofía, Madrid.
Cazadores y pescadores,
exagerados en los relatos de sus
hazañas, son dos de las tipologías
favoritas de putrefactos.
Se trata de actividades deportivas
a las que cabría contraponer
otras más acordes con los nuevos
tiempos, como el boxeo o las
carreras de automóviles.

Heliómetro para sordos, 1924.
Tinta china y lápiz sobre papel,
27 × 21,5 cm. Colección Pont,
Barcelona.
Este heliómetro para sordos
es una de las pocas «astronomías»
conservadas que debían aligerar,
en el libro de los putrefactos,
la carga de sentimentalidad.

‹ *Radicals i socialistes*, 1925.
Tinta sobre papel, 7,5 × 8 cm.
Colección Pont, Barcelona.

› *Lectors de* La Veu
de Catalunya, 1925.

Crucifixión 2, 1925.

La pesca 3, 1925.
Tinta china, pluma y
lápiz sobre papel,
17,5 × 17,5 cm.
Colección Pont, Barcelona.

Viva Russeau [sic], 1925.
Tinta sobre papel, 21 × 16,5 cm.
Museo Nacional Centro
de Arte Reina Sofía, Madrid.
El «aduanero» Rousseau era
considerado, por el círculo de Dalí,
como el pontífice de la putrefacción.
Esta composición fue realizada
con motivo del ingreso del primer
lienzo del pintor naif en el
museo del Louvre de París.

La pesca

con el cariño y la ironía con que Cervantes observa a su trasnochado Quijote.

Dalí, en carta a Federico García Lorca, define por contraste el tono y alcance de sus putrefactos: «Grosz (alemán) y Pascin (francés) han pretendido dibujar ya la putrefacción; pero han pintado por ejemplo al señor tonto; con odio, con saña, con rabia; en un sentido (social). Por lo tanto han llegado nada más a la primera capa […]. Nosotros, todo lo contrario […] hemos llegado a la lírica de la estupidez humana; pero con un cariño y una ternura tan sincera hacia esa estupidez casi franciscana».

Las tipologías más frecuentes de putrefactos contemplaban tipos como el pintor *naïf* Henri Rousseau, «pontífice de la putrefacción», funcionarios y catedráticos, todo tipo de melenudos y bigotudos, militares, «cristos», absurdas «paternidades», estamentos militares, políticos conservadores, lisiados, gente que pasa el tiempo en el café, reuniones musicales de alta sociedad, señores paseando el perro los domingos por la mañana, cazadores, pescadores y trovadores.

Al concebir el libro de *Los putrefactos*, Dalí posiblemente tuviera en cuenta tanto *La Catalunya pintoresca* (1919) como *50 ninots* (1922), del ilustrador catalán Xavier Nogués, en quien se había inspirado en 1922 en su época de los temples. Ambas obras pretendían ridiculizar actitudes trasnochadas y ridículas muchas veces consecuencia de arrebatos de estupidez, en amables imágenes. Para desinfectar el libro de tanta putrefacción, Dalí tenía pensado incluir seis dibujos estilizados y geométricos, titulados «Invitación a la astronomía».

Tanta importancia cobró el vocablo inspirado por Dalí que en 1925 decidió editar un libro con sus mejores dibujos y con prólogo de Federico García Lorca. El libro nunca llegó a ver la luz debido a las desavenencias estéticas y afectivas expresadas tanto en la *Oda a Salvador Dalí* (1926) lorquiana como en el programático artículo de Dalí «San Se-

bastián», de 1927. El óleo de Dalí *Cenicitas*, que comenzó a pintar en verano de 1927 y terminó en 1928, representa la encarnación pictórica de los divergentes puntos de vista de ambos creadores.

La palabra «putrefacto» tuvo su momento de gloria y pronto pasó al olvido. Dalí evolucionaría hacia una particular estética de la putrefacción que le habría de conducir al surrealismo. Aun así, hasta 1948, hallaremos aisladas reminiscencias de estas graciosas caricaturas en ilustraciones dalinianas de su etapa en América.

POÉTICA DE LA PUTREFACCIÓN

El lado contrario del vidrio de multiplicar de San Sebastián correspondía a la putrefacción. Todo a través de ella era angustia, oscuridad y ternura aun; ternura aun por la exquisita ausencia de espíritu y naturalidad.

Precedido por no sé qué versos de Dante, fui viendo todo el mundo de los putrefactos: los artistas trascendentales y llorosos lejos de toda claridad, cultivadores de todos los gérmenes, e ignorantes de la exactitud del doble-decímetro graduado.

Las familias que compran objetos artísticos para el piano, el empleado de obras públicas, el vocal asociado, el catedrático de psicología… No quise seguir.

El delicado bigote de un oficinista de taquilla me enterneció.

Sentía en el corazón toda su poesía exquisita y franciscana. Mis labios sonreían, a pesar de tener ganas de llorar. Me tendí en la arena. Y las olas llegaban a la playa con rumores quietos de *Bohémienne endormie*, de Henri Rousseau.

Salvador Dalí,
«San Sebastián», *Gallo*, Granada,
febrero de 1928

❯ *Gran Arlequín y pequeña botella de ron*, 1925. Óleo sobre lienzo, 198 × 149 cm. Museo Nacional Centro de Arte Reina Sofía, Madrid (Legado Dalí). Curioso cuadro de transición, representa al único tipo putrefacto trasladado al lienzo. El título de Arlequín se refiere a una de las tipologías adoptadas por Salvador Dalí para representarse, en este caso con el añadido de la pipa apagada. Elementos de la estética purista perseguida por el autor en su etapa madrileña son el vaciado de la botella de ron en primer plano, las cartas de amor y la estilizada flauta-vara de medir. El mar del fondo recuerda, de forma simplificada, el que había aparecido en la mayoría de sus autorretratos, con el añadido de dos nubes «a lo Mantegna», las mismas que sugerirán el célebre corte en el ojo de *Un chien andalou*. La inquietante sombra detrás del Arlequín corresponde a su amigo Federico, vestido de Pierrot. La composición explota la ilusión del cuadro dentro del cuadro mediante un hábil juego de planos y sombras.

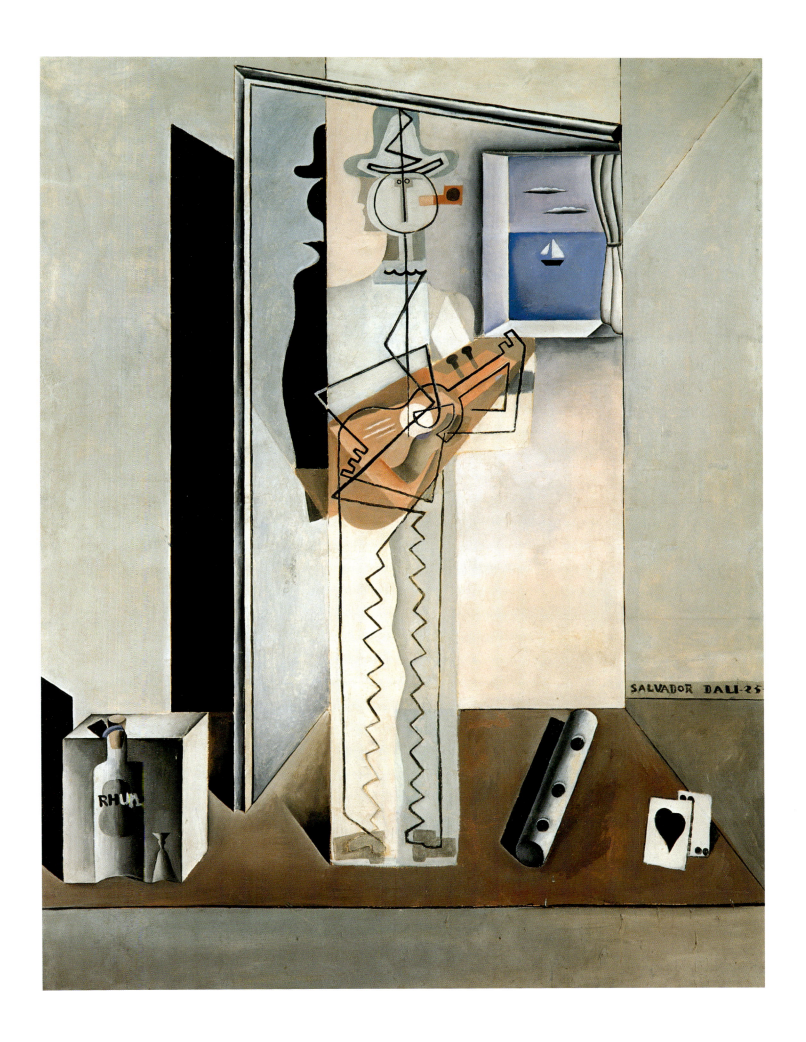

la ruta DALÍ

‹ *Poesía de América*, 1943.
Óleo sobre lienzo,
116 × 79 cm.
Fundació Gala-Salvador Dalí,
Figueres.
Una de las primeras, por no decir
la primera, incorporaciones de una
botella de coca-cola como
elemento pictórico, veinte años
antes de que Warhol retomara
la idea. Se trata de una composición
inspirada en la pintura metafísica
de De Chirico y en los maestros
renacentistas italianos. El paisaje
es ampurdanés, pero el resto
de elementos se conjuran
inquietantemente, como el blando
continente africano colgando del
reloj de la torre, el joven lancero
meditativo, y los dos personajes
centrales: de la espalda de
uno nace un hombre nuevo y
atlético, mientras esconde su rostro
ante una figura humana sin rostro
ni manos, que deja a la vista
un filón de peluche. Posiblemente
se trate de una reflexión sobre
la negritud en el nuevo mundo,
y su problemático futuro.

esde su expulsión del hogar paterno en 1929, Dalí no tuvo domicilio fijo. Cuando logró acondicionar su barraca de Portlligat, y aun cuando llegó a ampliarla considerablemente, los crudos inviernos y la enfurecida tramuntana convirtieron ese idílico lugar en desolado infierno capaz de volver loco al más cuerdo.

A partir de entonces Dalí intentó trazar una ruta lo más monótona posible para marcar su rutina anual. Los vaivenes de la fortuna no le permitieron llevar una vida estable hasta su triunfo definitivo en Estados Unidos, a partir de 1940. Mientras, alternó Portlligat con diversos domicilios en París: el lujoso apartamento que Éluard había preparado para Gala en el número 30 de la rue Becquerel, el funcional edificio del número 33 de la rue Gauguet, en el proletario barrio de Montrouge, donde Dalí dispuso por primera vez de un verdadero estudio, y cuyas habitaciones pintó cada una de distinto color, y finalmente, en octubre de 1937, estabilizada su situación económica, el suntuoso piso del número 88 de la rue de l'Université, en cuyo vestíbulo aparcaron un enorme oso polar disecado, regalo del mecenas inglés Edward James. Este oso acabaría decorando el recibidor de Portlligat tras haber pasado por distintas coloraciones.

Dalí se acostumbró pronto a pintar en domicilios ajenos y habitaciones de hoteles. Habitualmente, reservaba una habitación para tales menesteres en mansiones italianas, como Villa Cimbrona, en Rapallo, propiedad de su mecenas Edward James, o en la Costa Azul francesa, como La Posa, residencia de Coco Chanel en Rocabruna. Asimismo, en establecimientos hoteleros pedía una habitación suplementaria para instalar un estudio, como el Hotel du Château, de Marsella, donde se alojó con Gala en 1929 y donde empezó a pintar, utilizando una silla como caballete, *El hombre invisible*.

Tras huir del avance nazi, Gala y Dalí se instalaron en la mansión de Caresse Crosby, Hampton Manor, en Virginia. Allí coincidieron con Henry Miller y Anaïs Nin, con la que Dalí hizo buenas migas. Una noche el marido de Caresse, en trámite de divorcio, se presentó borracho, a caballo y disparando al aire, como un auténtico *cowboy*. Para acabar de convencer a los inquilinos de que debían abandonar la casa, amenazó con quemar los cuadros de Dalí, lo que sin duda surtió *ipso facto* el efecto deseado.

Durante el período 1940-1948, el matrimonio Dalí pasó todos los veranos en el Del Monte Lodge, un lujoso hotel en la costa de Monterrey (California); Dalí alquiló un hermoso estudio rodeado de jardín en Carmel, a pocos kilómetros de allí. Los inviernos eran para exponer y hacer vida social en Nueva York, en el hotel Saint Moritz primero y más adelante en el lujoso Saint Regis, en la calle 55 con la Quinta Avenida, muy cerca de Central Park y el Rockefeller Center. Hombre de costumbres fijas –se ahorraba así la duda de qué tocaba hacer en cada momento, y sabía qué esperar de cada situación y lugar–, ocupó siempre la *suite* 1016 de la primera planta. Durante esta época olvidó un tanto sus paisajes ampurdaneses para pintar caros y relamidos retratos de magnates norteamericanos cargados de relojes blandos y demás adminículos dalinianos.

Al volver a Portlligat en 1948, inauguró una particular ruta migratoria según la cual, de finales de marzo a mediados de octubre, el matrimonio residía en su solitario paraíso: Dalí pintaba de sol a sol, llevando una vida casi monástica, con breves escapadas a Barcelona, donde se hospedaba en el hotel Ritz, a Madrid, donde se hospedaba en el Palace, y a Roma. En noviembre, cuando Cadaqués se volvía menos habitable, Gala organizaba las maletas y empaquetaba las te-

las mientras Dalí leía tumbado en la cama. Cuando todo estaba cargado en el Cadillac, Gala gritaba: *«Tout est à point, mon p'tit Dalí! Allons! Il faut partir!»*. Dalí cogía su abrigo, se despedía del servicio, y arrojaba unas monedas al mar para asegurar el regreso en primavera.

De allí, iban a la estación de Perpiñán, donde cogían el tren hasta París. Más adelante, Dalí desarrollaría una particular teoría sobre dicha estación, asegurando que era el centro del universo, y la causa de que, a tenor de la teoría de la deriva de las placas tectónicas, España no estuviera pegada a Australia.

En París, los Dalí pasaban un par de semanas en el hotel Meurice, cerca del Museo del Louvre. Siempre se alojaron en la *suite* 106-108, que da al parque de las Tullerías, se trata de la *suite* real, pues en ella se alojó por primera vez Alfonso XIII en 1907, a la edad de veinte años, y a ella volvió durante su largo exilio. El marco es impersonal: muebles estilo siglo XVII, artesonado azul claro, pesados cortinajes, es-

pesas moquetas y un lujo anónimo. Actualmente la habitación más sencilla cuesta unos seiscientos euros por noche. Por la tarde, Dalí recibía a fotógrafos, editores, periodistas, galeristas, científicos y una cada vez más numerosa *troupe* de fenómenos de feria y modelos ambiciosos.

De París se dirigían al puerto de Le Havre, de donde embarcaban rumbo a América en una travesía que duraba unas dos semanas. Tanto al embarcar –siempre en transatlánticos como el *France* o el *Queen Elizabeth*– como a la llegada, les esperaba un alud de periodistas sedientos de declaraciones dalinianas. Las compañías navieras renunciaban a cobrar pasaje a los Dalí a cambio de la propaganda que su presencia a bordo suponía, y a veces el pintor se dignaba incluso a hacerles alguna publicidad para sus revistas.

Al desembarcar en Nueva York, Dalí desembalaba toda la pintura realizada en el verano cadaquesense pensando en las grandes fortunas americanas. Siempre organizaba una gran exposición que liquidaba a precios astronómicos.

^ *Retrospective utilisation of aranarium*, 1946.
Tinta y pluma sobre papel.
30 × 22,5 cm.
Colección particular.

> *Happening* de Salvador Dalí en su suite del Hotel Meurice de París, *ca.* 1960.

Publicidad para el trasatlántico *SS America, ca.* 1950.

Curiosamente, no le permitían subir visitas a su suite del Saint Regis, así que Dalí cerraba sus negocios en el bar del hotel. Normalmente, prefería cenar fuera, en el Laurent, La Grenouille o Le Cirque, pero en fechas señaladas acudía al restaurante del hotel, donde podía toparse con celebridades como Warren Beatty, Paloma Picasso, Andy Warhol, Mick Jagger o Diana de Fürstenberg.

Según el escritor Henry-François Rey, Dalí quería «abolir el azar en la vida cotidiana» mediante esta peculiar ruta migratoria, monótona hasta la saciedad, aunque amenizada por la cada vez más esperpéntica «Corte de los Milagros» de que se rodeaba: modelos por horas, enanos, transexuales con o sin título de nobleza, gemelos y simples aduladores chupasangre.

Su apoderado americano, Michael Stout, se quejaba: «Con sus travestidos, sus modelos estrafalarios, de vestidos estrambóticos, Dalí se gasta 3.000 dólares un domingo en el Trade Vic's de Nueva York con compañías pagadas y otras gentes que acuden a aprovecharse de la ocasión. Todo muy pretencioso pero vacío». Pero, como advierte acertadamente el peluquero Lluís Llongueras, «era ésta la diversión que llenaba al gentío». Ser Dalí todos los días no estaba al alcance de cualquier mortal.

UNA HOJA DEL DIARIO DE DALÍ

Portlligat, 1 de septiembre de 1958

Es difícil mantener despierta la atención del mundo por más de media hora seguida. Yo he conseguido hacerlo durante más de veinte años. Mi lema ha sido: «Que se hable de Dalí, aunque sea para bien». He logrado por espacio de unos veinte años que los periódicos publiquen las noticias más fantásticas de nuestra época, enviadas por teletipo:

París. – Dalí ha dado una conferencia en la Sorbona sobre «La encajera» de Vermeer y el Rinoceronte. Ha llegado en un Rolls Royce blanco conteniendo mil coliflores blancas.

Roma. – En los jardines de la princesa Pallavicini, iluminados con antorchas, Dalí renace, surgiendo de improviso de un

huevo cúbico recubierto de inscripciones mágicas de Raimundo Lulio, y pronuncia un discurso explosivo en latín.

Gerona (España). – Dalí acaba de celebrar matrimonio litúrgico secreto con Gala, en la ermita de Nuestra Señora de los Ángeles. Declara: «¡Ahora somos seres angélicos!».

Venecia. – Gala y Dalí, disfrazados de gigantes de nueve metros, descienden por las escalinatas del Palacio Beistegui y bailan con la multitud congregada en la plaza que los aclama.

Madrid. – Dalí pronuncia un discurso invitando a Picasso a regresar a España. Comienza proclamando: «¡Picasso es español –yo también! ¡Picasso es un genio –yo también! ¡Picasso es comunista –yo tampoco!».

Glasgow. – El famoso *Cristo de San Juan de la Cruz* de Dalí fue adquirido por acuerdo unánime del Municipio. El elevado precio pagado por esta obra suscita indignación y promueve una encarnizada controversia.

Barcelona. –Dalí y Luis Miguel Dominguín han decidido realizar una corrida de toros surrealista, al final de la cual un au-

❮ *La apoteosis del dólar*, 1965.
Óleo sobre lienzo, 300 × 400 cm.
Fundació Gala-Salvador Dalí,
Figueres.
Dalí ama el dinero en abstracto
porque no conoció jamás su valor
exacto. Gala era quien se encargaba
siempre de las finanzas, con los
resultados de sobra conocidos.
Por este motivo es injusto que Dalí
cargue con el anagrama de *avida
dollars* cuando es Gala la plena
merecedora de tal distinción.
Realizada con numerosos recursos
op, las columnas ondulantes del
centro, así como alguna decoración
afín, nos sugieren las elaboradas
aguas de los billetes de banco,
alrededor de las cuales Dalí siembra
un sinfín de guiños al espectador.

❮ *La estación de Perpiñán*, 1965.
Óleo sobre lienzo, 295 × 406 cm.
Museum Ludwig, Colonia.
«El 19 de septiembre de 1964
experimenté, en la estación de
Perpiñán, una especie de éxtasis
cosmogónico más fuerte e intenso
que los anteriores. Tuve una visión
exacta de la construcción del
Universo. El Universo, que es una
de las cosas más limitadas que
existen, sería, guardando todas las
proporciones, parecido por su
estrechez a la estación de Perpiñán.
De ahí partía cada año a París y
Nueva York». Para representar dicho
éxtasis, Dalí retoma el mito del
Ángelus de Millet en una particular
variante sodomita, añade
un Cristo crucificado, su propia
figura elevada al cielo por cuatro
potentes rayos de luz, y unos
vagones de tren alusivos a la
estación.

togiro, vestido de infante con un traje diseñado por Balenciaga, se llevará al cielo el toro sacrificado, que será inmediatamente depositado sobre la montaña de Montserrat para ser devorado por los buitres.

Nueva York. –Dalí desembarca en Nueva York vestido con un traje de astronauta de oro, en el interior del famoso «ovocípedo» de su invención: esfera transparente, nuevo medio de locomoción basado en los fantasmas provocados por los paraísos intrauterinos.

Salvador Dalí,
Diario de un genio, 1964

el TEATRO-MUSEO,
como paisaje interior

El Teatro-Museo Dalí es uno de los museos más visitados de España. Curiosamente, nunca hubiera existido si no fuera por la tenacidad de Ramon Guardiola, alcalde de Figueres, y la generosidad e inventiva del propio Dalí.

Cuando Ramon Guardiola fue designado alcalde de Figueres en 1960, creyó conveniente incluir una sala dedicada a Salvador Dalí en el entonces ya existente Museo del Ampurdán. En mayo de 1961, mediante un amigo común, el fotógrafo figuerense Melitón Casals, se decidió finalmente a hacerle llegar dicha propuesta al cada vez menos «solitario de Portlligat».

Dalí, haciendo honor a su condición de imprevisible, respondió que lo mejor no sería una sala monográfica, sino un museo entero, para el cual, además, ya había escogido el emplazamiento, el viejo Teatro Municipal de Figueres; las razones de la elección eran tres: él se consideraba un pintor eminentemente teatral, el edificio se hallaba ante la iglesia donde fue bautizado, y en un salón de su planta noble había realizado, en 1918, su primera exposición.

En agosto de ese mismo año la ciudad le rindió un homenaje en forma de corrida de toros surrealista, recuperando así un viejo proyecto según el cual un submarino debería emerger en medio de la plaza, mientras que un helicóptero se llevaría volando el cadáver del toro para depositarlo en la cima de Montserrat, la montaña-santuario de Cataluña, para ser devorado allí por las aves carroñeras. Finalmente, la corrida hubo de prescindir de tales exquisiteces y limitarse a la explosión controlada de un toro de yeso esculpido por Niki de Saint-Phalle y Jean Tinguely. Cuando el acto concluyó, la comitiva se trasladó a las ruinas del Teatro Principal para anunciar la apertura del futuro museo, que según palabras del propio Dalí «será el único museo surrealista del mundo. El estado del local es maravilloso, no hay que reparar nada. No habrá ninguna obra original». El museo había sufrido un incendio accidental tras la entrada de las tropas franquistas al final de la guerra civil, que lo había dejado en ruinas. Pero la idea de no querer hacer obras de reforma le venía del Salón de las Cariátides del Palacio Real de Milán, bombardeado durante la guerra, donde había realizado una exposición.

De todos modos, quién sabe si el verdadero detonante del museo daliniano no fue otro que el hecho de que su eterno rival, Picasso, fuera a abrir un museo en Barcelona, tras una serie de gestiones realizadas por el secretario del pintor malagueño, Jaume Sabartés, y un grupo de amigos del arte barceloneses. La cuestión es que el Museo Picasso se constituía en julio de 1960 por acuerdo del Ayuntamiento de Barcelona y se inauguraba en 1963. Seguramente no sea casualidad que Joaquín Ros de Ramis, arquitecto ampurdanés y autor de la remodelación del Palau Aguilar, sede del Museo Picasso, firmase también –junto a Alejandro Bonaterra– el proyecto del nuevo Teatro-Museo de Figueres.

Dada la «peculiar» personalidad de Dalí, existían numerosas reticencias por parte de los habitantes de Figueres, y de los responsables del Ministerio de Bellas Artes, para llevar adelante y financiar el proyecto. Después de pasar por el Ministerio de Turismo, el proyecto acabó siendo financiado por el Ministerio de la Vivienda, gracias a una subvención destinada a la reconstrucción de edificios demolidos durante la guerra civil. Se diría que el surrealismo daliniano hubiera contagiado a la administración del régimen franquista.

Finalmente, en junio de 1970, el Consejo de Ministros, reunido en el ampurdanés castillo de Perelada, aprobaba la

construcción del museo, que sería inaugurado en 1974. El presupuesto de la obra ascendía a 12.212.168 pesetas (poco más de 73.000 euros).

Las obras se iniciaron en octubre de 1970. Antes de que finalizara el año, Dalí inauguraba el fragmento central de la pintura que iluminaba el techo del salón del teatro, actualmente llamado Palacio del Viento.

En 1972, Dalí había decidido «empezar la casa por el tejado» colocando una cúpula geodésica a la manera de las diseñadas por el arquitecto Samuel Fuller en Estados Unidos. Al final, se encargaría de ello el joven arquitecto español Pérez Piñero, quien murió ese mismo año en accidente de tránsito. Con el tiempo, este elemento arquitectónico se ha convertido en emblema del Teatro-Museo, así como de la ciudad de Figueres.

El sábado 28 de septiembre de 1974 se inauguró el museo ante una avalancha de invitados, periodistas, artistas, gente del mundo de la cultura y la política y simples curiosos. Dalí donó algunas piezas, dejó en depósito otras de su propiedad, reconstruyó algunas que consideraba dignas de ser recordadas y que, por su fragilidad, habían desaparecido, y realizó ex profeso algunas más.

La importancia del Teatro-Museo Dalí radica en el conjunto, en su totalidad, ya que las obras, por indicación expresa de Dalí, no están ordenadas ni cronológica ni temáticamente. En el fondo se trata de un gigantesco *work-in-progress* inspirado en el concepto duchampiano de *ready-made*, o sea, la perversión objetual para, desde su descontextualización, adquirir un nuevo significado.

Durante este período, el matrimonio formado por Reynolds y Eleanor Morse, los mayores coleccionistas del pintor, de-

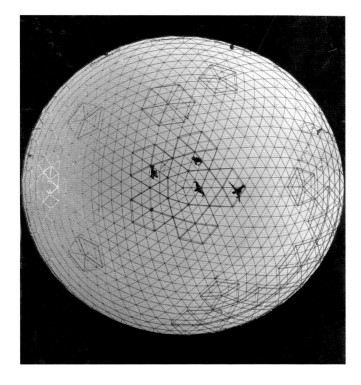

> Operarios trabajando en la instalación de la cúpula del Teatro-Museo Dalí. Foto: Meli. Ya en 1964 Dalí anunciaba a la revista *Time* que las obras de su museo empezarían por el techo, parafraseando un dicho popular catalán que condena las iniciativas desordenadas al fracaso. En esas mismas declaraciones, Dalí añadía que el museo se empezaría con la instalación de una espectacular cúpula de Fuller, reticular y transparente, sobre el escenario del teatro. Finalmente, se encargaría del proyecto el arquitecto español Emilio Pérez Piñero, por cuyo trabajo Dalí mostró gran entusiasmo. Las obras se iniciaron en octubre de 1970, y en 1972 Piñero moría víctima de un accidente de circulación. Dalí hubiera querido instalar la cúpula mediante un helicóptero, pero al final ésta fue colocada a la manera tradicional.

Dalí visita las ruinas del Teatro-Museo. Foto: Meli.

Instalación del Cadillac en el patio de butacas. Foto: Meli.

Dalí, pintando los frescos del Palacio del Viento. Foto: Meli. Al mes de haberse iniciado las obras del Teatro-Museo, Dalí inauguraba el fragmento central de la pintura que iluminaba el techo del salón del Teatro, actualmente Palau del Vent. Los frescos fueron ejecutados, en buena parte, por Isidoro Bea, el consumado escenógrafo y ayudante de Dalí desde 1955.

› Vista de la sala del dormitorio,
con accesos al Palacio del Viento.

cidieron liberar su hogar de Cleveland creando el primer Museo Dalí, que fue inaugurado por el pintor en 1971. Ante la avalancha de visitantes, se decidiría el traslado del museo a Saint Petersburg, Florida, donde abriría sus puertas en marzo de 1982. Como museo, atesora más óleos de Dalí que ninguna otra institución, y éstos están ordenados cronológicamente, por lo que podríamos concluir que es mejor museo que el de Figueres, pero también es menos daliniano, en el sentido amplio de la palabra.

El Teatro-Museo de Figueres es el verdadero paisaje interior del artista: en él se pueden adivinar su fobia a la muerte y al contacto sexual, su amor por la evidencia oculta, su particular concepción de la vida y del arte, entender el fenómeno de la luminosidad de la comarca e incluso sentir su poderoso viento purificador, la tramuntana. Los períodos mejor representados son los años veinte (14 obras), los sesenta (13 obras), los setenta (28 obras) y los ochenta (63 obras). En su caos sistematizado podemos admirar algunas de las obras que Dalí regalaba a su amada Gala por su cumpleaños, su rica colección particular de artistas de distintos períodos, como Duchamp, El Greco, Meissonier, Piranesi o Modest Urgell, e incluso espacios cedidos a otros artistas ampurdaneses de generaciones posteriores, como Antoni Pitxot. En cierto modo, las obras, sea cual sea su autor, una vez colocadas en el museo pasan a ser de Dalí, de ese Dalí cuyo mandala rezaba «todo me influye, nada me cambia».

GÉNESIS DE UN MUSEO

Sin prisas, pero sin pausas. Así se va haciendo el museo de Figueres, conservando la estructura de un antiguo teatro. Dalí espera que se concluya dentro de algunos años: «Tres años es lo que se ha fijado el Ministerio de la Vivienda para la reconstrucción y acondicionamiento. Pero como yo soy tan paradójico, quise que se pegase la parte central del techo sin importarme el resto de las obras. Es la parte en la que Dalí vierte su oro sobre los pobres y las cabezas de los visitantes».

Alguien pensó que en Figueres quedaría un poco condenado a la falta de visitantes este museo. Dalí opina todo lo contrario: «Hay que pasar por Figueres para ir y venir a y de la Costa Brava. Es el paso obligado hacia la frontera francesa. Por otra parte, es un acontecimiento para Figueres y no olvidemos que yo soy ultralocalista. Cuanto más tenga que molestarse la gente en ir y venir para ver mi museo, mucho mejor. Mi museo será todo lo contrario del Picasso. El de Picasso es un museo maravilloso, didáctico, en el cual se enseña no sólo la obra, sino la manera de trabajar del pintor. La gente se enterará de su pasión por Velázquez, de cómo lo quiere, de cómo ha interpretado «Las Meninas». En cambio, el mío, es un museo ab…so…lu…ta…men…te… teatral…».

Me muestra unos planos. «Ya ves… el museo, para empezar, se hace un teatro. Es un teatro ya clásico, el Principal de Figueres. En él hice yo mi primera exposición. En cada uno de los palcos del teatro habrá esculturas surrealistas. Mi obra estará iluminada por un sistema de «tercera dimensión» que yo he descubierto. La gente que acuda a ver lo expuesto, saldrá con la impresión de haber tenido un sueño teatral. Mucho más que de haber estado en un Museo».

Da suma importancia a la cúpula. «Es una cúpula poliédrica para cubrir un espacio trapezoidal del Museo Dalí. La realiza un genio máximo de la arquitectura, un español que se llama Emilio Pérez Piñero. Esta cúpula, esta arquitectura, será el anti-Partenón». Porque a Dalí la idea del Partenón le irrita: «El Partenón es el símbolo de la República. Es una cosa que se llena siempre de telarañas, de caca de golondrina. En cambio, la cúpula es hereditaria y eterna. Por eso he escogido una cúpula que, como la Monarquía, es lo más moderno que existe en el mundo y lo más legítimo».

Antonio D. Olano,
«Tres años se tardará en montar el Museo Dalí»,
en *Mediterráneo*, Castelló, 3 de febrero, 1971

> Torre Galatea. Fachada en
«carne de gallina»,
con panes triangulares,
diseñada por Dalí en 1983.

etapas

FORMACIÓN

os primeros veinticinco años de la vida artística de Salvador Dalí arrancan con unos cisnes raspados sobre la madera de una mesa en el domicilio familiar de Figueres, y culminan el verano de 1929 en Cadaqués con la asunción a un tiempo de su personalidad artística y de su identidad sexual, materializadas en el óleo *El gran masturbador*.

El descubrimiento de las técnicas y estilos artísticos lo realiza el joven Salvador devorando los pequeños manuales de la Gowans's Art Books, acompañando en Cadaqués a su vecino, el pintor aficionado Joan Salleras, y descubriendo el arte de un excelente pintor escenógrafo refugiado allí durante la Primera Guerra Mundial: Sigfrid Bürmann. Existen diferentes versiones, aunque ambas podrían ser ciertas, sobre quién de los dos –Salleras o Bürmann– regaló la que habría de ser la primera caja de pinturas de Salvador Dalí. El caso es que en 1914 empezó a pintar influido por lo que había visto hasta entonces.

En 1916, una breve estancia en el Molí de la Torre, propiedad de Pepito Pichot, compañero de estudios y amigo íntimo de don Salvador, le reveló el impresionismo de la mano de Ramon Pichot, hermano de Pepito e íntimo amigo de Picasso. A partir de entonces, y prácticamente hasta 1921, Dalí pintó influido por el posimpresionismo catalán, a veces con leves toques de los paisajistas Meifrén y Joaquim Mir.

En otoño de 1916, Dalí asistió al Instituto, donde un excelente profesor de dibujo formado en la Academia de Bellas Artes de San Fernando, de Madrid, le enseñó los secretos del grabado y el dibujo al carboncillo. Cadaqués, pintado en intensas campañas estivales, era el tema favorito de Salvador en este período.

A partir de 1921, las obras de Dalí muestran la influencia de las corrientes *noucentistes* catalanas que, como reafirma-

ción de la personalidad artística y cultural de la renaciente cultura local, buscaban exaltar la mediterraneidad. Así pues, realizó una serie de estampas populares y festivas usando témperas, a la manera de los frescos de tema báquico que acababa de realizar el pintor Xavier Nogués sobre los muros de la bodega de las Galeries Laietanes, de Barcelona. También imitó la estructura y el color cezannianos del pintor suburense Joaquim Sunyer, máximo exponente del *noucentisme* pictórico; desnudos femeninos en floridos paisajes mediterráneos, maternidades, árboles extremadamente sintetizados, fruta, cabras, équidos y pájaros autóctonos dan como resultado una idílica arcadia cadaquesense.

Breves experimentos cubofuturistas, dulzonas composiciones a lo «Picasso azul» e incluso experimentos fauvistas a la manera de Matisse conforman el último Dalí antes de su ingreso en la Residencia de Estudiantes, de Madrid, en septiembre de 1922.

Una vez allí, el cubismo purista de Juan Gris y Ozenfant, entrevisto en las páginas de la revista *L'Esprit Nouveau*, la pintura metafísica de Morandi, ilustrando a menudo la revista italiana *Valori Plastici*, y una lenta evolución hacia la estética de la «nueva objetividad» desembocarían en la etapa Anna Maria, principal tema de su primera exposición individual, que tendría lugar en las Galerías Dalmau en 1925. Suscriptor de *L'Humanité* y, desde 1924, asiduo lector de Freud, ese mismo año se «destaparía» pintando los magníficos *Port Alguer*, *Retrato de Luis Buñuel*, *Sifón y botella de ron* y, en 1925, *Muchacha de espaldas*, *Figura en una ventana*, *Venus y un marinero* y *Départ. Homenaje al noticiario Fox*.

A finales de 1926, tras su expulsión –premeditada largamente, como todo en Dalí– de la Escuela de la Real Academia de Bellas Artes de San Fernando, cruzó el umbral de una nueva estética, antítesis y fruto de su ambigua relación con el poeta andaluz Federico García Lorca, plasmada en el magistral artículo «Sant Sebastià», publicado en verano de 1927 en la revista *L'Amic de les Arts*. Era el primer artículo de Dalí que veía la luz, tras unas breves incursiones infantiles en la revista estudiantil *Studium*, de Figueres. Fruto de esta nueva estética, en verano de 1926 pintó algunas de sus mejores obras de este período, como *Composición con tres figuras. Academia neocubista*, *La cesta de pan*, *Muchacha de Figueras*, *Venus y cupidillos* y *Figura entre las rocas*.

La época lorquiana culminó en el verano de 1927, con la visita de Federico a Cadaqués y la concienciación, por parte de Dalí, de que esa relación ya no podía ir más allá. Su característica principal es la aparición de los rostros de ambos creadores, compartiendo testa, revelando sus perfiles sombreados o disfrazándose de estatua clásica, unas veces en referencia a san Sebastián, otras a la pareja Pierrot-Arlequín. La influencia picassiana, fruto de una visita que Dalí rindió al malagueño en París en la Semana Santa de 1926, es innegable. Este rico período dio pinturas como *Naturaleza muerta. Invitación al sueño*, *Naturaleza muerta al claro de luna malva*, *Maniquí barcelonesa*, *Taula davant el mar. Homenatge a Erik Satie* y *Autorretrato desdoblándose en tres*, de 1926, y *Naturaleza muerta al claro de luna*, *Aparato y mano* y la desaparecida *La miel es más dulce que la sangre*, de 1927. Ese verano empezó a pintar también *Cenicitas*, que terminó en 1928. Esta tela, en cuyo centro figura un descarnado nacimiento de Venus, revela las divergentes estéticas de los dos amigos mediante las expresiones de sus rostros.

A principios de noviembre de 1928, Dalí anunció por carta a su amigo de la residencia Pepín Bello: «¡Llevo un maravilloso y finísimo bigotito!» . El Dalí que conocemos hoy día empezaba a asomar la cabeza.

A principios de octubre de 1928 presentó dos obras al Tercer Salón de Otoño de la Sala Parés. Una de ellas, *Figuras en una playa* –posteriormente conocida como *Los deseos insatisfechos*– fue retirada para evitar interpretaciones obscenas. Tras una agria polémica, Salvador acabó asumiendo los hechos, pero reafirmó su pensamiento en la conferencia «El arte catalán actual relacionado con la joven inteligencia más

reciente», convocada con motivo del salón. El lenguaje utilizado y la contundencia de las propuestas provocaron una animada polémica que continuó, más allá de la sala, en las páginas de la prensa local. Precisamente, con motivo de esta pequeña polémica fue entrevistado por primera vez. Hasta tres años antes de su muerte, sería entrevistado para la prensa escrita no menos de trescientas cincuenta veces.

La obra retirada del Salón de Otoño inauguraba una curiosa y breve etapa estética en la que Dalí pegaría arena de Cadaqués a una serie de telas relativas a la sexualidad femenina –representada de forma esquemática como «pedazos de carne»–, al onanismo, simbolizado por un dedo fálico o por una concha-mano, y a la muerte, representada mediante cadáveres de burros, pájaros y cabras. Alternadas con esta serie aparecen también unas pocas pinturas abstractas alusivas a los pescadores y pescadoras de Cadaqués. En todas ellas se ve la influencia de Hans Arp, Joan Miró y Max Ernst.

En enero de 1929, Dalí y Buñuel redactaron en Figueres el guión de *Un chien andalou*, que se rodaría en París en la primera quincena de abril. Una vez en París, Joan Miró le introdujo en los círculos surrealistas; conoció a Tristan Tzara, René Magritte, Hans Arp y a su futuro marchante, Camille Goemans, quien a su vez le presentó al poeta Paul Éluard. Aquel verano llegaron a Cadaqués Goemans, Magritte, Buñuel, Éluard, su esposa Gala y la hija de ambos, Cécile. En septiembre se marcharon todos menos Gala, que pasó unas semanas más con Dalí y prácticamente ya no volverían a separarse.

En ese breve período de tiempo Dalí pintó cinco obras maestras: *Le jeu lugubre*, *El gran masturbador*, *El enigma del deseo*, *Retrato de Paul Éluard* y *Monumento imperial a la mujer-niña*.

PARA EL MITIN DE SITGES

Señores,
Llevamos los zapatos mientras nos son útiles y cuando envejecen los arrinconamos y compramos otros. No hay que pedir otra cosa al arte; cuando es viejo e inutilizable para nuestra sensibilidad, hay que arrinconarlo. Se convierte en historia. El arte que hoy necesitamos, que se ajusta a nuestra

› *Cadaqués de espaldas*, 1921.
Óleo sobre lienzo, 42,3 × 53,3 cm.
Fundació Gala-Salvador Dalí,
Figueres (Legado Dalí).

medida. es ciertamente el arte de vanguardia, es decir, el arte nuevo. El arte del pasado, de todas las épocas, ha sido, créanme, el nuevo arte de su tiempo; al igual que el arte de hoy fue concebido de acuerdo con las medidas de su tiempo, por tanto, en armonía con las personas que debían servirse de él.

El Partenón no fue construido en ruinas. Fue edificado según un plano nuevo y sin pátina, como nuestros automóviles.

No llevaremos siempre sobre nuestros hombros el peso del cadáver de nuestro padre, aunque lo hayamos querido mucho, resistiéndonos a todas las etapas de su descomposición; lo enterraremos, al contrario, con respeto y conservaremos de él un gran recuerdo.

Nos gustaría ver más generalizado el elevado sentido del respeto que profesamos por el arte del pasado y, en general, por todo lo que constituye la arqueología, que nos obliga a conservar cuidadosamente la herencia de nuestros antepasados y a archivarla con exactitud y ternura antes de que su putrefacción no sea un obstáculo para nuestro confort y nuestra condición de personas civilizadas.

Aquí, sin embargo, la mierda es objeto de culto. ¿Qué es la pátina? La pátina no es más que una porquería que el tiempo acumula sobre los edificios, sobre los objetos, sobre los muebles, etc.

Aquí, no obstante, se adora la pátina. Nuestros artistas aman todo lo que el tiempo o la mano del anticuario han podido dejar sobre el objeto adorado, ese tono amarillento característico, tan repugnante, tan similar a aquel que revisten, en resumidas cuentas, las esquinas de las calles donde acuden los perros a mear tan a menudo.

Salvador Dalí, conferencia pronunciada en marzo de 1928 en el Ateneo El Centaure de Sitges. *L'Amic de les Arts*, n. 25, Sitges, 31 de mayo de 1928

SALVADOR DALI
1924

❮ *Dos figuras*, 1926.
Óleo sobre lienzo, 148 × 198 cm.
Museo Nacional Centro de Arte
Reina Sofía, Madrid (Legado Dalí).

❮ *Diálogo en la playa*
(después, *Los deseos insatisfechos*),
1928. Óleo, conchas y arena
sobre cartón, 76 × 62 cm.
Colección particular.
A lo largo de 1928, Dalí inicia
una serie de experimentos
estéticos que no tendrán
continuidad más allá de ese año.
Se trata de una serie de pinturas
referentes a sus apremiantes
deseos sexuales materializados en
«pedazos de coño», alusiones al
onanismo representado con una
mano en posición fálica, y al
sentimentalismo lírico como
pintorescos cadáveres de cabras,
peces y burros podridos.
La mayoría de estas obras
contienen, además, arena de las
playas de Cadaqués.

❯ *Carne de gallina inaugural*
(antes, *Desnudo de mujer*), 1928.
Óleo sobre tabla,
76 × 63,2 cm.
Fundació Gala-Salvador Dalí,
Figueres.

^ Líneas trazadas por el propio Dalí para desentrañar los secretos geométricos de *Venus y cupidillos*.

^ *Venus y cupidillos*, 1925. Óleo sobre tabla. 20,8 × 20,8 cm. Colección particular.

en el país
de los SUEÑOS

l Dalí de Gala es otro Dalí. Liberado de los apremios de una sexualidad imposible, su arte avanza cada vez más ligado al ideario del grupo surrealista, cuyo «Papa», André Breton, cae rendido a la genialidad de los planteamientos dalinianos.

En diciembre de 1929, Buñuel y Dalí se reunieron en Cadaqués para trabajar en su segundo filme, *L'Âge d'or*, producido por el vizconde de Noailles. Pero una disputa entre padre e hijo, motivada por la publicación de una obra de Dalí expuesta en París en la que el pintor había escrito «A veces escupo por placer sobre el retrato de mi madre», complica las cosas. Fuera de sí, don Salvador pidió a su hijo que se retractase públicamente, pero éste se negó. En consecuencia, fue bíblicamente expulsado de casa, y maldecido en unos términos parecidos a los siguientes: «Morirás solo, sin amigos y sin dinero» . Y, sesenta años después, así fue.

La pintura de Dalí experimenta con imágenes minuciosamente detalladas, ya sea disponiéndolas según una secreta gramática adivinada en *El jardín de las delicias* de El Bosco, ya desarrollando un sistema de imágenes dobles cada vez más complejo; siempre bajo el denominador común de un método paranoico-crítico en constante evolución pero cuyo mecanismo fundamental se muestra invariable: consiste en mantener una especie de conciencias estancas; mientras una de las conciencias explora en caída libre su lado más irracional, la otra evita la locura analizando lo que ocurre y trasladándolo con todo lujo de detalles sobre la tela. Se trata de un procedimiento tan espontáneo en su génesis y particular como premeditado en su resolución. En consecuencia, ningún elemento de los múltiples que inundan las telas de Dalí es gratuito.

En este desarrollo de su propia iconografía personal, siguiendo al pie de la letra los dictados de Freud, Dalí refleja el conflicto familiar vivido con su padre ridiculizando machaconamente su figura, ora como lúbrico Guillermo Tell con pechos, ora como burócrata obsesivo y siempre como castrador. Asimismo, petrifica deseos y seres vivos, al tiempo que da vida a objetos inanimados y desarrolla su obsesión por las figuras de espaldas –entrevistas en la pintura de Boecklin, Modest Urgell y De Chirico–, cárnicos espectros genuflexos, los cipreses de Figueres, caballos rampantes y demás símbolos de su impotencia, relojes blandos, huevos al plato sin el plato, los personajes de *El Ángelus de Millet* y cráneos-instrumento.

En enero de 1930, a Dalí le llegaron voces de que Goemans, su marchante francés, estaba a punto de quebrar. Gala intentó recuperar algún dinero mientras Dalí ofrecía a Noailles el cuadro que quisiera a cambio de 20.000 francos. Con el producto del intercambio, *La vejez de Guillermo Tell* (1931), Dalí compró una barraca de pescadores en Portlligat, propiedad de su amiga Lidia Sabana.

En noviembre de 1933, Dalí expuso por primera vez en Nueva York, en la galería de Julien Levy, aunque no reunió el suficiente valor para cruzar el Atlántico. En noviembre de 1934 sí asistió a la inauguración de su tercera muestra en dicha ciudad. Como no sabía inglés, su amiga Caresse Crosby –inventora del sujetador–, organizó e hizo de intérprete en su primera rueda de prensa norteamericana. Desembaló el cuadro *Gala con dos costillas de cordero en equilibrio sobre su hombro* (1933), acaparando el interés de la prensa escrita y asegurándose así el éxito mediático. Para garantizar la jugada, antes de desembarcar mandó distribuir la hoja impresa *Nueva York me saluda*.

❮ *Retrato de Paul Eluard*, 1929. Óleo sobre cartón, 35 × 25 cm. Colección particular.
Iniciado durante la estancia del poeta en Cadaqués, en el transcurso de la cual Gala y Dalí prometerán no separarse ya nunca más. La gramática daliniana acababa de tomar un nuevo giro. Las personas se «cosifican» y los objetos cobran vida. Una mano aplasta el terrorífico saltamontes en la frente de Eluard, de cuya testa emerge el león del deseo incontrolable, hacia un rostro en forma de jarrón, símbolo de la virginidad. Otra mano hunde el dedo en la llaga de otro saltamontes agigantado, junto al rostro de *El gran masturbador*. Finalmente dos manos –Gala y Dalí– se entrelazan a la altura de los genitales de Eluard.

> *Huevos al plato sin el plato*, 1932.
Óleo sobre lienzo, 60 × 42 cm.
The Salvador Dalí Museum,
Saint Petersburg, Florida.

< *El hombre invisible*, 1929.
Óleo sobre lienzo, 140 × 80 cm.
Museo Nacional Centro de Arte
Reina Sofía, Madrid.

Durante la primera mitad de la década pintó cuadros de la importancia de *La persistencia de la memoria* (1931) –comprado por Levy y vendido posteriormente al MOMA–, *Alucinación parcial. Seis apariciones de Lenin sobre un piano* (1931), *El enigma de Guillermo Tell* (1933), *El espectro del sex-appeal* (1934), *El destete del mueble-alimento* (1934), *Cráneo atmosférico sodomizando un piano de cola* (1934) y *Reminiscencia arqueológica del Ángelus de Millet* (1935). También publicó su primer libro, *La femme visible* (1930), al que siguieron inmediatamente *L'amour et la mémoire* (1931), *Babaouo* (1931), *La Conquête de l'Irrationel* (1935) y *Métamorphose de Narcisse* (1937).

A principios de julio de 1936, dictó una conferencia en el marco de la Exposición Surrealista Internacional, celebrada en Londres, con el título «Las verdaderas fantasías paranoicas». Dalí se presentó provisto de una escafandra simbólicamente apta para adentrarse en las profundidades el espíritu. Al poco de empezar, notó que le faltaba el aire, y estuvo a punto de perecer, ante las risas de los asistentes, mientras Edward James, su mecenas inglés, buscaba desesperadamente la llave adecuada.

Al estallar la guerra civil española, decidió no volver a su país hasta que terminase el conflicto. Volvió a Nueva York, y la vigilia de la inauguración de su cuarta exposición en la Julien Levy su rostro apareció –fotografiado por Man Ray– en la portada del prestigioso semanario *Time*. En el interior, la revista reseñaba la exposición del MOMA *Arte fantástico, dadaísmo y surrealismo*, en la que Dalí también había tomado parte.

Aprovechando el éxito de esta colectiva, los grandes almacenes Bonwit Teller's encargaron una serie de escaparates surrealistas a un grupo de artistas. El montaje de Dalí congregó a más de seis filas de espectadores. En 1939, con motivo de la siguiente exposición daliniana en Nueva York, los mismos almacenes repitieron el encargo. Esta vez, sin embargo las disposiciones de Dalí –demasiado atrevidas para la época– no fueron respetadas, por lo que el artista, en un ataque de ira, desmontó el conjunto, vaciando una bañera con tan mala suerte que rompió el escaparate y vertió el agua directamente sobre la Quinta Avenida. Dalí fue detenido inmediatamente, pero el juicio por estos hechos acabó

de darle la fama –además de la razón moral– que necesitaba para ser popularmente conocido en Estados Unidos.

En septiembre de 1939 Hitler desencadenó la Segunda Guerra Mundial con la invasión de Polonia. Dos días antes de la llegada de las tropas nazis a Hendaya, Gala y Dalí atravesaron la frontera y embarcaron hacia Estados Unidos. Europa y el surrealismo, por lo menos en su versión más ortodoxa, quedaban atrás.

Durante la segunda mitad de la década Dalí pintó, entre otras muchas obras de calidad excepcional, *El farmacéutico del Ampurdán que no busca absolutamente nada* (1936), *Construcción blanda con judías hervidas / Premonición de la guerra civil* (1936), *Metamorfosis de narciso* (1937), *El enigma sin fin* (1938) y *El enigma de Hitler* (1939).

EL BURRO PODRIDO

Una actividad de tendencia moral podría ser provocada por la voluntad violentamente paranoica de sistematizar la confusión.

El hecho mismo de la paranoia y, en especial, la consideración de su mecanismo como fuerza y poder, nos conduce a las posibilidades de una crisis mental de índole acaso equivalente, pero, en todo caso, en las antípodas de la crisis a la que nos somete igualmente el hecho de la alucinación.

Me parece que se acerca el momento en que, por un método de carácter paranoico y activo del pensamiento, será posible (simultáneamente al automatismo y otros estados pasivos) sistematizar la confusión y aportar una contribución al descrédito total del mundo de la realidad.

Los nuevos simulacros que el pensamiento paranoico puede de súbito suscitar no sólo tendrán su origen en el inconsciente, sino que también la fuerza del poder paranoico será puesta al servicio de éste.

Estos nuevos simulacros amenazadores actuarán hábil y corrosivamente con la claridad de las apariencias físicas y diurnas, haciéndonos soñar por su especial autopudor en el viejo mecanismo metafísico con algo que de buena gana confundi-

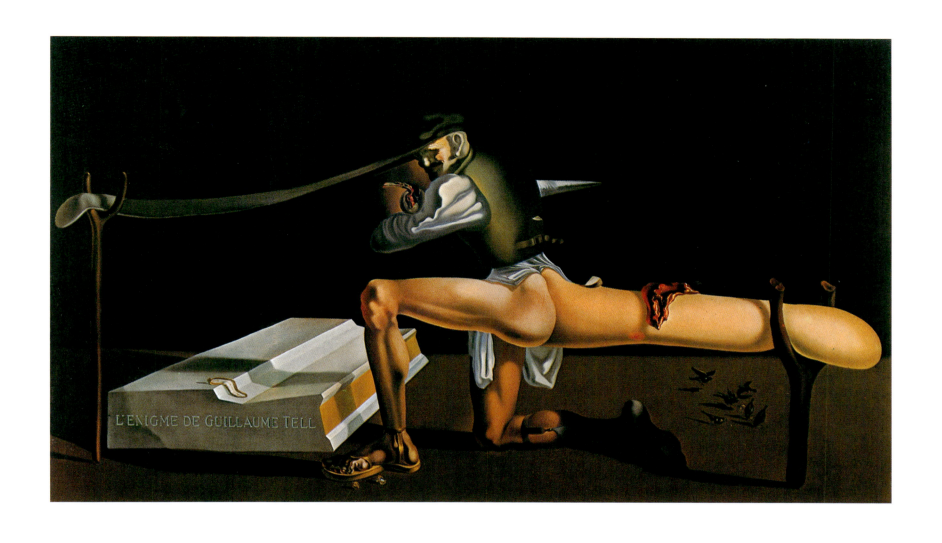

^ *El enigma de Guillermo Tell*, 1933. Óleo sobre lienzo, 201,5 × 346 cm. Moderna Museet, Estocolmo.
Este lienzo tiene las medidas gigantescas del gran cuadro de historia. Precisamente Dalí quería sustituir la antigua pintura de santos o la decimonónica
de historicismo pompier por la narración freudiana de los grandes mitos, fantasmas y complejos de la humanidad.
En esta ocasión, el padre-Tell tiene rostro de Lenin, aunque conserva un calcetín de burócrata, con liguero incluido. La característica pose de rodillas
libera una expansión de la nalga derecha, en alusión al deseo de sadismo, y los alimentos dispuestos sobre éstos, a su carnosidad.

ríamos con la esencia misma de la naturaleza que, según Heráclito, ama ocultarse.

Tan lejos como sea posible de la influencia de los fenómenos sensoriales con los que se puede considerar que la alucinación está más o menos vinculada, la actividad paranoica se sirve siempre de materiales controlables y reconocibles. Basta que el delirio de interpretación haya logrado vincular el sentido de las imágenes de los cuadros heterogéneos que cuelgan de una pared para que ya nadie pueda negar la existencia real de dicho vínculo. La paranoia utiliza el mundo exterior para poner de relieve la idea obsesiva, con la inquietante particularidad de hacer valer la realidad de dicha idea ante los demás. La realidad del mundo exterior sirve de ilustración y prueba, y se pone al servicio de la realidad de nuestro espíritu.

Por un proceso nítidamente paranoico ha sido posible obtener una doble imagen: es decir, la representación de un objeto que, sin la menor modificación figurativa o anatómica, sea a la vez la representación de otro objeto absolutamente diferente, despojada a su vez de todo tipo de deformación o anormalidad que podría revelar una avenencia.

⌃ *El destete del mueble-alimento*, 1934. Óleo sobre tabla, 18 × 24 cm. The Salvador Dalí Museum, Saint Petersburg, Florida.

❯ *Construcción blanda con judías hervidas / Premonición de la guerra civil*, 1936. Óleo sobre lienzo, 100 × 99 cm. Philadelphia Museum of Art, Philadelphia.

Nada puede impedirme reconocer la múltiple presencia de los simulacros en el ejemplo de la imagen múltiple, incluso si uno de sus estados cobra la apariencia de un burro podrido, e incluso si dicho burro está real y horriblemente podrido, cubierto de millares de moscas y hormigas, y, como en tal caso no se puede suponer el significado por sí mismo de los estados distintos de la imagen fuera del concepto de tiempo, nada puede convencerme de que esa cruel putrefacción del burro sea otra cosa que el reflejo duro y deslumbrante de nuevas piedras preciosas.

Idealistas sin participar en ningún ideal. Las imágenes ideales del surrealismo al servicio de la inminente crisis de la conciencia, al servicio de la Revolución.

Dalí: fragmentos de «El burro podrido»,
en *Le surréalisme au service de la Révolution*,
n.º 1, julio de 1930

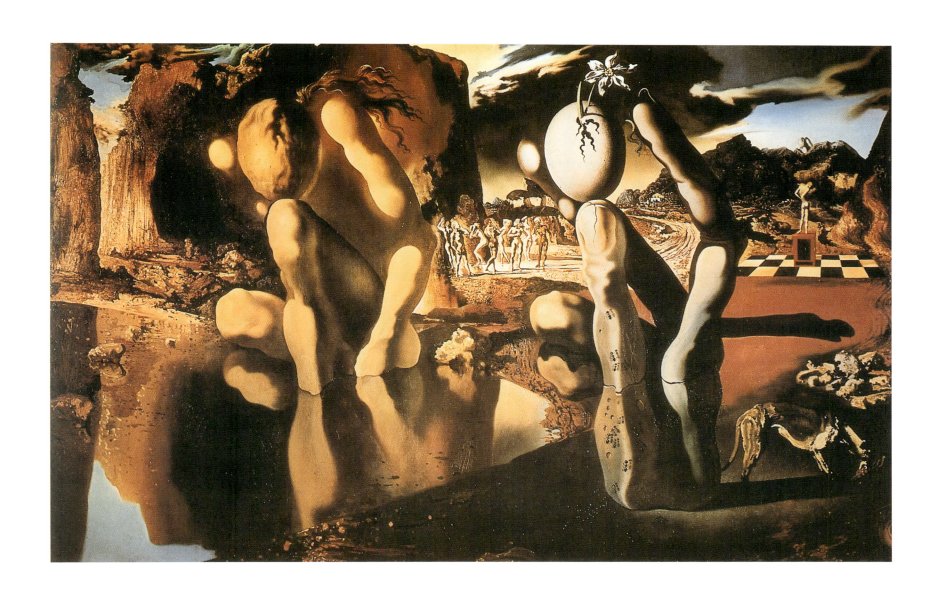

^ *La Metamorfosis de Narciso*, 1937. Óleo sobre lienzo, 50,8 × 78,3 cm. The Tate Gallery, Londres.

Se trata de uno de los cuadros más persistentemente estudiados por los psicoanalistas. Magistralmente compuesto,

el minucioso recurso a la técnica de las dobles imágenes, alude a la muerte del primer Salvador Dalí y a la tragedia del ensimismamiento.

Narciso murió trágicamente, a causa de haberse enamorado de su propio reflejo en el agua. Dalí,

en la encrucijada de saber quien es él en realidad –eternamente se hará esta pregunta, aunque en distintas claves–,

en su empeño por sobrevivir a costa de quien sea, se ve asaltado por el sentimiento de vergüenza y horror a la muerte.

^ *Araña de noche...esperanza*, 1940. Óleo sobre lienzo, 40,5 × 50,8 cm. The Salvador Dalí Museum, Saint Petersburg, Florida.
Se trata de uno de los primeros óleos pintados por Dalí tras recalar en Estados Unidos en su exilio de ocho años.
En cierto modo, se trata de una composición con raíces renacentistas. El cupidillo, habitualmente dedicado al corte de mangas para mostrar
la longitud de su amor, se tapa los ojos con una mano mientras cierra la otra para soltar un dedo lacio a modo de sexo.
La figura central, coronada en un costado por dos tinteros y un pecho femenino en alusión al padre, toca el violoncelo,
cuyos movimientos recuerdan las prácticas onanistas del artista. A la izquierda de un cañón metafísico surgen imágenes de deseo rampante
y de fracaso carnal, ante el espectro de una huidiza Victoria de Samotracia. La araña, típica de Virginia, sustituye aquí al saltamontes.

clasicismo y
DETONACIÓN

Instalado el matrimonio Dalí en Hampton Manor (Virginia) –mansión construida en 1836 por encargo de Thomas Jefferson– a instancias de Caresse Crosby, el artista aprovechó para reconstruir su red de influencias mediáticas y comerciales mientras seguía atentamente los acontecimientos bélicos que tenían lugar en Europa.

La estabilidad emocional permitió a Salvador redactar su autobiografía –tenía treinta y seis años–, *The Secret Life*, publicada en 1942 por Dial Press, de Nueva York, en excelente traducción del francés por Haakon Chevalier. El libro fue un éxito de ventas, y sus escandalosas confesiones –reales, exageradas o inventadas– fueron comentadas extensamente por toda la prensa.

En abril de 1941, mientras residía todavía en Hampton Manor –donde coincidió con Anaïs Nin y Henry Miller–, se inauguró su sexta y última exposición en la Julien Levy Gallery. Con motivo de la muestra, Dalí anunció el inicio de su época clásica, ligeramente influida por los renacentistas italianos pero sin ruptura aparente con su obra inmediatamente anterior. Cabría sospechar que se trataba más de una maniobra comercial para distinguirse del surrealismo ortodoxo que de un retorno a unos difusos cánones clasicistas inspirados en Leonardo y sobre todo en Rafael.

Dalí pasaría los veranos en el lujoso Del Monte Lodge, en Peeble Beach, cerca de Monterrey, y como la costa de aquellos parajes californianos se parece a la de su Costa Brava, decidió instalar un estudio en la vecina localidad de Carmel.

Su particular concepción del arte se manifestó en *Noche en un bosque surrealista*, fiesta organizada en septiembre de 1941 a beneficio de los artistas exiliados de Europa. Asistieron Clark Gable, Bob Hope y Bing Crosby, que viajaron en avión desde Hollywood, y desde Nueva York llegaron el matrimonio Hitchcock y Ginger Rogers, junto a un buen puñado de millonarios. La ambientación era sumamente pintoresca: del techo colgaban sacos para simular una gruta, y encima de las mesas había todo tipo de decoraciones «surrealistas», como el sapo vivo cubierto de salsa que saltó sobre un sorprendido Bob Hope. Por supuesto, todos los periódicos del país se hicieron eco de la fiesta.

En noviembre de 1941, inauguró su primera retrospectiva en el MOMA de Nueva York. Si bien compartió espacio con Joan Miró, el pintor de Figueres acaparó toda la atención. Miró, desengañado, declarará posteriormente que Dalí, en Nueva York, se dedicaba más a decorar corbatas que a pintar seriamente. El catálogo de la muestra, del que se imprimieron diez mil ejemplares, se agotó en muy poco tiempo.

La exposición recorrió Estados Unidos, consiguiendo altísimas cifras de visitantes, entre ellos Eleanor y Reynolds Morse, unos jóvenes emprendedores que con los años se convertirían en los principales coleccionistas de la obra de Dalí.

En Nueva York, Dalí vivía de numerosos encargos escenográficos, publicidad e ilustraciones de libros, de la publicación de sus memorias, de su única novela, *Rostros ocultos* (1944), y del tratado *Cincuenta secretos «mágicos» para pintar* (1948), pero sobre todo recibía numerosos encargos de millonarios norteamericanos que querían ser retratados «a la manera surrealista». Muchos de estos retratos fueron expuestos en la Knoedler Gallery de Nueva York en junio de 1943.

La bomba atómica, lanzada por la aviación estadounidense sobre la ciudad japonesa de Hiroshima el 6 de agosto de

SOFT SELF PORTRAIT

En julio de 1948, empaquetó todas sus pertenencias, Cadillac incluido, y se embarcó hacia Le Havre. Desde este puerto francés viajó en tren hasta Figueres, donde fue recibido por el aparejador Emili Puignau, quien había llevado a cabo, según las indicaciones que Dalí le había hecho llegar por carta durante su exilio, numerosas reformas en la casa de Portlligat.

De los períodos «clásico» y «atómico» cabría destacar los óleos *Alegoría a la puesta del sol* (1940), *Autorretrato blando con bacon frito* (1941), *Poesía de América / Los atletas cósmicos* (1943), *Sueño causado por el vuelo de una abeja alrededor de una granada un segundo antes del despertar* (1944), *Galarina* (1944), *Cesta de pan / Mejor la muerte que la deshonra* (1945), *La tentación de San Antonio* (1946), *Retrato de Picasso* (1947) y *Leda atómica* (1946-1949).

MANIFIESTO DE LA ANTIMATERIA

Si los físicos producen antimateria, les está permitido a los pintores, ya especialistas en ángeles, pintarla.

S. D.

Durante el período surrealista, he deseado crear la iconografía del mundo interior, el mundo de lo maravilloso, de mi padre Freud; lo he logrado.

En la actualidad, el mundo exterior –el de la física– ha trascendido al de la psicología. Mi padre, hoy, es el doctor Heisenberg.

Con los pi-mesones y los más gelatinosos e indeterminados neutrinos deseo pintar la belleza de los ángeles y de la realidad. También quisiera lograrlo muy pronto.

Mi ambición, todavía y siempre, consiste en integrar las experiencias del arte moderno a la gran tradición clásica. Las últimas microfísicas de Klein, Mathieu y Tàpies deben ser nuevamente utilizadas «para pintar», porque son justo lo que era, en su época, la «pincelada» de Velázquez, de quien el sublime poeta, Quevedo, decía ya que pintaba con «manchas y puntos separados».

Salvador Dalí, *Manifiesto de la antimateria*,
publicado en el catálogo de la exposición en la
Castairs Gallery, Nueva York, 6 de diciembre de 1958

❯ *Proyecto de interpretación para un establo-biblioteca*, 1942. Cromo retocado con gouache y tinta china, 51 × 40,6 cm. Fundació Gala-Salvador Dalí, Figueres.

❮ *Autorretrato blando con bacon frito*, 1941. Óleo sobre lienzo, 61,3 × 50,8. cm. Fundació Gala-Salvador Dalí, Figueres.
El primer autorretrato daliniano en Estados Unidos debía contener lo mejor de sus dos tipologías: el flácido gran masturbador y algunos apuntes naturalistas. El resultado es un rostro blando, sin estructura, sostenido por infinidad de muletas desde el exterior sobre un pedestal. La idea que comunica es la de alguien capaz de amoldarse a las exigencias del mero mercado americano sin dejar del todo de ser él mismo, alguien tan apetecible y crujiente como una buena loncha de bacón frito. Recurso que por otra parte, ya había utilizado con las chuletas de cordero sobre el hombro de Gala, en su primera y triunfal visita a Estados Unidos.

1945, sacudió «sísmicamente» a Dalí. El artista anunció el inicio de la época atómica, caracterizada por la disgregación de las formas, que mantienen una prudente distancia, evitando siempre tocarse.

En septiembre de 1945 se rodó en Hollywood el sueño diseñado por Dalí para el filme *Spellbound*, dirigido por Alfred Hitchcock y protagonizado por Gregory Peck y Ingrid Bergman. Después de numerosos recortes, Dalí quedó muy decepcionado por el resultado, pero cobró –con suma alegría– 4.000 dólares.

Ese mismo año, su segunda cesta de pan fue usada como imagen del plan Marshall de ayuda a la reconstrucción europea. Dalí se hallaba en el máximo apogeo de su fama. Lentamente, fue abandonando su iconografía más escandalosa y personal para abordar temas menos truculentos y más «fotogénicos» , de acuerdo con los gustos de su nueva clientela.

A principios de 1946, empezó a pintar *Leda atómica*, pintura que no finalizaría hasta 1949. Realizó también numerosos croquis en colaboración con el matemático y príncipe rumano Matila Ghika, abanderado de la «sección áurea» de Luca Paccioli.

^ *Niño geopolítico observando el nacimiento del hombre nuevo*, 1943. Óleo sobre lienzo, 45,5 × 50 cm. The Salvador Dalí Museum, Saint Petersburg, Florida.

❯ *Sueño causado por el vuelo de una abeja alrededor de una granada un segundo antes del despertar*, 1944.
Óleo sobre lienzo, 51 × 40,5 cm. Fundación Thyssen Bornemisza, Museo Thyssen, Madrid.
«He ilustrado por primera vez el descubrimiento de Freud sobre el sueño típico con una larga trama argumental, consecuencia de un accidente
instantáneo que provoca el despertar. Del mismo modo que la caída de un listón sobre el cuello de un durmiente provoca, simultáneamente,
el despertar y un sueño que termina con la cuchilla de la guillotina, el zumbido de la abeja provoca aquí el pinchazo del dardo
que despertará a Gala. Toda la biología creativa surge de la granada reventada.
El elefante de Bernini, situado en el fondo, lleva un obelisco con los atributos papales» (de *La Vida secreta*).

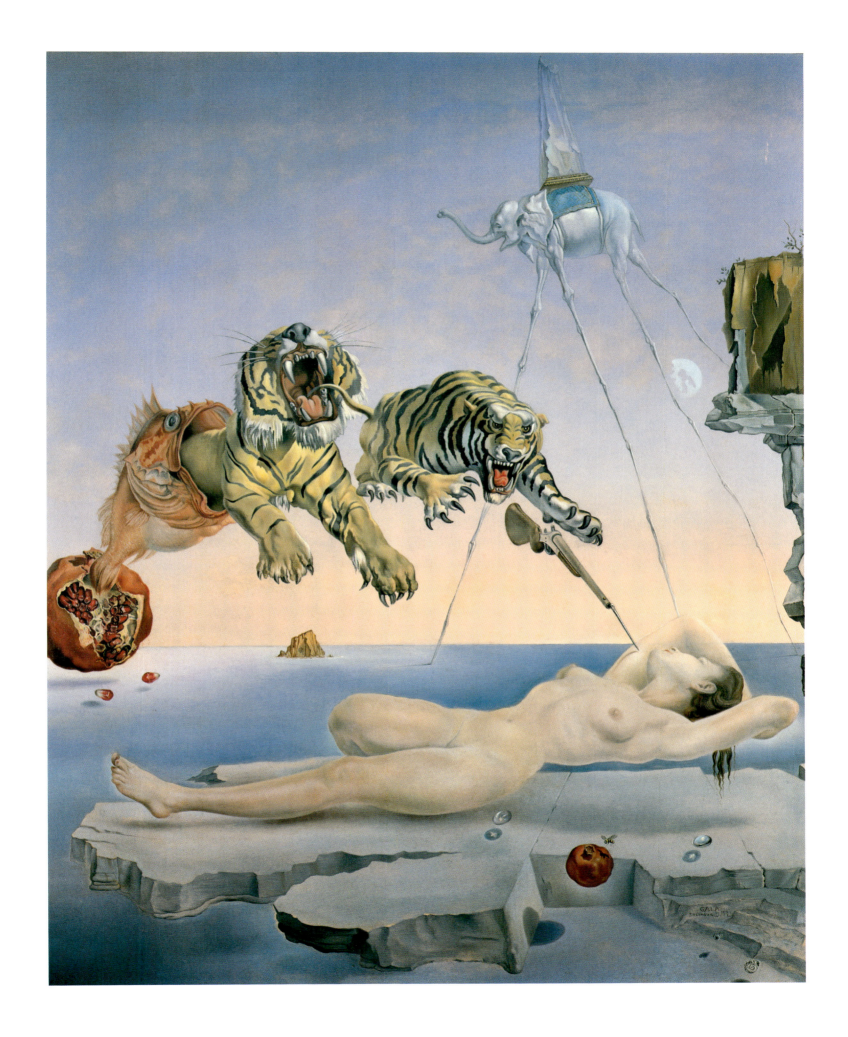

Idilio atómico y uranio melancólico, 1945.
Óleo sobre lienzo, 65 × 85 cm. Museo Nacional Centro de Arte Reina Sofía, Madrid.

Equilibrio intra-atómico de una pluma de cisne, 1947.
Óleo sobre lienzo, 77,8 × 96,8 cm. Fundació Gala-Salvador Dalí, Figueres.

Tres rostros de Gala asomando de las rocas, 1945.
Óleo sobre tabla, 20,5 × 25,5 cm. Fundació Gala-Salvador Dalí, Figueres.

⌃ *Desintegración de la persistencia de la memoria*, 1952-1954.
Óleo sobre lienzo, 25,4 × 33 cm. The Salvador Dalí Museum,
Saint Petersburg, Florida.

MÍSTICA
sin trasfondo

egún Josep Pla, en 1948 circulaban por España unos seis ejemplares de *La vida secreta*, en edición argentina y traducción de Cèsar August Jordana, y para leerla había que pedir la vez… El régimen consideraba el libro impublicable, por sus contenidos sádicos, sexuales y exhibicionistas. Así pues, no llegaría a editarse en territorio español hasta 1981.

Dalí fue recibido en la España nacionalcatolicista del general Franco en medio de una atmósfera hostil y desconfiada que le llevaría a quejarse sobre un pretendido silencio mediático. No acababa de acostumbrarse a pasar desapercibido allí, y a que la prensa no celebrara a diario su retorno.

En verano, trabajó en su primera versión de *La Madona de Portlligat*, punta de lanza del nuevo estilo místico-nuclear que, con el tiempo, quedaría en místico-espectacular. De acuerdo con el nuevo rumbo artístico espiritual emprendido, el pintor visitó al Papa en noviembre de 1948 para mostrarle el óleo y pedirle permiso para dos menesteres: casarse con Gala –Éluard todavía vivía– y el *nihil obstat* para una versión mayor de su *Madona*. No hace falta decir que sólo consiguió su segundo objetivo.

Por entonces, André Breton, que revisaba la nueva edición de su *Antología del humor negro*, decidió incorporar el anagrama AVIDA DOLLARS para definir la trayectoria última de su antiguo amigo. El latín seguía utilizándose, pues, para las ocasiones solemnes, independientemente de la intencionalidad.

A principios de 1950, el poeta flamenco Emmanuel Looten regaló a Dalí un cuerno de rinoceronte. A partir de entonces, Dalí empezó a ver cuernos en todas sus obras, incluidas las realizadas en períodos anteriores y en 1954 pintó *Joven vir-*

gen autosodomizada por su propia castidad, adquirida por la Playboy Collection de Los Ángeles.

En 1955, dictó una conferencia en la Sorbona, adonde había llegado en un Rolls descapotable, repleto de coliflores, que se estrellaría estruendosamente contra catorce motos aparcadas ante el auditorio. La conferencia –a doscientos francos la entrada– empezó con cinco minutos de danza, a cargo de Dalí, para demostrar que *La encajera* de Vermeer era el primer caso de cristalización en forma de cuerno de rinoceronte, figura que también se encuentra en el tornasol –cuyos granos le parecían tristes– y, finalmente, en la coliflor. El público, mientras, cantaba la Marsellesa y pateaba. De repente, Dalí dio media vuelta, salió corriendo por la puerta de atrás y no volvió. Durante la década de los cincuenta abundaron los actos provocadores como éste, en los que era invariablemente abucheado por el público pero sonreído por las mayorías silenciosas.

En noviembre de 1950 don Salvador murió a causa de un cáncer de próstata. El testamento fue favorable a su hija Anna Maria. Dalí reclamó el retorno inmediato de sus obras de juventud, revistas y la enciclopedia Espasa. Poco antes de la muerte del padre había pronunciado en el Ateneo de Barcelona una conferencia –seria– titulada «Por qué fui un sacrílego, por qué soy un místico». En abril del año siguiente, publicaría el *Manifiesto místico*, en edición bilingüe latín-francés.

A lo largo de la década de los cincuenta, Dalí –que se declaraba a sí mismo católico sin el don de la fe– tomó conciencia de la gran demanda que existía de arte religioso contemporáneo, sobre todo por parte de piadosos millonarios norteamericanos, lo que le decidió a pintar un gran cuadro de temática religiosa prácticamente cada año: en 1950 pintó la segunda *Madona de Portlligat*, y en 1951, el *Cristo de san*

Juan de la Cruz, adquirido por la Glasgow Art Gallery. En 1952, expuso en la galería Carstairs, de Nueva York, seis pinturas religiosas, entre ellas *Assumpta corpuscularia lapislazulina*, que trata de la anti-bomba atómica, o sea, de la «reconstitución del cuerpo real y glorioso de la Virgen al reino del Cielo». En enero de 1955, el Metropolitan Museum de Nueva York compró, mediante el banquero Chester Dale –coleccionista de obras de los impresionistas franceses–, la crucifixión *Corpus hipercubicus*. Precio, 15.000 dólares. Aquel mismo verano, después de incorporar a su taller al pintor-escenógrafo Isidoro Bea –con quien colaboraría durante treinta años–, empezó a pintar una *Santa Cena* que, adquirida en 1956 por Chester Dale, fue cedida a la National Gallery de Washington. Expuesta el día de Pascua, recibió más de diez mil visitantes en su primera hora. Aquel año, Dalí empezó a pintar *Santiago el grande*, cuadro que acabaría en la Beakerbrook Art Gallery de Fredericton, en Canadá. En 1958, el presidente de las líneas aéreas West, que unen Florida con México, le encargó un cuadro de *La Virgen de Guadalupe*, patrona de México, por 25.000 dólares. En

1960, puso fin a esta larga serie de monumentales formatos religiosos con el mediocre óleo *El Concilio Ecuménico*.

Fruto tal vez de ese peculiar misticismo sin fe, en agosto de 1958 Dalí se casó con Gala, en la estricta intimidad, en el santuario de la Virgen de los Ángeles, cerca de Girona. En el cristal del Cadillac, unos desaprensivos escribieron: «Picasso es mejor que Dalí». Hacía seis años que Éluard había muerto.

Dalí concluyó apoteósicamente la década de 1950 con *El descubrimiento de América por Cristóbal Colón / El sueño de Cristóbal Colón* (1959), encargado por el millonario Huntington Hartford, heredero del imperio de droguerías

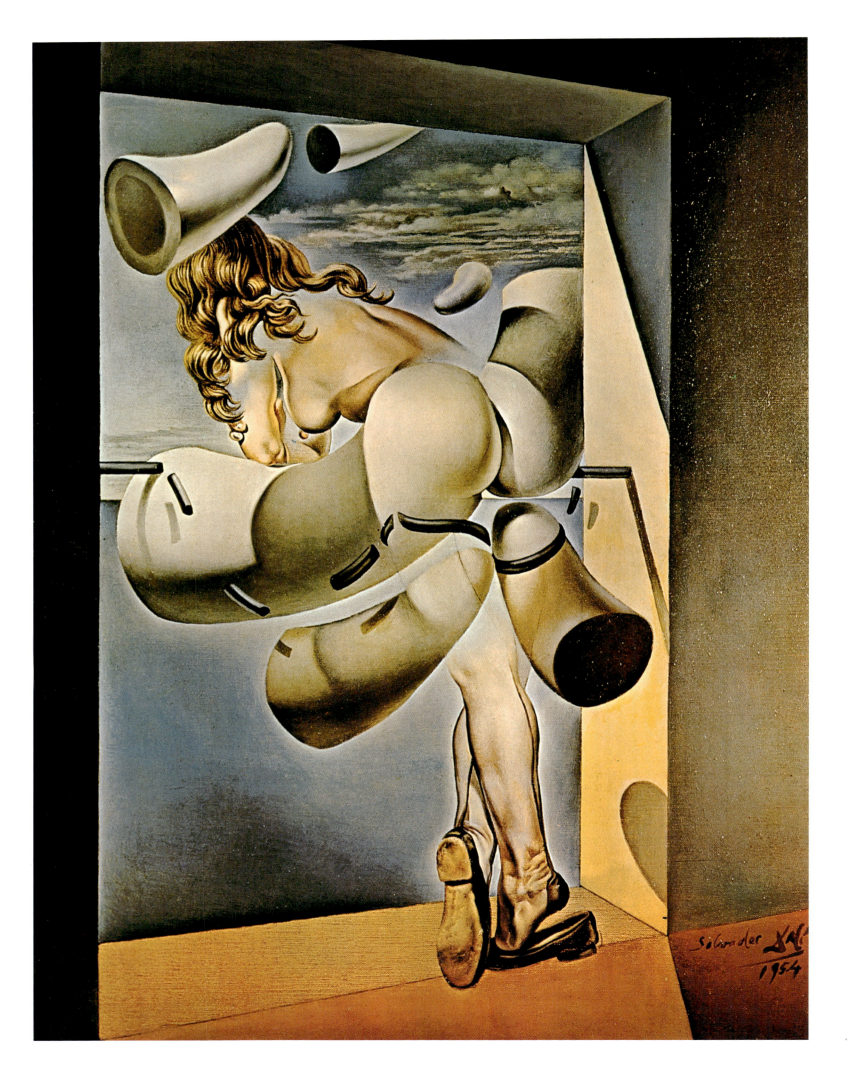

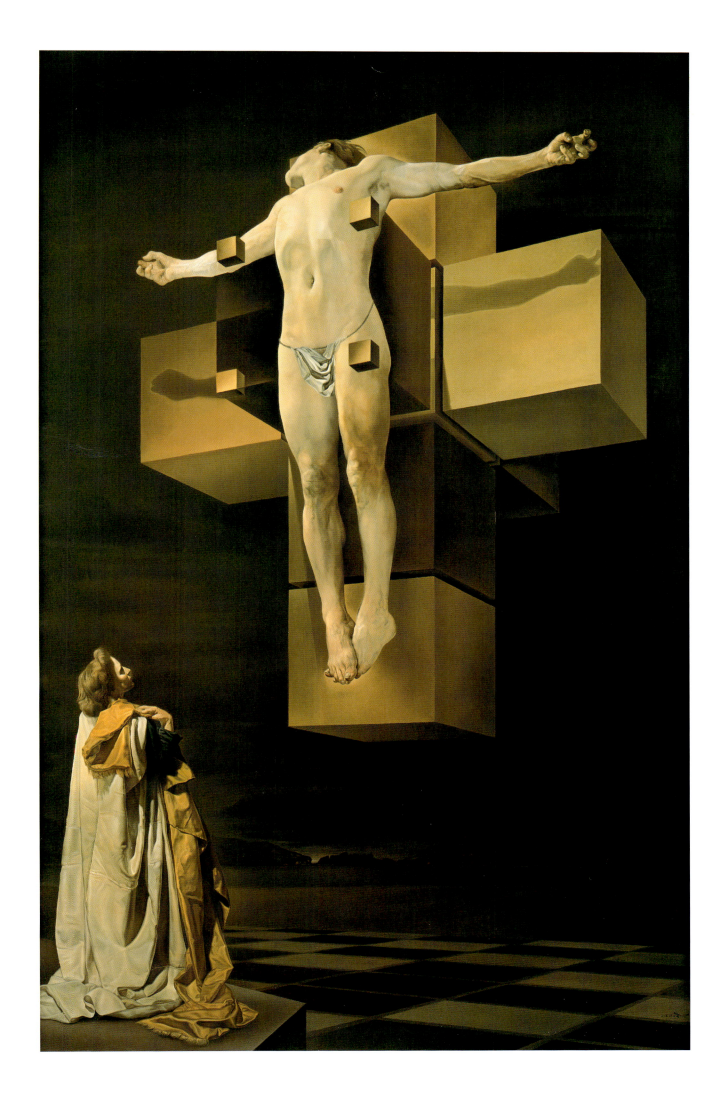

‹ *Joven virgen autosodomizada por su propia castidad*, 1954. Óleo sobre lienzo, 40,5 × 30,5 cm. Colección particular. Reinterpretación de *Muchacha en una ventana*, de 1925, aquí simplificada, adaptada al cuerpo de Gala y descompuesta según las teorías rinocerónticas, que aunaban el número aureo con el deseo daliniano, nunca abandonado, por unas bellas nalgas.

› *Corpus hipercubicus*, 1954. Óleo sobre lienzo, 194,5 × 124 cm. Metropolitan Museum of Art, Nueva York.

‹ *La última cena*, 1955.
Óleo sobre lienzo, 167 × 268 cm.
National Gallery of Art, Washington.
Se trata de una estampa habitual
en muchos hogares, que ha llegado
a sustituir en no pocos casos
a las representaciones basadas en
la *Santa Cena* de Leonardo.
Dalí introduce como novedad el
habitáculo transparente donde se
realiza la ceremonia, la hora
crepuscular, el paisaje del Cabo de
Creus, y la encarnación del cuerpo
de Dios en la Eucaristía. Los
apóstoles, teatralmente vestidos
y ordenados, rezan anónimos y
cabizbajos. Su breve exposición en
la National Gallery de Washington
obtuvo, durante la primera hora,
más de diez mil visitantes.

A & P. Para consolidar el efecto publicitario de la venta, Dalí desembarcó en Nueva York a bordo de un extravagante vehículo de su invención, el *Ovocípedo de Colón*, sistema personal de transporte consistente en una esfera transparente, ciento cuarenta centímetros de diámetro, propulsada por la presión del pie del conductor contra el pavimento.

Gala, mientras tanto, además de ser protagonista de numerosos óleos religiosos e historicistas, llevaba las riendas del negocio. En 1959, su galerista desde 1948, George Keller, de la galería Bignou, se jubiló. Los Dalí necesitaban urgentemente un representante, y establecieron contacto con Peter Moore, a quien habían conocido en 1955 con motivo de un retrato de Laurence Olivier como Ricardo III. Como Moore tenía rango honorario de capitán, Dalí le propuso ser su «asesor militar», sin sueldo pero con el diez por ciento de comisión de todos los negocios que generara; con la salvedad de las pinturas y los dibujos, que eran cosa de Gala. Moore vio que su fortuna estaba en el mercado de las reproducciones, en el que llegaría demasiado lejos.

MANIFIESTO MÍSTICO

En mil novecientos cincuenta y uno, las cosas más subversivas que le pueden pasar a un exsuperrealista son dos: la primera, volverse místico, y la segunda, saber dibujar; estas dos formas de rigor me acaban de llegar juntas. Cataluña tiene tres grandes genios, que son Ramon Sibiuda, autor de la *Teología natural*; Gaudí, creador del gótico mediterráneo, y Salvador Dalí, inventor de la nueva mística paranoico-crítica y salvador, como indica su nombre, de la pintura moderna. La crisis paroxismal del misticismo daliniano se apoya básicamente sobre el progreso de las ciencias particulares de nuestra época, especialmente sobre la espiritualidad metafísica de la sustancialidad de la física cuántica, y sobre un plano de simulacros no tan sustanciales, sobre los resultados más ignominiosamente supergelatinosos y sus propios coeficientes de viscosidad monárquica de toda la morfología general.

El objetivo del misticismo es el éxtasis místico; se llega al éxtasis místico por el camino de perfección de santa Teresa de Ávila y por la penetración siguiente en las Moradas o castillo espiritual. Estéticamente, a través de la autoinquisición feroz del «ensueño místico» más riguroso, el más arquitectónico, el más pitagórico y el más extenuante de todos, el artista místico se tiene que formar, mediante la inquisición cotidiana de estos ensueños artísticos, en un alma dermo-esquelética (los huesos fuera, la carne finísima dentro), como la que Unamuno atribuye a Castilla, donde la carne del alma tan sólo pueda crecer hacia el cielo: el éxtasis místico es «superalegre», explosivo, desintegrante, supersónico, ondulatorio y corpuscular, ultragelatinoso, porque es la apertura estética del máximo de felicidad paradisíaca que el ser humano puede llegar a experimentar en la tierra.

Se ha acabado negar y retroceder, se han terminado el malestar superrealista y la angustia existencialista. El misticismo es el paroxismo de la alegría en la consolidación ultraindividualista de todas las tendencias heterogéneas del hombre sobre la unidad absoluta del éxtasis. Quiero que mi próximo Cristo sea el cuadro que tenga más belleza y alegría de todos los que se hayan pintado hasta hoy. ¡Quiero pintar un Cristo que sea en todo absolutamente contrario al del materialista y salvajemente antimístico Grünewald!

Salvador Dalí, *Manifiesto místico*,
15 de abril de 1951

▲ *Santiago el Grande*, 1957.
Óleo sobre lienzo, 400 × 300 cm.
Beaverbrook Art Gallery,
Fredericton (Canadá).

❯ *El descubrimiento de América por Cristóbal Colón*, 1958-1959.
Óleo sobre lienzo, 410 × 284 cm.
The Salvador Dalí Museum, Saint Petersburg, Florida.

^ *La batalla de Tetuán*, 1962. Óleo sobre lienzo, 308 × 406 cm. Minami Art Museum, Tokio.
Desordenada composición, instigada por el gigantesco cuadro de historia del *pompier* reusense Marià Fortuny,
con motivo del centenario de la célebre batalla, ganada por el también reusense general Prim.
Inspirada en una fotografía de la revista *Life* que mostraba una carga bereber,
Dalí juega aquí a identificar personajes y números, paisajes y efectos *op* tomados de otras composiciones.
Habría que concluir que Dalí, en esta ocasión, perdió su frágil sentido de la proporción y de la composición,
y diluyó el tema en una serie de insustanciales anécdotas.

MALABARISMOS
ópticos

os últimos treinta años de la vida artística daliniana fueron de lenta decadencia. El maestro, como se hacía llamar, estaba cansado de sorprender a diario, y los ingresos seguían llenando sus arcas a pesar de la ínfima calidad técnica de algunas pinturas. El Dalí «mediático» engulló al Dalí «artesano», que no se planteaba demasiadas cuestiones éticas cuando firmaba miles de hojas en blanco para que editores vistos y no vistos estampasen sobre ellas reproducciones de sus obras más conocidas.

Dalí gustaba de rodearse de la llamada «Corte de los milagros»: nobles venidos a menos, modelos andróginos, medrosos. arribistas, hippies, deformes y alguna celebridad cinematográfica. Gala, cansada de tanto alboroto, y temerosa ante la idea de que cualquier descontrolado le contagiase alguna enfermedad, decidió alejarse paulatinamente de Dalí. En 1969, Dalí le regaló el castillo de Púbol para que pudiera gozar de tranquilidad absoluta junto a sus jóvenes «amigos», como el estudiante Michel Pastore y el actor Jeff Fenholt.

En Nueva York, Dalí se reunía a menudo con Andy Warhol y el pintor hiperrealista Richard Estes, mientras que en Portlligat recibía a personajes de la categoría del ex rey Humberto de Italia y María Pía de Sajonia Braganza, hija del último monarca portugués.

La dictadura franquista empezó a aceptarlo, y en octubre de 1969 Dalí fue recibido por el Caudillo en audiencia privada. El 1960 se le concedió la Medalla de Oro de la Provincia de Girona, y en 1972 recibiría la primera Medalla de Oro de las Bellas Artes. En 1974 se inauguró su Teatro-Museo de Figueres, a la vez que se le concedía la Medalla de Oro de la Ciudad de Figueres; en 1982, con la democracia, recibió la Medalla de Oro de la Generalitat de Catalunya y la más alta condecoración del Estado, la Gran Cruz de la Orden de Carlos III, además del título nobiliario de marqués Dalí de Púbol.

En septiembre de 1960 la Radio Televisión Francesa decidió suprimir un reportaje sobre Dalí porque el pintor expresaba en él unas «declaraciones eróticas que sobrepasan los límites de la decencia».

En octubre de 1962, con motivo del centenario de la batalla de Tetuán, Dalí enfrentó su versión de la contienda al gran óleo que Marià Fortuny pintó en 1866 sobre la gesta del general Prim. Algunos fragmentos de la obra de Dalí, profundamente Kitsch, están inspirados en una fotografía de una carga bereber publicada en la revista *Life*. A pesar de todo, el cuadro fue adquirido por el millonario Huntington Hartford y regalado al MOMA de Nueva York.

En 1970, el coleccionista Reynolds Morse compró el último óleo que adquiriría de Dalí, *El torero alucinógeno*, pues consideraba al artista incapaz ya de pintar ninguna obra con un mínimo de calidad. En esta época Dalí empezó a interesarse por la pintura estereoscópica y a realizar una serie de experimentos ópticos que incluirían la moderna técnica del holograma. En el fondo, a pesar de su increíble técnica, dos elementos básicos se resistieron a la pintura de Dalí, el tamaño de los objetos y su colocación en la distancia, es decir, la ilusión de la tercera dimensión. En su última etapa buscó esta dimensión por caminos más cercanos a la física recreativa que a las leyes de la perspectiva. Sólo así se entiende el absurdo de la pintura generada a través de fotografías estereoscópicas, método empleado a principios de siglo para fabricar postales turísticas tridimensionales, o las composiciones holográficas incipientes. Aun así, de vez en cuando volvían los grandes temas de siempre –Gala, san Se-

bastián, los burros putrefactos o la faz del gran masturbador– convenientemente simplificados.

Con la edad, Dalí cada vez podía atender menos encargos. Así, en junio de 1968 fue condenado por el Tribunal Supremo de Nueva York a pagar 71.000 dólares por incumplimiento de contrato, al no realizar una pintura de la Estatua de la Libertad para la National Historic Shrine Foundation Inc., que tenía que servir para recaudar fondos para el Museo Americano de la Emigración.

Tras un proceso acelerado de envejecimiento, Gala murió en 1982. Dalí resistió, sin casi pintar, ni comer, ni hablar con nadie, hasta 1989. Su última tela –realizada posiblemente con asistencia del escenógrafo Bea, a causa del avanzado párkinson del pintor–, *La cola de las catástrofes*, la pintó en 1983.

De este último período cabría destacar los óleos *Gala desnuda de espalda* (1960), *Cincuenta pinturas abstractas que vistas a una distancia de dos yardas se convierten en tres Lenin disfrazados de chino* (1963), *La apoteosis del dólar* (1965), *La pesca del atún* (1967), *Dalí de espalda pintando a Gala…* (1973), *El caballo alegre* (1980) –quizá el último cuadro que salió enteramente de su mano–, *Los tres enigmas gloriosos de Gala (segunda versión)* (1982) y el onanista *Cama y dos mesitas de noche atacando ferozmente un violoncelo* (1983).

REALISMO SIBARÍTICO AGUDO

Si Vermeer de Delft o Gérard Dou hubieran vivido en 1973, indudablemente, no habrían considerado inadecuado pintar el in-

› *¡Holos! ¡Holos! ¡Velázquez!*
¡Gábor!, 1972-1973.
Holograma, primer collage
tridimensional, 42 × 57 cm.
Fundació Gala-Salvador Dalí,
Figueres.
Doble homenaje a la tradición
pictórica, encarnada en Velázquez,
y a la ciencia como esperanza
de futuro en creatividad,
simbolizada en la figura del
inventor de la técnica de
reproducción tridimensional
mediante láser, llamada
popularmente holograma. En su
desesperada búsqueda
de la tercera y aún la cuarta
dimensión, Dalí equivocó muchos
caminos, pero no el de esta
personalísima holografía,
cargada de tradición, innovación,
ironía, azar y *pop art*.

terior de un automóvil o el exterior de una cabina telefónica, con todas las reflexiones implicadas. A pesar de la pasión por la holografía leibniziana, Salvador Dalí es más o menos un artista. Como mínimo, tiene una cierta sensibilidad artística. Bien, este mismo Salvador Dalí, este verano fue de Portlligat a Barcelona, en un automóvil bastante bonito y, como un sibarita, disfrutó de todas las reflexiones del níquel del interior del coche; de manera que al llegar a Barcelona se dio cuenta que no había mirado ni una sola vez el paisaje del campo de la provincia de Gerona, aun siendo para él uno de los más queridos en este mundo. El milagro fue fruto del movimiento hiperrealista, gracias al cual estamos empezando a disfrutar sibaríticamente del mundo moderno que nos rodea y del que todo el mundo desconfía.

En medio de las innumerables reflexiones caóticas de la ciudad, las cabinas telefónicas son paralelopípedas, cuyos cuatro

rectángulos exteriores pulcramente transparentes son espejos leibnizianos vivientes de un universo ultralocal que encierra una biología informativa llena de vida.

En un universo de imágenes virtuales, cada cabina telefónica parece un hológrafo paralelopípedo de nuestra realidad visible, un mesozoo existencial. Cada cabina telefónica es como una estación ferroviaria de Perpiñán, es una «legi intimus», es una madre patria.

Salvador Dalí, Fragmento de
«Realismo sibarítico agudo»,
publicado en el libro de Linda Chase
Les Hypérrealistes Américains, París, 1973

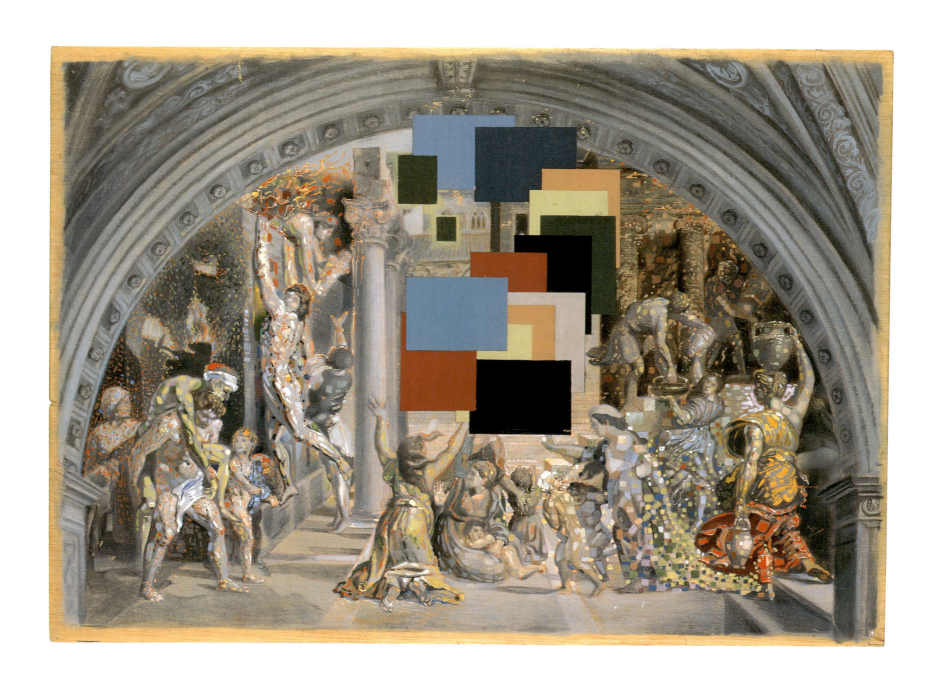

˄ *El incendio del Borgo*, 1979-1980.
Óleo sobre tabla, obra estereoscópica, 32,1 × 44 cm. Fundació Gala-Salvador Dalí, Figueres.

❮ *Aurora, mediodía, atardecer y crepúsculo*, 1979. Óleo sobre tabla, 122 × 244 cm. Fundació Gala-Salvador Dalí, Figueres.
Una ce las postreras revisitaciones del tema del *Ángelus* de Millet, aquí centrada solamente en la figura de la madre que reza.
Curiosamente, Dalí utiliza una técnica puntillista inhabitual en su obra, que pudiera deberse a la intervención de otras manos de su taller.
Temáticamente, podría interpretarse como una alegoría de su propia muerte, quien sabe si prevista por él mismo como anterior a la de Gala.

❮ *En busca de la cuarta dimensión*, 1979. Óleo sobre lienzo, 123,5 × 245,5 cm.
Fundació Gala-Salvador Dalí, Figueres (Legado Dalí).

∧ *Cama y dos mesitas de noche atacando ferozmente a un violoncelo* (estado final), 1983.
Óleo sobre lienzo, 73 × 92 cm. Museo Nacional Centro de Arte Reina Sofía, Madrid (Legado Dalí).

❮ *Gala mirando al mar Mediterráneo que, a una distancia de veinte metros, se transforma en el retrato de Abraham*
Lincoln-Homenaje a Rothko (primera versión), 1974-1975. Óleo sobre papel de fotografía, 420 × 318 cm.
Fundació Gala-Salvador Dalí, Figueres.

PÁGINAS SIGUIENTES:

❯ *El caballo alegre*, 1980. Óleo sobre tabla, 122 × 244 cm. Fundació Gala-Salvador Dalí, Figueres. Maravilloso óleo en que Dalí retoma
sus obsesiones del período 1927-1929. De pincelada lánguida y tonalidades carnosas, esta composición cargada de materia recuerda a Dalí los peligros de la sentimentalidad
a que él mismo era proclive. El caballo de vida alegre, concluye, tiene idéntico final que cualquier otro caballo, sentimentaloide o no. Oscura proyección de futuro
en un momento que la enfermedad de Parkinson empezaba a manifestarse en las extremidades de Dalí.

mitos

la multiplicación
de los PANES

xiste una serie de frases hechas en catalán –y, posiblemente en muchos otros idiomas– que aparejan la asimilación de un objeto o concepto al procedimiento alimenticio. Así, por ejemplo, cuando buscamos la clave para entender algo, preguntamos, «¿y eso, cómo se come?», una madre quiere tanto a su bebé que «se lo comería a besos», o una persona evidencia su agrado por otra persona «comiéndosela con los ojos».

La cultura catalana, en la que se crió Dalí, forma parte de una cultura católica que celebra su rito principal comiéndose al Hijo de Dios materializado en pan. Por todo ello, no es de extrañar que Dalí asociara su particular mecánica cognitiva con cierto canibalismo, materializado en ciertos momentos con la «cultura del pan».

Si para el común de los mortales el pensamiento se articula según la lógica causa-efecto, para Dalí esa relación no estaba nada clara: él pensaba en imágenes libres de cualquier apriorismo, y esas imágenes asociadas eran objeto de brillantes análisis. Si su querida Gala posa con unas costillas de cordero sobre el hombro, es porque ambas le gustan, si unos viscosos huevos fritos penden sin plato, es porque no halla otro modo de expresar su único recuerdo intrauterino, y si una langosta suple el auricular de su teléfono es porque sus formas son muy parecidas, sin más. Y si se complace en babear endormiscado tras un buen atracón, es porque imagina los cristalitos geométricos de su saliva seca ampliados microscópicamente, cuando no envidia ya abiertamente la saliva de las arañas, tejida siguiendo misteriosas leyes matemáticas. Para Dalí, en definitiva, no hay diferencia entre lo bello y lo comestible.

De entre sus obras más conocidas figuran dos cestas de pan, pintadas con diecinueve años de diferencia. La primera, realizada como ejercicio de virtuosismo en 1926, muestra un mantel en complicado juego de pliegues blancos, sobre el que reposa la cesta que utilizaba habitualmente la familia Dalí en sus comidas. El pan, cortado en varias lonchas, resalta bajo un fondo en claroscuro. Curiosamente, sería una de las primeras obras del artista exhibidas en Estados Unidos. La cesta de 1945, en cambio, pintada durante el invierno en el Del Monte Lodge de Peeble Beach, California, sin abandonar el claroscuro, se muestra desnuda bajo un solo pedazo de pan, al borde de una austera mesa. Nunca un pan había transmitido una sensación tan poderosa de inmovilidad.

Pero si existe una «época del pan» en la obra daliniana, debemos situarla en 1932, cuando tras un revelador ensueño en Cadaqués, vuelve a París y no habla de otra cosa a sus compañeros surrealistas: «¿Se ha vuelto comunista?, se preguntaban chanceándose. Pues adivinaban que mi pan, el pan que yo había inventado, no estaba precisamente destinado al socorro y manutención de familias numerosas. Mi pan era un pan ferozmente antihumanitario, era el pan de la venganza del lujo imaginativo contra el utilitarismo del racional mundo práctico, era el pan aristocrático, estético, paranoico, refinado, jesuítico, fenomenal, paralizante, hipervidente, que las manos de mi cerebro habían amasado durante los dos meses de Portlligat».

Así pues, pinta una caja escénica con paneles de cristal, alusivos a su proyectado film *Babaouo*, en que aparecen por entre los cipreses, numerosos burócratas barbados en bicicleta, con un largo pan en la cabeza, dibuja a su padre como burócrata medio con un pan-sombrero sobre el que reposan tres tinteros en lo que vendrá a bautizar «relojes

hypnagógicos», y esboza también unos panes flácidos en su magistral *Metamorfosis paranoica del rostro de Gala*. Incluso construirá un objeto surrealista en el que añade, a un busto femenino, un largo pan sobre el que rezan los personajes del *Ángelus* de Millet convertidos en dorado tintero. Dos telas, de ese mismo año, vendrán a resaltar las posibilidades fálicas de los panes. Sin olvidar que, popularmente se sugiere la cópula con una muchacha cuando es tan apetecible que «está para mojar pan», en *Pan antropomorfo*, también conocido como *Pan catalán*, un tintero, símbolo paterno, cabalga un pan erecto enfundado en tela blanca, de cuya mitad superior pende un reloj blando. La fina cuerda que usa el tintero a modo de riendas refuerza la sugerencia de la proa del pan como glande. El segundo *Pan antropomorfo*, en cambio, aunque enfundado en la misma tela blanca y en posición eréctil, sugiere también la pose chulesca del que espera apoyado en una pa-

red. Posiblemente, la posición escogida para este cuadro sea debida a una anécdota relatada por Dalí en su *Vida secreta*: «Había comido para hartarme y estaba mirando distraídamente, aunque fijamente, un pedazo de pan. Era el currusco de un pan muy largo que había quedado sobre la mesa, y no podía evitar mirarlo. Finalmente, cogí el pedazo de pan y le di un beso en la punta; después lo besé durante un rato para ablandarlo y, una vez hecho esto, aplasté la parte ablandada sobre la mesa, donde se aguantó verticalmente». Completan el «año del pan» *Personaje femenino con pan catalán* –en que una barra de pan toca el pecho a una muchacha–, *Pan francés medio con dos huevos al plato sin el plato, a caballo, intentando sodomizar a una miga de pan portugués, El hombre invisible* y el detalle del pan fálico medio cubierto por una funda blanca que emana de la cabeza del padre en *El nacimiento de los deseos líquidos*.

< *El hombre invisible*, 1932.
Óleo sobre lienzo, 16,5 × 23,8 cm.
The Salvador Dalí Museum,
Saint Petersburg, Florida.

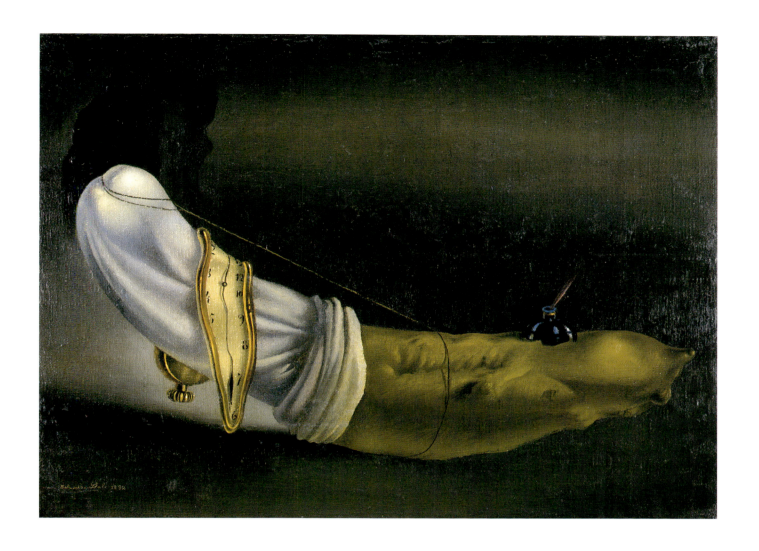

> *Pan antropomorfo*
(*Pan catalán*), 1932.
Óleo sobre lienzo,
24,2 × 33 cm.
The Salvador Dalí Museum,
Saint Petersburg, Florida.

Los delirios dalinianos de 1932 llegarían a imaginar una Sociedad Secreta del Pan que sembraría el caos a base de fabricar gigantescos panes, de catorce hasta cuarenta metros, colocados por sorpresa en plazas emblemáticas de Europa: «El sentido poético y provocador del pan gigante abandonado crearía una confusión total que terminaría en una histeria colectiva[…]. Se descubrirían panes abandonados en todas las aceras, delante de los monumentos, en las rodillas de las estatuas de los grandes hombres. Arrojarían trozos de pan a la cara de los políticos, durante los cortejos. Se lanzaría el pan a la cabeza por un sí es no. La cretinización invadiría el mundo entero como un delirio total…». El caso es que, en 1958, sin tanto secretismo ni alevosía, Dalí presentaría finalmente un pan de doce metros de largo, elaborado por el gremio de panaderos de París, como elemento principal para un «discurso histérico sobre la *cosmic glue* de Heiselberg» en el Teatro de l'Étoile.

El pan seguiría, aunque con menor intensidad, apareciendo en dispersas obras dalinianas, la más perfecta de las cuales sería *Dos pedazos de pan expresando el sentimiento del amor*, pintado en 1940 poco antes de abandonar Francia rumbo a América. Tras *La cesta del pan* de 1945, utilizada como símbolo del Plan Marshall de ayuda a la reconstrucción de Europa, Dalí haría aparecer panes en importantes cuadros, como *Naturaleza muerta evangélica* y *Cruz nuclear*, ambas de 1952, la segunda *Madona de Portlligat* (1955) y, por supuesto, *La última cena*, de 1955. Y todo ello, sin olvidar el pan invisible que elimina todos los titubeos dalinianos sobre el papel, ya que usaba a menudo su miga como goma de borrar.

Y aun en 1972, Dalí encargará al panadero figuerense Pau Masó un *pa de crostó* –pan de cantero, típico de la zona pero en desuso desde la Guerra Civil–, para extraer un molde con el que inundaría la fachada de Torre Galatea con mil doscientas réplicas de yeso. Nunca un pan había formado parte de una arquitectura, con tanta naturalidad…

LA PRIMERA CESTA DE PAN

Yo tenía veintinueve años y estaba pintando mi primera cesta de pan durante los tres meses de junio, julio y agosto con aceites de adormideras y de nueces mezclados sin barniz ni trementina. Durante esos tres meses no saqué esta mezcla de la tacita que la contenía. La cantidad era muy pequeña y cada día se hacía un poco más espesa y viscosa. Cada día el sol, a través de mi ventana abierta se proyectaba sobre mi blanca tacita aproximadamente por espacio de una hora. Una mañana encontré una gran avispa ahogada en ella. El color del aceite brillando al sol, mezclado con las franjas negras y amarillas de la avispa me fascinaron y no saqué a ésta de mi vehículo.

Durante los tres largos meses en los que estuve pintando mi primera cesta de pan, llegué a acostumbrarme tanto a mirar regular e intermitentemente a las listas de mi avispa iluminada por el sol que me encontré con que no podría seguir sin hacerlo. Traté de analizar introspectivamente la ternura que habían desarrollado mis ojos hacia esas listas, y después de una serie de experimentos llegué a este descubrimiento: durante las prolongadas sesiones, cuando se pinta, los ojos necesitan mirar de tanto en tanto a un pequeño objeto listado o moteado. Si esas motas se hallan en contraste con la coloración de tu cuadro, echándoles una ojeada periódicamente te ayudarán mucho a revalorar las relaciones cromáticas de lo que estás pintando. Mirando constantemente a una serie de colores, sin ningún objeto de contraste que hiera tu retina de vez en cuando, te encontrarías —y no es exageración— pintando, más pronto o más tarde, «ciegamente», esto es, sin una conciencia constante de tus valores colorísticos, los cuales deben comunicar en cada momento a tus ojos el gusto, la sal, la pimienta y la dulzura de cada color.

Salvador Dalí:
50 secretos mágicos para pintar, 1949

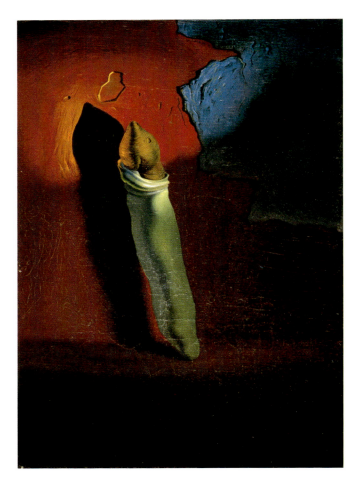

❮ *Pan antropomorfo*, 1932.
Óleo sobre lienzo, 23,8 × 16,3 cm.
Propiedad del Ayuntamiento de Figueres, en depósito en la Fundació Gala-Salvador Dalí.

❯ *Pan francés medio con dos huevos al plato sin el plato, a caballo, intentando sodomizar a una miga de pan portugués*, 1932.
Óleo sobre lienzo, 16,8 × 32 cm
Museum Boymans-van Beuningen, Rotterdam.
Lo extraordinario de este cuadro está en su prolongado título, no inventado para epatar al espectador sino para evidenciar las múltiples posibilidades de lo cotidiano. No existe nada más allá de lo expresado en él, ni alusiones veladas, tan sólo la poética de lo absurdo cotidiano.

❯ *Busto de mujer retrospectivo*, 1933. Porcelana pintada. Reconstrucción de 1970. Fundació Gala-Salvador Dalí, Figueres.

^ *Dos pedazos de pan expresando el sentimiento del amor*, 1940.
Óleo sobre lienzo, 81,3 × 100,3 cm. Fundació Gala-Salvador Dalí, Figueres (Legado Dalí).
Este cuadro fue pintado en Arcachon, cerca de Burdeos, a la espera de las evoluciones de la Segunda Guerra Mundial. De allí,
Dalí y numerosos artistas, pasarían a Lisboa huyendo del avance nazi para embarcar hacia Nueva York.
Dalí contó a Descharnes, acerca de este cuadro que Gala y Duchamp «solían jugar todas las noches mientras yo pintaba las rebanadas de pan.
Me esforzaba por crear una superficie muy lisa, sobre la cual se ponían algunas migas de pan muy rugosas. Frecuentemente caían cosas al suelo,
como por ejemplo los peones. Un día, uno de los peones se quedó de pie en medio de mi modelo de naturaleza muerta.
Entonces fue necesario buscar otros peones para continuar el juego, porque yo lo había utilizado y no quería que me lo quitaran...».

^ *La cesta del pan*, 1945. Óleo sobre tabla, 34,7 × 43,5 cm. Fundació Gala-Salvador Dalí, Figueres.
Dalí vuelve siempre a sus temas como el asesino al lugar del crimen. Sobre su segunda cesta de pan, escribir a:
«El pan fue siempre uno de los más antiguos fetiches y obsesiones en mi obra, el primer fetiche al que permanecí fiel.
Yo pinté el mismo tema hace diecinueve años. Si se comparan exactamente ambos cuadros, resulta posible estudiar allí toda
la historia de la pintura, desde el encanto lineal del primitivismo hasta el "hiper-estetismo estereoscópico"».

el sueño
de VENUS

l desnudo femenino es uno de los temas más recurrentes en la tradición pictórica occidental. Los primeros desnudos dalinianos aparecen en 1921, y están inspirados en esa tradición: *La merienda sur l'herbe* se inspira en la obra de Manet, y *Musa de Cadaqués* es una trasposición mediterránea de la clásica pose tizianesca. Ninguno de estos desnudos implican al espectador porque no le mira a los ojos, cosa que sí hará *La venus que somriu*, realizada con una técnica puntillista que habrá de culminar en el multitudinario friso de *Las bañistas del Llané*, de 1923.

Dalí era un chico, aunque tímido, más o menos normal en lo que se refiere a la vida afectiva. No le importa revelar su relación amorosa de adolescencia con Carme Roget, que duraría unos cinco años. Dalí le escribía cartas románticas muy afectadas, y no le importaba reconocer adivinar «la puesta de sol en los ojos de Carmen, que ahora están todo húmedos de emoción». En una de sus últimas aguadas simultaneístas antes de sumergirse en la vorágine madrileña, *Los primeros días de la primavera*, aparece la parejita cogida de la cintura, admirando la luna creciente. Todo parece indicar que la relación fue puramente platónica.

Pero 1925 es el año de la primera eclosión sexual: a un indiferente *Desnudo femenino* realizado en la Academia en San Fernando cabría oponer un carnoso *Desnudo femenino sin rostro*, desarrollado el año anterior en la Academia de Julio Moisés, en el madrileño Pasaje de la Alhambra, donde Dalí había acudido tras su primera expulsión. Ambos desnudos son frontales y púdicos. A Dalí le repugnaba el sexo femenino, pero en cambio adoraba su reverso: el trasero. El de su hermana era el que tenía más a mano, y, ya sea insinuado en *Muchacha en la ventana* o a pelo en *Desnudo en el agua*, será capaz de mitificarlo en la obrilla maestra de 1925, *Venus y cupidillo*.

El amor como acercamiento furtivo a Venus es el origen de la serie *Venus y un marinero*, delimitada cronológicamente a 1925 con sendos homenajes al *poetavanguardistacatalà Salvat-Papasseit* y al *Noticiario Fox*, donde aparece el primer «aparato» daliniano, claramente inspirado en las construcciones metafísicas de De Chirico.

El marinero donjuanesco aparece por última vez en la iconografía daliniana, caracterizado como san Sebastián, a medio camino del amor platónico y el carnal, encarnados ambos por dos robustas figuras picassianas, en una magistral *Composición con tres figuras. Academia neocubista*, de 1926. En esta emblemática tela, el autor juega con distintos niveles de lenguaje donde se confunden realidad y representación, tratando de dilucidar, de tal modo, la ambigua naturaleza de la relación que le unía con Federico García Lorca.

A partir de entonces, Venus nunca abandonará, hasta la aparición de Gala, las rocas de Cadaqués, pero irá progresivamente mutilándose y abstractizándose ante un Dalí desesperado por una serie de complejos que le abocarán al onanismo desenfrenado y a la cuasi-paranoia.

De un lado, proseguirá el camino iniciado en verano de 1927 con *La miel es más dulce que la sangre* y *Cenicitas*, donde Dalí concluye la imposibilidad de profundizar en su relación con Lorca por su distinta actitud ante el sexo femenino. Así pues, en esta última tela, ante el cuerpo mutilado de un *Nacimiento de Venus* representado de espaldas, Lorca duerme junto a una regla amarilla –en alusión a su *Oda a Salvador Dalí*–, mientras que a su amigo, de perfil, el ojo se le convierte en sexo femenino, y los dientes les crujen ansiosamente: el impulso de la libido es irresistible, pero significa la muerte, simbolizada por burros muertos y peces

‹ *El juego lúgubre*, 1929. Óleo y collage sobre cartón, 44,4 × 30,3 cm. Colección particular. Cuando Gala y Paul Éluard llegaron a Cadaqués, Dalí estaba pintando una tela que el poeta francés tendría el honor de titular *El juego lúgubre*. Curiosamente, Federico García Lorca llamaba así a su habitual representación nocturna en la Residencia de Estudiantes, consistente en simular milimétricamente el proceso de su muerte y entierro. El grupo surrealista estaba muy inquieto por los calzoncillos manchados de la primera figura del óleo, concluyendo de su presencia que Dalí era coprófago. Para salir de dudas, mandaron a Gala a interrogar al artista, que se hallaba entonces en un agitado estado de excitación. Dalí no lo confesaría entonces, pero se trataba de una anécdota que le había sucedido recientemente a su padre. El cuadro, de todos modos, refleja el alterado impulso sexual de Dalí, y su temor a la consumación del acto, además de sus remordimientos por su frenético onanismo: un callejón sin más salida que Gala o el manicomio.

❮ *Figura sobre las rocas*, 1926.
Óleo sobre madera contrachapada,
27 × 41 cm. The Salvador Dalí
Museum, Saint Petersburg, Florida.
Hasta la aparición de Gala,
Anna Maria es la representación
plástica del deseo carnal.
Y aún después, los retratos de Gala,
contenidos y asépticos, nunca
rezumarán el erotismo de la figura
fraterna. Todavía en la esfera
de Picasso, la desinhibida y
provocativa posición de la modelo,
sobre las rocas de la costa
cadaquesense, evolucionará hacia
estilizaciones con forma de
«trozo de coño» como el de
la escandalosa tela
Los deseos insatisfechos (1928).

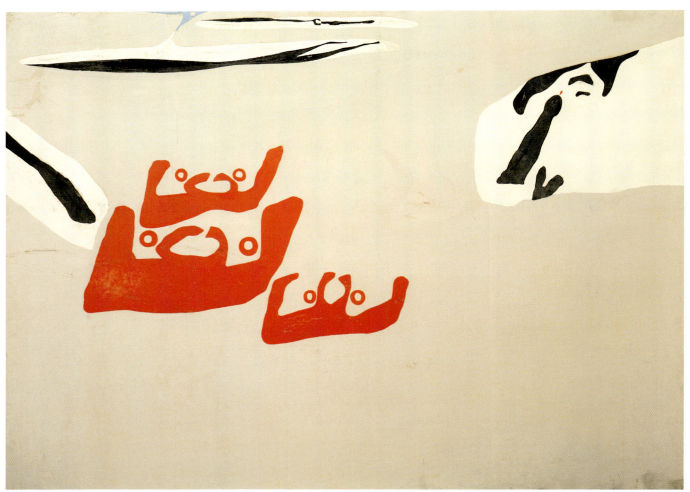

❮ *Sol, cuatro mujeres de
pescadores en Cadaqués*, 1928.
Óleo sobre lienzo, 147 × 196 cm.
Museo Nacional Centro de Arte
Reina Sofía, Madrid.

con cabeza de ruiseñor. Un ruiseñor muy parecido al que oyó de pequeño, en su primer acto exhibicionista, cuando simuló quedarse dormido sobre la mesa con el sexo al descubierto para escandalizar a la criada. No debía moverse, pero una pequeña corteza de pan se le estaba clavando dolorosamente en el codo cuando el ruiseñor cantó. Dalí lo reseña como uno de los momentos más sublimes de su vida.

En este preciso instante empieza a surgir con fuerza el tema del onanismo, en dos series de pinturas. En la primera, dominada por tonalidades ocres, Dalí incorpora arena y gravilla de las playas de Cadaqués. Tomando como partida la figura de su hermana a la manera de Picasso en *Figura sobre las rocas*, la postura de la bañista en reposo sugerirá cada vez más lo que él llamaba «pedazos de coño». Levantará islas para separar ambos sexos, y dedos fálicos eyaculando ante informes masas de carne rosada, como en *Los deseos insatisfechos* (1928), caracolas que sugieren la mano culpable cerrada, o dedos junto a pájaros muertos simbolizando el momento después. El siguiente paso será la abstracción del sexo femenino en una serie de telas alusivas a las pescadoras locales, como *Sol, cuatro mujeres de pescadores en Cadaqués*, inspiradas lejanamente en la poética de Jean Arp.

La otra serie, de tonalidades azuladas y parajes inspirados en Max Ernst, como *Aparato y mano* (1927) o *Composición surrealista*, posteriormente llamada *Carne de gallina inaugural* (1928) conducirán a Dalí al borde del paroxismo sexual expresado en telas como *Le jeu lugubre* (1929).

La aparición de Gala, para admirar sorprendida esta última tela, desatasca el conflicto daliniano entre libido y muerte, generando paulatinamente una serie de composiciones con incisivos contenidos sexuales relativos al papel castrador y amenazador de su familia, capitaneada por el padre. Venus quedará relegada a reinterpretaciones alimenticias, como en *El espectro del sex-appeal* (1934), la *Venus de Milo con cajones* (1936), concebida por Dalí pero ejecutada por su amigo Marcel Duchamp, o el imposible *Sueño de Venus* (1939), atracción erótico-festiva para la Feria Mundial de Nueva York, cuyo cuerpo de Boticelli con cabeza de pez fue vetado por los patrocinadores, provocando la célebre *Declaración de la Independencia de la Imaginación y de los De-*

rechos del Hombre a su propia Locura, que lanzaría a Dalí aún un paso más allá en el estrellato.

Por otra parte, el tema del onanismo, nunca abandonado en la práctica física ni en la pictórica por Dalí, reaparecerá iteradamente escondido tras una bucólica imagen de una muchacha saltando a la cuerda, no lejos de un campanario. Dalí necesitaba, como él mismo ha declarado varias veces, apuntar a tres campanarios para llevar a cabo sus actividades solitarias. El mismo hecho de lo fálico de las torres de las iglesias, la similitud de las campanas con el glande, y el hecho de que para tocarlas haya que tirar de una cuerda con ademán onanista da una ligera idea del mecanismo mental daliniano, guiado siempre por analogías visuales. La campana al moverse recordaría, a su vez, a una muchacha saltando a la comba, el objeto del deseo convertido en objeto analógico.

Venus como presencia, nunca del todo libre de connotaciones mortales, seguirá siendo tema daliniano hasta su última etapa, como es el caso de *El torero alucinógeno* inspirado, según Carlos Rojas, en el *Romance del emplazado*, de Federico García Lorca.

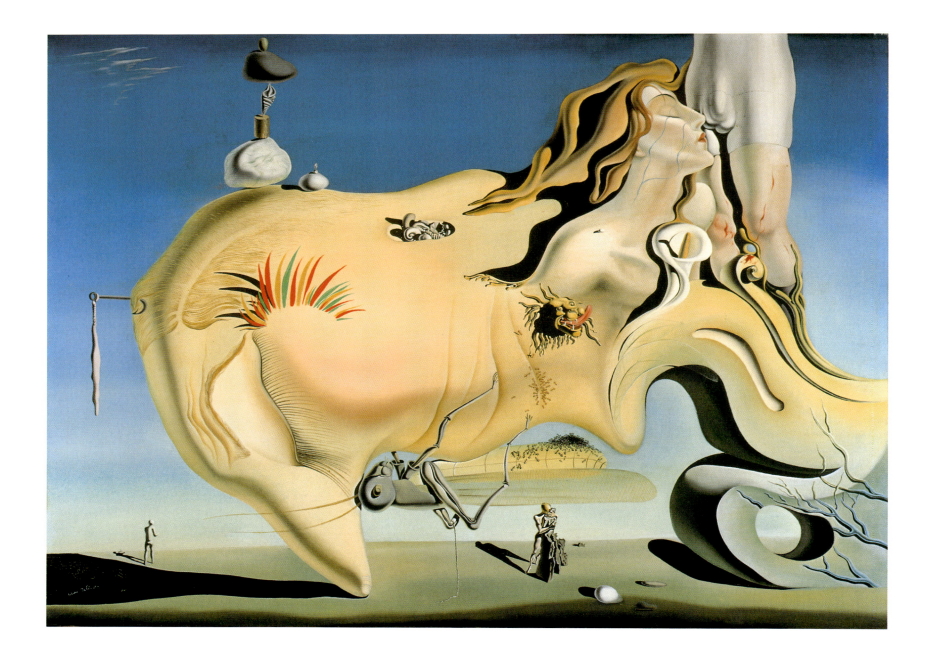

EL PINCEL ERÓTICO DE DALÍ

–¿Es el erotismo la principal fuente de inspiración de su obra?

–No. Hay dos fuentes, y es Freud quien así lo ha establecido: el instinto sexual y la angustia de la muerte.

–¿Cuándo el Dalí artista descubre el erotismo?

–El erotismo me entró por el codo. Unos lo sienten en el corazón, otros en la cabeza o el estómago. A mí me penetró, repito, por el codo. Yo era jovencito; noche estival y con ruiseñores. Fue al realizar un acto de exhibicionismo con una sirvienta de mi casa. Mi familia se marchó al cine y me quedé solo. Entonces aparenté que me había quedado dormido, al terminar de cenar, en el comedor: con la cabeza apoyada en la mano y el codo sobre la mesa. Me puse el camisón de dormir de tal forma que cuando ella viniera a retirar el mantel, me viera bien el sexo. Pero resultó que justo debajo del codo había una cortecita de pan, afilada como una aguja. El dolor fue terrible, sin embargo, al venir ella y ver su frialdad absoluta, tuve que permanecer completamente inmóvil y soportar una especie de terrible descarga eléctrica que me paralizaba el brazo. Sentía como si la corteza me estuviera penetrando por el codo. En aquel instante cantó un ruiseñor. Desde entonces, cuando se me aparece una imagen erótica durante la siesta, automáticamente me toco el codo con la mano.

❮ *El gran masturbador*, 1929.
Óleo sobre lienzo, 110 × 150,5 cm.
Museo Nacional Centro de Arte
Reina Sofía, Madrid (Legado Dalí).
El más célebre cuadro de Dalí,
junto a La *persistencia de la
memoria* (1931) nos ofrece un
retrato interior del artista obcecado
por los peligros del sexo,
materializados en el saltamontes
putrefacto pegado donde debería
tener la boca, el deseo
incontrolable, representado por e
león de prominente lengua y ojos
desorbitados, y el temor a la
muerte por «vaciamiento» –como
revela la flacidez del rostro y la
arquitectura que los sustenta–.
o contagio –evidente en la felación
no consumada–.

▲ *Escena erótica*, 1933.
Tinta china y lápiz sobre papel,
24 × 18,5 cm.
Colección particular.

▲ *Sirenas de*
El sueño de Venus, 1939.

❯ *El fenómeno del éxtasis*, 1933.
Collage fotográfico, 27 × 18,5 cm.
Colección Vercamer. París.

Venus de Milo con cajones, 1936.
Bronce blanqueado y botones de
armiño, 98 × 32,5 × 34 cm.
Museum Boymans-van Beuningen,
Rotterdam. Dalí concibió los cajones
y su amigo Marcel Duchamp
materializó el conjunto. En la obra
de Dalí, las personas con cajones
son casi tan conocidas como sus
relojes blandos. Sus primeras obras
en este sentido son *La venus de
Milo* y *El escritorio antropomórfico*.
A propósito de estos insólitos
aditamentos, Dalí se justificaría: «La
única diferencia entre la Grecia
inmortal y la época contemporánea
es Sigmund Freud, quien descubrió
que el cuerpo humano, puramente
platónico en la época de los
griegos, está lleno de cajones
secretos que sólo el psicoanálisis
está en condiciones de abrir».

–Dalí bautiza así algunas de sus telas: *El gran masturbador*, *Cráneo atmosférico sodomizando un piano de cola*, *Joven virgen autosodomizada por su propia castidad*, *El espectro del sex-appeal*. ¿No resulta, a veces, más claramente erótico el título que la propia obra?

–Sí, lo reconozco. Observe que siempre se trata de sodomía.

–Y, ¿por qué?

–Sencillamente, no me gusta el coño.

–Explíqueme la temática del bautizado «el gran masturbador».

–Refleja la idea de culpabilidad de una cara que está por completo extinguida vitalmente a causa de haberse masturbado tanto: la nariz le toca el suelo y le sale un forúnculo horrible. Yo siempre que pierdo un poco de leche tengo la convicción de que la he malgastado. Me queda siempre un sentimiento de culpabilidad.

–Dalí era virgen debido a su complejo de impotencia y al miedo terrorífico de contraer venéreas.

–Primero: no soy tan impotente. Pero en fin, me considero un ser afortunado debido a que sólo los impotentes consiguen hacer grandes cosas, como Napoleón, Hitler, etcétera. Observe que los potentes se limitan a crear hijos y nada más... En segundo lugar, confieso mi terror hacia las venéreas. Encima del piano de mi casa, mi padre dejó un libro de medicina en el que había fotografías en las que se podía apreciar las consecuencias terribles de las venéreas. Me quedé aterrorizado. Mi padre sostenía que ese libro debería estar en todos los hogares para aleccionar a los hijos.

Lluís Permanyer: fragmentos de
«El pincel erótico de Dalí», *Playboy*, nº 3,
Barcelona, enero de 1979

^ *Galacidalacidesoxyribonucleidacida*, 1963. Óleo sobre lienzo, 305 × 345 cm. The Bank of New England, Boston.

Dalí entiende la ciencia a su manera, una manera muy intuitiva pero, en algunos casos, acertada y visionaria.

Los progresivos descubrimientos sobre la composición del ADN –clave de la generación vital, pero también de la transmisión de la identidad–, despiertan en Dalí asociaciones con su concepto de divinidad y su particular afición angelológica. Gala, de espaldas, asiste como espectadora al secreto de la vida.

la RESURRECCIÓN
por la ciencia

ocos artistas tuvieron un interés tan sincero por la ciencia como Salvador Dalí. Tal vez deberíamos remontarnos al Renacimiento para hallar un caso parecido. Aun así, Dalí se interesaba por la ciencia puramente especulativa, como una vertiente de su sed filosófica de determinismo.

Este inusual interés está basado en dos necesidades: por una parte, de conocimiento de las leyes de la naturaleza en su estricta acepción cósmica, como sus constantes torturas a los animales nos permiten deducir. En esta sed de conocimiento intuitivo de las leyes del universo, Gaudí precede a Dalí, y ambos tienen muy presente el papel del ángel como poseedor de la cosmovisión que ansían.

Por la otra, la ciencia es una vía para resolver los misterios de la vida, e incluso de hallar su secreto. El objetivo no es otro que el de evitar la enfermedad, la decrepitud y la muerte. Nunca fue Dalí tan feliz como cuando anunció que se construiría una cámara de criogénesis. Religioso durante la segunda mitad de su vida, nunca tuvo otra fe que la ciencia.

El biógrafo más minucioso de Dalí, Ian Gibson, consiguió leer la portada de una revista que éste tenía en la mano cuando se hizo la famosa foto de grupo con Federico García Lorca y la redacción de la revista *L'Amic de les Arts*, de Sitges. Ésta correspondía al número de junio de 1927 de la publicación neoyorquina *Science and Invention*. Aunque Dalí no leía inglés, sí que interpretaba a su manera las ilustraciones y adoptaba una pose de hombre amante de lo higiénico y lo concreto. Hasta cuando pintaba la playa de Cadaqués, presumía de que las olas de su cuadro se podían contar...

En aquella época, Dalí estaba fascinado por la belleza de las máquinas, y oponía todo atisbo de sentimiento y putrefac-

ción a imaginarios instrumentos de medición como el «heliómetro para sordos».

Más adelante, pondrá en práctica sus lecturas de Freud para psicoanalizarse y desarrollar su particular método paranoico-crítico. El psicoanálisis era una maravillosa ciencia por la que se podían identificar y resolver todos los conflictos humanos, así que no cejó hasta que, en 1938, rindió visita a un Sigmund Freud exiliado en Londres, aquejado de un cáncer y próximo a la muerte.

Movido siempre por una fantástica intuición, su *Persistencia de la memoria*, de 1931, podría ilustrar tranquilamente un artículo de Einstein sobre la teoría de la relatividad. Dalí será lector de Max Planck, cuya teoría de los quanta –especialmente la óptica cuántica– influiría en Einstein, quien concibió un quanta de luz (el fotón) que se comporta como una partícula. Las otras teorías de Einstein explicaron la equivalencia entre la masa y la energía, la dualidad partícula-onda de los fotones, el principio de equivalencia, y especialmente la relatividad. La mecánica cuántica alteró completamente los conceptos fundamentales de la física newtoniana.

Otra figura por la que Dalí sentiría un profundo interés, llegando al extremo de pronunciar una conferencia-homenaje a sus teorías, fue el físico y premio Nobel alemán Werner Karl Heisenberg, quien, siguiendo el camino emprendido por Planck y Einstein, desarrollaría un sistema de mecánica cuántica cuyo principio de incertidumbre ejerció una profunda influencia en la física y en la filosofía del siglo XX. Heisenberg estuvo a cargo de la investigación científica del proyecto de la bomba atómica alemana durante la Segunda Guerra Mundial. Bajo su dirección se intentó construir un

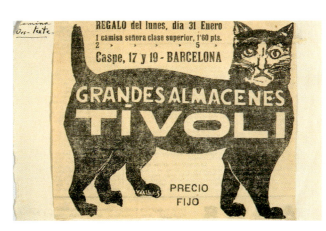

< *Libro de las varices*, 1926.
Papel encolado, 7,6 × 25,6 cm.
Fundación Federico García Lorca,
Madrid.

Dalí y Lorca usaban un complejo
juego de señales para avanzar
en una aventura creativa basada en
aparentes banalidades de niños
bien, pero de trasfondo trágico
y profundo. En el *Libro de las
varices*, Dalí construye un discurso
irónico y fresco sobre el
sentimentalismo como fuente
de enfermedades e infecciones.
En el fondo, pretendía alejar
a Lorca del folclore para imbuirlo
de «Santa objetividad».

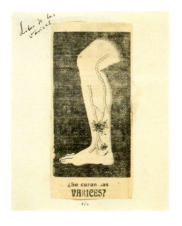

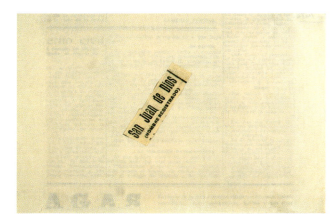

˅ *Madona corpuscular*, 1952.
Lápiz, sepia y tinta china,
55,8 × 43,2 cm. Birmingham
Museum of Art, donación
de Mr. y Mrs. Charles W. Irlanda.

Pintores ejecutando las
maquetas de Dalí para el stand
de Wallace Laboratories, 1958.

reactor nuclear en el que la reacción en cadena se llevara a cabo con tanta rapidez que produjera una explosión, pero estos intentos fracasaron. Dalí estaba subyugado también por el planteamiento de un colega suyo, Oliver Lodge, quien justificaba la necesidad del éter como «pegamento cósmico» sin el cual no es posible un universo matérico.

Por todo eso, no es de extrañar que Dalí asociara una curiosa fe atómica basada en la física cuántica con su misticismo católico. En su *Manifiesto Místico* de 1952, afirma: «La

intensa crisis del misticismo daliniano se apoya básicamente sobre el progreso de las ciencias específicas de nuestra época, en especial sobre la espiritualidad metafísica de la substancialidad de la física cuántica…».

Además de aficionado a la física cuántica, Dalí era muy proclive a las exhibiciones de «física recreativa» para asombrar a su público, como por ejemplo cuando intentó, en vano, fabricar burbujas de jabón cuadradas para acompañar *Le ballet de Gala*, en 1961.

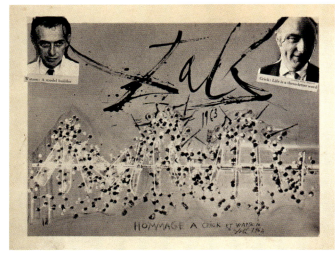

Y eso sin olvidar su pasión por la filosofía científica de dos genios de su cultura: el medieval Raimundo Lulio y el contemporáneo Francesc Pujols de cuyo *Concepto general de ciencia catalana* se consideraba valedor internacional.

Por lo que respecta a las matemáticas, Dalí estudió ávidamente *La divina proporción*, del fraile renacentista Luca Pacioli, e incluso trabajó junto al matemático rumano, afincado en San Diego, Matila Ghyka, cuyo axioma favorito era «la belleza es aptitud expresada». Según Ghyka, «el segmento rectilíneo determinado por dos puntos es en geometría, en mecánica y en arquitectura el elemento más sencillo al que se pueden aplicar las ideas de medida. La operación más fácil a que conducen estos conceptos es la elección de un tercer

punto cualquiera, pasando de la unidad a la dualidad para llegar a la proporción. Cuando la recta se divide en extrema y media razón, es decir el segmento menor es al mayor como el mayor lo es a todo; en ese caso decimos que sigue la proporción armónica f (forma-utilidad-finalidad)». Fruto de esta colaboración, Dalí pintó su *Leda atómica* (1949).

En 1953, Watson y Crick, dos jóvenes investigadores instalados en Cambridge, anunciaron la visualización de la estructura molecular del ácido desoxirribonucleico, conocido como ADN. Para ello, construyeron con trozos de cartón, de metal y varillas una estructura en forma de doble hélice. Ante el descubrimiento, Dalí exclamó: «Esto es para mí la prueba verdadera de la existencia de Dios». En realidad, todas sus investigaciones artísticas alrededor de la memoria tomaban un nuevo impulso a tenor de este descubrimiento científico, aunque al plasmarlo sobre tela se limitara a la anécdota graciosa y a ciertos efectos ópticos que le conducirían, a principios de los setenta, a realizar una serie de experimentos con lentes estereoscópicas –después de admirar la obra de Gerard Dou–, y a interesarse por la holografía, procedimiento de registro visual basado en haces de luz fruto de las investigaciones del premio Nobel Dennis Gabor.

La última obsesión daliniana por la ciencia llegará de la mano de la «teoría matemática de las catástrofes», del matemático René Thom: «Una nueva manera de considerar todas las transformaciones que se producen de un modo brusco, imprevisto, dramático, aplicando la topología». Un edificio que se cae, una gota que colma el vaso haciendo que se vierta agua o un repentino movimiento de tierra en un terremoto son ejemplos de procesos discontinuos que generan cambios de estados. La teoría de las catástrofes sólo pretende obtener un orden de comprensión en el desorden de la discontinuidad. Si Dalí buscaba seguridades al incierto destino, éstas se hallaban en el método ideado por Thom. La escritura catastrofeiforme, presente obsesivamente en toda su etapa final, no es sino una forma de escrutar lo inevitable de su muerte.

En 1985, sabiendo próximo el fin de sus días, Dalí acogió en el Teatro-Museo un simposio titulado *Cultura y ciencia: determinismo y libertad* en que se enfrentaron Thom e Ilya Prigorgine. Dalí, que seguía las sesiones por vídeo desde su habitación, tuvo aún fuerzas para pedirles que hicieran las paces…

De este continuo interés por la ciencia, Dalí nos dejó, en su biblioteca, un centenar de libros, con anotaciones y comentarios en los márgenes, además de numerosas revistas a las que estaba suscrito. Su última lectura, *La historia del tiempo*, de Stephen Hawking.

DALÍ Y LA CIENCIA

–Los científicos que usted encuentra, ¿le toman siempre por loco?

–Todos, al contrario, me encuentran simpático y dicen de mis declaraciones: «Pues no dice tantas tonterías como parecía». Mi única ventaja es que no sé nada de nada, así que puedo hacer funcionar mis caprichos más caprichosos y más irracionales basándome en mis pequeñas lecturas. Y como estoy dotado de una cierta genialidad, de vez en cuando digo alguna cosa que no les parece tan improbable. Por ejemplo, por lo que respecta al cáncer, yo me basaba, sobre todo, en aquello que sabía de los mensajeros, los que llevan paquetes, los repartidores. El mensajero, en biología, es el ARN, el ácido ribonucleico. En Figueres, uno de estos repartidores –llamémosle pues un ribonucleico– tenía como lema: «El rayo soy, donde me llaman voy». Bien, pues en épocas de anarquismo, la ciudad recibía sus bombas mediante un mensajero. Entonces, yo dije a Donald Reynolds, un biólogo: «Cuando el ARN aporta un mensaje al citoplasma, es decir, a la ciudad, ¿por qué no miran qué contiene el paquete?». Reynolds encontró esta sugerencia extraordinaria. En biología se ocupan ahora mucho más del ARN. Pero yo esta idea la había soltado un día en el café, sin hacer broma ni nada.

Mi último descubrimiento lo he hecho en colaboración con el filósofo Newman, quien me presentó a Jacques Lacan. Es a propósito de la entropía. Como usted sabe, según la ley de la termodinámica, vamos directos hacia el desorden total, la entropía, la muerte. Según esta ley, el universo tiene que acabar. Pero Newman y yo nos dimos cuenta que todos los filósofos, todos los grandes humanistas de la Antigüedad, desde san Agustín hasta Malebranche y Leibniz, se han pronunciado en contra de esta idea de entropía. Quien más se ha opuesto en

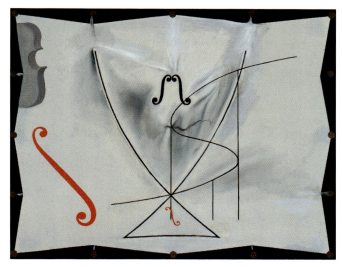

la Edad Moderna ha sido Schrödinger, según el cual es imposible que el pensamiento humano sea borrado algún día por el tiempo. Esto que digo es textual. Junto con Newman he recopilado una antología de todos aquellos que, desde los griegos hasta Stephan Lupasco en nuestros días, han hablado de la inmortalidad del alma. Evidentemente, la inmortalidad del alma no es sino la neguentropía [–el logaritmo de la probabilidad de un estado–].

Fragmento de la entrevista de Jean-François Fogel y Jean Louis Hue: «Les mandales de Dalí», publicado en *Le Sauvage*, octubre de 1976

PICASSO,
espejo roto

i Dalí articula su biografía en torno a la figura del padre biológico, al que admira enormemente pero siente necesidad de derribar para ser él mismo, otro tanto le sucede con Picasso. Dalí es uno de sus mayores entusiastas, y pasará toda su vida espiando, inspirándose, llamando la atención e intentando asociar su actividad a la figura de Picasso de un modo enfermizo.

Ya en sus telas de 1923 recrea el «período azul» del malagueño. Y no es extraño encontrar varias fotos de su taller en Cadaqués, donde posa junto a algunas de sus pinturas y un gran cartel que reza «¡Viva Picasso!»

Picasso había estado en Cadaqués, en el verano de 1910, invitado por el pintor Ramón Pichot, el mismo que, en 1916, descubriría el impresionismo a Salvador. Es más, Picasso y Fernande Olivier se alojaban en casa de Lidia Noguer, el pintoresco personaje que inspiraría a Dalí el método paranoico-crítico, y el malagueño pintó algunas de sus telas cubistas en el taller de Pichot en Es Sortell. Se trata del mismo taller que, en 1921, cedería Ramón a Dalí. Pichot murió en 1925, y Picasso le homenajeó representando su figura en el centro de *La danza*.

A Dalí le gustaba recordar una anécdota de aquel verano. Maria Gay, cantante de ópera hermana de Ramón, era importunada en aquel entonces por un tenor que, desesperado, irrumpió un día en su habitación. Picasso vio como ella, ni corta ni perezosa, se escapaba por la ventana gritando: *Pe, juliol, ni dona ni cargol* (por julio, ni mujer ni caracol). Pues bien, cada mes de julio durante muchos años, Dalí enviaba un telegrama a Picasso con aquella frase por único texto.

Dalí tenía colgada en su habitación una reproducción de *Dos mujeres corriendo en la playa (la carrera)*, de 1922. La influencia del clasicismo picassiano es innegable en sus telas de 1925. Precisamente, en noviembre de ese mismo año celebraba su primera exposición individual en las Galerías Dalmau, de Barcelona. Cuenta Dalí en su *Vida secreta* que Picasso la había visitado y que había elogiado «la pintura de una espalda de muchacha». Aunque posiblemente, se trate más de un «falso recuerdo» que de un hecho real.

Dalí visitará París, acompañado de su hermana y la *tieta*, en abril de 1926. Gracias a la mediación del pintor Manuel Ángeles Ortiz, amigo granadino de Lorca, consigue que Picasso le reciba. Según cuenta el propio Dalí, nada más penetrar en el apartamento del artista en la rue de la Boëtie, le espetó: «He venido a verle antes de visitar el Louvre». «Ha hecho muy bien», dice que le respondió Picasso. A continuación, Dalí le mostró su *Muchacha de Figueres*, que Picasso estudió durante un cuarto de hora sin hacer ningún comentario, para dedicar luego un par de horas a mostrarle sus últimas telas. No sabemos cuáles fueron, pero podría tratarse muy bien de collages, composiciones de inspiración clásica y naturalezas muertas como *Cabeza y brazo de yeso* (1925).

Muchos de los elementos de este estudio aparecerán «dalinizados» en *Composición con tres figuras (Academia neocubista)*, de 1926, y en buen número de dibujos de la época lorquiana, como el que representa a *Lorca en la playa de Ampurias*, publicado en *L'Amic de les Arts* o *La playa*, publicado en la revista *Verso y Prosa*, de Murcia.

El elemento que más le importaba a Dalí de *Cabeza y brazo de yeso* era, desmembramientos aparte, la cabeza clásica y la inquietante sombra que ésta proyectaba. Así pues, utiliza esta cabeza para aunar su contorno al de Lorca en óleos como *Naturaleza muerta al claro de luna*, de 1927.

Otro óleo de Picasso, *Las modistas*, de 1926, inspira claramente *Dos figuras*, de ese mismo año. Por enésima vez, el formalismo picassiano sirve a Dalí para revelar a los iniciados la complicada trama emocional tejida alrededor de García Lorca.

Una tercera influencia picassiana en Dalí podría concretarse en las bañistas surrealistas iniciadas por el pintor malagueño en 1928, compuestas por elementos pétreos enlazados, cuya culminación, en *Figuras a orillas del mar* no puede ser demasiado ajena al «maniquí javanés» del *Monumento imperial a la mujer-niña*, de 1929 o las autofagias cárnicas iniciadas en los grabados de *Les chants de Maldoror* (1934). Y aun un postrer robo: *Restos de un automóvil dando a luz a un caballo ciego que muerde un teléfono*, de 1938 contiene varios elementos del célebre *Guernika* (1937) de entre los cuales cabría destacar el caballo y la luz que pende del techo.

Una curiosa faceta daliniana es la de los hechos apócrifos relatados reiteradamente a todo aquel que quisiera escuchar: el perro de Picasso se había comido el pan colocado sobre la cabeza de su *Busto de mujer retrospectivo* (1933) expuesto en el VI Salon des Surindépendants; Dalí estaba con Picasso en París cuando éste recibió la llamada telefónica oficial de su nombramiento como director del Museo del Prado, y –quizás ésta sea la única verdadera– Picasso le dejó algún dinero para gastos de viaje en su primera incursión estadounidense. Por supuesto, nunca se lo devolvió.

Y aun antes que la Guerra Civil española les distanciara definitivamente, Dalí inventó una maquiavélica colaboración con Picasso mediante un aguafuerte que, presuntamente, habían realizado entrambos. Se trata de un ejemplar único, que fue donado anónimamente al Museo Picasso de París, en el que Dalí añade elementos propios de sus ilustraciones para *Les Chants de Maldoror* a la imagen invertida del aguafuerte de Picasso *Tres bañistas*, de 1933. Se supone que Dalí, mediante Éluard, se hizo con el cobre original, lo copió y añadió su parte para entregarlo, posteriormente, a un grabador

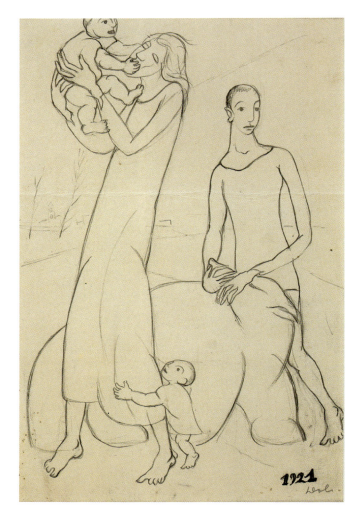

❮ *Jugant amb l'os*, 1921.
Lápiz sobre papel, 25 × 16 cm.
Colección particular.

❯ *Jugando con el oso*, 1923.
Óleo y aguada sobre cartón,
105 × 75 cm.
Fundació Gala-Salvador Dalí,
Figueres (Legado Dalí).
Antes de imitar al Picasso cubista,
Dalí prefirió inspirarse en la época
azul del artista malagueño,
aunque incorporando en ocasiones
elementos de fases posteriores,
preferentemente primitivistas.
La humildad y sentimentalidad
que se traslucen de esta bucólica
escena pertenecen a un un Dalí
romántico y soñador que había
empezado a desaparecer
paulatinamente tras la muerte
de su madre, en 1921.

❯ Dalí en su estudio, 1925.

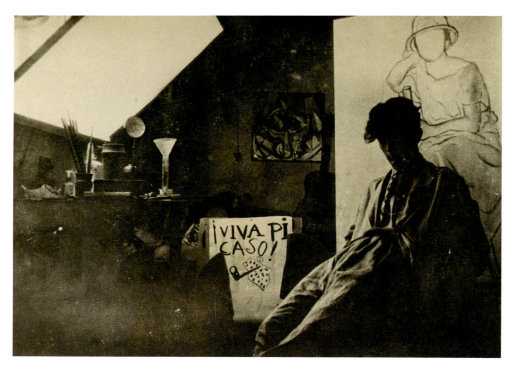

profesional, ya que Dalí no dominaba la técnica y siempre entregó sus dibujos a un tercero para su estampa.

Tras la guerra, Dalí pintaría un busto de Picasso en 1947 como una inmensa mole cárnica con una losa en la cabeza, una larga cuchara nacida en el cerebro asomando por la lengua, pechos caídos y un clavel en la base, elementos no muy distantes de sus representaciones paternas de principios de los años treinta. En 1971, en cambio, dibujaría su retrato como emperador, con aquella inolvidable mirada y una significativa corona de laurel.

En la España franquista, Dalí protagonizará dos importantes polémicas picassianas –las menores son incontables–, la primera, en 1950, cuando se niega públicamente y por escrito a formar parte de una comitiva que debía entrevistarse con el presidente Truman para que Estados Unidos abandonara su carrera armamentista. La comitiva estaría encabezada por el arzobispo de Canterbury y Picasso. Al pintar Picasso su paloma de la Paz, Dalí respondió con una hermosa *Medalla de la Paz* (1954) en la que cuatro pares de manos doradas formaban una cruz sobre un fondo lapislázuli.

Con motivo de la I Bienal Hispanoamericana de Arte, en 1951, Dalí pronunció una conferencia en el Teatro María Guerrero, de Madrid. El título: *Picasso y yo*, prometía una polémica que no decepcionaría al público que abarrotaba la sala. El propio Picasso, años después, confesaría al perio-

dista Antonio Olano que, cuando se enteró de la frase más conocida de la conferencia, «Picasso es comunista… y ¡yo tampoco!», exclamó: ¡Tiene gracia este puñetero muchacho! ¡Y cuidado que yo lo quiero«.

Dalí aún pidió al fotógrafo Halsman que fundiera un retrato suyo con uno de Picasso, pintó unas particulares *Meninas* de Velázquez después de la interpretación Picassiana, y creyó más que nunca en su museo tras la inauguración del dedicado a Picasso en Barcelona, al que donaría un ejemplar de las *Metamorfosis* de Ovidio grabado por Picasso y un collage que el malagueño había regalado a Gala. Por mucho que marcase las diferencias, Dalí nunca hubiera sido Dalí sin la huella de Picasso.

PICASSO Y YO

Como siempre, corresponde a España el honor de los contrastes más extremos, esta vez en las personas de los dos pintores más antagónicos de la pintura contemporánea, Picasso y yo, vuestro servidor.

Picasso es español, yo también. Picasso es un genio, yo también. Picasso tiene cerca de setenta y dos años y yo cerca de cuarenta y ocho. Picasso es conocido en el mundo entero, yo también. Picasso es comunista, yo tampoco.

¿Por qué Picasso se ha vuelto comunista? En razón de las bodas de la blanquísima Rusia con los blanquísimos generales

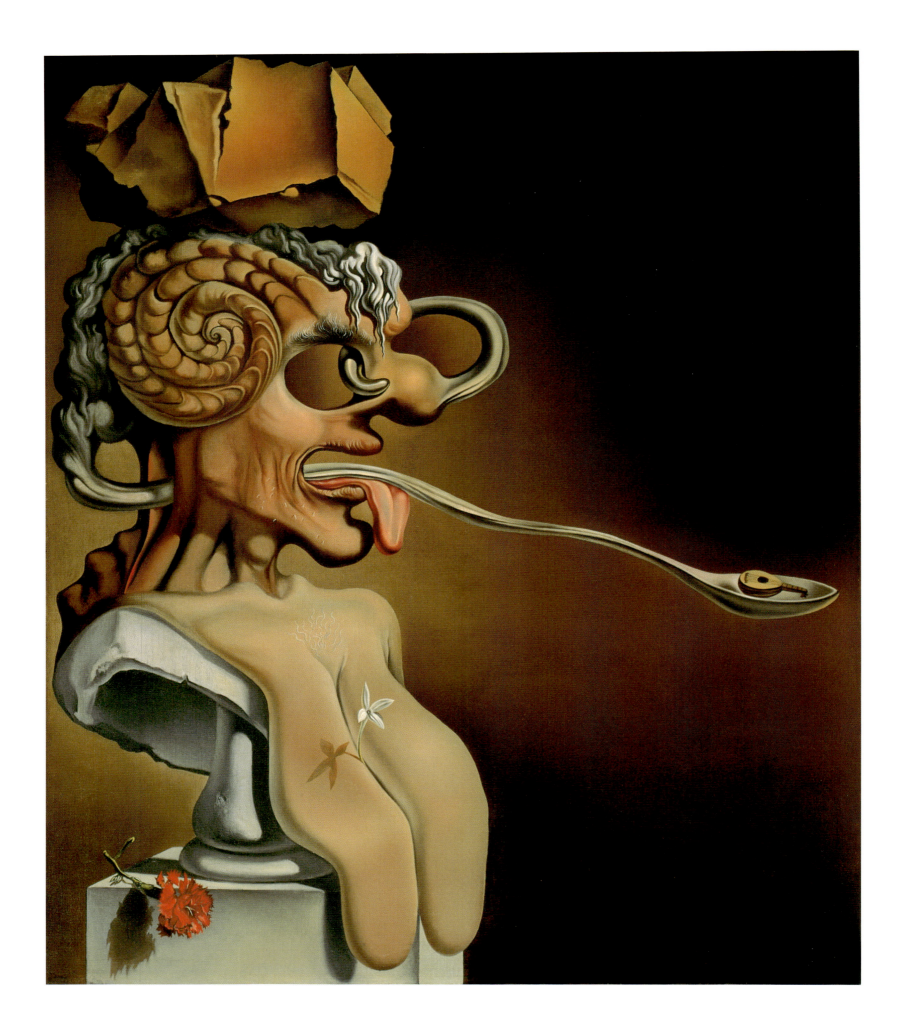

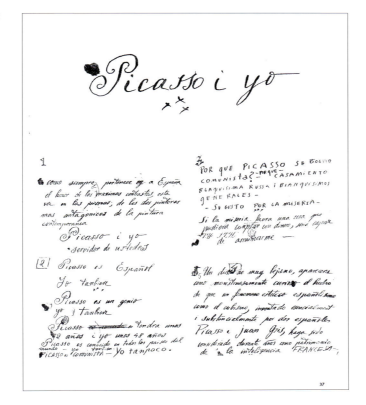

> Manuscrito de la conferencia «Picasso y yo», 1952.

> *Moi, aussi, j'ai connu l'empereur*, 1970. Litografía, 66 × 41 cm. Fundació Gala-Salvador Dalí, Figueres.
Postrer homenaje daliniano a su tan admirado –como denostado en público– Pablo Picasso. Realizado en un estilo suelto, libre de efectos ópticos y florituras, Dalí se limita a colocar una corona de laurel sobre el rostro del malagueño, representado aquí en plenitud vital. Esta obra, en cierto modo, concluye el círculo iniciado durante su adolescencia, cuando solía retratarse junto a un cartel en el que había escrito, en mayúsculas, «¡VIVA PICASSO!».

‹ *Retrato de Picasso*, 1947. Óleo sobre lienzo, 65,5 × 56 cm. Fundació Gala-Salvador Dalí, Figueres.

–su gusto por la miseria–. Si la miseria fuese algo que se pudiera comprar con dinero, sería capaz de arruinarme.

Un día no muy lejano aparecerá como monstruosamente curioso el hecho de que un fenómeno estético tan español como el cubismo –inventado esencial y sustancialmente por dos españoles, Picasso y Juan Gris– haya sido considerado durante años como el patrimonio de la inteligencia francesa.

Tan extraño como pueda parecer, creo que Picasso se ha vuelto comunista porque el cubismo no ha triunfado en España. El cubismo se originó en la «geometría iconoclasta» del arte árabe que surgió, a través de los siglos, en el cerebro anárquico de Picasso. Existen en la Alhambra de Granada fragmentos polícromos que nos paralizan por la semejanza con algunos cuadros cubistas del malagueño Picasso.

Va a ser posible una vez más la belleza. Y la deberemos, todavía, paradójicamente, al esfuerzo absolutamente demoníaco de Picasso, quien pretendió destruirla. Últimamente, he escrito a Picasso: «¡Pablo! Gracias. Con tu genio ibérico, has asesinado la fealdad de la pintura moderna. Sin ti, la medida y la prudencia que caracterizan y constituyen la calidad de la pintura francesa, nos amenazarían aún, tal vez, con cien años de pintura que se iría gradualmente volviendo cada vez más fea, para desembocar, finalmente, en tus horripilantes, pero a veces sublimes y extravagantes, fealdades. Tú, de una sola estocada categórica, has dado muerte al toro de la biología pura y, sobre todo, a aquel más negro aún del materialismo todo entero. Ahora una nueva época de la pintura mística comienza conmigo, con Dalí.

Salvador Dalí: fragmentos de *Picasso y yo*.
Conferencia en el Teatro María Guerrero,
Madrid, 11 de noviembre de 1951

lo que no es tradición
es PLAGIO

alí es de los pocos pintores de vanguardia que no creen en la ruptura con la tradición. Su frase favorita era: «Todo me afecta, nada me cambia». Y efectivamente, Dalí engullía visualmente todo aquello que le sorprendiera y subyugara, lo incorporaba a su obra pero dalinizándolo irreversiblemente. No es que Dalí robe, es que ve las cosas sólamente en clave daliniana.

Cuando murió Picasso, a quien admiraba de forma obsesiva, se limitó a declarar: «Yo creo que en la obra de Picasso la magia es romántica, es decir, hecha de trastorno y conmoción, en cuanto que la mía sólo puede hacerse acumulando la tradición. Yo me diferencio totalmente de Picasso porque él no se ocupa de la belleza, sino de la fealdad, y a mí cada vez me interesa más la belleza».

Dalí conoce a los grandes maestros de la tradición pictórica gracias a los pequeños volúmenes de la colección Gowans's Art Books que su tío materno, el librero Anselm Domènech, le conseguía en su edición francesa. Como Dalí estudió primaria en francés, se supone que debía devorar los textos, además de las imágenes.

Precisamente en una efímera revista de instituto, *Studium*, publicó una serie de seis ensayos sobre sus maestros favoritos: Durero, Goya, El Greco, Miguel Ángel, Leonardo da Vinci y Velázquez. Sobre El Greco escribió: «Alma, todo alma son los lienzos de este gran artista. Sus obras son puramente espirituales y divinizadas. El Greco huye de la academia como de un fantasma perturbador, prescindió de lo que vulgarmente llamamos materia». Cincuenta años después, matizará su entusiasmo: «Como no tenía casi personalidad hizo como los caracoles de Borgoña, que no poseen gusto alguno por sí mismos y que sólo gustan por las especias con que se los condimenta. Mien-

tras estaba en Venecia era un pintor veneciano. Llegado, más tarde, a Toledo, se vuelve el más español de los españoles y el más místico de los pintores. Él sólo podía gustar a un aficionado al teatro y por ese motivo gustó al rey Felipe II, que era un gran actor. Todo El Escorial no es otra cosa que un decorado gigantesco con la Muerte como principal personaje».

Pero además de a los grandes maestros de la tradición clásica, Dalí admira a algunos de sus coetáneos e inmediatos precedentes en la escuela catalana, como Ramón Pichot, Joaquim Mir, Meifrén, herederos del impresionismo, Xavier Nogués y Joaquim Sunyer, adalides del *noucentisme*, Juan Gris, Jeanneret y Ozenfant, representantes del cubismo purista, Morandi y de Chirico, adscritos a la revista *Valori Plastici*, por supuesto Picasso, Joan Miró y Jean Arp, Max Ernst y Tanguy en su etapa presurrealista.

Cuando Dalí va a Madrid, espera de la Escuela Especial de la Real Academia de Bellas Artes de San Fernando un aprendizaje clásico y disciplinado, pero sus maestros estaban más por animar a sus pupilos que «interpretaran» que no a los rigores por la que ésta había sido famosa. Aprende visitando El Prado todos los domingos, y realizando numerosas excursiones a Toledo, junto a sus amigos Luis Buñuel, Federico García Lorca y Pepín Bello.

En el *Tríptico de las delicias*, de El Bosco, hallamos, perdido en un sinfín de acciones simultáneas que recuerdan la ordenación de *Cenicitas*, un rostro sospechosamente parecido al de *El gran masturbador*.

Cuando Dalí inaugura su primera exposición individual, en noviembre de 1925, en las Galerías Dalmau, encabeza el catálogo con tres frases extraídas de *Pensées*, de Ingres, en

ESPAÑA

‹ *España*, 1938.
Óleo sobre lienzo, 91,8 × 60,2 cm.
Museum Boymans-van Beuningen,
Rotterdam.
Sobre la guerra civil española,
Dalí escribiría: «Los desastres
de la guerra y la revolución que
destrozaban mi país, no hicieron
más que exacerbar la violencia
inicial de mi pasión estética y,
mientras mi país interrogaba a la
muerte y la destrucción, yo
interrogaba a otra esfinge, aquella
del inminente devenir europeo:
el Renacimiento».

aquel momento su libro de cabecera: «Aquel que no quiere servirse sino de su propio ingenio, pronto se verá reducido a la más miserable de las imitaciones, que es la de sus propias obras», toda una declaración de principios, «El dibujo es la probidad del arte» y «Las formas bellas son planos rectos con curvas. Las formas bellas son aquellas que tienen firmeza y plenitud, en las que los pequeños detalles no comprometen el aspecto de las grandes masas». Tres declaraciones de principios que Dalí jamás abandonaría.

En abril de 1926, Dalí viaja a París para conocer a Picasso, y visitar el Museo del Louvre, y a Bruselas y Brujas. Allí admiró a los pintores flamencos, sobre todo a Vermeer de Delft, otra de sus obsesiones pictóricas.

Curiosamente, su padre tenía una reproducción de *La encajera*, de Vermeer, en su despacho, y otra reproducción del *Cristo* de Velázquez en su dormitorio. Estas dos obras, más una copia de *El Ángelus de Millet*, presente en el pasillo de la escuela primaria, influirán poderosamente en su imaginario creativo. Sobre la encajera, por ejemplo, encadenó una serie de acciones que pretendían unir el principio del placer con el cuerno del rinoceronte y la sección áurea, todo ello debido al gesto de la muchacha al pasar la aguja;

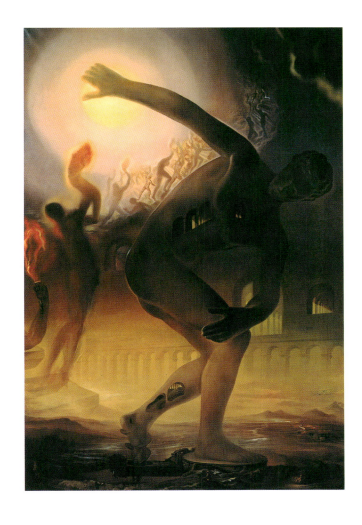

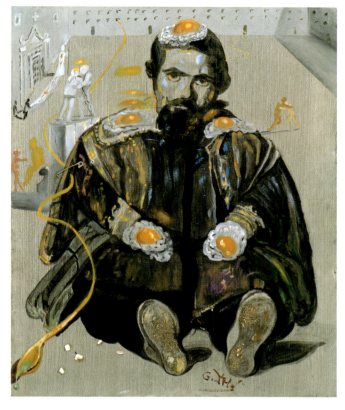

de Velázquez le influyó la precisa frialdad con que trataba la carne humana y su capacidad de «poner aire» entre los distintos planos, algo que él nunca consiguió del todo y, finalmente, Millet le sirvió para aguzar su mente paranoico-crítica y llegar a descubrir que su *Angelus* en realidad había sido previamente un entierro infantil, trazando paralelismos con el caso del primer Salvador. *El mito trágico del Ángelus de Millet*, cuyo manuscrito perdió Dalí antes de exiliarse a América y recuperó veinte años después, es uno de los mejores ejemplos de literatura artística que haya dado el siglo XX.

A mediados de la década de los treinta, Dalí, en su incansable exploración del propio subconsciente, se da cuenta que vuelve a estar rayano en la misma locura que le amenazaba en 1929, es por ello que decide un retorno paulatino al clasicismo. Leonardo, Rafael, Vermeer y Velázquez no le abandonarán jamás, y podemos hallar trazos de todos estos maestros en su producción posterior.

Otra faceta de su interés por la tradición es la lectura de tratados pictóricos de autores renacentistas como Luca Pacioli o Juan de Herrera. De ello se beneficiará sumamente su abrumador *Cincuenta secretos mágicos para pintar* (1948), inusual mezcla de antología, humor, oficio y conocimientos pintorescos e inaplicables sobre la profesión.

A lo largo de la década de los sesenta, mostrará un especial interés por los pintores *pompiers* franceses, como Meissonier y Bouguereau, cuya obra contribuyó a revalorizar. De ellos apreciaba su rigor técnico, así como su absoluta falta de originalidad: «Meissonier se elimina completamente ante lo que él cree que debe ser motivo de su pintura. Sólo queda entonces una especie de estupidez total sin la intervención ni la traición que opera el subconsciente».

Dalí, coleccionista un tanto ecléctico, se nos revela como un peculiar transgresor de la tradición: comprará telas holan-

^ *Cuant cau cau* [*sic*].
Homenatge a Pujols, 1972-1973. Óleo sobre lienzo.
195 × 297 cm. Fundació Gala-Salvador Dalí, Figueres.

· 208 ·

desas de los siglos XVI y XVII, y realizará encima retoques de idéntico espíritu al del estudiante que se divierte manipulando las ilustraciones de un libro de texto. Incluso se atreverá a otorgar semejante tratamiento a una serie completa de *Los Caprichos* de Goya (1977), pintor al que consideraba demasiado caricaturesco, para añadirle muletas, relojes, atmosferizaciones e incluso pies de grabado de indiscutible sabor daliniano.

Su teoría sobre la tradición se resume en estas declaraciones sobre Rafael y Picasso, realizadas a Alain Bosquet: «Rafael copió exactamente lo que creó su maestro, El Perugino. Sus réplicas exactas sólo se diferencian de las obras originales por algunos pequeños matices. Es mucho mejor copiar y corregir con muchos pequeños toques, en vez de proceder a transformarlo todo. Aquellos que no sólo preconizan la revolución total, sino que quieren cambiar todo como mi compatriota, el genial Picasso, no son otra cosa que unos horribles cornudos. A instancias de Picasso, pretenden que todo salte, ellos pulverizan la tradición, suprimen la perspectiva, y al final son infieles a sí mismos».

∧ *Pietà*, 1982.
Óleo sobre lienzo,
100 × 100 cm.
Fundació Gala-Salvador Dalí,
Figueres.
Curiosa obra de la última etapa daliniana, en que Dalí evidencia sus nuevas teorías del color e intuye la muerte –la suya y la de Gala– en una *Pietà* de Miguel Ángel horadada, pero sin recuerdos, sólo vistas de la costa del Cabo de Creus.

TABLA COMPARATIVA DE LOS VALORES SEGÚN EL ANÁLISIS DALINIANO ELABORADO DURANTE DIEZ AÑOS

	Oficio	Inspiración	Color	Dibujo	Genio	Composición	Originalidad	Misterio	Autenticidad
L. da Vinci	17	18	15	19	20	18	19	20	20
Meissonier	5	0	1	3	0	1	2	17	18
Ingres	15	12	11	15	0	6	6	10	20
Velázquez	20	19	20	19	20	20	20	15	20
Bouguereau	11	1	1	1	0	0	0	0	15
Dalí	12	17	10	17	19	18	17	19	19
Picasso	9	19	9	18	20	16	7	2	7
Raphael	19	19	18	20	20	20	20	20	20
Manet	3	1	6	4	0	4	5	0	14
V. de Delft	20	20	20	20	20	20	19	20	20
Mondrian	0	0	0	0	0	1	0,5	0	3,5

Salvador Dalí: *50 secretos mágicos para pintar*, 1948

plataformas

ESCRITOR

alí afirmó en varias ocasiones que era mejor escritor que pintor. Y tenía razón, aunque en el fondo todo lo que creó Dalí fuera simplemente «un Dalí», independientemente del soporte o código utilizado.

La escritura tiene la ventaja de que sólo necesita de la palabra. Dalí escribía anárquicamente sus torrentes de pensamientos articulados en imágenes detalladas con una minuciosidad preciosista. Un tercero le corregía ocasionalmente la ortografía –padecía un trastorno que podríamos calificar de «disgrafía»–, la puntuación y los posibles problemas de sintaxis. Su hermana corregía y pasaba todos los textos a máquina, y los traducía al castellano cuando era necesario para su publicación en un medio externo a Cataluña. Gala, evidentemente, le corregía su francés, magníficamente estructurado pero afectado de la misma «disgrafía»; cualquiera que lea los originales manuscritos de Dalí pensará que o nadie le enseñó las más elementales nociones de ortografía o que escribía así para hacerse notar.

El Dalí escritor cultivó distintos géneros: el diario, la narrativa, la poesía y, dentro del subgénero de la literatura artística, la teoría de las artes, los textos programáticos y de agitación cultural, e incluso la crítica. Sin olvidar su elocuente capacidad oratoria e incluso la dramaturgia, a menudo difíciles de distinguir debido a la idiosincrasia del personaje.

Dalí se inició en las letras escribiendo un diario, del que se conservan siete cuadernos pertenecientes a los años 1919 y 1920. En ellos, como en los diarios de la mayoría de adolescentes, no hay ningún tipo de corrección estilística, y su contenido se limita a los períodos invernales en que la actividad pictórica de Dalí disminuía. Quedan claras, pues, sus prioridades.

En 1920 esbozó su primera novela, *Tardes d'estiu* (Tardes de verano), de tintes profundamente románticos.

Un año antes había publicado en la revista juvenil *Studium*, de Figueres, seis breves textos sobre los pintores a los que más admiraba: Velázquez, Goya, El Greco, Miguel Ángel, Durero y Leonardo da Vinci, iniciándose así en la crítica artística.

En 1927, con la publicación de su artículo «San Sebastián», magnífico ejemplo de programa estético en clave hermética, el equipo redactor de la revista *L'Amic de les Arts*, de Sitges, le abrió las puertas a una serie de colaboraciones.

Junto al crítico de arte Sebastià Gasch y el crítico literario Lluís Montanyà firmó, en marzo de 1928, el *Manifiesto Antiartístico Catalán*, conocido popularmente como *Manifest Groc* por el color sobre el que estaba impreso. Adoptando la estructura de *L'antitradition futuriste* (1912) del poeta Guillaume Apollinaire, Dalí –quien llevó el peso ideológico y estilístico del manifiesto– apostaba por la belleza de la máquina, el deporte y la higiene, mientras que denigraba la cultura regionalista y el romanticismo putrefacto. Sus declaraciones provocaron una prolífica polémica en medios escritos de Cataluña. Al *Manifest Groc* siguieron otra serie de textos, escritos por idéntica tríada, dedicados al cine y el anuncio comercial.

Su amistad con Lorca provocó en ambos una especie de sana envidia que llevará al poeta a dibujar y al artista a escribir poesía. Su *Poema de las cositas* nació como respuesta al sentimentalismo del *Romancero gitano*, y *Peix perseguit per un raïm* (Pez perseguido por una uva) debe ser leído como un texto clave en la génesis del método paranoico-crítico. Dalí se apropiaría del último número de *L'Amic de les Arts* –ahora en

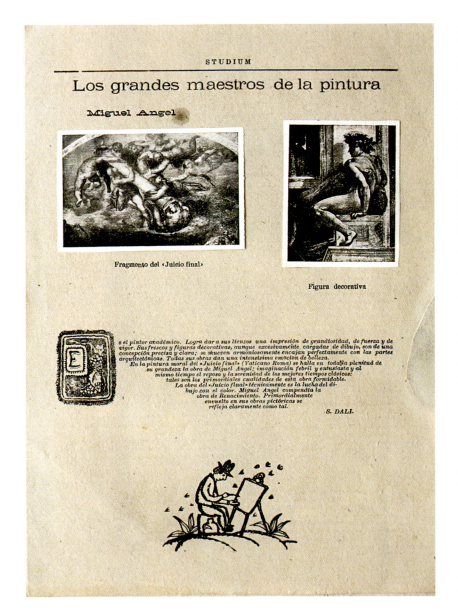

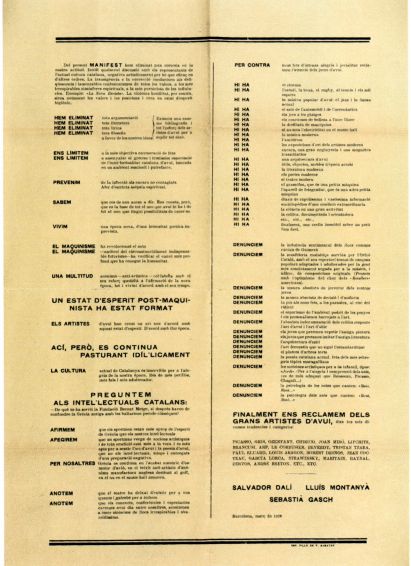

formato reducido– para elaborar una carta de presentación surrealista previa al estreno en París de *Un chien andalou*.

En París, bajo la influencia de Gala y con el apoyo del grupo surrealista, Dalí publicó una serie de artículos programáticos en las revistas *Le Surréalisme au Service de la Révolution* y *Minotaure*. Asimismo, publicó cinco libros en siete años: *La femme visible* (1930), antología de artículos que sienta las bases programáticas del método paranoico-crítico; *L'Amour et la mémoire* (1931); *Babaouo* (1932), guión que nunca llegó a filmar; el programático *La Conquête de l'Irrationel*, breve texto sobre la abstracción, y *Métamorphose de Narcisse*. La mayoría se editó en tirajes reducidos y bajo el sello de Éditions Surréalistes.

En Estados Unidos, donde se instaló tras huir del avance nazi, Dalí se dedicó a completar en Hampton Manor –la finca de su amiga Caresse Crosby– su particular autobiografía, *The Secret Life of Salvador Dalí* (1942). Redactada en francés, y traducida brillantemente –no sin dificultades– por Haakon Chevalier, el libro constituyó un gran éxito de ventas y fue comentado por toda la prensa americana a causa de las escandalosas confesiones –reales, exageradas o inventadas– que contiene. Según el escritor ampurdanés Josep Pla, en 1948 circulaban por España seis ejemplares de *La vida secreta*, en edición argentina traducida por Cèsar August Jordana, y había turnos para consultarlos. El régimen nacional católico de Franco consideraba el libro completamente inadecuado por sus contenidos sádicos, sexuales y

> A. Grabado para *La femme visible*. París, 1930.

B. *L'amour et la mémoire*. París, 1931.

C. *Babaouo*. París, 1932.

A

exhibicionistas, y la obra no llegó a ver la luz en territorio español hasta 1981. Así pues, la obra maestra literaria de Dalí fue desconocida para sus compatriotas hasta poco antes de la muerte del artista.

En otoño de 1943 Dalí se recluyó en la finca del marqués Cuevas en Franconia (New Hampshire) y redactó en cuatro meses la novela *Rostros ocultos*, en la que formula la teoría del *cledalismo* –palabra derivada del nombre de la protagonista de la novela, Solange de Cléda–, consistente en la consumación del erotismo sin contacto físico.

A principios de 1948 publicó el tratado *Cincuenta secretos mágicos para pintar*, en el cual demuestra una inaudita cultura pictórica, fruto de sus lecturas y experiencias técnicas.

En 1956 expuso sus teorías sobre tradición y vanguardia en *Los viejos cornudos del arte moderno*, y en 1963 recuperó, milagrosamente, *El mito trágico del Ángelus de Millet, interpretación «paranoico-crítica»*, texto que se había perdido durante la huida de Arcachon ante el avance nazi en 1940. Este ensayo, relacionado con su epopeya familiar, constituye uno de los más lúcidos textos de la literatura artística contemporánea.

El Dalí escritor más interesante, al igual que el Dalí pintor, no va más allá de mediados de los años cincuenta. Su narrativa, minuciosa y abarrocada, inspirará a autores de la ta-

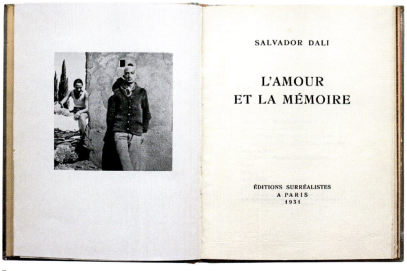

B

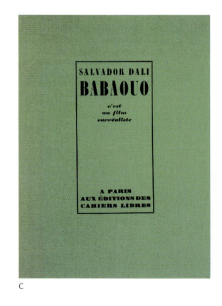

C

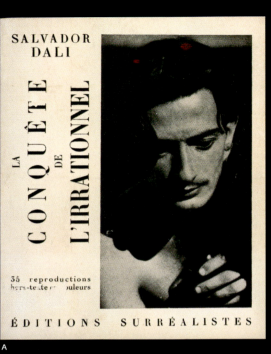

A

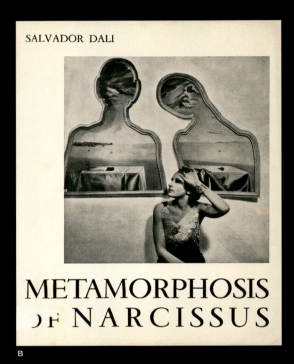

B

Declaration of the Independence of the Imagination and the Rights of Man to His Own Madness

WHEN, IN THE COURSE OF HUMAN CULTURE IT BECOMES NECESSARY FOR A PEOPLE TO DESTROY THE INTELLECTUAL BONDS THAT UNITE THEM WITH THE LOGICAL SYSTEMS OF THE PAST, IN ORDER TO CREATE FOR THEMSELVES AN ORIGINAL MYTHOLOGY WHICH, CORRESPONDING TO THE VERY ESSENCE AND TOTAL EXPRESSION OF THEIR BIOLOGICAL REALITY, WILL BE RECOGNIZED BY THE CHOICE SPIRITS OF OTHER PEOPLES — THEN THE RESPECT THAT IS DUE

C

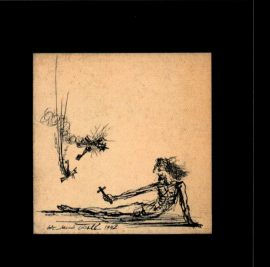

D

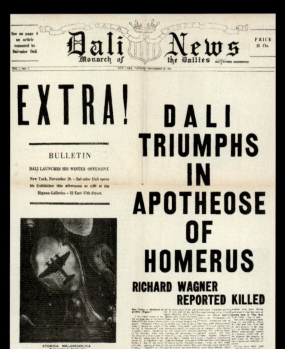

E

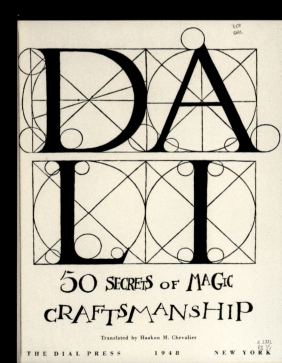

F

MINOTAURE

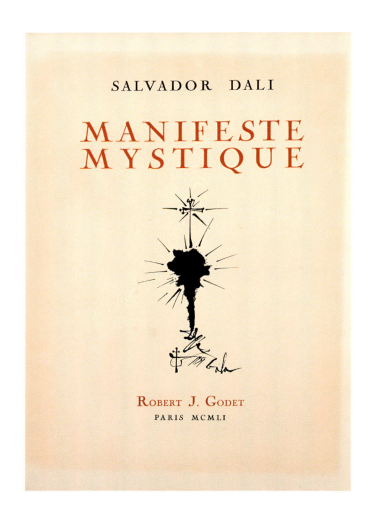

SALVADOR DALI

MANIFESTE MYSTIQUE

ROBERT J. GODET

PARIS MCMLI

lla de Mishima, cuyas *Confesiones de una máscara* están claramente inspiradas en *La vida secreta*.

Diario de un genio, aparecido en 1964, retoma el género de la autobiografía cuarenta y cinco años después, con la misma irregularidad y reincidiendo en numerosos temas detallados en *La vida secreta*. En idéntico sentido, *Les Passions selon Dalí* (1968) –redactadas por Louis Pauwells– y *Confesiones infonfesables* (1973) –recogidas por André Parinaud bajo el título original de *Comme on devient Dalí*– son sendas intentonas por recordar algunos de los factores más influyentes en el «mito daliniano» forjado tras el triunfo mediático.

Después de muerto, siguen apareciendo textos inéditos de Salvador Dalí –narrativos, epistolares y programáticos– que nos refuerzan en la convicción de que tarde o temprano deberá ser considerado entre los grandes escritores del siglo XX.

POEMA DE LAS COSITAS
(DEDICADO A SEBASTIÀ GASCH)

Estoy contento, estoy contento, estoy contento, estoy contento
Estoy contento, estoy contento, estoy contento, estoy contento
Estoy contento, estoy contento.
Hay una cosita mona que nos mira sonriendo.
Mi amiga tiene la mano de corcho y llena de puntas de
    París.
El azúcar se disuelve en el agua, se tiñe con la sangre, y
    salta como una pulga.
Mi amiga tiene aún un reloj de pulsera de macilla.
Los dos pechos de mi amiga el uno es un movidísimo avis-
    pero y el otro una calma garota.
Los pequeños erizos, los pequeños erizos, los pequeños eri-
    zos, los pequeños erizos, los pequeños erizos, los peque-
    ños erizos.
Los pequeños erizos, pinchan.
El ojo de la perdiz es encarnado.
Cositas, cositas, cositas, cositas, cositas
Cositas, cositas, cositas, cositas, cositas
Cositas, cositas, cositas, cositas, cositas
Cositas, cositas, cositas, cositas, cositas
Cositas, cositas, cositas, cositas, cositas
Hay cositas quietas, como un pan.

Salvador Dalí,
en carta a José Bello Lasierra,
noviembre de 1927

PÁGINAS ANTERIORES:

∧ **A.** *La conquête de l'irrationnel*. París. 1935.

B. *Metamorphosis of Narcissus*, *Nueva York*. 1937.

C. *Declaration* of the Independence of the Imagination and the Rights of Man to His Own Madness. Octavilla. Nueva York. 1939.

D. *The Secret Life of Salvador Dalí*. Nueva York. 1942.
Se trata de una de las obras cumbre de la literatura del siglo XX, de la que se nutrirán otras obras maestras, como *Confesiones de una máscara*, del japonés Yukio Mishima. Dalí alterna recuerdos reales, recuerdos distorsionados e invenciones puras para construir una imagen tan pública como laberíntica e impenetrable. El secreto está a la vista, pero nadie asumió entenderlo. Escandalizó y hasta 1981 no hubo edición española –aunque sí Argentina–. Se caracteriza por su enérgico discurso, aparentemente desordenado y con descripciones de extrema minuciosidad.

E. *Dalí News*. Nueva York. 1945.

F. *50 secrets of magic craftmanship*. New York. 1948.

G. Portada de la revista *Minotaure*, número 8. París. 1936.

‹ *Manifeste Mystique*. París. 1951. Redactado en latín y en francés, Dalí quiso enmendar de una vez por todas, con este manifiesto, sus excesos surrealistas. El mercado de nuevos ricos de la segunda posguerra mundial estaba abierto al discurso de la mística, y Dalí se lo sirvió a su manera: se declaraba creyente sin el don de la fe, pero con pruebas científicas de la existencia de Dios.

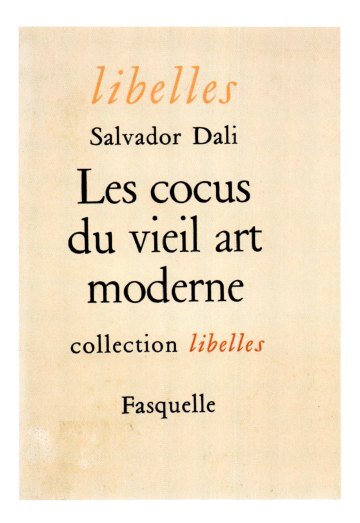

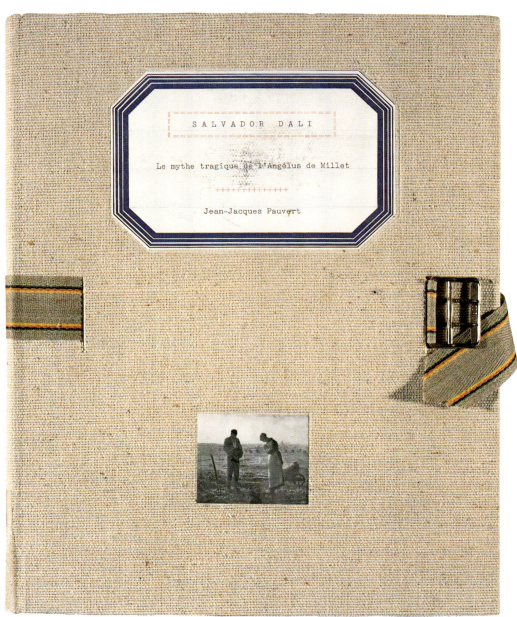

libelles

Salvador Dali

Les cocus
du vieil art
moderne

collection *libelles*

Fasquelle

᠕ *Les cocus du vieil art moderne.*
París, 1956.

❯ *Le Mythe tragique de l'Angélus
de Millet, interprétation
« paranoïque-critique ».* París, 1963.

**MA
RÉVOLUTION
CULTURELLE**

par

Salvador DALI

❯ *Ma révolution culturelle.*
Octavilla. París, 1968.

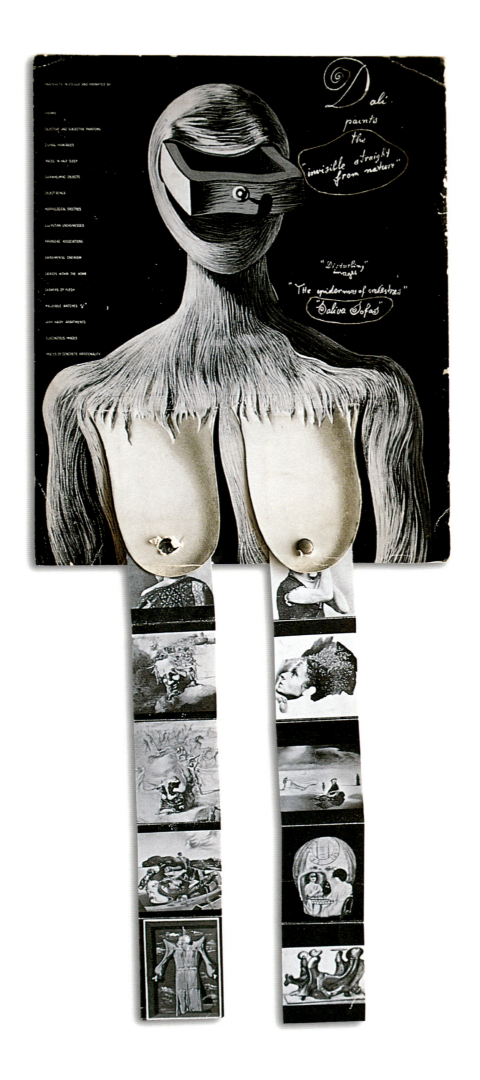

ILUSTRADOR
e ilustrado

sí como un grandísimo escritor, Dalí fue también un ávido lector. Sus preferencias en literatura eran el arte, la ciencia, la filosofía y la poesía, despreciando lo que podría llamarse narrativa convencional por considerarla poco creíble.

Sus lecturas artísticas iban de los pequeños ensayos de la colección Gowans's a las *Pensées* de Ingres, pasando por la autobiografía de Benvenuto Cellini y los tratados renacentistas de Luca Pacioli *(La divina proporción)* y Juan de Herrera *(Tratado de arquitectura y de máquinas)*. Sus lecturas científicas procedían principalmente de revistas de divulgación, como *Scientific American*, pero había leído también profusamente a Einstein y sobre todo a Freud. Sus lecturas filosóficas pasan por Nietzsche, Auguste Comte, Descartes, Pascal y sus compatriotas Ramon Llull y Francesc Pujols; Montaigne era el más admirado y Voltaire el más odiado. Y por lo que respecta a sus lecturas poéticas, el nicaragüense Rubén Darío fue uno de sus ídolos de juventud, el poeta futurista catalán Joan Salvat-Papasseit le inspiró la serie *Venus y un marinero* (1925), seguiría con interés al surrealista barcelonés J. V. Foix –con quien mantuvo una rica relación personal y epistolar– y sobre todo a Federico García Lorca y Paul Éluard, mientras que odiaba con especial saña a Juan Ramón Jiménez y su archiconocido *Platero y yo*.

Durante los años que Dalí pasó en Madrid leyó apasionadamente *Les chants de Maldoror* (1869), de Isidore Ducasse, conde de Lautréamont, y ya en París quedó subyugado por otro maldito, Raymond Roussel, cuya obra *Impressions d'Afrique* (1910) será libro de cabecera del pintor hasta el fin de sus días.

Completa el panorama del Dalí lector la monumental edición (setenta volúmenes) de la Enciclopedia Espasa, que el padre de Dalí compró a plazos y que se complacía en mandárselos a la Residencia de Estudiantes a medida que iban apareciendo. Cuando el padre murió, Dalí reclamó a su hermana la enciclopedia, y una serie de pinturas suyas de juventud; no obstante, la edición de la enciclopedia que atesora la Fundación Gala-Salvador Dalí, de Figueres, es posterior, lo que indica que, ante la negativa familiar, el artista hubo de procurarse otra. Tan peculiar petición explica, en cierto modo, el alud de conocimientos enciclopédicos de que hacía gala Dalí en sus numerosas entrevistas y comparecencias públicas.

Dalí, como ilustrador, resulta un artista poco corriente. Cuando trabajaba por encargo era frecuente que no se tomase la molestia de leer el libro que debía ilustrar; otras veces, sí había leído la obra, pero basaba de tal modo las imágenes en su propia experiencia personal que no quedaba demasiado lugar para la referencia al original.

La actividad del Dalí ilustrador podría dividirse en cuatro campos básicos: ilustración de publicaciones periódicas, ilustración de libros de tiraje normal, grabados acompañando ediciones numeradas, y un campo diverso compuesto por anuncios, programas de mano, catálogos de exposiciones y carteles.

A la edad de trece años Dalí dibujaba ya elaboradas historietas para distraer a su hermana, e ilustraba sus libros de texto con ensueños de cosecha propia. Su primer dibujo publicado apareció en el número especial «*Calendari per a 1919*» de la revista infantil *Patufet* (1918), cuyo tiraje rondaba los cuarenta mil ejemplares. Dicho dibujo inaugura el álbum de recortes que guardaba el notario Dalí sobre los éxitos profesionales de su hijo.

—¡Nen, mira que si caus daltabaix te pegaré!

Diseñó también las letras capitulares y la cabecera de la revista juvenil *Studium* (1919), de Figueres; ilustró numerosos artículos en la suburense *L'Amic de les Arts* (1927-1929), donde también publicaba textos programáticos, y colaboró con la revista granadina *Gallo* (1928), fundada por su amigo García Lorca.

En Estados Unidos realizó numerosas ilustraciones para revistas, como la serie de páginas dobles de *American Weekly* (1935), sobre los más variopintos aspectos de la vida surrealista, o las imaginativas portadas para la edición americana de *Vogue* (1939, 1946 y 1972, entre otras) y *Town and Country* (1948).

En Cataluña, ilustró los libros *Les bruixes de Llers* (1924), del poeta ampurdanés Carles Fages de Climent, *L'oncle Vicents* (1926), de J. Puig Pujades, y con dibujos destinados originalmente a una edición inédita sobre «Los putrefactos» amenizó el ensayo político *El ritme de la revolució* (1933), de su amigo figuerense Jaume Miravitlles.

En Estados Unidos ilustró numerosos libros en tirajes normales o limitados, aunque amplios, como las *Memorias fantásticas* (1944), *El laberinto* (1945) y *El límite* (1950), de Maurice Sandoz; *Macbeth* (1946), de William Shakespeare; un primer *Don Quijote*, de Cervantes (1946); la *Autobiografía* de Cellini (1946); los *Ensayos* de Michel de Montaige, seleccionados por Dalí (1947), etc. Y, por supuesto, sus propias obras, como *La Vida Secreta* (1942), *Rostros ocultos* (1944, con una cubierta especial para la versión española de 1952) y *Cincuenta secretos mágicos para pintar* (1948).

Realizó también numerosos grabados y litografías para ilustrar obras de tirajes inferiores a los trescientos y quinientos ejemplares, a veces como frontispicios, como en *L'immaculée Conception* (1930), de André Breton y Paul Éluard, *La femme visible* (1930), de Dalí, y *Onan* (1934), de Georges Hugnet, o con numerosas láminas, como la magnífica *Les chants de Maldoror* (1934), de Lautréamont. De todos modos, Dalí jamás ejecutó estos grabados, sino que se limitó a realizar los dibujos, que serían trasladados mediante la técnica del heliograbado a una plancha de cobre retocada por un especialista. Este hecho, por supuesto, no se manifestó.

❯ Grabado-frontispicio para *L'Immaculée Conception*. París, 1930. 1930 es uno de los más prolíficos años dalinianos. Recién inmerso en la vorágine surrealista, publicará como no lo había hecho antes e ilustrará el frontispicio del *Segundo Manifiesto del surrealismo*, y la portadilla y frontispicio de *La inmaculada concepción*, de André Breton y Paul Éluard. Dalí asocia la concepción divina sin contacto físico al onanismo, aprovechando para regodearse en su particular sentido de culpabilidad y ahondando en su capacidad para el sacrilegio, ampliamente demostrada en su *Parfois, je crache par plaisir sur le portrait de ma mère* (1929).

L'oncle Vicents. Barcelona, 1926.

Grabado-frontispicio para *Onan*. París, 1934. La inscripción en este aguafuerte de trazos automáticos, para el libro *Onan*, de Georges Hugnet, nos explica su particular procedimiento creativo: «'Espasmografismo' obtenido con la mano izquierda mientras que con la derecha me masturbaba hasta la sangre, hasta el hueso, hasta las hélices del cáliz».

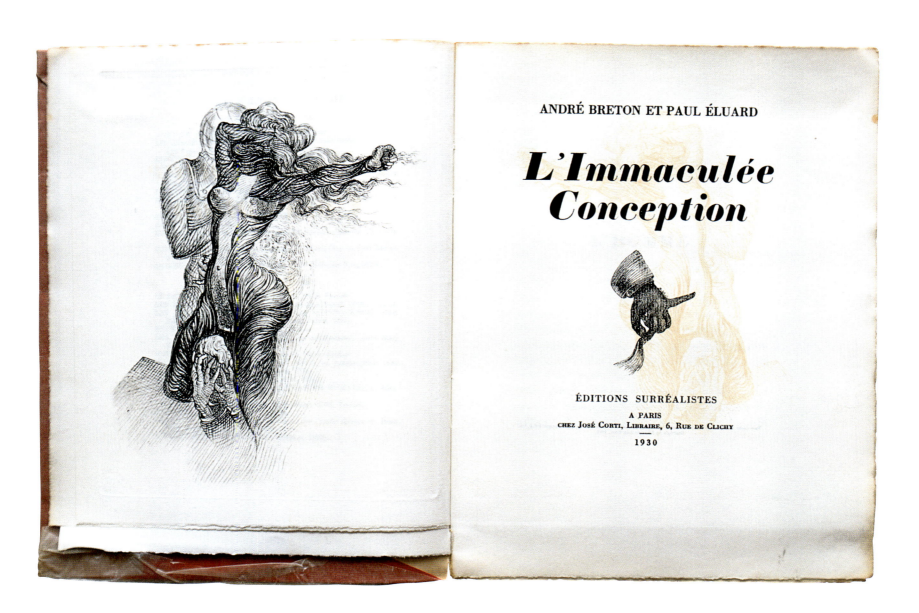

ANDRÉ BRETON ET PAUL ÉLUARD

L'Immaculée
Conception

ÉDITIONS SURRÉALISTES

A PARIS
chez José Corti, Libraire, 6, Rue de Clichy

1930

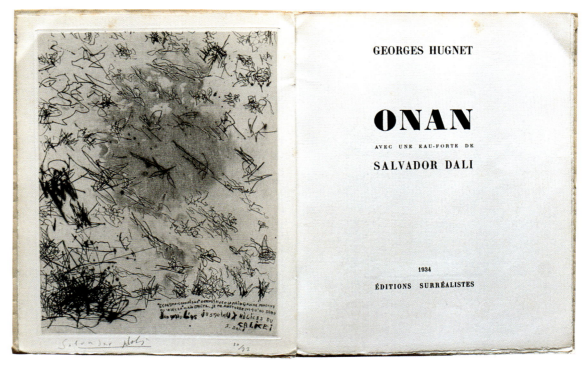

GEORGES HUGNET

ONAN

AVEC UNE EAU-FORTE DE

SALVADOR DALI

1934

ÉDITIONS SURRÉALISTES

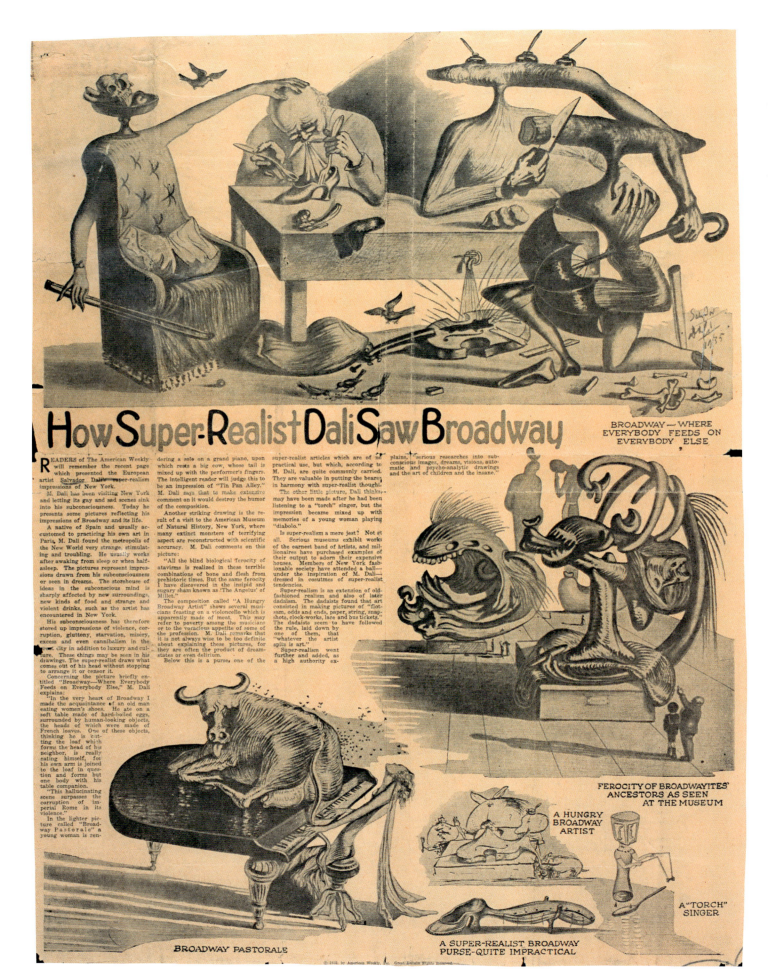

How Super-Realist Dali Saw Broadway

BROADWAY — WHERE EVERYBODY FEEDS ON EVERYBODY ELSE

READERS of The American Weekly will remember the recent page which presented the European artist Salvador Dali's super-realism impressions of New York.

M. Dali has been visiting New York and letting its gay and sad scenes sink into his subconsciousness. Today he presents some pictures reflecting his impressions of Broadway and its life.

A native of Spain and usually accustomed to practicing his own art in Paris, M. Dali found the metropolis of the New World very strange, stimulating and troubling. He usually works after awaking from sleep or when half-asleep. The pictures represent impressions drawn from his subconsciousness er seen in dreams. The storehouse of ideas in the subconscious mind is sharply affected by new surroundings, new kinds of food and strange and violent drinks, such as the artist has encountered in New York.

His subconsciousness has therefore stored up impressions of violence, corruption, gluttony, starvation, misery, excess and even cannibalism in the new city in addition to luxury and culture. These things may be seen in his drawings. The super-realist draws what comes out of his head without stopping to arrange it or censor it.

Concerning the picture briefly entitled "Broadway—Where Everybody Feeds on Everybody Else," M. Dali explains:

"In the very heart of Broadway I made the acquaintance of an old man eating women's shoes. He ate on a soft table made of hard-boiled eggs, surrounded by human-looking objects, the heads of which were made of French loaves. One of these objects, thinking he is cutting the loaf which forms the head of his neighbor, is really eating himself, for his own arm is joined to the loaf in question and forms but one body with his table companion.

"This hallucinating scene surpasses the corruption of imperial Rome in its violence."

In the lighter picture called "Broadway Pastorale" a young woman is rendering a solo on a grand piano, upon which rests a big cow, whose tail is mixed up with the performer's fingers. The intelligent reader will judge this to be an impression of "Tin Pan Alley." M. Dali says that to make extensive comment on it would destroy the humor of the composition.

Another striking drawing is the result of a visit to the American Museum of Natural History, New York, where many extinct monsters of terrifying aspect are reconstructed with scientific accuracy. M. Dali comments on this picture:

"All the blind biological ferocity of atavisms is realized in these terrible combinations of bone and flesh from prehistoric times. But the same ferocity I have discovered in the insipid and sugary sham known as 'The Angelus' of Millet."

The composition called "A Hungry Broadway Artist" shows several musicians feasting on a violoncello which is apparently made of meat. This may refer to poverty among the musicians or to the voracious appetite of some of the profession. M. Dali remarks that it is not always wise to be too definite about explaining these pictures, for they are often the product of dream-states or even delirium.

Below this is a purse, one of the super-realist articles which are of no practical use, but which, according to M. Dali, are quite commonly carried. They are valuable in putting the bearer in harmony with super-realist thought.

The other little picture, Dali thinks, may have been made after he had been listening to a "torch" singer, but the impression became mixed up with memories of a young woman playing "diabolo."

Is super-realism a mere jest? Not at all. Serious museums exhibit works of the earnest band of artists, and millionaires have purchased examples of their output to adorn their expensive houses. Members of New York fashionable society have attended a ball—under the inspiration of M. Dali—dressed in cosutmes of super-realist tendencies.

Super-realism is an extension of old-fashioned realism and also of later dadaism. The dadaists found that art consisted in making pictures of "flotsam, odds and ends, paper, string, snap-shots, clock-works, lace and bus tickets." The dadaists seem to have followed the rule, laid down by one of them, that "whatever the artist spits is art."

Super-realism went further and added, as a high authority explains, "serious researches into subconscious images, dreams, visions, automatic and psycho-analytic drawings and the art of children and the insane."

FEROCITY OF BROADWAYITES' ANCESTORS AS SEEN AT THE MUSEUM

A HUNGRY BROADWAY ARTIST

A "TORCH" SINGER

BROADWAY PASTORALE

A SUPER-REALIST BROADWAY PURSE–QUITE IMPRACTICAL

⌃ Original de las cubiertas realizadas *ex profeso* por Dalí para la edición española de su novela *Rostros ocultos*, 1952. Técnica mixta, 30 × 23 cm. Colección particular.

‹ Página ilustrada por Dalí para el semanario *American Weeckly*, 1935: «How super-realist Dalí saw Broadway».

Por lo que respecta a las litografías, un artículo de Robert Descharnes aparecido en *Le Figaro* (1990) revelaba que el maestro tan sólo había realizado veinticinco litografías sobre piedra, el resto eran interpretaciones. Se trata de obras como *Don Quijote* (1957) y *Dalí ilustra Casanova* (1967), ejemplar muestra de las numerosas ediciones dalinianas de tema erótico, siempre bien acogidas por un público selecto. Caso paradigmático es *La Divina Comedia* de Dante. En noviembre de 1954, el Ministerio de Instrucción Pública italiano decidió no publicar las ilustraciones de Dalí para una edición de lujo de este clásico del Dante, por las que había recibido un adelanto de varios millones de liras. Algunas de las 102 acuarelas son demasiado obscenas y no guardan relación con el argumento del libro. Más adelante Dalí confesaría que no había leído la obra y que la había ilustrado por «pura intuición». Tal sinceridad no le impidió volver a cobrar por el mismo trabajo en 1960, cuando el libro fue editado en París por Joseph Foret.

Dalí ilustró carteles, como el temprano dedicado a las *Ferias y Fiestas de la Santa Cruz*, de Figueres (1921), la serie de carteles para *Chemins de Fer Français* (1969) y el anuncio *España* (1970) para el Ministerio de Información y Turismo. Anuncios, felicitaciones navideñas, programas de mano, naipes, cubiertas de discos y algunos de los mejores catálogos de sus exposiciones, como los editados por la Julien Levy Gallery en 1936 y 1939, completan el espectro público de lo que podríamos llamar el Dalí ilustrador o diseñador gráfico.

BOULETISME LITOGRÁFICO

Durante el verano, José Foret había desembarcado en Portlligat con un cargamento de piedras litográficas muy pesadas. Quería absolutamente que yo ilustrara el *Quijote* trabajando sobre estas piedras. Ahora bien, en esa época yo estaba en contra del arte litográfico por cuestiones estéticas, morales y filosóficas. Encontraba este procedimiento sin rigor, sin monarquía, sin inquisición. A mis ojos no era sino un procedimiento liberal, burocrático y blando. Sin embargo, la perseverancia de Foret, que me traía sin cesar más piedras, desafió mi voluntad de dominio antilitográfica hasta la hiperestesia agresiva. Fue en este estado cuando una idea angelical deslumbró las quijadas de mi cerebro. ¿No fue Gandhi quien dijo: «los ángeles dominan las situaciones de conjunto sin necesitar plano alguno»? Así, instantáneamente, como un ángel, dominé la situación de mi *Quijote*.

Si no podía disparar una bala de arcabuz sobre un papel sin desgarrarlo, podía en cambio disparar sobre una piedra sin romperla. Convencido por Foret, fotografié a París para que me prepararan un arcabuz para cuando llegara. Fue mi amigo, el pintor Georges Mathieu, quien me regaló un precioso arcabuz del siglo XV, con la culata incrustada de marfil. El 6 de noviembre de 1956, rodeado de cien corderos sacrificados en holocausto al ejemplar único sobre pergamino, disparé desde una barcaza sobre el Sena el primer proyectil de plomo del mundo impregnado de tinta litográfica. La bala aplastada inauguró la era del *bouletisme*. En la piedra apareció una salpicadura divina, una especie de ala angelical cuyos detalles aéreos y rigor dinámico superaban todas las técnicas empleadas hasta el momento.

Salvador Dalí,
Diario de un genio, 1964

OBJETOS
dalinianos

e todas las facetas de la expresividad daliniana, la escultura fue la menos explotada. Por una parte, Dalí no fue un batallador de la materia, amaba la maleabilidad y el collage de objetos, pero la dialéctica de la talla no se ajustaba a su forma de crear. Por otra parte, siempre tuvo problemas con la llamada «tercera dimensión», porque, al tomar como base de su pintura los sueños, la profundidad de campo siempre es relativa.

Dalí entendía la escultura como el arte de maquinar objetos, cosas aprehensibles aunque sea sólo con el intelecto. Gustaba de la estética de Lautréamont, para el que nada había más bello que «el fortuito encuentro de una máquina de coser y un paraguas sobre una mesa de disección», y su maravillosa intuición se dedicó a provocar fortuitos encuentros.

Aparte del ensamblaje de objetos cotidianos mediante el uso de cola y poco más, o del modelaje de figurillas en cera, Dalí delegó en otros el resto de procedimientos, limitándose a supervisar.

Durante la primera mitad de los años treinta, y dentro de la investigación de su método paranoico-crítico, Dalí realizó una serie de objetos surrealistas catalogados en seis categorías: objetos de funcionamiento simbólico, de origen automático (sin intervención del intelecto ni de los sentimientos, puro instinto), como *Zapato y vaso de leche*, de 1932; objetos transustanciados, de origen afectivo, como *Reloj blando*; objetos para ser proyectados, de origen onírico; objetos envueltos; objetos máquinas, como *Mecedora para pensar*, y, finalmente, objetos moldeados, de origen hipnagógico, como *Automóvil-mesa-silla-pantalla*. Todos estos objetos aparecen representados en su obra, pero algunos de ellos, principalmente los de funcionamiento simbólico, fueron desarrollados para adquirir precisamente su plena tridimensionalidad.

Los objetos surrealistas de funcionamiento simbólico más conocidos son *Zapato y vaso de leche* (1932), de claras connotaciones eróticas; *Busto de mujer retrospectivo* (1933), en el que a un busto femenino, con una cinta de zootropo a modo de bufanda, le penden sendas mazorcas de maíz sobre los hombros, le corretean hormigas pintadas sobre la frente, y un gigantesco pan coronado por un tintero con el Ángelus de Millet le sirve de sombrero; *Desnudo femenino histérico y aerodinámico – La mujer de la roca* (1934)– es un sencillo camuflaje a base de cuernos fálicos sobre un desnudo femenino sedente; *Busto de Joella Lloyd* (1934), realizado durante la primera estancia del artista en Nueva York (Dalí, que se limitó a pintar esta máscara realizada por Man Ray, debió de quedar satisfecho del resultado, pues cuarenta años después repetiría hasta la saciedad dicha técnica en *Busto de Velázquez metamorfoseándose en tres personajes conversando* y *Águila blanca*, ambas de 1974; *Smoking afrodisíaco* (1936), que provocó un grave enfrentamiento entre Dalí y el poeta comunista Louis Aragon por considerar éste una falta de respeto hacia los niños proletarios de París el hecho de que los vasos del esmoquin contuvieran leche; *Teléfono-bogavante* (1936), realizado mediante la técnica de las analogías formales; la instalación *Taxi lluvioso* (1938), concebida para la Exposición Internacional del Surrealismo en París (en el interior, unos maniquíes eran rociados continuamente por agua mientras los caracoles se paseaban por la geografía del automóvil), y *Mae West Lips Sofa* (1936-1937), que podría incluirse dentro de la variante de objetos útiles nacidos en el proceso de objetualización de determinadas obsesiones dalinianas. En este caso concreto, el sofá extraído de *Rostro de Mae West utilizable como apartamento surrealista* (1934-1935) tendría una poco habitual continuidad como parte de la instalación de la *Sala Mae West* del Teatro-Museo Dalí de Figueres, realizada por Dalí con la ayuda del arquitecto Óscar Tusquets y la aportación capilar del célebre estilista Lluís Llongueras. Todos los objetos comentados hasta el momento se realizaron con materiales frágiles y caducos, por lo que sufrieron un paulatino deterioro; a finales de la década de los setenta se procedió a su restauración y a la construcción de réplicas seriadas. La *Venus de Milo con cajones* (1936) es la más famosa de esas esculturas; Dalí concibió la idea y dibujó los cajones sobre el yeso de la estatua, pero fue su amigo Marcel Duchamp quien se encargó de realizar la maqueta definitiva. De este modo, la creatividad de ambos artistas confluía en un *ready-made* cien por cien daliniano que se proponía sacar a la luz los secretos más oscuros del clasicismo. De esta obra, demasiado importante para quedar olvidada, se hizo un tiraje al bronce barnizado en 1971.

Tras la Segunda Guerra Mundial la escultura de Dalí tomó un camino menos automático para potenciar su aspecto lúdico y práctico. El automatismo surrealista fue sustituido por la poesía visual en su sentido más amplio. Los productos comerciales como frascos de perfume con forma de labios (1981) o botellas de brandy semifálicas deben ser considerados, si no dentro de la categoría de estatuas, por lo menos como paradigmas del diseño industrial.

Así, *Lámpara surrealista* (1954) parte de la fotografía recortada de un rostro femenino, la barbilla sirve como base de la lámpara y la pantalla semeja el pelo rubio de la chica; y *Juego de ajedrez. Homenaje a Marcel Duchamp* (1968) transforma las piezas de este juego, que se mueve con los dedos, en dedos mismos.

Dalí se introdujo en el mundo del diseño de joyas hacia 1938. Entre este año y la década de los setenta diseñó numerosas joyas-escultura, principalmente para el taller Alemany y Ertman de Nueva York. Sus dibujos-proyecto serían interpretados al pie de la letra por un equipo de orfebres a los que el artista exigía perfección en la ejecución. Según el propio Dalí: «Yo diseño, yo invento, imagino, como los grandes artistas del Renacimiento, y a la hora de la ejecución me pongo en las manos, como siempre se ha hecho, de la habilidad de los perfectos artesanos, a los que superviso». La simbología daliniana se reviste, pues, para la ocasión, de oro, rubíes, zafiros, brillantes, lapislázulis y demás piedras preciosas para representar teléfonos, relojes blandos, cruces, manos vegetales, caracoles, ojos, corales marinos y ca-

⌃ *Lámpara surrealista, ca.* 1954. Técnica mixta, 22,7 × 16,2 cm. Colección particular.
Dalí siempre encontró extremadamente sugerentes las ondulaciones de la barbilla, labios y nariz femeninas. Con este fragmento del rostro concibió frascos de perfume, sofás y numerosos objetos que, en ocasiones no pasaron del proyecto, como esta lámpara extraída de una fotografía de moda recortada, a la que se limitó a añadir una pantalla amarilla pintada. Un procedimiento no muy alejado del de los artesanos modernistas.

❮ *Objeto surrealista de funcionamiento simbólico*, 1933-1970. Técnica mixta, 53 × 34 × 23 cm. Fundació Gala-Salvador Dalí, Figueres.

❮ *Teléfono-bogavante*, 1936. Ensamblaje, 30 × 15 × 17 cm. The Tate Gallery, Londres.
El parecido del bogavante con el auricular del teléfono, y el intercambio habitual de cualidades entre objetos y seres vivientes, dieron origen a este sencillo pero poético objeto, en la estela de los ready-made duchampianos, cuya fortuna ha ido pareja a la evolución de la telefonía a lo largo del siglo.

racoles, por citar algunos ejemplos. La mayoría de las joyas son muestras desmesuradas de riqueza y rozan el Kitsch, pero algunas turban al espectador con su misteriosa poesía; es el caso de *El ojo del tiempo* (1949), *Los labios color rubí* (1950) y el mecánico *El corazón real* (1953).

Dalí realizó también pequeños objetos escultóricos dignos de mención, como la *Bomba del Apocalipsis* (1959), modelo Orsini –el favorito de los anarquistas españoles de principios de

siglo– presto para explotar sobre las cubiertas de un ejemplar único y gigantesco del *Apocalipsis de San Juan* y ejercer así su poder redentor; el *Cristo de desechos* (1969), maravillosa y efímera obra de *arte povera*; el cenicero *Cisnes-elefantes y culebra* (1967), realizado para Air India a base de conchas y esculturas de cisne, cuya materialización entusiasmó a los directivos de dicha compañía, que compensaron a Dalí con un elefante adolescente; *Lilith (Homenaje a Raymond Roussel)* (1966), en que ensambló dos ángeles mediante un sexo hecho a base de horquillas para el pelo que el peluquero Lluís Llongueras había olvidado pocos días antes; y finalmente la *Espada* con que ingresó Dalí en la Academia Francesa en 1978; se trata de una doble imagen en la que podemos ver un águila imperial que es, al mismo tiempo, un rostro humano; está fundida en oro y su mirada penetrante posiblemente esconda el misterio del discurso de ingreso de Dalí en la Academia: «Gala, Velázquez y el Toisón de Oro».

OBJETOS DALINIANOS

Los objetos de funcionamiento simbólico fueron previstos como seguimiento y consecuencia del objeto móvil y mudo, la bola colgada de Giacometti, objeto que establecía y reunía ya todos los principios esenciales de nuestra definición, pero que dependía aún de los medios propios de la escultura. Los objetos de funcionamiento simbólico no dejan posibilidad alguna a las preocupaciones formales. Sólo dependen de la imaginación amorosa de cada cual y son extraplásticos.

Los objetos surrealistas se encuentran en su etapa casi embrionaria, pero su análisis nos permite prever toda la violenta fantasía de su próxima vida prenatal.

El concepto de la verdadera cultura espiritual del hombre aparecerá cada vez más en función de su capacidad de pervertir su pensamiento, ya que pervertirse supone estar siempre conducido por el deseo, la capacidad degradante del espíritu para modificar y cambiar en su contrario los pensamientos inconscientes que aparecen bajo el simulacro rudimentario de los fenómenos.

Se reproducirán grandes automóviles, tres veces mayores que el tamaño natural (con una minucia de detalles que su-

Página anterior:

︿ Imagen del «Smoking afrodisíaco» original, 1936.

Princesa cibernética, 1974. Placas y elementos para ordenador. Fundació Gala-Salvador Dalí, Figueres.
Reproducción en placas de microprocesador de la momia de jade de 160 centímetros de largo, encontrada junto a un ejército de infantes y caballeros en tamaño natural, en el yacimiento arqueológico de Ling-Tuong (China). Dalí pretendía que la princesa recitara frases extraídas del *Libro rojo* de Mao, pero la situación política de la España de entonces no lo aconsejaba, así que finalmente, tuvo que desistir.

❮ *Dafne*, 1967. Oro, topacio, perla, diamantes y lámina de madera fosilizada, 42 × 37 × 7 cm. Fundació Gala-Salvador Dalí, Figueres.

pera la copia más exacta), en yeso u ónice para ser encerrados, envueltos en ropa interior femenina, en sepulturas, cuyo emplazamiento sólo será reconocible por la presencia de un fino reloj de paja.

Los museos se llenarán pronto de objetos cuya inutilidad, tamaño y aglomeración obligarán a construir, en los desiertos, torres especiales para acogerlos.

Las puertas de esas torres estarán hábilmente disimuladas y en su lugar fluirá una fuente ininterrumpida de verdadera leche, que será ávidamente absorbida por la arena caliente.

En esta época de conocimiento, los zapatos metálicos de los hombres aplastarán cuscurros de pan, después manchados y salpicados de tinta.

La cultura del espíritu se identificará con la cultura del deseo.

SALVADOR DALÍ, «OBJETO»

Un zapato de mujer, dentro del que se ha colocado un vaso de leche tibia, en el centro de una pasta de forma dúctil, de color de excremento.

El mecanismo consiste en sumergir un terrón de azúcar en el que se ha pintado la imagen de un zapato, con objeto de observar la disgregación del azúcar y, en consecuencia, de la imagen del zapato en la leche. Varios accesorios (pelos púbicos pegados a un terrón de azúcar, una pequeña fotografía erótica) completan el objeto, acompañado por una caja de azúcar de repuesto y una cuchara especial que sirve para remover perdigones dentro del zapato.

Salvador Dalí,
«Objetos surrealistas», en *Le Surréalisme
au service de la Révolution*, n. 3, París, 1931

el TEATRO
de la vida

alí gustó siempre de la teatralidad. Para él, que sólo aspiraba a «ser Dalí», la naturalidad era equivalente al anonimato. Su pasión por el disfraz, la capacidad de mantener en vilo al interlocutor y el carácter escenográfico de su pintura son tres pilares fundamentales de una personalidad que entendía la vida como un interminable juego de apariencias.

El aguzado sentido del espectáculo daliniano se manifestaba a diario, pero se institucionalizó en dos modalidades: la escenografía y la conferencia-*happening*.

En noviembre de 1924 actuó por primera vez –y, *stricto sensu*, por última– en la obra de teatro *La profanación de Don Juan*, dirigida y protagonizada por su amigo Luis Buñuel en el marco de la Residencia de Estudiantes de Madrid. Se trataba de una sátira del *Don Juan Tenorio* de Zorrilla, en la que Dalí hacía el papel de Don Luis, el antagonista.

En marzo de 1927 pintó los decorados de *La familia del arlequín*, representada en Barcelona por la compañía Teatre Íntim, de Adrià Gual, y en junio del mismo año diseñó los decorados y el vestuario de *Mariana Pineda*, el primer éxito de su amigo Lorca, representada por la compañía de Margarita Xirgu en el Teatro Goya de Barcelona.

Pero los ambiciosos planes de Dalí no se limitaban a la pintura de decorados, quería diseñar un ballet como obra de arte total, y en noviembre de 1938 ideó, junto con Léonide Massine, el ballet *Tristán loco*, inspirado en la impetuosa música del Venusberg de la ópera *Tannhäuser*, de Wagner. La acción transcurría alrededor de una alucinación del rey Luis II de Baviera. Dalí pasó cuatro meses en la finca de Coco Chanel, cerca de Montecarlo; la modista diseñaría el vestuario del espectáculo, que pasaba a llamarse *Bacchanale*. Se-

gún Dalí: «Chanel trabajó en aquel espectáculo con un entusiasmo cordial y creó los vestidos más lujosos que jamás se hayan visto en teatro. Utilizaba armiño de verdad, joyas auténticas y los guantes de Luis II iban tan cargados de bordados que estábamos inquietos por saber si el bailarín podría danzar con ellos». El inicio de la guerra provocó que el espectáculo se estrenase, en noviembre de 1939, en la Metropolitan Opera House de Nueva York. Los vestidos de Chanel no llegaron a tiempo y hubo que improvisar un vestuario nuevo en cuatro días, con lo que el espectáculo se resintió.

En octubre de 1941 el tándem Dalí-Massine volvió a trabajar en Nueva York con *Laberinto*, ballet inspirado en el mito de Teseo, Ariadna y el Minotauro. Massine se encargó de la coreografía, y Dalí del libreto, los decorados y el vestuario. Uno de los decorados de Dalí representaba el enorme busto de un hombre con la cabeza rapada y el cráneo abierto.

El año más prolífico para el Dalí escenógrafo fue el de 1944, en que realizó los decorados y el vestuario de *Coloquio sen-*

timental, basado en un poema de Verlaine y con música de Paul Bowles. El telón principal mostraba a un grupo de ciclistas con la ya habitual piedra en la cabeza, que se extendía hasta la línea del horizonte. Pintó también dos impresionantes decorados para *Café de Chinitas*, espectáculo de La Argentinita con una selección de danzas populares españolas adaptadas por Federico García Lorca. El telón de fondo representaba a una bailarina con el cuerpo convertido en guitarra y crucificada sobre un muro agrietado. Y todavía le quedó tiempo para revisitar su *Tristán loco. El primer ballet paranoico basado en el eterno mito del amor hasta la muerte*. El éxito de todos estos espectáculos fue siempre desigual: a mayor libertad creativa daliniana, mayor anquilosamiento narrativo y caos.

A su vuelta a Europa, Dalí trabajó casi simultáneamente en los decorados y vestuario de tres proyectos escenográficos: *Rosalinda o Come Vi Piace*, de William Shakespeare, estrenado en noviembre de 1948 en Roma bajo la dirección de Luchino Visconti; *Don Juan Tenorio*, de Zorrilla, estrenado en noviembre de 1949 en el Teatro María Guerrero, de Madrid, bajo la dirección de Luis Escobar; y *Salomé*, de Oscar Wilde, con música de Richard Strauss, estrenado pocos días después del *Don Juan* en el Covent Garden de Londres, bajo la dirección de Peter Brook.

En agosto de 1961 Dalí realizó su postrera intervención en el mundo del teatro con *El ballet de Gala. La dama española y el caballero romano*, espectáculo inspirado en la obra de Scarlatti, con coreografía de Maurice Béjart. El estreno, en el Teatro de La Fenice, de Venecia, constituyó el mejor ejemplo de la incapacidad daliniana para orquestar con un mínimo de orden espectáculos complejos. En Venecia, Béjart no consiguió hablar con Dalí sobre importantes detalles de la obra porque Gala lo tuvo encerrado en la habitación del hotel hasta que terminó dos pinturas para unos americanos ricos. Dalí quería inventar burbujas de jabón cuadradas, y utilizar una membrana de ballena en el escenario, pero todo quedó en nada. El día del estreno Dalí se presentó vestido de gondolero tocado con una barretina catalana, salpicó una tela y soltó unas cuantas palomas desde el palco; el público silbó al final y Dalí, simplemente, se esfumó. La obra iría a Bruselas el siguiente abril. Allí, Dalí, que se presentó en el teatro con una cabe-

za de rinoceronte, gritó repentinamente: «Este espectáculo es infecto. Me voy. *Bon soir*!». Y desapareció dando un portazo.

En 1974, con la inauguración de su Teatro-Museo en Figueres logró plasmar su sentido del arte como espectáculo, interacción y simulación, avanzándose casi en dos décadas a las tendencias museísticas actuales. El acto inaugural, penúltimo momento de gloria daliniana, fue precedido por un anárquico desfile de grupos folclóricos regionales, majorettes, bandas militares, gigantes y cabezudos, trabuqueros y la elefantita *Jazmine* –de la reserva africana de Sigean (Francia)–, que se asustaba cada vez que se disparaban los trabucos, refugiándose, en tres ocasiones, en el interior de un comercio.

Pocos meses antes Dalí había grabado en París su ópera-poema *Être Dieu*, con libreto de Manuel Vázquez Montalbán y música de Igor Wakhevich, obra que jamás se ha representado en público.

Dalí trató toda su vida de *épater le bourgeois*, epatar al obrero y epatar –lo justito– al rico cliente potencial. Para ello desarrolló una complicada ceremonia de la confusión en la que el caos era programado hasta el último detalle. Y ello desde su primera conferencia-escándalo en la Sala Parés de Barcelona en 1928, hasta su última rueda de prensa, en el Teatro-Museo de Figueres, en 1980: bajo los acordes wagnerianos de *Tristán e Isolda*, un decrépito Dalí mostró a las cámaras de todo el mundo cómo transformar un incipiente párkinson en un ejercicio de autocontrol manual.

^ Estudio para *Coloquio sentimental*, 1944. Óleo sobre lienzo, 26 × 47 cm. The Salvador Dalí Museum, Saint Petersburg, Florida.

Estudio para *Bacchanale*, 1939. Gouache sobre papel fotográfico, 15 × 23,3 cm. Fundació Gala-Salvador Dalí, Figueres.

Escena del ballet *Bacchanale*, 1939. Foto: Alfredo Valente.

EL TEATRO DE LA VIDA

El día 22 de agosto se estrenó en el Teatro de la Fenice de Venecia *La dama española y el caballero romano*, una ópera bufa con música de Scarlatti. En el mismo programa figuraba también el *Ballet de Gala*. Ambas obras fueron dirigidas por Salvador Dalí. Ludmilla Tcherina bailó en un decorado lleno de burbujas de jabón. Maurice Béjart, que realizó la coreografía, nos explica sus recuerdos: «Llamé por teléfono a Dalí diciéndole que no me era posible verlo aquel día. «No importa –me respondió–. Mañana estaré en Barcelona. Me quieren hacer una entrevista por televisión. Búsquese un buen aparato receptor y mírelo a las nueve de la noche.» A la hora convenida yo estaba ante el televisor y Dalí apareció. Ignoro, ciertamente, la pregunta del locutor pero el caso es que respondió: «Hoy no tengo nada que decir al público. Tengo que hablar con Maurice Béjart: Querido Béjart, mire, esto es una réplica, en miniatura, de lo que quisiera hacer en el escenario del Teatro de la Fenice». A continuación la televisión mostró una mesa donde había un pequeño cubo de madera y otros cubos más pequeños todavía, que Dalí iba vertiendo en el recipiente lleno de agua y jabón: «¡Aquí tenemos las primeras burbujas de jabón cúbicas!». Y me explicó detenidamente sus intenciones para nuestro futuro ballet que tenía que llamarse *Gala*. Cuando terminó de hablarme de sus maquetas y de instruirme en todo aquello que debía aprender, calló y la entrevista televisada se dio por acabada».

Dalí ha aprovechado muchas veces algunos trucos de la física recreativa para sus ingenios, pero en el *Ballet de Gala* aparecen cosas todavía más divertidas. Cuando se levantaba el telón se veía a una mujer planchando ropa, mientras un ciego se sentaba ante un aparato de televisión. Los cantantes Fiorenza Cossotto y Lorenzo Álvarez iniciaban un dúo en medio de apariciones absurdas. Un grupo de personajes atravesaba la escena cubiertos de velos negros. En una jau-

la llevaban a una mujer que movía desesperadamente las piernas. Una campesina, vestida de negro, pasaba y volvía a pasar, cargando en la espalda un saco de arena que la iba blanqueando.

En el entreacto, aparecía Dalí mismo, con la barretina catalana cubriéndole la cabeza. Se detenía ante el telón, se agachaba como si quisiera mirar por el agujero de una cerradura, trazaba en el aire un misterioso signo con su bastón y se largaba sin decir nada.

En marzo de 1962 el *Ballet de Gala* fue presentado nuevamente en el Teatro de los Campos Elíseos de París. A raíz de esta representación Dalí presentó al juzgado una demanda contra la dirección del teatro por haber modificado, sin su consentimiento, los vestidos y los decorados.

J. J. Tharrats,
Dalí y el ballet, 1983

⌃ Una escena del *Don Juan Tenorio*, de Zorrilla, *ca.* 1949. Foto: Gyenes.

⌃ Dalí en el «happening-conferencia» del Parque Güell, Barcelona, septiembre de 1956. Foto: Brangulí.
A partir de la segunda posguerra mundial, Dalí alternará sus conferencias con «action paintings», contando con la participación de elementos tan dispares como *top models* internacionales y grupos folclóricos tradicionales.
En el caso del *happening* del Parque Güell, Dalí homenajeó al arquitecto modernista Antoni Gaudí, del que siempre fue admirador y propagandista, ejecutando en alquitrán una gigantesca reproducción de la Sagrada Familia, mientras los *Xiquets de Valls* levantaban una torre humana.

TEATRO ESPAÑOL

ᐱ Cartel de presentación de *Don Juan Tenorio*, de Zorrilla, 1950.
El primer Tenorio de Dalí fue una sátira dirigida y protagonizada por su amigo Luis Buñuel, en los años de la Residencia de Estudiantes.
El segundo Tenorio, carta de presentación daliniana tras un prolongado exilio, fue acogido por el público con división de pareceres,
puesto que, dirigido por Luis Escobar, fue representado en el Teatro María Guerrero, de Madrid,
lugar poco proclive a los experimentos y extravagancias dalinianas.

Tarjetón anunciador de la publicación del guión de *Babaouo*, 1932.
Fundació Gala-Salvador Dalí, Figueres.

a 24 IMÁGENES
por segundo

alí aprendió a amar el cine desde su primerísima infancia. A los cuatro años tenía un pequeño proyector manual que su madre accionaba pacientemente mientras su tía rebobinaba. Cortos de Charlot, Max Linder, un breve documental sobre la guerra ruso-japonesa –*La caída de Port Arthur*– y la película *El estudiante enamorado* son algunos de los títulos que Dalí recordaba de aquella época. En 1914, con la inauguración de la Sala Edison, el primer cine estable de Figueres, Salvador pudo ampliar considerablemente su repertorio.

En Madrid sus gustos se decantaron por los populares noticiarios de la Fox y el humor de Harry Langdon y Buster Keaton. La peculiar relación de ambos cómicos con su entorno, cercana a la del perverso polimorfo freudiano, encajaba perfectamente en las teorías antiartísticas que Dalí anidaba en aquel período. Dalí llegaría incluso a fantasear para su amigo García Lorca un irónico collage sobre el filme *Seven chances* (1925), anti *love-story* rebautizado por el de Figueres como *El casamiento de Buster Keaton*.

En 1927, publicó en la revista madrileña *La Gaceta Literaria* el importante artículo teórico «Film-arte, film-antiartístico», en el que afirmaba que «la luz del cine es una luz toda espiritual y toda física. El cine capta seres y objetos insólitos, más invisibles y etéreos que las apariciones de las muselinas espiritistas», y proponía una peculiar concepción del filme antiartístico según la cual, «lejos de todo concepto de sublimidad grandiosa, nos enseña no la emoción ilustrativa de los desvaríos artísticos y sí la emoción poética completamente nueva de todos los hechos más humildes e inmediatos, imposibles de imaginar, ni de prever antes del cinema».

Dalí tuvo la oportunidad de plasmar sus ideas en un filme. En 1928 su amigo Buñuel le contó que tenía previsto rodar una

> Fotogramas del ojo cortado, de *Un chien andalou*, 1929. En la primera escena de *Un chien andalou*, un hombre, encarnado por el propio Luis Buñuel, afila una navaja de afeitar junto a un balcón, mira como una delgada nube se desliza por delante de la luna, y a continuación secciona el ojo de una mujer con la navaja barbera. La escena provoca una convulsión sólo comparable a la *Llegada del tren a la estación* de los hermanos Lumière. Hubo cuarenta denuncias en comisaría, numerosos desmayos e incluso dos abortos durante las proyecciones. Sorprendentemente, no fue prohibida y permaneció nueve meses en pantalla.

película, financiada por su madre, basada en una idea del escritor vanguardista Ramón Gómez de la Serna, pero Dalí le propuso escribir conjuntamente un guión distinto, «capaz de revolucionar el cine contemporáneo». Según Buñuel: «Dalí me invitó a pasar unos días en su casa, y al llegar a Figueres, yo le conté un sueño que había tenido poco antes, en el que una nube desflecada cortaba la luna y una cuchilla de afeitar hendía un ojo. Él, a su vez, me dijo que la noche anterior había visto en sueños una mano llena de hormigas». El guión fue escrito en menos de una semana, siguiendo un peculiar y arbitrario método, «uno decía, por ejemplo, "el hombre saca un contrabajo". "No", respondía el otro. Y el que había propuesto la idea aceptaba de inmediato la negativa. Le parecía justa. Por el contrario, cuando la imagen que uno proponía era aceptada por el otro, inmediatamente nos parecía luminosa, indiscutible y al momento entraba en el guión».

Buñuel rodó *Un chien andalou* en París. Dalí se incorporó al rodaje cuatro días antes de su conclusión, encargándose de echar pez en los ojos de las cabezas de asno disecadas. Su estreno, el 6 de junio en el Studio des Ursulines, fue un éxito sonado.

Si *Un chien andalou* está considerada una de las obras maestras del cine, *L'Âge d'or* no consiguió repetir la gesta. Buñuel viajó a Figueres para redactar el guión de su nuevo filme en la Navidad de 1929; en el momento de su llegada don Salvador estaba discutiendo acaloradamente con su hijo sobre Gala. Ante la incierta situación familiar, Dalí propuso a Buñuel que se trasladaran a trabajar a Cadaqués. Allí pasaron tres días, pero en esa ocasión sus ideas no coincidieron. Buñuel redactó el guión en la finca de Hyères, propiedad de los Noailles, e incorporó tan sólo una idea de Dalí. El filme, sonoro, fue prohibido una semana después de su estreno en el Studio 28 de París. La sublime e inconexa poesía del *Chien* se trocó en toscas blasfemias en *L'Âge d'or*. Faltaba el «toque Dalí».

Dalí intentaría quitarse la espina de *L'Âge d'or* con el guión de *Babaouo* (1932), un filme surrealista que no llegaría a rodar. El guión apareció precedido de un *Compendio de una historia crítica del cine* que desarrolla los particulares gustos y teorías cinematográficas dalinianas. Para Dalí, el cine contemporáneo era una «basura psicológica, artística, literaria, sentimental. Sólo los films cómicos de tendencia irracional marcan el verdadero camino de la poesía». En la cima de esta categoría sitúa a los hermanos Marx, en especial a Harpo, «el de los cabellos rizados».

En 1937 viajó a Estados Unidos, decidido a trocar el represivo marxismo de algunos de sus compañeros surrealistas por la poesía instintiva de *Animal Crackers*, el filme de los her-

manos Marx favorito de Dalí. En Hollywood contactó con Harpo, a quien regaló un arpa con alambre de espino. Harpo acusó recibo devolviéndole una fotografía suya con los dedos vendados. Dalí le propuso entonces realizar una película cuyo guión redactaría él mismo introduciendo todas las obsesiones que le asaltaban en aquel momento –relojes blandos, jirafas ardientes, ciclistas...– y con música de Cole Porter.

El guión jamás fue completado. A partir de entonces Dalí acarició numerosos proyectos cinematográficos, que no llegaron a cuajar, y colaboró esporádicamente en algunos filmes. Así, en septiembre de 1945 se rodó en Hollywood el sueño diseñado por Dalí para la película *Spellbound*, dirigida por Alfred Hitchcock y protagonizada por Gregory Peck e Ingrid Bergman. Si bien el pintor consideró el resultado muy por debajo de sus expectativas, cobró con suma alegría los 4.000 dólares acordados.

Tres meses después anunció a bombo y platillo su próxima colaboración con Walt Disney: harían, juntos, un filme titulado *Destino*, fusión de fotografía y dibujo, que debería formar parte de una serie de *package films* o películas por episodios. Sin embargo, sólo llegó a filmarse una secuencia experimental de quince segundos y, finalmente, Disney de-

ve, en una carretilla, hasta ochenta y dos símbolos: ataúd, cama nupcial, armario, reclinatorio, hombre, etc. Se trata, cómo no, de un filme paranoico, con escenas tipo: una caravana ciclista se despeña por un acantilado del cabo de Creus y por cada ciclista cae un paraguas; «al final de la escena todo el panorama está lleno de paraguas y ciclistas muertos». Ninguno de estos proyectos llegó a concretarse.

Entre 1954 y 1961 Dalí rodó algunas escenas de *La historia prodigiosa de la encajera y el rinoceronte*, ayudado por un joven fotógrafo de Nantes llamado Robert Descharnes, quien acabaría tomando más de dieciocho mil fotografías de Dalí y se convertería en estrecho colaborador del pintor tras la muerte de Gala.

El último filme materializado por Dalí, en 1974, sería *Viaje a la Alta Mongolia*, irregular amalgama inspirada en la poética de su admirado Raymond Roussel; recogía imágenes extraídas de un microscopio electrónico y escenas de un fallido *happening* en Granollers.

En 1983, tras la muerte de Gala, Dalí invitó a Buñuel a realizar un último proyecto. Le mandó dos telegramas, y Luis Revenga grabó en vídeo una escena en la que el pintor cantaba de corrido *La filla del marxant*, canción popular catalana. Buñuel declinó la oferta amablemente: «... me retiré del cine hace cinco años y ya no salgo de casa. Lástima. Abrazos». Aunque hubieran estado de acuerdo, su deteriorada salud ya no les hubiera permitido rodar juntos. Quién sabe, si no, qué hubiera pasado...

INSTRUCCIONES DE RODAJE

París 22 Marzo 1929

Querido Salvador: Ocupadísimo y lleno de preocupaciones con mi film. Así pues no te hablaré más que de esto.

Ya tengo estudio para comenzar el día 2 de abril. Batchef y un alemán joven, fuerte, rubio, mandíbula cuadrada, respirando salud, elegantísimo que me hará el papel de joven que espera en la playa y me lo hará gratis. Ha trabajado un año en la Ufa. Esto indica que conoce el oficio. El lunes viene ya mi *re-*

> *Góndola surrealista sobre bicicletas ardiendo*, 1937. Carbón, acuarela y pastel sobre papel. 74 × 54 cm. Fashion Concepts, Nueva York.

Dalí retratando a Harpo Marx, 1937.
Dalí amaba el cine de los hermanos Marx, del mismo modo que había disfrutado con las películas de Buster Keaton y Harry Langdon. Creía que encarnaban mucho mejor el espíritu surrealista que los films de vanguardia. Por Harpo, hombre regresivo hasta la mudez voluntaria, sintió una predilección que le llevó a obsequiarle con un arpa cuyas cuerdas eran de alambre de espino. Harpo le respondió con una foto en que mostraba todos sus dedos vendados. Dalí realizó un magnífico retrato de Harpo en Hollywood, durante un descanso de rodaje, e incluso ambos acordaron producir un film basado en un guión que Dalí crearía expresamente.

cidió no continuar el proyecto. Al poco de volver a España, en 1948, Dalí declaró la interrupción del proyecto con Disney, pero no su suspensión. Asimismo, anunció una serie de proyectos cinematográficos de los que dio escasos detalles: un filme místico sobre Santa Teresa de Ávila; *Los pescadores de España*, ensayo de neorrealismo en la Costa Brava protagonizado por Paulette Goddard, y *La carretilla de carne*, proyecto neomístico basado en la historia de una mujer que

❮ Estudio para *Spellbound*, 1945.
Óleo sobre tabla, 89 × 113,8 cm.
Fundació Gala-Salvador Dalí,
Figueres.
Inquietante escena onírica en que
dos pirámides contempladas
parcialmente fuerzan una
perspectiva marcada por alargadas y
potentes sombras. Una
amenazadora tenaza monumental
nos alerta de un remoto peligro,
mientras la sombra de un personaje
escondido, los oscuros nubarrones
del cielo, las grietas en la pirámide
e incluso alguna solitaria roca
acrecentan la sensación de angustia
e incertidumbre, frecuentes en el
mundo onírico daliniano.

❮ Estudio para *Spellbound*, 1945.
Óleo sobre tabla, 89 × 113,8 cm.
Fundació Gala-Salvador Dalí,
Figueres.

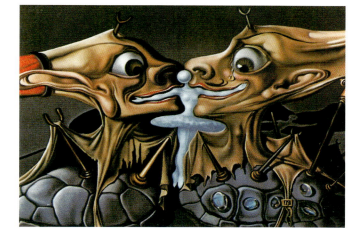

^ Gregory Peck, Ingrid Bergman y Salvador Dalí durante el rodaje de *Spellbound*, de Alfred Hitchcock, 1945. Foto: Madison Lacy.

❯ Dibujo preparatorio para *Destino*, 1946-1947. Pluma y tinta sobre papel, 28,7 × 39,2 cm. Colección André-François Petit, París. Dalí realizó una serie de esbozos para esta película, de la que ha trascendido que debía formar parte de un grupo de *sketchs*, tenía una duración de minuto y medio, mezclaba imagen real con dibujos animados y exploraba las coreografías del *baseball*. Finalmente, Disney –como Dalí, gran aficionado a los dibujos eróticos– desistió de llevar adelante la iniciativa.

gisseur y el operador para ir preparando todo. Aún no tengo nada. He encontrado una chica que conocía de lo más gordo y mejor por su admirable cabecita para hacer el papel de la chica que coge la mano en la calle. Ahora tengo citada aquí a la que quiero que haga de vedette. Esperaré no echar esta carta hasta que pueda decirte el resultado. La conozco sólo por fotografía.

Tú sin pensarlo más puedes encargarte de las hormigas. Por aquí será imposible encontrarlas. Procura que sean cogidas el mismo día de tu viaje y nada más llegar a París me las traerás al estudio y las impresionaré. Tienes tiempo para procurártelas y venir hasta el día 9 inclusive. Luego será tarde. De ti depende el que no tenga que poner orugas o moscas o conejos en el agujero de la mano. Las hormigas puedes traerlas en una caja pequeñita de madera cerrada por todas partes excepto por un agujerito cubierto con tela metálica muy fina. En el interior de la caja pon algodón. Como te las cogerán el día antes creo que dos días podrán vivir. Díselo a algún campesino de Cadaqués y págale bien porque eso va al presupuesto del film. Tu padre te aconsejará cuánto has de ofrecer y qué has de hacer. Yo creo que en Cadaqués es cosa hecha. Puedes ensayar cogiendo antes algunas hormigas y guardarlas dos días en algodón a ver si se mueren. Cuento contigo aunque esto no quita para que yo trate de conseguir por otro conducto aunque lo veo difícil.

Acaba de estar la vedette. Puede pasar. Tiene un cuerpecillo excitante. De expresión está bastante bien. Aunque tal vez a ti no te guste mucho. Creo que podré sacar partido de ella. Le doy la mitad de lo que me pedía. Dentro de los ruiseñores es de lo mejorcito.

Abrazos y escribe,
Luis

Batchef haciéndome una gran rebaja me pide diez mil francos. Pensaba no tomarlo pero como ya tengo muchas ocupaciones y estoy medio loco terminaré por tomarlo. Le he telefoneado. Mañana lo sabré seguro.

Luis Buñuel,
carta a Salvador Dalí con indicaciones
para el rodaje de *Un chien andalou*, 1929

dalí superstar

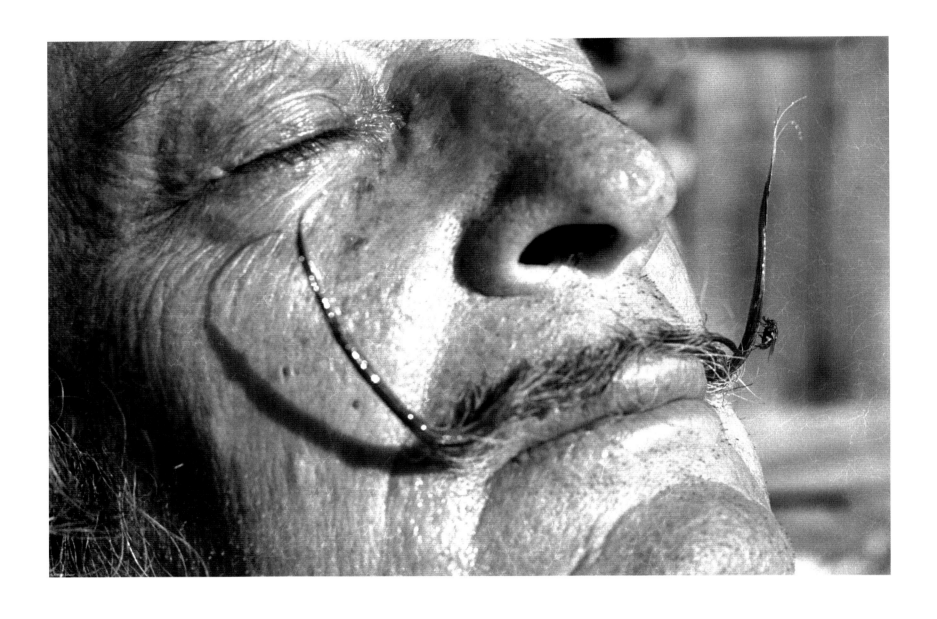

^ Dalí con una mosca reposando en su bigote, 1969.
Foto: Enric Sabater.

la CONSTRUCCIÓN
del personaje

Nunca sabremos quién fue en realidad Salvador Dalí. ¿Había alguna diferencia entre el ser humano y la máscara?

Dalí fue maestro en muchas artes, una de las cuales era la ceremonia de la confusión. Hizo suya la sentencia de Heráclito para definir la ironía, según la cual «a la naturaleza le gusta esconderse». Y él se escondió para no dejar flancos al descubierto.

Si hacemos caso de su *Vida secreta*, Dalí, aparte de cocinero y Napoleón, siempre quiso ser Dalí. Una irresistible fuerza le obligaba a acaparar la atención: si había que regalar dinero, tirarse por el hueco de la escalera del colegio, o llorar y patalear ante el padre hasta asfixiarse, el resultado compensaba con creces cualquier riesgo.

Dalí gustó también del disfraz. Su primer regalo de importancia fue un disfraz de reyezuelo, con capa de armiño, bas-

> *Bigotes dalinianos tachistas.*
Obra destinada a ser impresa sobre
foulard, *ca.* 1960.
Colección particular, Cadaqués.
Antigua colección Mafalda Davis.

tón de mando y una corona que no abandonaría ni en sus tardías prácticas onanistas. Durante su adolescencia, iba vestido de bohemio francés, con un abrigo varias tallas por encima de la suya, sombrero de ala ancha, cabello hasta el hombro y patillas descomunales. A imitación de su padre, usaba una pipa que nunca llegó a encender. Éste sería el único elemento de atrezo que conservaría tras su paso por la Residencia de Estudiantes de Madrid, donde adoptó la imagen de dandi pulcro con corte *garçon*, mucha brillantina, jersey *oxford*, impecable americana ojo de perdiz y pantalones bombachos. Más tarde, tras la última visita de Lorca a Cadaqués, en 1927, Dalí se dejó un bigote finísimo, y pocos meses después pronunció su primera conferencia-escándalo en Barcelona. El Salvador Dalí público que todos conocemos empezaba a balbucear.

La seguridad económica que Gala y Dalí se forjaron en París, al lado de aristocráticos mecenas y poderosos gurús de la moda, les permitía vestir elegantemente. Dalí, delgado, moreno, y muy guapo, superaba su gran timidez haciendo gala de una elegancia rayana en lo extravagante.

Dalí jamás se creyó en deuda con nadie. Sólo expresaba reconocimiento hacia quienes pudieran serle útiles. Era adulador y se rendía sin pudor al poder del dinero. Cuando Breton lo rebautizó como «Avida Dollars», Dalí se lo tomó como un elogio. Una de sus sentencias favoritas era «que hablen de mí, aunque sea bien». Pero Dalí era avaro, insolidario y mezquino, y ello porque tenía verdadero pavor a la enfermedad y la miseria, un miedo que tenía sus raíces en la maldición paterna pronunciada tras la expulsión del hogar: «¡Morirás solo, lleno de piojos, sin dinero ni nadie que te traiga un triste plato de sopa!». En Dalí el sentimentalismo se asocia a la putrefacción, la muerte y la en-

fermedad. Y el artista se alejó tanto del sablista como del infeccioso.

Su moral se basaba en la literatura maldita del simbolismo, Lautréamont, Baudelaire, Roussel, y el pensamiento de Freud y Nietzsche. Inspirado en el superhombre del filósofo alemán, Dalí se creía por encima del bien y del mal.

Dalí sobrevivió con fortuna en Francia, pero en 1940 hubo de abandonar el país y escogió Estados Unidos, donde ya había estado en tres ocasiones: en la primera (1934) la prensa acogió favorablemente su *Retrato de Gala con dos costillas de cordero en la espalda*; en la segunda (1936) el artista fue portada del prestigioso semanario *Time*, y en la tercera (1939) fue detenido por romper el escaparate de los almacenes Bonwit Tellers, en la Quinta Avenida, salió bien librado del trance y se ganó las simpatías del público en general.

En 1940 Estados Unidos, un país poderoso y en paz, estaba lleno de nuevos ricos dispuestos a comprar la obra de Dalí siempre que el pintor suavizara la carga sexual de sus cuadros. El artista gozaba además del favor de una prensa entusiasta: entre 1940 y mediados de los años sesenta no había día en que no apareciera una referencia a Dalí en algún medio de comunicación estadounidense.

De la luna rota de Bonwit Tellers emergió un nuevo Dalí que sabía cómo embelesar a su nuevo público y cómo llamar su atención. El artista dio rienda suelta al *superstar* que llevaba dentro de un modo muy peculiar: alargando y moldeando su fino bigotito. En abril de 1941 presentó *Autorretrato con bacon frito*, en el que se observa ya cómo las puntas de su bigote han iniciado una ligera ascensión. En 1942 su bigote medía quince centímetros, y en 1945 el artista realizó el primer análisis psicoanalítico de su bigote, que apareció en las páginas del ególatra *Dalí News*.

❮ Evoluciones y desarrollo de la firma de Dalí, a través de los años. Dalí arranca siempre con la D. Con los años, exagerará el acento de la í. Abandona las mayúsculas en 1925 para retomarlas en 1934, cuando empieza a firmar como Gala-Salvador Dalí.

❮ Las seis fases evolutivas del bigote daliniano.
1928-1939. Conocido como «bigote catalán», finito y corto, no crecerá hasta la llegada a Estados Unidos.
1940-1949. Rinoceróntico. Afilado y curvado con forma de cuerno de rinoceronte, o con la curva de la divina proporción de Pacioli.
1950-1959. Antenas. Máxima envergadura: 25 centímetros, elevados al cielo como antenas. Sólo se lo vuelve a recortar con motivo de la retrospectiva en el MoMA de Nueva York, a finales de 1941. Tras su retorno a España, aumenta el grosor para parecerse físicamente a Velázquez.
1960-1969. Pequeño burgués. Calvicie evidente. Prescinde del pelo sobre el labio. De la comisura arranca un pequeño bigotito, puntiagudo, muy francés.
1970-1989. Doble curva, canoso. La caída del bigote acompaña la larga agonía de su dueño.
Joan Gardy Artigas, ceramista e hijo del también ceramista Josep Llorens Artigas, le cortó uno de los bigotes en una inauguración, en Nueva York. Desde entonces, Dalí pidió al estilista Lluís Llongueras que le preparara una colección de bigotes de repuesto, por si se repetía el atentado.

| 1928-1939 | 1940-1949 | 1950-1959 | 1960-1969 | 1970-1989 |

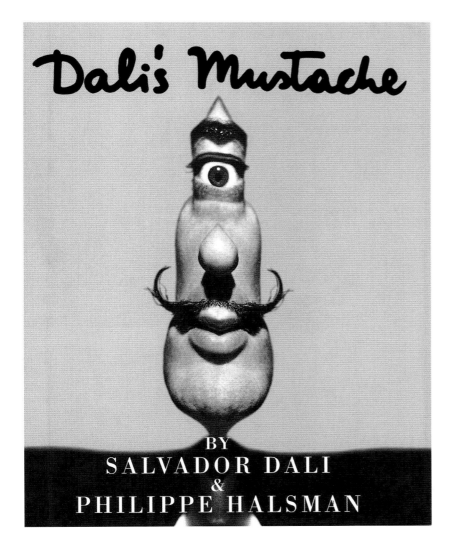

^ Portada del libro *Dalí's Moustache*, del fotógrafo Halsman.

Dalí, con barretina, acompañado de Gala. Foto: Enric Sabater.
Dalí no era abiertamente catalanista, pero divulgó con frecuencia las características y los paisajes más interesantes de su tierra. Pronto se cubrió
–como su amigo/enemigo Picasso– con una barretina catalana, y las usuales zapatillas de veta. Usaba también bastones, llegando a atesorar una importante
colección de ellos. Su pronunciación en francés o inglés era marcadamente catalana, idioma con el que contaminaba sus numerosas declaraciones
–ininteligibles, en ocasiones– y difundió por todo el mundo, de palabra o con su obra, los paisajes de la Costa Brava gerundense, además de salvar
de la especulación inmobiliaria su santuario de Portlligat, a punto de ser invadido por embarcaderos y hoteles.

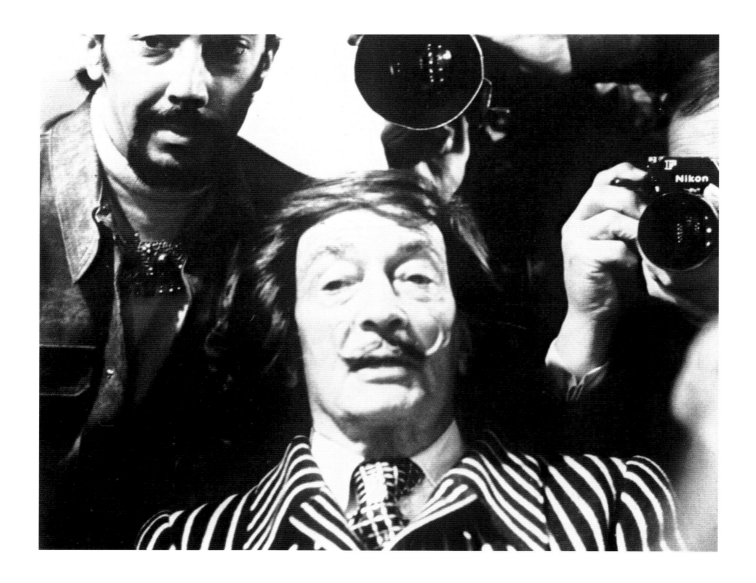

En 1948, de nuevo en España, el bigote de Dalí se ensanchó justo por encima de la comisura de los labios, recordando al que luce Velázquez en *Las Meninas*. Y en 1954, con motivo de su conferencia de prensa-renacimiento de Roma, Dalí lucía un bigote de veinticinco centímetros, el más largo de su vida. En ese mismo año, junto al genial fotógrafo Halsman, publicó *Dalí's Mustache*, un creativo álbum en que el bigote del pintor es protagonista absoluto.

En la década de los cincuenta el bigote de Dalí solía apuntar enhiesto al cielo, en ocasiones se desdoblaba, y habitualmente se recogía hacia dentro, imitando la curvatura del cuerno del rinoceronte, máxima preocupación daliniana en aquel entonces.

Durante los años setenta, Dalí alternaba camisas indo-mexicanas, vistosos chalecos, bastones de su colección e incluso barretinas y alpargatas de cinta y esparto, con adaptaciones del vestuario hippy entonces en boga. Ante los primeros signos de alopecia el artista encargó al estilista Lluís Llongueras pelucas al estilo de sus queridos poetas malditos y bigotes postizos en previsión de un atentado capilar.

Dos tristes bigotes ilustran la decadencia física y creativa daliniana: el aburguesado, a juego con los rizos capilares que exhibía durante su toma de posesión como miembro de la Académie de France en 1979, y el de su última foto oficial, en 1983, vestido con túnica y birrete blancos, sentado, sosteniendo un bastón y, aun sabiéndose físicamente decrépito, con una mirada de orgullo.

❮ Dalí, con peluca, acompañado por Lluís Llongueras, *ca.* 1975. Dalí, como el mítico Sansón, siempre lució melena. Al empezar a notar pérdidas de pelo, decidió tocarse con todo tipo de sombreros, como la barretina catalana, chichoneras decoradas u otros cubrecabezas de invención propia. También solicitó al estilista catalán Lluís Llongueras que le fabricase una serie de pelucas con el look de sus escritores más admirados, como el francés Baudelaire.

Del personaje que Dalí alumbró en 1940, tan o más importante que su obra anterior, nos resta una *actitud* maquiavélica, provocadora, egocéntrica e irreverente; una *imagen*, producto de un bigote desafiante y del uso de ropa elegante combinada con elementos extravagantes (alpargatas, barretina, vistosos chalecos y amuletos), y una voz aceitunada que en cualquier idioma sonaba a catalán de-le-tre-a-do chulescamente.

Dalí dejó escrito que, al morir, le cubrieran la cara con un pañuelo. Si no podía separar el hombre de su personaje, mostraría de una vez por todas su sentimiento más recóndito: la vergüenza.

❯ Esbozo con grafías dalinianas, *ca*. 1970.

ESTUDIO DE IMAGEN DE SALVADOR DALÍ DOMÈNECH

Pintor y artista polifacético multidisciplinar.

Religión: Agnóstico – católico no practicante.

Nacionalidad española (catalán universal).

Raza blanca. 1'74 altura.

Peso: entorno a 80 kilos.

Cabeza: grande. Cráneo: plano. Perfil anguloso, cuello ancho, orejas grandes.

Tipología corporal: Mesoformo, según Kretschmer y Sheldon.

Tórax: bien formado. Musculatura: definida y nerviosa, cadera ancha, brazos musculosos, manos cuadradas.

Cara de facciones angulosas, piel tersa, tono cetrino, ojos almendrados grandes, labios carnosos y mandíbulas marcadas.

Frente ancha, con entradas y cutis claro: barbilampiño.

Cabello sano y ondulado. Tono castaño oscuro, medidas largas.

Tipo de look: original/único. Vestuario: fuera de moda. Tonos: básicos con toques estridentes. Zapato: talla 44 de diseño clásico + alpargatas veraniegas.

Complementos: mínimos. Barretinas catalanas. No usa sombreros.

Estudios: Titulación media / Autodidacta.

Idiomas: Catalán, castellano, francés. Hablados y escritos. Inglés y algo de italiano.

Voz: grave característica. Dicción: Fluida, rápida y racional. Tono: bajo. Timbre: persuasivo.

Mirada: Directa, horizontal.

Gesticulación vital: rápida, controlada y a veces agresiva y rápida. Adaptable según el estado de ánimo.

Muy expresivo con brazos, manos y ojos.

Actitud corporal muy personal: erecto, imponente, seguro de sí. Caminar: normal, seguro.

Dieta mediterránea, equilibrada. Abstemio y no fumador.

Buena resistencia física.

Carácter: introvertido, cerebral, disciplinado, metódico, audaz; contrarrestando timidez juvenil.

Imagen: atractiva, informal, a veces elegante, original siempre. Destaca: los bigotes antenas y las largas melenas.

Sabe estar, muy profesional.

Buena expresión corporal. Gran desenvoltura. Gran poder de comunicación.

Expresión oral: expansiva, potente, decidida, rotunda, de gran lucimiento.

En conjunto, un personaje singular, fuera de lo común. Inolvidable y muy característico.

Lluís Llongueras,
Todo Dalí, 2003

A regular "Gone with the Wind" of the tie business, meaning a runaway seller, was a series of tie designs created by Salvador Dali. There were some problems for tie manufacturer James Lehrer: "Frankly, we had to clean them up a great deal. Bass fiddles with girls crawling out of them, skeletons with pools of blood, may be fine art, but they are not exactly the stuff from which ties are made." Dali did not approve of these revisions.

Salvador Dali, the irrepressible surrealist.

mercial interests. A major contributor to surrealism's public consumption was Salvador Dali, a well-known artist who also designed ties. Both abstract art and surrealism served as immediate tie design material, and especially as a source of kitsch and parody. Bizarre subjects, shapes, and patterns were typical of many '40s neckties. In addition to abstract designs, which were often whimsical if not humorous, many objective designs reflected a return to a man's sense of individuality. Scenes from the Old West, of hunting and fishing, subtle references to past or future vacations on palm-lined beaches, and even ties made of Hawaiian shirt

An obvious Dali influence

42

«la PUBLICIDAD
soy yo»

No deja de ser una paradoja que los detalles de la vida pública de Salvador Dalí sean, actualmente, menos conocidos que los consignados en su autobiografía –a menudo exagerada, cuando no ya puramente imaginada–, *La vida secreta*.

De hecho, la vida pública de Salvador Dalí ganó envergadura a medida que disminuía la calidad de su pintura, es decir, a partir de que se estableció en Estados Unidos, en 1940. La vida de cualquier artista es una sucesión de dificultades e incertidumbres económicas, a merced de los caprichos de mecenas, modas y público. Pero Dalí era diferente, no quería esperar el momento de su declive, porque su arte iba más allá de la materialidad de su obra, así que se convirtió en el hombre anuncio de sí mismo, reinventándose cada otoño en sus presentaciones públicas en París y Nueva York, sus mercados naturales.

Dalí adoraba la fama, y no dudó en explotar todos los recursos del exhibicionismo para que se hablase de él. Gala se encargaba de contratar los servicios de prensa y de ordenar los recortes, que, como estaban en inglés, lengua que el matrimonio todavía no dominaba, ordenaba por extensión. «Lo importante es que hablen de uno, aunque hablen bien...», repetía Dalí hasta la saciedad. Y en su ininteligible inglés, que nunca llegó a dominar, consiguió que todos los días algún periódico hablase de él, aunque fuese para calificar algo de «daliniano» como sinónimo de absurdo o descabellado. Dalí era el loco oficial, un loco que cayó en gracia y cuyas imágenes embelesaban a la población en general como a los nuevos ricos en particular. Y ahondando en esta senda Dalí consiguió ser el primer artista *superstar* mundial, un personaje que, más allá de su pintura y su escritura, era una obra de arte en sí mismo. Andy Warhol, en su carrera por el éxito, no dudó en imitarlo.

> *Isotta*, 1926. Publicidad daliniana para la revista universitaria *Residencia*. El primer anuncio de Dalí fue para esta marca de automóviles de lujo. El encargo era para la revista *Residencia*, órgano de la Residencia de Estudiantes de Madrid, donde se alojó Dalí durante sus estudios académicos. Podemos adivinar en la figura del dandi indolente el rostro de su querido amigo Pepín Bello Lasierra, quien se prestó alegremente al juego.

Entre el genio y el talento Dalí escogió la primera opción. La publicidad es más importante que la obra, porque los ojos del público están condicionados por el contexto.

Dalí debería ser estudiado en las escuelas de *marketing* y publicidad como un revolucionario. Creaba escándalos y controversias mediante conferencias-espectáculo y *happenings* que acababan con la audiencia dividida entre aplausos y abucheos, y manejaba a los periodistas –en especial a los entrevistadores– a su antojo. A modo de ejemplo, en 1966 tuvo lugar en Nueva York el último *happening* multitudinario de Dalí: tres mil espectadores –a pesar del elevado precio de la entrada– abarrotaron el entonces recientemente inaugurado Philarmonic Hall del Lincoln Center. El acto consistía en una serie de acciones simultáneas: el compositor catalán Leonard Balada debía dirigir a un grupo de instrumentalistas y tocar el órgano según las evoluciones del «duende» de Dalí, el gitano catalán Josep Barrera, quien debía interpretar en baile flamenco las pinceladas del genio; alrededor de una gran burbuja de plástico transparente, donde Dalí pintaba asistido por el cartelista catalán Carles Fontseré y sobre cuya superficie se proyectaba *Un chien andalou*, dos cuartetos y una orquesta de *rock and roll* tocaban a un tiempo; sobre un pedestal, la figura enigmática de Moondog –poeta ciego que vivía de la caridad pública–, descalzo y con casco vikingo, bailarines y bailarinas de danza moderna, fotógrafos diversos, Ben Grauer –famoso presentador de televisión– y Silva, la extraordinaria *strip teaser* del Crazy Horse Saloon de París, que completó un desnudo integral... En resumen, un caos bendecido por la indulgencia del público.

Por lo que respecta a la prensa, el Centre d'Estudis Dalinians de la Fundació Gala-Salvador Dalí, de Figueres, atesora unos veinte mil *press-clippings* sobre Dalí, de los que unos trescientos corresponden a entrevistas. Si bien no se han contabilizado todavía las apariciones del pintor en televisión, entre 1956 y 1983 apareció noventa y dos veces en la televisión francesa, muchas más que en su país natal, España, pero muchas menos que en Estados Unidos. Sus escandalosas intervenciones en directo –generalmente sobre tema sexual– provocaron, en una ocasión, el despido del presentador del programa, el actor Yul Brinner, y en septiembre de 1960 la suspensión de un reportaje en la liberal televisión francesa por figurar en éste «declaraciones eróticas que sobrepasan los límites de la decencia».

Existió también un Dalí entregado a la publicidad de productos ajenos a su persona pero que el artista dalinizó. El primer ejemplo lo hallamos en las páginas de la revista universitaria *Residencia*, de Madrid, donde en 1926 realizó anuncios para un taller de carpintería, para el libro *Cua-*

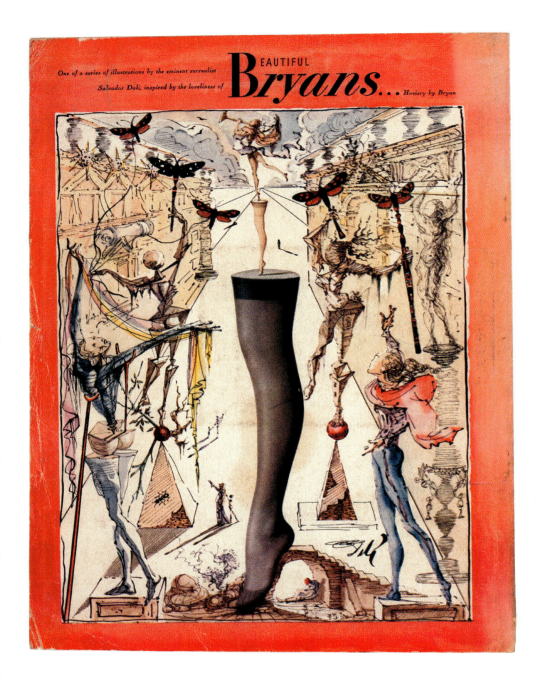

renta canciones españolas, de Eduardo Torner, y para la marca de automóviles de lujo Isotta.

Ya en América, a partir de 1943 realizó anuncios de todo tipo de productos, especialmente de perfumería y cosmética, y de productos textiles. Normalmente, a una imagen fotográfica del producto anunciado, Dalí añadía en collage todo tipo de relojes blandos, Venus clásicas, paisajes ampurdaneses, muletas, hormigas, caballeros renacentistas, etc.

⌃ Publicidad para la contraportada de la revista *Art News Annual*, 1945-1946
Dalí realizó una extensa serie de anuncios de medias de seda para la casa Bryan. Se trata de collages y aguadas muy imaginativos y desenfadados. Por lo general, las protagonistas son alegres piernas femeninas campando a sus anchas, acompañadas de mariposas, aparatos antropomórficos y elementos extraídos de la pintura renacentista italiana.

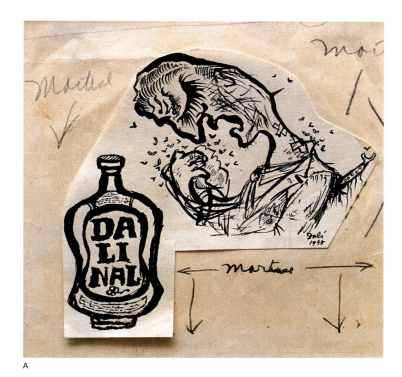

A

DALI - Flacon de parfum Monsieur MARQUAY

B

C

∧ **A.** Original para el anuncio de *Dalinal*, 1945. Tinta china sobre papel, 12 × 11 cm. Colección particular.
Este dibujo apareció en el primer *Dalí News* (1945), publicación a la mayor gloria daliniana realizada con la colaboración de su íntimo amigo el
figuerense Jaume Miravitlles, excomisario de propaganda de la Generalitat de Catalunya Republicana durante la guerra civil española,
y exiliado en Nueva York. Rememora irónicamente un curalotodo de su juventud en Figueres –Cerebrinal–, remarcando que no curaba
absolutamente nada, sino todo lo contrario.

B. *Parfum Monsieur Marquay*, *ca*. 1955. Publicidad.

C. Publicidad para *Old Angus*, *ca*. 1955.

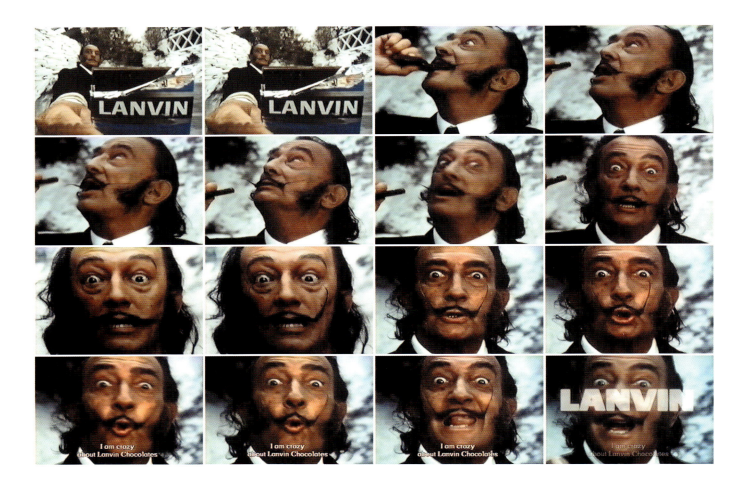

Dos de sus principales clientes fueron la línea de perfumes de su amiga Elsa Schaparelli (Radiance Powder and Lipstick) y las medias de seda Bryan's Hosiery. Pero realizó también anuncios para promocionar los aparatos de televisión Farnsworth (1946), el tranquilizante Crisálida (1958), la línea de ropa deportiva Jack Winters (1959), el agua mineral Perrier (1969) y el Datsun 610 Wagon (1972), e incluso para las camisas de tejido Dalí (1963). La mayoría de los anuncios aparecían en la revista *Vogue* –en cuyo cincuentenario, en 1971, publicó numerosos anuncios del «divino»–, el *Art News Annual*, los lujosos catálogos del Ballet Russe de Montecarlo y las revistas editadas por las líneas de transatlánticos que cubrían el trayecto entre Le Havre y Nueva York. Por cierto, los Dalí solían viajar gratis en ellos a cambio de anunciar a bombo y platillo que se hallaban a bordo.

Dalí realizó también numerosos carteles publicitarios, entre ellos: la serie *Chemins de Fer Français* (1969); *Regards sur Gau-* *dí* (1970), para una exposición en el Musée d'Art Moderne de Céret; *España* (1970), promoción del Ministerio de Información y Turismo; y los anuncios del *Quinto Congreso Nacional de Bioquímica* (1971) y *Homenaje al profesor Severo Ochoa en su 70 aniversario / International Symposium on enzymatic mechanisms in biosynthesis and cell function* (1975).

En marzo de 1973 en el *hall* del lujoso hotel Saint Regis tuvo lugar un suceso anecdótico pero revelador. Un grupo de curiosos solicitó un autógrafo a Dalí. El artista decidió cobrar cinco dólares por cada autógrafo, y en pocos minutos había reunido cuarenta y cinco dólares, tal vez una cantidad modesta en comparación con los diez mil dólares que cobró en 1970 por gritar ante una cámara, *«Je suis fou du Chocolat Lanvin»*, o la cifra no revelada que cobró por un anuncio en televisión de los analgésicos Alka-Seltzer, pero en todo caso improvisada, como más placía a Dalí.

‹ Fotogramas del anuncio televisivo «Chocolat Lanvin».
Dalí cobró diez mil dólares por rodar durante diez minutos este anuncio para la televisión. La simple frase *«Je suis fou de Chocolat Lanvin»* hizo fortuna durante un tiempo, y el caché daliniano para anunciar cualquier cosa en televisión aumentó espectacularmente. Dalí era percibido como un tipo popular, un poco extravagante pero genial en sus ideas, y eso fue lo que llamó la atención de los diversos productores que pagaron abultadas cifras por escasos minutos de trabajo.

camisa de
Tejido *Dalí*

Siempre más limpia
dura más
y recuérdelo...
¡NO SE PLANCHA!

un *genial* regalo de reyes
una camisa de tejido *Dalí*

^ Publicidad para *Camisas de tejido Dalí*, 1963.

DALÍ Y MELINA MERCOURI HABLAN DE PUBLICIDAD

SALVADOR DALÍ: Ah, me encanta la publicidad en todas sus formas. Soy un exhibicionista. Me gusta cuando todo el mundo habla de Dalí, incluso si hablan bien. Pero cuando hablan mal, ¡es maravilloso! Me encanta que todo el mundo se ocupe de Dalí. Por ejemplo, el día que apareció en París mi libro *Journal d'un génie*, estuve todo el día con periodistas. A Gala le parecía mal, pero yo dije que sí, y fue el mejor día de mi vida. ¡Fue maravilloso! Cogí un taxi, ¡una foto! Me serví un pedazo de camembert ¡otra foto! ¡Fotos! ¡Fotos! ¡Fotos! Y al día siguiente, por la mañana, cuando recibí los contactos a la hora de desayunar, volví a vivir aquellos momentos inolvidables. Recordé todos los sabores, mucho mejor que Proust cuando escribía sus memorias… Pero usted, como atriz que es, debe saber cómo es la publicidad.

MELINA MERCOURI: Toda la publicidad es perfectamente inútil si no eres capaz de crear alguna cosa que valga la pena. Pero yo, como actriz, y especialmente como actriz de cine, no soy creadora. Pero si fuera una artista de veras, por ejemplo una escritora, no aceptaría nunca que la publicidad me arrastrara hacia cosas que fueran contrarias a mis ideas.

S. D.: Según mi experiencia personal, todas las cosas que me han salido mejor en la vida se hicieron sin publicidad organizada. Así que venía un hombrecillo y decía: «Ahora haremos una cosa que publicitariamente será maravillosa». ¡Nada! ¡Tres líneas en la prensa! Pero todo lo que hice en la vida, sin pensar en absoluto en la publicidad fue un gran éxito.

M. M.: ¡Usted es el mejor agente publicitario del mundo!

S. D.: Me parece que no me gusta la publicidad por ella misma. Lo que me gusta es demostrarme que existo, simbólicamente.

Melina Mercouri y Salvador Dalí,
«Two fiery artists match with in an uninhibited
discussion of love, wealth, fidelity and death»,
Reedbook, 1965

^ *Telón de fondo para Don Juan Tenorio*, 1950. Óleo sobre madera, 250 × 350 cm.
Museo Nacional Centro de Arte Reina Sofía, Madrid.

DALÍ
y el séptimo mandamiento

La historia del arte está plagada de robos y falsificaciones. Es más, no hay artista o movimiento artístico que se precie de no haber sido robado o mistificado. Pero ¿qué pasaría si la obra de arte desaparecida fuera devuelta o abandonada por los ladrones?

Éste es el caso de Salvador Dalí. Su obra, esparcida por gran número de museos y colecciones privadas de Europa y Estados Unidos, sufrió entre 1949 y 1973 seis robos con idéntico final: las obras fueron devueltas o abandonadas por los ladrones en circunstancias peculiares.

El primer caso se dio en 1949, cuando Dalí volvió a España tras una prolongada ausencia. Había triunfado en Estados Unidos y quería repetir la gesta ante los suyos. El primer encargo que recibió fue el decorado y los vestuarios para un particular *Don Juan Tenorio* dirigido por Luis Escobar. Ocupó el verano en la labor y en septiembre de 1949 lo envió todo por camión al Teatro María Guerrero, de Madrid. A medio camino, el transporte fue saqueado. Alertada la policía, los decorados aparecieron en un coche abandonado en plena carretera.

En junio de 1955, veintiuna joyas de Dalí se hallaban expuestas en el Museo de Arte de Cleveland. Ante más de cien personas, un ladrón rompió el cristal protector y huyó con la pieza *El ojo del tiempo* (1949), un precioso ojo-reloj de platino, rubíes y diamantes. La policía puso todos sus medios en la resolución del caso, incluido el entonces novedoso método de identificación de huellas dactilares. El día de clausura de la exposición el museo recibió por correo ordinario, con franqueo insuficiente, una misteriosa caja de habanos. Los responsables del museo, tras pagar los doce centavos de dólar que faltaban, abrieron la caja y en su interior encontraron, en perfecto estado, *El ojo del tiempo*. Faltaba, eso sí, el remite.

En junio de 1964, la colección reunida por el actor y director de cine Vincent Price para la cadena de grandes almacenes Sears viajó de Las Vegas a Los Ángeles. Incluía el óleo de Dalí *La Madonna de la rosa mística* (1963), valorado en 25.000 dólares y del que se realizaron litografías para su venta durante la exposición. El convoy se componía de tres grandes camiones cargados de arte. El último, con la obra de Dalí y quinientos óleos, acuarelas, grabados y litografías, desapareció misteriosamente. Dos días más tarde su conductor fue hallado, ebrio, saliendo de un bar de Alhambra. El camión, intacto, fue encontrado a unas pocas manzanas.

En abril de 1970 el óleo *Imagen paranoica-astral* (1934) desapareció de la tercera planta del prestigioso Wadsworth Atheneum de Hartford (Massachusetts). La obra, de dimensiones reducidas, fue hallada, dentro de una bolsa de papel, en el carril de entrada de la Interestatal 91, por el modesto trabajador de un restaurante. Valorada en más de cincuenta mil dólares de la época, James Elliott, director del museo, había ofrecido una recompensa de mil dólares por su recuperación.

Los robos de la obra de Dalí tenían lugar allí donde el «solitario de Portlligat» cosechaba entonces más fama. En París, en 1971, desapareció un particular *Cristo* pintado sobre panel de oro y destinado a las cubiertas del «libro más caro del mundo», una edición única del *Apocalipsis* de San Juan. Lo curioso es que le fue devuelto al propietario de la galería encargada de la edición, dentro de un anónimo –cómo no– sobre, un año después de su desaparición.

Uno de los robos más espectaculares de un cuadro de Dalí –espectacular por el método empleado y por las dimensiones del óleo, tres por cuatro metros– fue el de *La pesca del atún* (1967), pintado por Dalí según un colorista relato de

su padre. Fue adquirido por el millonario destilador Paul Ricard, quien lo colgó en su Fundación de la isla de Bendor, muy cerca de Marsella. Ricard, quien en noviembre de 1971 ya había sufrido el robo de dos piezas de Dalí –una litografía y una acuarela de la primera época–, amaneció el 14 de julio de 1973 con un marco vacío. Al parecer, los ladrones, provistos de una lancha Zodiac, cortaron el óleo a sangre para acelerar la operación. Ante el desconsuelo del propietario, Dalí se ofreció públicamente a pintar de nuevo la obra, algo que, por descontado, nunca llevó a cabo. Valorada en un millón y medio de francos, *La pesca del atún* reapareció en octubre de 1978 abandonada en la consigna de la terminal de Air France de la Puerta Naillot y envuelta en una simple tela. Según la policía, «al tratarse de una obra tan conocida, las personas que la ocultaban terminaron por comprender que era imposible venderla y decidieron abandonarla».

Un Dalí reaparecido sin robo previo fue el de los escenarios del ballet *Bacchanale*. La Butler University (Indianápolis), decidida a restaurar su colección de telones de fondo de la compañía Ballets Russes de Montecarlo, descubrió en sus almacenes los escenarios originales, firmados por Dalí, de este espectáculo wagneriano estrenado en 1939 en Nueva York.

Existen también casos sin resolver de obras de Dalí robadas, como el acaecido en 2003 en la prisión de Rikers Island, en

Nueva York. Se trataba de un boceto regalado por Dalí a la institución en 1965, tras faltar a su promesa de visitar el penal. La obra, que muestra a Jesús crucificado, fue exhibida durante dieciséis años en el comedor de la penitenciaría, hasta que, tras una de las habituales reyertas carcelarias, terminó manchada de café y fue trasladada a un armario. Tras verificar su precio en el mercado –aproximadamente unos 175.000 dólares–, en 1981 fue exhibida en el vestíbulo protegida por una mampara de cristal, de donde fue sustituida por una burda copia. Según algunos expertos el dibujo estaría valorado actualmente en unos quinientos mil dólares.

El lienzo *La golondrina inmóvil*, robado en 1999 de un domicilio de Púbol y recuperado por la policía, es un buen ejemplo de los largos periplos recorridos por tantas obras de arte. Desde su robo *La golondrina* circuló clandestinamente por diferentes países europeos a través de la intermediación y transacción ilegal realizada por cinco individuos, tres franceses y dos españoles, uno de los cuales pretendió que la obra fuera subastada en Londres a través de Sotheby's. Finalmente el cuadro fue vendido a un anticuario residente en Madrid, quien alegó haberla comprado de buena fe a un marchante de Barcelona. El óleo está valorado en 300.000 dólares.

Las cotizaciones de obras robadas suelen superar a las rematadas en subastas. En 2003, Sotheby's subastó los óleos

Joven virgen autosodomizada por su propia castidad por dos millones de euros, y *Nacimiento del Nuevo Mundo* por un millón doscientos mil euros, además de ejercer de intermediaria entre un coleccionista japonés y la Fundació Gala-Salvador Dalí para la venta del óleo *Le peché originel* (1941) por un precio ligeramente inferior a los tres millones de euros. Su cotización es el mejor aliciente para incumplir el séptimo mandamiento.

UN CUADRO DE DALÍ DEVUELTO AL ATHENEUM

Hartford. Conn (UPI). Un cuadro de Salvatore [*sic*] Dalí valorado en cincuenta mil dólares ha sido entregado hoy a sus propietarios, tres días después de que se denunciara su robo en la galería de la tercera planta del Wadsworth Atheneum.

La pequeña pintura fue devuelta el jueves, sin daños aparentes.

Un hombre sin identificar, que dijo haber encontrado el cuadro dentro de una bolsa de papel de embalar cerca del carril de acceso a la I-91, lo devolvió a los empleados del museo y a la policía.

Se había ofrecido una recompensa de mil dólares por la devolución de la obra.

Un portavoz del museo dijo que la recompensa estaría retenida hasta que la policía concluyera la investigación sobre el hallazgo.

La policía dijo que el hombre que había descubierto el cuadro lo había devuelto tras acordar un encuentro en un restaurante donde trabajaba.

La obra de Dalí, titulada *Imagen paranoico-astral*, fue incorporada al museo en 1935, un año después de que Dalí la pintara.

El cuadro fue sustraído de su marco acristalado, sujeto a la cimaísa del museo con cables.

«Dalí Painting Returned To Atheneum»,
en *Naugatuck News* (CONN.), 1970

⌃ *Imagen paranoica astral*, 1934. Óleo sobre tabla, 15,9 × 21,9 cm. The Wadsworth Atheneum, Hartford, Connectitut. Pequeña tabla de madera de olivo de Cadaqués, muy acorde con la producción veraniega daliniana en 1934. Pintura enigmática con elementos tomados posiblemente del paisaje de la playa de Roses, como nos revela el ánfora. Recrea una tarde de verano con Dalí niño y su madre en una barca varada. A su derecha, el notario don Salvador pasea meditabundo mientras hace lo mismo algún conocido o familiar.

❮ *El Apocalipsis de San Juan*, 1960. El libro más caro del mundo, con cubiertas de Salvador Dalí.

^ *La pesca del atún*, 1966-1967. Óleo sobre lienzo, 304 × 404 cm. Fundación Paul Ricard, Isla de Bendor, Francia

Según Dalí: «Es el cuadro más ambicioso que he pintado, porque lleva como subtítulo 'Homenaje a Meissonier'. Es la reactualización de la pintura
figurativa, subestimada por todos excepto por el grupo surrealista durante todeo el período del llamado 'Arte de vanguardia'. Mi padre, si bien
fue notario de Figueres en Cataluña, poseía un talento narrativo digno de Homero y me contó la historia épica. Además me mostró
en su despacho un grabado de un pompier sueco que representaba la pesca del atún, el cual también me ha servido para realizar este cuadro».

▲ *Naturaleza muerta*, 1926. Óleo sobre tabla, 24 × 34 cm. Museu de Montserrat. Donació Xavier Busquets.
Este cuadro todavía figura como de la mano de Dalí en un museo público.
Forma parte de la donación del arquitecto Xavier Busquets, y consta que el resto de las obras de otros artistas donadas, son inequívocamente auténticas.
Cabría atribuir esta cesta de pan al pintor de Blanes Àngel Planells, epígono daliniano quien, durante los primeros años de la posguerra civil española,
habría realizado composiciones a la manera del Dalí realista. Si estudiamos algunos cuadros realistas del pintor de Blanes, hallaremos,
tal cual, las mismas castañas –fruto que Dalí nunca pintó–, el mismo pan e incluso los mismos pliegues de la servilleta.
Lo que no se puede afirmar con tanta rotundidad es si fue firmado por el mismo Planells o por un tercero, probablemente comprador.

el ESCÁNDALO
de las falsificaciones

A Dalí le encantaba que le falsificaran, y así lo expresó públicamente en más de una ocasión. Si bien desde el punto de vista legal la falsificación es un delito que debe ser perseguido, en lo que se refiere al prestigio de un artista, la falsificación de su producción significa que existe una demanda no satisfecha de su obra, que es objeto de deseo por parte del mercado. Y Dalí fue más falsificado que epigonizado, dadas las inimitables características de su universo.

Ante todo hay que advertir que falsificar un óleo de Dalí es difícil debido a las grandes aptitudes técnicas del maestro. Lo es, asimismo, articular correctamente su especial gramática de elementos, por lo que su tema más falsificado será el lacónico pan, en detrimento de los famosos relojes blandos.

La primera falsificación de que se tiene noticia coincidió curiosamente con el retorno de Dalí a España. Al poco de haberse instalado en Portlligat en 1948 dio una fiesta de etiqueta en el Hotel Ritz de Barcelona. Aprovechando la ocasión, el crítico de arte y editor Rafael Santos Torroella –posteriormente gran erudito de la obra del pintor– le mostró las pruebas del libro que se disponía a editar, *Mentira y verdad de Salvador Dalí*, del doctor Oriol Anguera. Al revisarlas, Dalí advirtió dos cuadros falsos. Habían sido comprados recientemente en la Costa Azul por un destacado coleccionista barcelonés. Afortunadamente, las obras pudieron ser eliminadas a tiempo de la edición.

Más o menos por aquellos años un pintor de la Costa Brava, concretamente de Blanes, y conocido de Salvador Dalí, Àngel Planells, elaboró una serie de óleos que pasarían posteriormente como del maestro de Portlligat, firma incluida. Se trata de obras como *Pan con nueces* (1925), *Pan y uva* (1926), y *Pan y huevos* (sin fecha).

Otra modalidad en la falsificación de las obras de Dalí es el añadido de una firma falsa a una obra auténtica sin firmar, intervención llevada a cabo con el objetivo de redondear una venta. Ésta fue la acusación formulada contra nueve obras propiedad del ex secretario de Dalí, Peter Moore, presentes en la retrospectiva *Dalí à Perpignan* (1982). Fue retirado de la muestra, además, un falso «cien por cien» titulado *Métaphysique cosmique* (1945). Moore fue también acusado de haber manipulado un dibujo de Dalí en el que aparece la *Estatua de la Libertad* levantando los dos brazos con sendas antorchas. Esta obra se convirtió, muerto Dalí, en una estatua de bronce que recibe –no cabe decir que con los brazos abiertos– a los turistas de Cadaqués.

El matrimonio Albaretto, de Turín, gran coleccionista de Dalí a partir de la década de los sesenta, se vio salpicado por el escándalo tras la exposición parcial de su colección en *Salvador Dalí. La vida es sueño*, que tuvo lugar en 1997 en el palacio Bricherasio de Turín. Según el ex secretario del pintor, el fotógrafo Robert Descharnes, de los ciento treinta y cinco trabajos expuestos cincuenta eran falsos. Según acusa otro gran coleccionista daliniano, Reynolds Morse, el matrimonio Albaretto atesora copias falsas de la obra de Dalí. En todo caso, los Albaretto poseen algunos dalís incontestables, como *Naturaleza muerta. Invitación al sueño* (1926) y el *Cristo del Vallés* (1962). Además, los Albaretto compraban directamente a Gala, y es posible que ésta les vendiera algún cuadro falso para sufragar sus gastos sin que Dalí se enterara.

El pintor catalán Manuel Pujol Baladas afirma que Gala quiso apadrinarle orientándole en su manera de pintar, para que fuera más comercial, dando a entender que la musa pretendía sustituir la escasa producción de su marido por

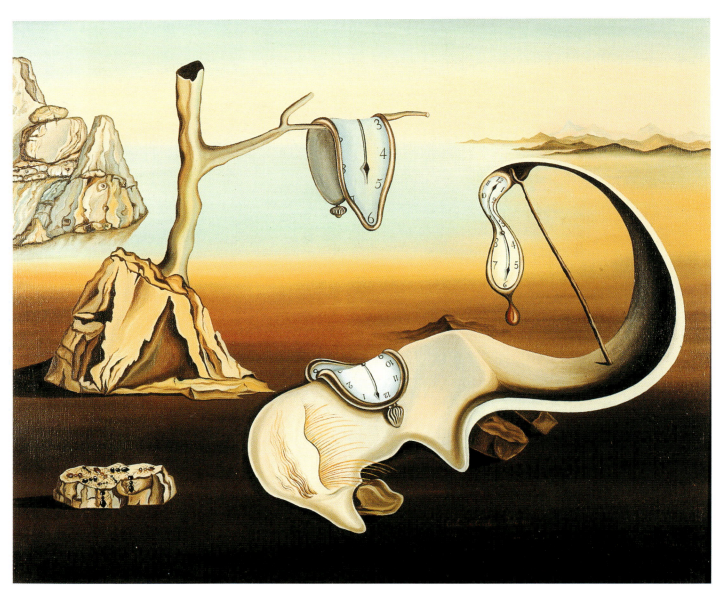

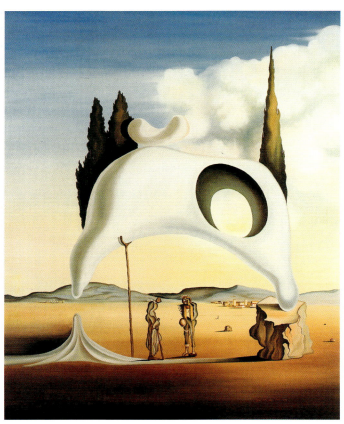

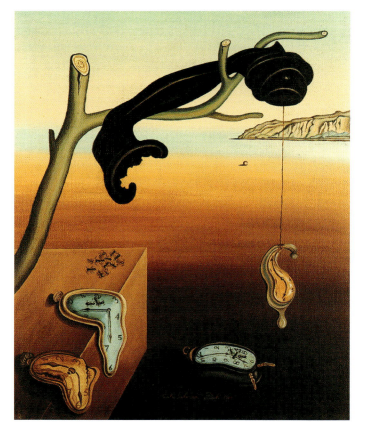

una mano fresca y anónima. Sea cual sea la verdad, Pujol Baladas acabó pintando acuarelas en un nuevo estilo daliniano, acuarelas que pasaban como del maestro gracias a la firma. Esto sucedió durante la segunda mitad de los años setenta.

Por lo menos en un caso, una obra de Pujol Baladas fue certificada como auténtica de Dalí por José Gudiol, responsable del prestigioso Instituto Amatller de Arte Hispánico. Se trata de la acuarela *Coloquio* (1960-1965). En agosto de 1988, Robert Descharnes emitió un contracertificado en el que atribuía la obra a Pujol Baladas, añadiendo que el propio Gudiol había reconocido públicamente su error ante un periodista del semanario *Cambio 16*. A favor de Gudiol cabe decir que fue un gran experto en pintura española, cuyos dictámenes son, en su inmensa mayoría, irreprochables, y que no hay experto daliniano sin su propio Waterloo.

Otro gran certificador de dalís falsos sería el cordobés Nicolás Osuna, director del rimbombante Instituto para la Difusión de la Cultura Española (IDCE), «académico correspondiente y honorario de importantes Academias de Europa y EE.UU.». Osuna certificaría industrialmente, gracias a libros de edición y circulación restringida, como *Esencias pictóricas del XV al XX. «Antesala de fin de siglo»* y *Salvador Dalí. Serie gráfica*, joyas del arte del engaño saturadas de literatura rimbombante y vacía. Junto a las reproducciones de los dalís falsos, Osuna colocaba reproducciones de obras incontestables del «divino», haciendo más creíble el conjunto, destinado a su venta al detalle o, como colección, a avalar bancariamente grandes operaciones financieras.

Pero el delito más flagrante de falsificación daliniana lo protagonizó el propio Dalí. En 1975, tras sus declaraciones a favor de la ejecución de cinco terroristas de ETA y del régimen franquista, su imagen humana y política eran una caricatura olvidable, pero gozaba todavía de ciertas garantías como artista, con un museo propio que al poco de su inauguración era el segundo más visitado de España. Por desgracia, ese mismo año, aduaneros franceses detuvieron una camioneta con cuarenta mil hojas en blanco firmadas por Dalí. Iban a nombre de Jean Lavigne, editor parisiense con residencia en Palm Beach, Florida. Como aquel insólito he-

cho no infringía ninguna ley, los aduaneros decidieron no intervenir.

Dalí firmaba hojas en blanco a gran velocidad, aproximadamente unas mil por hora, y por cada firma cobraba cien dólares en metálico. De este modo, en una sola tarde podía resolver un montón de problemas económicos, y sin pagar impuestos. Evidentemente, este sistema pronto se salió de madre, ya que los poco escrupulosos editores que compraban firmas a Dalí, trataban de incrementar el tiraje fabricando más firmas, de cosecha propia, además de imprimir imágenes sin ningún tipo de control de calidad. El hecho de que el asunto de las firmas en blanco trascendiese, y se mezclara con la crónica policial, minó seriamente la reputación de Dalí como artista.

Dalí empezó a firmar hojas de papel litográfico en blanco hacia 1965. Según Peter Moore, el editor francés Pierre Argilet convenció a Dalí para que firmara unas cuantas hojas

en blanco con el fin de que el pintor no se desplazara a París para, como habían quedado, firmarlas. Argillet pagó a Dalí diez dólares más de lo acostumbrado por firma. En su primera sesión, según Moore, Dalí firmó 10.000 hojas.

Gilbert Hamon, considerado uno de los principales editores de falsos dalís, fue detenido en 1988 con 67.000 litografías falsas. Junto a Hamon, la sociedad Demart, dirigida por Robert Descharnes, denunció a los impresores Leon Amiel, Pierre Marcand y Jean-Paul Delcourt.

El caso coleó hasta finales del verano de 1990, cuando William Mett y Marvin Wiseman, propietarios de la cadena Center Art Galleries, de Haway, fueron condenados a fuertes multas y a penas de prisión menor por vender falsas litografías por correo. Es difícil establecer una cifra aproximada de reproducciones no autorizadas, pero se baraja entre las cien y las trescientas mil hojas firmadas espuriamente.

‹ *Metamorfosis*, sin fecha.
Óleo sobre lienzo,
dimensiones desconocidas.

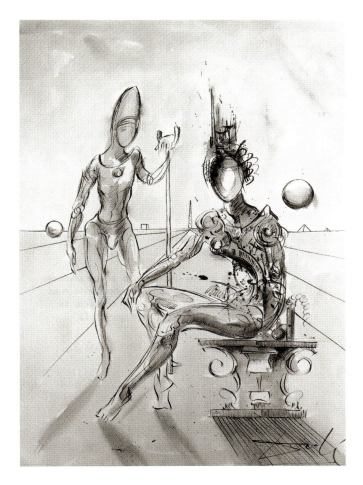

LOS DALÍS DE PUJOL BALADAS

La ciudad de Sapporo había accedido a albergar una exposición de aproximadamente trescientos grabados y litografías «de Dalí» el pasado mes de octubre. La exposición, que tenía el patrocinio de la Generalitat de Catalunya, estaba organizada por el diario local de la ciudad de Kobe, el *Kobe Shimbun*, y tenía que dar después la vuelta al país del sol naciente.

He aquí la confesión que nos hace Manuel Pujol Baladas:

«Yo te puedo decir, y otras personas te lo pueden ratificar, que he visto a Dalí firmando resmas de papel en blanco que iban hacia Japón, para hacer litografías. Lo he visto yo, ¿de acuerdo?

«La confusión que ahora se ha producido en Japón no me extraña nada, y es sólo una anécdota dentro de una historia mucho mayor. Por lo que respecta a mi caso, afirmo que yo he pintado más obra original de imitación daliniana, en papel, que el mismo maestro; y esta obra está hoy repartida por muchos museos del mundo y figura como obra de Dalí. Pondré dos ejemplos: en el Museo Dalí de Cleveland me han dicho que hay un «Dalí» mío. Sé también que en el Museo de Bogotá hay un cuadro que representa un elefante, que pinté yo, y que está atribuido a Dalí. Diré también que dos obras mías expuestas en la Tate Gallery de Londres, más tarde subastadas en Sotheby's, creían que eran de Dalí».

«Los "Dalís" míos empezaron a circular los años 76-77. Eran, sobre todo, dibujos, acuarelas, aguadas y algún óleo. En total, unas 530 piezas. Y calculo que el año 1981 mi producción de imitación sobre papel había superado, en cantidad, la del maestro».

J. Castellar-Gassol,
«Dalí y los otros dalís», en *Xarxa*,
noviembre de 1987

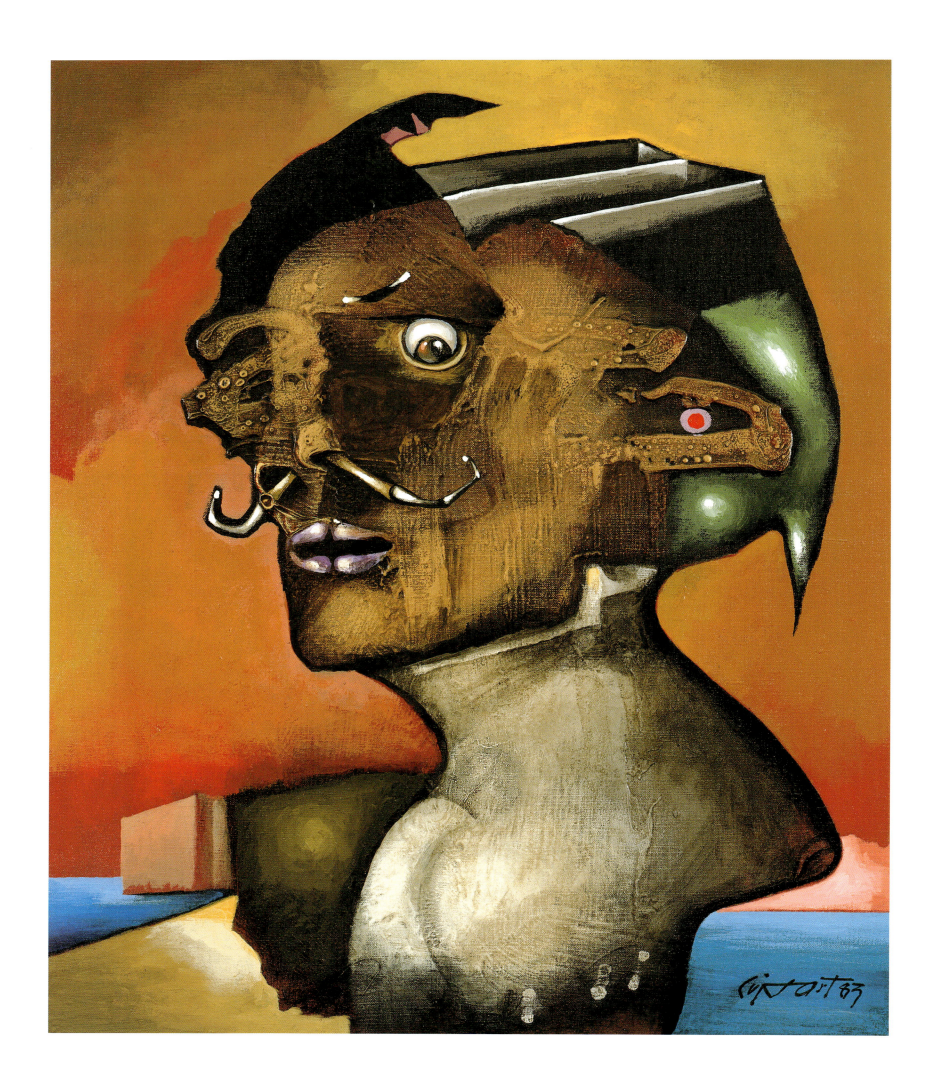

RECAPITULACIÓN:
prohibido asomarse al interior

^ Dalí, con traje
regional femenino, ca. 1907.

Dalí es un icono de la cultura contemporánea occidental. La significación de su persona y su obra oscila a tenor de factores nacionales, políticos, estéticos y culturales. Es interesante constatar el poco aprecio popular que despierta su figura en España –aunque cada vez, menos–, debido a la proclividad daliniana por acercarse al sol que más calienta. Payaso nacional, apolítico de derechas –aunque mantuviera correspondencia con el líder comunista rumano Ceaucescu, e ilustrara los poemas de Mao–, anarquista monárquico antidemocrático, y jaloneador de las últimas y desesperadas demostraciones de fuerza del tardofranquismo, fue despreciado masivamente por una intelectualidad unánimemente progresista y de izquierdas. Fue también despreciado por muchos de los elementos del régimen nacionalcatolicista de Franco, ya que, payasadas a parte, sus opiniones sexuales –*La vida secreta* fue vetada y no apareció en España hasta 1981–, su histrionismo y su ambiguo misticismo eran vistos con desprecio. Tampoco tuvo en España su mercado natural, porque los españoles no solían comprar «dalís».

Deberíamos preguntarnos, también, por qué las ediciones más vendidas de *La vida secreta* son la inglesa y la japonesa, dos sociedades caracterizadas –por lo menos, hasta hace poco– por una educación y normas sociales altamente restrictivas y «castradoras».

El caso es que Dalí construye una obra y un personaje, y sabe publicitarse tan bien que, escándalos aparte, ningún historiador del arte, ningún historiador de la cultura popular, del *marketing* o de la asesoría de imagen puede sustraerse a ellos.

En los Estados Unidos de América Dalí consiguió una presencia mediática tal que no hubo día, entre aproximadamente 1940 y 1965, que su nombre no apareciera en algún medio de comunicación. En Francia, entre 1950 y 1980, también acapara numerosas páginas y portadas de revistas y periódicos generalistas. Y en España, en cambio, cuando llega del exilio en 1948, al encontrar una docena escasa de referencias a su retorno, denuncia un «silencio mediático».

Pero, ¿qué o quién hizo a Dalí? O, lo que es más importante, ¿cómo y por qué percibimos del modo que lo hacemos hoy día a Dalí?

Muchos factores entran en este juego, el primero, la férrea voluntad del propio Dalí por ser Dalí, un triunfador que acapara la atención mundial. Luego está la familia, sobre todo el iracundo padre, de quien adopta numerosos procederes a modo de vacuna; y la hermana, musa y algo más. Están los amigos, pocos, en Figueres, Jaume Miravitlles, Joaquim Xirau, y algunos más en Madrid, Pepín Bello, Federico García Lorca y Luis Buñuel. De todos ellos aprendió y su relación influyó en su carácter y expectativas.

Gala, más que contribuir a «hacer Dalí», fue la gran estabilizadora de ese montón de terrores desbocados, excelente esposa/madre –suya, por supuesto– y mánager. Sin ella Dalí hubiera acabado en el manicomio antes de 1930.

Los mecenas de Dalí contribuyeron también a su estabilidad económica y emocional: Los Noailles y El grupo del Zodíaco durante la primera mitad de los años treintas, el inglés Edward James, durante la segunda mitad de esa década, los Morse, de Cleveland (autores y editores de numerosos estudios dalinianos), a partir de los cuarenta, y los Albaretto, de Turín, a partir de la década de los sesenta.

< Modest Cuixart:
Testa d'or i de mort (Dalí), 1983.
Óleo sobre lienzo, 65 × 54 cm.
Colección particular.

Y, a partir de los años cincuenta, serán imprescindibles una serie de «asociados libres» dalinianos, mejor conocidos –aunque no reconocidos– como «secretarios», y no exentos de polémica: el excapitán Peter Moore, de origen irlandés, actuó a partir de 1959, sin sueldo pero con un 10% de comisión sobre todas las ventas, excepto las de pinturas y dibujos, que eran exclusiva de Gala. Moore, que es un hombre con un gran sentido de la disciplina, iniciará a Dalí en el mercado de las reproducciones y contribuye a su imagen regalándole un cachorro de ocelote. Aquejado de un tumor, será relevado en 1974 por el catalán Enric Sabater, figura inquieta y con habilidades diversas: futbolista, piloto de avioneta, periodista y fotógrafo, entre otras. Conserva gran cantidad de fotografías inéditas de Dalí en la intimidad, que nos revelan un personaje humano y entrañable. Tras una serie de controversias y un breve *interregno* del gascón Jean Claude du Barry, propietario de una agencia de modelos en Barcelona, el fotógrafo de Nantes Robert Descharnes se hace cargo de los asuntos de Dalí, aquejado de una profunda depresión por la reciente muerte de Gala. Dalí había conocido a Descharnes en 1954 y habían colaborado en el rodaje de *La historia prodigiosa de la encajera y el rinoceronte*. Durante todos estos años, Descharnes tomará más de 18.000 fotografías de Dalí y, en 1984, publicará el monumental libro *Dalí. La obra y el hombre*, primer intento de catálogo razonado.

A Dalí le reconocemos por las excelentes fotografías que de él tomaron su hermana Anna Maria, su amigo Luis Buñuel –tras su inmediata expulsión del hogar paterno–, el fotógrafo y dibujante norteamericano Man Ray, autor del emblemático retrato que aparecerá en la portada de *Time* (1936), el francés de origen húngaro Brassaï, conocido como «el ojo de París» durante la década de los treinta, el retratista inglés de la gente «chic» Cécil Beaton, cuyas composiciones para *Vogue* –y el caso de Gala y Dalí no constituyen ninguna excepción- exigen poses estudiadas y teatrales, el letón afincado en los Estados Unidos Philippe Halsman, autor bajo la dirección de Dalí de numerosas composiciones de estudio, de entre las que cabe destacar las reunidas en *Dali's Moustache* (1954), el húngaro establecido en Madrid Juan Gyenes, el neorrealista catalán Francesc Català Roca, cuya instantánea de Dalí sosteniendo una cruz tridimensional de madera es inseparable ya de la iconografía del genio ampurdanés, los ca-

talanes Josep Postius y Melitó Casals «Meli» –autor este último de la más numerosa serie de fotografías de Dalí– y el francés Marc Lacroix, quien entre 1970 y 1980 realizó numerosas fotografías de Dalí en la intimidad, además de asesorarle sobre cuestiones técnicas para sus pinturas estereoscópicas.

Numerosos son también los dibujantes y caricaturistas que plasmaron el rostro de Dalí, pero la mayoría de ellos, anónimos. A destacar el retrato que, en 1928, le realizó el artista uruguayo Rafael Pérez Barradas, la imagen retrospectiva que plasmó el escenógrafo Bürmann de Dalí niño en Cadaqués, las caricaturas del francés TIM, el retrato homenaje de Modest Cuixart –también afincado en Cadaqués– o los retratos a vuelapluma del gran poeta y crítico de arte Rafael Santos Torroella.

Precisamente, Santos Torroella fue el primer editor que se atrevió a publicar un libro sobre Salvador Dalí. Fue en 1948, a través de su sello Cobalto, con *Mentira y verdad de Salvador Dalí*, por el doctor Oriol Anguera. Su principal contribución a los estudios dalinianos será *La miel es más dulce que la sangre. Las épocas lorquiana y freudiana de Salvador Dalí* (1984) y la trilogía sobre *Dalí residente* (1992-1995). Otras investigaciones a destacar sobre la vida y obra de Dalí son las de James Thrall Soby, en el catálogo de la primera retrospectiva daliniana, en Nueva York (1941), los aludidos Robert Descharnes y Reynolds Morse, Fleur Cowles –*El caso Salvador Dalí*, 1959–, Carlton Lake –*In quest of Dalí*, 1969–, Meredith Etherington-Smith –*The persistence of memory. A biography of Dalí*, 1992–, Luis Romero –*Todo Dalí en un rostro*, 1975 y *Psicodálico Dalí*, 1991–, Fèlix Fanés –*Salvador Dalí. La construcción de la imagen 1925-1930*, 1999–, Ian Gibson –*La vida desaforada de Salvador Dalí*, 1998–, Dawn Ades –*Dalí and Surrealism*, 1982 y *Dali's optical illusions*, 2000–, Meryle Secrest –*Salvador Dalí. Una vida de escenografía y alucinación*, 1987–, y el estilista Lluís Llongueras –*Todo Dalí*, 2003–.

Numerosos testimonios del momento han saciado la curiosidad del público con más o menos acertadas memorias y anécdotas dalinianas, reunidas en libros como el de Anna Maria Dalí, *Salvador Dalí visto por su hermana* (1949), Carlos Lozano y Clifford Thurlow –*Sexo, surrealismo, Dalí y yo,*

›A. La primera portada de Dalí, fotografiado por Man Ray. *Time*, Nueva York, diciembre de 1936.

B. Rafael Santos Torroella: *La miel es más dulce que la sangre. Las épocas lorquiana y freudiana de Salvador Dalí*. Barcelona: Seix Barral, 1984. Santos Torroella fue el primer sistematizador de una interpretación iconográfica del primer Dalí.

C. Del Arco: *Dalí al desnudo. Interviu de largo metraje*. Barcelona: José Janés, 1952. Esta prolongada entrevista es la mejor introducción a la vida y obra de Salvador Dalí jamás publicada. En ella descubrimos la normalidad tras el personaje histriónico.

D. Fèlix Fanés: *Salvador Dalí. La construcción de la imagen 1925-1930*. Madrid: Electa, 1999. Fanés investigó la evolución del personaje daliniano a través de la crítica artística y numerosa documentación inédita.

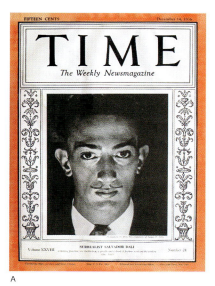

A

B

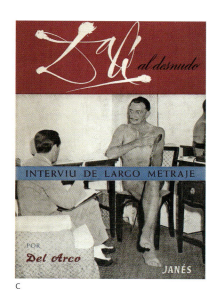

C

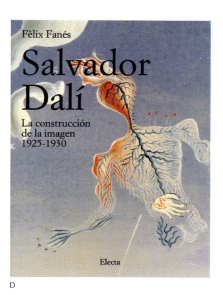

D

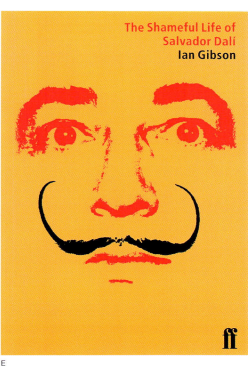

E

F

G

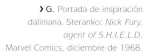

^ E. Ian Gibson: *The Shameful Life of Salvador Dalí*. Londres: Faber and Faber, 1997. La más extensa y documentada biografía –hasta la fecha– de Dalí.

F. Rafael Santos Torroella: *Retrato de Salvador Dalí*, 1970. Una de los principales autoridades dalinianas, Santos Torroella, era, además de historiador y crítico de arte, excelente poeta y retratista.

› G. Portada de inspiración daliniana, Steranko: *Nick Fury, agent of S.H.I.E.L.D.* Marvel Comics, diciembre de 1968.

H. Federico García Lorca: *Viento del Este*, 1927. Gouache sobre papel, 50 × 32 cm. Colección Santos Torroella, Barcelona. Dalí aparece retratado dentro del abanico con que se da aire la figura central. El viento es una alusión a la tramuntana, el poderoso viento del Ampurdán, y el Este es la ubicación de Cataluña desde Andalucía, patria del poeta.

H

2001–, Amanda Lear –*El Dalí de Amanda*, 1985–, Ramon Guardiola –*Dalí y su museo. La obra que no quiso Bellas Artes*, 1984–, Emili Puignau –*Vivències amb Salvador Dalí*, 1995–, además de las todavía inéditas memorias del Peter Moore, *Hard Times, Soft Watches*.

También son numerosos los periodistas que se han acercado a Dalí, con mayor o menor acierto. Destacan los libros de entrevistas de Del Arco –*Dalí al desnudo*, 1952– y Alain Bosquet –*Entretiens avec Salvador Dalí*, 1966–. Los panegíricos de Miguel Utrillo –*Salvador Dalí y sus enemigos*, 1952–, A. D. Olano –*Dalí secreto*, 1975–. Y el excelente libro de investigación de Màrius Carol, Navarro Arisa y Jordi Busquets, *El último Dalí*, 1985.

Carol volvería a Dalí, desde el punto de vista de la narrativa, con la novela *Las seducciones de Julia* (2002). Otros escritores y literatos se han acercado al mundo daliniano, aunque desde el punto de vista de la investigación, como son los casos de Carlos Rojas –*El mundo mágico y mítico de Salvador Dalí*, 1985–, Antonio Fernández-Molina –*Dalí. Testimonios y enigmas*, 1998–, Patrick Gifreu –*Dalí, un manifest ultralocal*, 1996– o Henry-François Rey –*Dalí en su laberinto*, 1975–.

Y, por último, una serie de grandes retrospectivas nos han permitido redescubrir la obra de Dalí en su conjunto: *Salvador Dalí. Paintings, Drawings, Prints*. MoMA, Nueva York, 1941-1942; *Salvador Dalí. Rétrospective*, 1920 – 1980. Centre Georges Pompidou, París, 1979-1980; *Salvador Dalí 1904 – 1989*. Staatsgalerie, Stuttgart / Zurich, Kunsthaus, 1989; *400 obras de Salvador Dalí de 1914 a 1983*. Madrid, MEAC, 1983; y *Salvador Dalí: The Early Years*. Hayward Gallery, Londres, 1994.

Pero todavía queda mucho por decir y por escribir sobre Dalí. Ya sea desde la cultura popular, como hizo el grupo pop español Mecano en su canción *«Eungenio» Salvador Dalí* (1988), desde periódicas visitas a su Teatro-Museo de Figueres o desde la investigación académica, mediante el imprescindible Centre d'Estudis Dalinians, institución encargada de atesorar y divulgar los fondos que legó el pintor al Estado Español.

Posiblemente, la intrincada personalidad de Dalí jamás nos

permitirá adivinar realmente quien fue, ni el alcance exacto de su obra, pero el mero hecho de intentarlo no puede ser sino enriquecedor. A la vista de los intentos consignados, podemos asegurar que esta es, sin duda, su principal contribución: ahondar en su inabarcable egocentrismo nos ayuda a conocernos un poco mejor.

‹ Sigfrido Bürmann: *Salvador Dalí, de espaldas, en la playa de Sa Conca*, 1914. Acuarela sobre papel, 34 × 24 cm. Colección Santos Torroella. El escenógrafo Sigfrido Burmann retrató a Dalí en Cadaqués cuando éste tenía diez años. Se hallaba allí casualmente, huyendo de la primera guerra mundial.

ODA A SALVADOR DALÍ

¡Oh Salvador Dalí de voz aceitunada!
Digo lo que me dicen tu persona y tus cuadros.
No alabo tu imperfecto pincel adolescente,
pero canto la firme dirección de tus flechas.

Canto tu bello esfuerzo de luces catalanas,
tu amor a lo que tiene explicación posible.
Canto tu corazón astronómico y tierno,
de baraja francesa y sin ninguna herida.

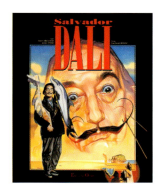

Robert Descharnes y Jeanine Nevers, con dibujos de Jean-Michel Renault: *La vie de Salvador Dalí en BD*. Vilo: Olbia, 1998. Robert Descharnes fue colaborador de Dalí, y uno de sus más prolíficos estudiosos.

> *Dalí mirando la televisión, en la cocina, ca. 1975.* Foto: Enric Sabater.

Canto el ansia de estatua que persigues sin tregua,
el miedo a la emoción que te aguarda en la calle.
Canto la sirenita de la mar que te canta
montada en bicicleta de corales y conchas.

Pero ante todo canto un común pensamiento
que nos une en las horas oscuras y doradas.
No es el Arte la luz que nos ciega los ojos.
Es primero el amor, la amistad o la esgrima.

Es primero que el cuadro que paciente dibujas
el seno de Teresa, la de cutis insomne,

el apretado bucle de Matilde la ingrata,
nuestra amistad pintada como un juego de oca.

Huellas dactilográficas de sangre sobre oro,
rayen el corazón de Cataluña eterna.
Estrellas como puños sin halcón te relumbren,
mientras que tu pintura y tu vida florecen.

No mires la clepsidra con alas membranosas,
ni la dura guadaña de las alegorías.
Viste y desnuda siempre tu pincel en el aire
frente a la mar poblada con barcos y marinos.

Federico García Lorca,
Oda a Salvador Dalí, 1926

DALÍ's universe

30 itineraries
through the life & work
of Salvador Dalí

Salvador Dalí. A family portrait in three oil paintings and a tableau vivant

WILLIAM TELL

There is an oval photograph of Dalí's father – Salvador Rafael Aniceto Dalí Cusí – still in existence. Taken in 1904, it was included by his famous son in *The secret life of Salvador Dalí*, which was first published in the United States in 1942. Retouched in the style of the time, the photograph shows the likeness of a young thirty-year-old lawyer. Shaved like a Jesuit in lay clothes (as his contemporary the novelist Gabriel Miró would say), premature baldness has widened his forehead, and he is going grey at the temples. His expression and his features reveal a serene intelligence that is intermingled with sadness. Another photograph of him from the same year, with his son Salvador Galo y Anselmo sitting on his knees, shows the lawyer balding, with a moustache and a thick beard. His expression is now verging on one of brutality, though it still betrays the same introspective grief.

Galo José Salvador Dalí, who was a wine cork maker from Cadaqués and a self-made man (who ended up losing his mind and committing suicide), moved his sons, Salvador and Rafael, to Barcelona so that they could study and become men of distinction. On finishing secondary school, Salvador studied law, while his brother, who was a couple of years younger, went to medical school. By the time he graduated in 1993, Salvador had become (and would remain so until the end of the Civil War, forty-six years later) a federalist, a Catalan atheist, a nationalist, and an anti-cleric. Amadeo Hurtado, another young lawyer (who later became a leading light in his profession), nominated Dalí as the co-counsel for the defence in the case of a never-solved bomb attack in Calle Canvis Nous. As the religious procession was passing on Corpus Christi day in 1896, a bomb went off that killed twelve workers but left the authorities at the head of the cortege uninjured. Five anarchists were garrotted, one of the men charged committed suicide in his cell, and others were tortured to death. The police arrested Hurtado and Dalí, but soon released them.

In 1900, the year that ended the nineteenth-century, two events took place which had a determining effect on Salvador Dalí Cusí's private and professional life: firstly, he became one of the five notary publics of Figueres, by public examination, and secondly he married Felipa Domènech Ferrés, a Barcelona woman two years younger than he. When he took her back with him to the Ampurdan, he was leading Felipa to his Paradise Lost, the village of Cadaqués from where his father had fled, hurtling towards his subsequent suicide and perhaps already driven half-mad by the relentless *Tramuntana* wind. But Cadaqués also represented the lost Eden that the son had fervently wanted to regain, ever since he had been uprooted and taken to Barcelona as a child. In 1910, he rented – and later purchased – an old renovated stable that belonged to his friend José (or Pepito) Pichot. It stood on the beach of Es Llané, where the notary public would build a house. It was in that summer abode that he died of cancer and arterial sclerosis, on 21st September 1950. The next day, in an afternoon lashed by a symbolically wailing *Tramuntana*, they buried him in the town cemetery.

Many years before, he and his wife lived in Figueres, at 20, Calle Monturiol, where all three of their children were born. The first to come into the world was Salvador Galo Anselmo; born on 12th October 1901, the child died in the same apartment twenty-two months later, on 1st August 1904. This terrible misfortune afflicted the father to such an extent that a friend of his, a shoemaker, had to sign the death certificate on his behalf. Nine months and ten days later, Felipa gave birth to Salvador Felipe Jacinto, who was destined to be Figueres' most famous son of all time. However, the fact that his parents had conceived him either shortly before or immediately after the death of his homonymous brother – as if they wanted to bring his brother back to life through him – became a lifelong obsession for the artist. *Senyora* Dalí later gave birth to a baby girl in the same house, who was called Ana Maria (or Anna Maria, since she would later sign her name in both the Castilian and the Catalan spelling). The house where the children were born no longer exists; it has been replaced by a building that features a commemorative plaque and a bas-relief of Dalí on the façade. The inscription was unveiled on 12th August 1961, in honour of the birthplace of the famous painter, who was the third Salvador Dalí in the family.

In 1912, the notary moved his office and his home along the street to 24, Calle Monturiol, which looked onto the square La Plaza de la Palmera. In *The secret life*, Dalí recalls that his mother made him his first studio in an abandoned washhouse on the terrace. It was there, all alone, that he taught himself the rudiments of three inter-connected arts which he only gave up at a very advanced age: painting, masturbation and his own personal histrionic transformism. In fact, his father also frequently donned new masks and disguises at different points during his long life – though more predictably than his son, and all involving changes in his ideology and his civil status.

On 6th February 1921, Felipa died in Barcelona, of cancer of the uterus. According to two of Dalí's biographers, Maryle Secrest and Meredith Etherington-Smith, his father was already having an affair with his sister-in-law Caterina who, like her mother, Maria Anna Ferrés, had moved in with the notary's family at 20 (and later 24) Calle Monturiol. After his mother-in-law died in October 1922, the notary married his sister-in-law on 15th November of that same year. Ian Gibson tells us that when the wedding was announced, Salvador Dalí said to his father, "Papa, I don't see any need for all of this", a comment which seems to confirm that the two had already become lovers just before Felipa died, or soon afterwards.

Caterina also died of cancer during the Civil War. In the course of the conflict, the SIM (*Servicio Investigación Militar* – a kind of Republican secret police) arrested and tortured Anna Maria, who they absurdly accused of espionage. During the war several denizens of Cadaqués were murdered by uncontrolled bands of gunmen. Figueres produced several true pro-Franco female spies, and the city suffered savage, indiscriminate bombardments which were aimed at the Republican government as it fled towards the French border. After the war was over, the notary underwent the most extraordinary metamorphosis, and turned into a pious believer – the same man (Dalí the artist tells us) whose blasphemies, when he was the most fervent of unbelievers, were only surpassed by those of his own son. One day when Salvador Dalí Cusí was out walking with the writer Josep Pla, through freshly-watered gardens on the edge of Figueres, the notary said to him, "I just don't understand, Pla my friend, how people can say or feel that they are atheists when they see the wonderful greenness of those cabbages, and those half-open lettuces".

However, the notary's karma would go through many more reincarnations in his son's paintings, as a result of their conflictive relationship – they were both such opposites that sometimes they seemed surprisingly similar. For Dalí (who was sixteen or seventeen years old in 1920 or 1921 when he painted his Impressionist portrait of his father) the notary, who is seen in profile, wearing a dark three-piece suit, and with a watch chain and gold fob watch on his illustrious belly, was none other than Zeus, the father of all the gods, standing erect and with pipe in hand, against a sky that was cleaved by crisscrossed purplish lightning. In contrast, in Dalí's two works from 1929, *The lugubrious game* and *The great masturbator*, Zeus becomes a locust with transparent wings and bulging eyes which is either kissing or devouring the great masturbator's blurred lips: a decapitated character, seen in profile, through which Dalí was attempting to portray a schematic double of himself. When out walking one afternoon with his father through in the fields near Figueres, the child Dalí acquired a sudden aversion to grasshoppers, a repugnance which would turn into horror. As some of his old secondary school classmates later confirmed, locusts produced even more disgust and panic in him than ants did. These insects became referential symbols of rottenness and decay in his paintings, beginning with that anthill on the belly of the grasshopper which was kissing – or biting – the great masturbator.

In 1929, the year when Dalí became joined to Gala (as well as to the Surrealist movement, and twenty-five years later, he would claim that he was its only legitimate representative – "*Le surrealisme c'est moi, le divin Dalí!*"), the notary underwent two or three more metamorphoses in his son's paintings. He who had previously been Zeus, the patriarch of the gods and monarch of Olympus, turned into the king of the jungle, a roaring lion, in *Imperial monument to the woman-child*. He also made an appearance in the same painting as the archetypal *putrefacto*, a term coined by Dalí at the Madrid students' residence to describe everything that was reactionary, picturesque and anecdotal in art and literature. The father at that time is reminiscent of the modernist statue to *Pitarra* (the Catalan playwright Serafí Soler) which stood on Barcelona's *Ramblas*. However, moustachioed and with his hair untidily swept across his high forehead, in *Imperial monument* he looks more like the penultimate Austrian Emperor, Franz Joseph.

The following year, Dalí painted his father in *The everyday common bureaucrat*, which was a sardonic reference to his position as a notary. His father is now shown bowing his shaved head, which looks like a round cheese with a couple of holes filled with tiny toys. He is looking away, in either malice or embarrassment, and his long moustache resembles the handlebars of a bicycle. In 1930, Dalí also parodied his father by portraying him as the legendary Swiss bowman, William Tell. Whitney Chadwick has commented that Dalí's great achievement in this work was to invert the Freudian interpretation of the Oedipus myth, in which Oedipus unknowingly kills his father and marries his mother, Jocasta. Dalí's reading of the legend was that William Tell, either consciously or unconsciously, actually wanted to kill his offspring and not to split the apple in two. The only way that his son (whose name remains forever omitted) could save himself was by remaining completely immobile and impassive, and in this way he granted immortality to his father.

Using the "putrefied", whiskery outline of *Pitarra*, Dalí portrayed William Tell once again in *William Tell*. In this painting he is sitting on a stool, playing the piano and presumably singing, while his head is turning into the head of a lion again. Dalí's father was well known in Figueres for his fine singing voice and his large record collection, which ranged from Baroque music to Catalan *sardanas*. In the

centre of the canvas, bare-chested and exposing his penis, the ferocious man holds the bloody scissors with which he had castrated the terrified boy, the flesh of his flesh. Pointing with their index fingers (but as a distancing gesture, not to join them), father and son invert the scene portrayed on the roof of the Sistine chapel, showing God and Adam at the moment of creation. At the feet of William Tell, there is a bas-relief of Andromeda, the Ethiopian princess who was held captive by a monster, here a clear allusion to Gala. Believing her to be a pervert and a drug addict, the notary cordially despised Gala Diakanova, that Russian with French citizenship who had been previously married to Eugène Grindel (Paul Éluard's real name). And at that time the father had an even worse opinion of his own son.

As soon as the German army entered Paris, on 14th June 1940, Dalí and Gala fled south, along with half the population of France. Three days later, when the new Prime Minister, Marshal Henri Philippe Petaine, requested an armistice in Bordeaux, Dalí and Gala escaped from Arcachon and came back into Spain through Irún. Gala went off to Lisbon to sort out their American visas, while Salvador decided to drop in briefly at Figueres and Portlligat. In spite of their past differences, William Tell now gave his son a hug, while Anna Maria told him all about the terrible time she had had in the hands of the SIM.

Dalí found his house at Portlligat (the house he had built facing away from Es Llané) looted and covered with graffiti – first by the anarchists and then by Franco's Moroccan troops. After meeting up again in Lisbon, Dalí and Gala left Europe to spend eight years in the United States. But on 28th July 1948, in the middle of the third summer after the Second World War, they came back, alighting once again at Figueres station. Anna Maria said that her brother returned from America with enough equipment to fill a railway wagon, including his largest piece of trashy luggage – Gala, his wife or whatever she was.

On 14th August, the front cover of the weekly *Destino* featured a photograph of Dalí and his father at Cadaqués. Dressed like an old-style Italian fascist leader, the painter wore a black shirt which was embroidered with gold thread, as he was holding his book *Fifty secrets of magic craftsmanship*. The artist imitated Picasso's dark gaze, and opened his eyes wide. Although Dalí thought he had achieved a reconciliation with his family, his wife and his sister were not of the same opinion. Gala could not bear "William Tell" or his daughter, while Anna Maria was unable to conceal her incestuous jealousy of this Russian woman – a criss-cross of emotions that was straight out of a work by Sophocles or Euripides. The *Destino* photograph showed the ancient notary at the age of seventy-six; however, bent-shouldered, much aged and with a dazed expression on his face, he seems to be carrying half of eternity on his shoulders.

In December 1949, Anna Maria published a stupid libellous work entitled *Salvador Dalí seen by his sister*, which had been corrected (or perhaps drafted in its entirety) by a reactionary troglodyte of a journalist called Manuel Brunet. While the book praised the young Federico Garcia Lorca to the skies, it comprehensively damned the painter's life and work ever since he had joined up with Gala and Surrealism. As an introduction to this ridiculous piece of rubbish was a truly horrifying note (handwritten by the notary, but dictated by his daughter) which claimed that the booklet told the absolute truth about his family. Inevitably, the pamphlet led the furious Salvador Dalí to promptly break off relations with his family. In a note that was passed around among journalists and friends, he said that they had thrown him out of his family and had tried to condemn him to poverty. Later on (and acting in good faith), he tried to make peace with them, but Anna Maria's mercenary attitude made any kind of co-existence impossible.

When the notary died on that blustery September day in 1950, Dalí went to see his father's body laid out in the chapel of rest. In *Diary of a genius* (1964) he writes that he kissed his father's pale lips: in other words, the great masturbator had finally returned that cold-blooded locust's Judas kiss. After several failed attempts, on 5th September 1952, Evarist Vallès, another Figueres notary, visited Dalí's house at Portlligat and read him Don Salvador's shameful last will and testament. After what must have been coercion from Anna Maria, "William Tell" had named her as his sole heir, three months before his death. Dalí only received 32,000 Pesetas, 25,000 of which had already been paid in a loan from 1935, during a brief truce (or false reconciliation) between father and son. His sister would settle the remaining sum by returning some of Dalí's own paintings which he had left behind at Figueres and Cadaqués.

Out of his mind with rage, the artist ripped the will to shreds and flung them to the floor. Vallès promptly knelt down to pick up the pieces, and Dalí gave him a good kick in the seat of his trousers. "What a great pleasure it is to kick a notary's bottom!" he exclaimed; or, in an other sense (a sense that is as personal as it is Surrealist) "What a pleasure it is to sodomise my dead father by proxy, through another common, everyday bureaucrat!" Vallès soon recovered his wits and served Dalí with a lawsuit for destruction of a public document and for physically attacking a member of the Notaries Association. Dalí began to worry that he might have his passport withdrawn. Finally, thanks to a friendly go-between, Miguel Mateu (Franco's first mayor in Barcelona and the owner of Peralada palace), Dalí was persuaded to apologise, and the accusation was withdrawn. After having removed the works her brother left, Anna Maria sold them off to the Dalí Museum in St. Petersburg in Florida, which was owned by Reynolds and Leanor Morse.

Ma mère, ma mère, ma mère

Dalí finished the painting *The enigma of desire – my mother, my mother, my mother* in 1929, the same year he completed *The lugubrious game* and *The great masturbator*. With his eyes closed and in profile on the flat, brownish ground, the great masturbator reappears with an ant's nest on his cheek. His throat is stretched out to form a kind of monstrous uterus (remember that Felipa Domènech had died of cancer of the womb eight years before) with two large open cavities on the horizon, and a group of blind orifices in which Dalí wrote – thirty-five times – *ma mère, ma mère*. In this work, Robert Descharnes wrote, the artist brought together all of his personal ghosts: the roaring lion and the grasshopper (symbols of the notary), a faceless adolescent (Dalí himself) carrying an enormous egg on his shoulders, and a long-faced woman with very long hair, who in other Dalí paintings is getting ready to commit – or is already engaged in – fellatio.

Dalí's mother was a beauty, and passed on to her son her chiselled features, in contrast to the rather porcine appearance of the notary and Anna Maria. However, Dalí almost never did any portraits of his mother, during her lifetime or afterwards. A pencil caricature (from around 1920 or 1922) depicts her in a fishing boat with his grandmother, his father, his sister and his aunt. There is an oil painting of Felipa Domènech from 1920 which does not seem to be the work of the 16-year-old Dalí at all, but rather by someone with a technical training superior to his, though the result is empty and soulless. This portrait has nothing in common with the ones that Dalí completed in the same year of his aunt Caterina and his grandmother sewing together by a window in Cadaqués.

In contrast, Dalí's paintings, drawings and other graphic works feature an extensive iconography – both tacit and explicit – of the notary and Anna Maria, before and after their estrangement from Dalí. Between his two expulsions from the *Facultad de Bellas Artes San Fernando* in Madrid, Dalí did a drawing of his father and his sister in 1925 which shows how he had definitively overcome his uncertain artistic beginnings. Not only would this dual portrait in pencil have been the envy of Ingres and Picasso (both of whom he was consciously imitating), but also of Leonardo and Michelangelo. It was at that point that the Dalinean period which Rafael Santos Torroella called the "Anna Maria period" began. Thus from 1925 to 1927, his sister was Dalí's preferred model, and perhaps the most representative painting from this time is *Girl at a window* (1925). This work was later coolly and sardonically reincarnated in the form of *Young virgin auto-sodomised by her own chastity* (1954).

In 1972, Dalí told André Parinaud that during his adolescence, he had frequent had a recurrent nightmare in which his mother was fellating him. He also revealed to Parinaud (while they were working on the book *Unmentionable confessions*) that: "the woman in *The great masturbator* is my mother". Both *ma mère, ma mère* and *The great masturbator* contain a sharp-featured female with a profile similar to Dalí's who is about to place her lips on the genitals of what seems to be an adolescent boy. In *The font* (1930) she is kneeling and committing fellatio again, while the young man is covering his face with his hand and, waving his arms about, cursing the face of that same woman etched in relief on the basin of a fountain. This sculpture, which always has drooping eyelids, a sewn-up mouth and is covered with ants, reappears in *The dream* (1930).

Other works such as *Illuminated pleasures*, *Phantasmagoria*, *Portrait of Paul Éluard*, *The invisible man* and *The old age of William Tell* (the latter from 1931 and the others from 1929) contain sinister caricatures of the same sitter. Almost always in profile, her bulging eyes are open and she displays a grotesque smile filled with canines. In *Illuminated pleasures* and *Portrait of Paul Éluard*, she seems to be having a crude, sarcastic conversation with the notary/lion, in *The old age of William Tell* she is laughing at the notary/*Pitarra*, while he grasps his flaccid penis behind a sheet. In *Phantasmagoria*, she is biting the thin skin of the great masturbator: now her own son has been flayed, and has a gigantic grasshopper stuck to his non-existent lips.

The Camille Goemans Gallery put on the first individual exhibition by Salvador Dalí from 20th November to December 1929, in Paris. Together with his paintings, the artist showed his *Amalgams*, or "Oniric inscriptions". One of these presents the silhouette of a sacred heart drawn in India ink with the following annotation written above it: "*Parfois je crache par plaisir sur le portrait de ma mère*" ("Sometimes, out of sheer pleasure, I spit on my mother's portrait"). Naturally, this sentence can be interpreted as: "out of sheer pleasure I *erase* my mother's portrait", though *cracher* ("spit out") could also be read – in both Parisian and Castilian slang – as meaning the male ejaculation of sperm.

The Paris exhibition, which (thanks to Goemans) was a great success in both sales and critical success, also represented Dalí's coming of age in artistic terms. However, the day before the exhibition opened, the painter unexpectedly went back to Spain with his wife. This brings to mind a similar incident that would occur fifty years later: the Pompidou Centre in Paris was about to put on its great Dalí retrospective, when the opening of the exhibition coincided with a worker's strike. Gala vented her anger on the pickets, while Dalí simply greeted them, wished them luck and went off again. The couple left for New York a few days later, without having returned to the Pompidou Centre.

Gala and Dalí hung around for a few days in Barcelona and Sitges, and then she took the express train back to Paris. Her husband got off the train at Figueres, as he planned to drop in at the family home. Dalí told his father that Luis Buñuel, his old companion from the students' residence in Madrid, would soon be arriving. They were going to try to repeat the great success of their first film, *Un chien andalou* (An Andalusian Dog), which had opened in Paris that April. Buñuel had filmed it, using the script that they had written together in Figueres in January. Now they were planning to make another short Surrealist film: *L'âge d'Or*, (*The golden age*), and Dalí's father had offered them the use of the house at Es Llané until Christmas, when he would be going there with Caterina and Anna Maria.

Buñuel arrived and he and Dalí shut themselves away in Cadaqués, but they could not recapture the easy, fluid working relationship they developed when they wrote the script for *Un chien andalou*. They could not agree with each other's ideas, and in fact they weren't even sure whether their own ideas were any good. In the end they decided to separate amicably, and it was agreed that Buñuel would complete the script on his own and film it in Paris. However, before he left for Zaragoza to visit his mother, Buñuel witnessed a terrible scene that took place between Dalí and the roaring William Tell, who was purple-faced and apoplectic with rage. The problem was that he had read a column by *Xenius* (Eugeni d'Ors) in the newspaper *La Vanguardia* on Dalí's recent exhibition in Paris and, especially, the aforementioned piece *Amalgama*, with its scandalous inscription. The notary cursed his son, disinherited him and – in an almost biblical manner – prophesied that he would come back one day, poor and lice-ridden, and would throw himself at his father's feet begging for forgiveness.

Buñuel's mother had financed *Un chien andalou*, as the Viscount Charles de Noailles later funded *L'âge d'Or*. Untruthfully, Buñuel wrote to Noailles from Zaragoza saying that he had finished the script for the film, and it was going to be much better than *Un chien andalou*. Posterity has attributed the directorship of *L'âge d'Or* to Buñuel, as well as most of the scriptwriting, but even so, the sequence in which the bishops, dressed in cloaks and wearing tiaras, magically spring out of the rocks of Cabo de Creus, has a definite Dalinean feel to it. In the same way, the figure of Christ – or the saviour ("Salvador") who returned to the earth – is unmistakably related to one of the painter's most personal problems, as we shall see further on in the section on "*Portrait of my dead brother*". Meanwhile, in Madrid, an envious Federico García Lorca was saying to anyone who would listen: "Buñuel and Dalí have made a little film, a very little film, which they have called *Un chien andalou*. And of course, the Andalusian dog is me".

Dalí the banished son went for endless walks on his own, on Es Llané beach. He ate sea urchins for lunch everyday, which was also his father's favourite dish. One day he came across a stray cat, and he noticed that its pupils shone in the sunlight as if they were made of mercury. He went closer, and gave out a scream of horror: the poor little beast had a fishing hook sunk deep into one eye. As he saw that he could not get the hook out without pulling the cat's eye out of its orbit, all the horrified, helpless Dalí could do was to chase it away with shouts and stones. Later he worried about whether this cat, one-eyed and lost, was a symbol of his own disinherited fate. However, it did not seem to occur to him that there was a connection between this poor beast and the famous opening scene of *Un chien andalou* – a cloud that turns into a cut-throat razor and slices a woman's eye in half – which is always interpreted as a Freudian symbol of castration.

On that same day, Dalí shaved his head with a razor, once again returning unconsciously to the memory of the opening of *Un chien andalou* (a scene which, incidentally, was his idea and not Buñuel's). Afterwards, he crowned himself with the shell of a sea urchin and contemplated the shadow of his profile on the wall. He had realised that he had just become the nameless son of William Tell, and the only thing he could do was to confront his fate. He phoned for a taxi to take him to Port-Bou, where he caught the express train to Paris. He swore he would not come back covered in lice and sores, as his father had predicted, no, when he returned he would demand what was his unquestionable domain: Portlligat, on the other side of Eden. In the next sixty years of his life, Dalí never saw the great similarity between this decision of his and a resolution that his own father had made when, at the age of nine, he was uprooted from Cadaqués by his father Galo Dalí, as the child made a silent promise to himself that he would return to Cadaqués, his paradise.

One of Dalí's last oil paintings is dated at around 1982: it is a *Pietà*, a variation on the Michelangelo work in the Vatican. However, he may have painted it in the winter of 1983, when he took up work again, during a break between his various illnesses, shut away in Púbol. At that time the exile of Cadaqués, the son of William Tell, was more famous – for his paintings and his self-publicity – than any other artist on earth, but for two years he was gripped by neurasthenia, which caused him to crouch down in corners, whimpering "*Sóc un cargol! Sóc un cargol!*" (I am a snail! I am a snail!). He was identifying here with one of his putative dead fathers – Sigmund Freud – whose skull, when he saw it in London in 1938, made Dalí instantly think of a snail's shell.

However, Dr. Joan Obiols, who had died suddenly at Portlligat in 1980 while he was making out a prescription for Dalí, had previously diagnosed him with acute paranoia. Meanwhile, the famous urologist Antonio Puigvert, who once operated on the artist, believed him to be poisoned as a result of overuse of antibiotics. His Parkinson's disease and his depressions had now become established, though his trembling would sometimes suddenly stop when he was drawing or painting.

Gala died at Portlligat on 10th June 1982. The year before, Dalí had broken two of her ribs with a cane, while she gave him a scar on his forehead by hitting him with the heel of a shoe. Secretly and illegally, they took Gala's body to Púbol castle, and buried her next to an empty tomb, which would await her husband's body in vain. On the day of her interment, Dalí hung onto the grille of the crypt, sobbing desperately. Though he later shut himself away in Púbol, he never went down again to see her sepulchre. Instead, working upstairs in an improvised studio – in the castle which was supposed to have been the exclusive residence of Gala Diakanova – he painted his *Pietà*.

This painting, with its shaky brushstrokes caused by his Parkinson's disease, shows both Mary and the dead Christ in their youth. Both of them have their eyes closed, and are seemingly indifferent to the holes in her breasts and in his belly, in which the viewer can see the Mediterranean and the last foothills of the Pyrenees. In an accumulation of metaphors, very similar to others in Lorca's poetry, the shape of the mountains in the Virgin's hollow breasts repeats Christ's profile. This was the last time that Dalí painted his self-portrait on the schematic marina of an Eden that was lost for ever – as he would never returned to Portlligat. Of course, the Christ was he, Dalí, the dead son, lying in his own mother's resuscitated lap – and not God's.

Sculpted or painted in the image of the Virgin/mother, Mary/Felipa Domènech bears a look of introspection, which Christ/Dalí also maintains in death. Her features remind us of those of the woman in *The great masturbator*, and a long shadow crosses her mouth, which is perhaps reminiscent of the ant hill on the lips of *The dream*. If the nightmare of his mother, raping him in his childhood or adolescence, turned into a terrible reality (as seems to have occurred, given the painter's obsession with fellatio), here he finally forgives the woman who gave birth to him. In addition, he inverts the pathetic affirmation Michelangelo made with his *Pietà*: Dalí transfigures the mercy of the Virgin Mary for Christ who has descended from the cross into the dead son's sympathy for a mother who is returned to life in the bloom of youth.

PORTRAIT OF MY DEAD BROTHER

Ever since his childhood, Dalí's earliest memories of his father were intermingled with the furious jealousy he felt for his dead brother. Every evening, after work, the notary would come home and shut himself away in his and his wife's bedroom. Fascinated and horrified, and almost against his will, Dalí used to open the door a little and silently spy on his father. Just like a believer in front of the altar, Don Salvador – that vociferous atheist – would sit, rapt in thought, facing a chest of drawers; on top of this piece of furniture they kept a photograph of their dead firstborn son, together with a faded colour print of Velásquez's *Christ*.

His mother had brought this print from Barcelona when she married the notary. She used to go to mass every Sunday, though her husband would only take her as far as the door of the church, flatly refusing to enter. But every evening, as the child Dalí looked on, it seemed as if he was praying to Velásquez's *Christ* for his dead son. This led the boy to the sad, ironic belief that there were four "Salvadors" (his father, the invisible ghost of his homonymous brother, the photograph of the dead child and Christ, the crucified Saviour [or *Salvador*, in Spanish]) who would meet up every night in the bedroom to "cadaverise" him, dragging him eternally inwards towards the abyss of death.

Almost 50 years later, Dalí painted his *Christ of St. John of the Cross* (1951) which is based on the drawing of a foreshortened crucifixion, attributed to the saint. In Dalí's artistic consciousness, Velásquez's "descendant" Christ – with his head bowed and his face half-hidden by his hair – was transfigured into his dead brother. Just as Velásquez probably believed it was enough for him to be Velásquez, in order to determine his own immortality, as Dalí once told Gala in the Prado Museum. In contrast, the ascending *Christ of St. John of the Cross*, who is seen rising above the Eden of Portlligat, was Salvador Dalí himself, finally freeing his identity from his dead namesake. At least in that painting, which seems open to the infinite.

Since he drew his first breath, Dalí had been persecuted by the child whom his parents wanted to bring back to life when, by accident or by chance, they conceived Dalí in the bedroom where he would later spy upon his father. And so he fought with his fraternal double, who had stolen part of his persona at the moment of his conception, even though as a child he could not comprehend the sadistic cruelty of that fight. One afternoon in his childhood, in the town of Cabrils, he flung a friend of his and his tricycle into a gully five metres deep. Another time, as Halley's comet was shooting across the sky above Figueres, on 20th May 1910, he kicked Anna Maria when she was still crawling around the apartment. Unconsciously, the child Dalí believed that he and his sister had been foreshadowed by their dead brother.

In 1966, Dalí confessed to Alain Bosquet that he often phoned Figueres from New York or Paris to order a garland of roses for his brother's tomb, and for that of his grandmother, Maria Anna. He added that every morning he would "kill" the ghost of his namesake "with blows of dandyism", without realising the contradictory nature of the repeated fratricide, if the brother was not "resuscitated" punctually every evening. As the artist himself used to claim (even though he didn't mention it during that interview), twilight was the time when all the monsters and ghosts would descend in a mob upon the Mediterranean. Dalí also said to Bosquet that the mythological fate of the *Dioscuri* was being fulfilled once again through his family: the story of Leda's twin sons, Castor and Pollux. "I am Pollux, the immortal brother, and he is Castor, the mortal one". However, he had forgotten that in the legend – and thanks to Zeus, Pollux's mortal and divine father – both *Dioscuri* were finally granted immortality, on alternate days.

Between 1932 and 1935, Dalí wrote – in French – the best of his books: *The tragic myth of Millet's Angelus*. However, in their escape back to Spain, he left the original text in Arcachon. But the manuscript reappeared, miraculously at the end of the war, having survived the German invasion and subsequent looting. The book was published in France in 1963, after having been corrected and with an added plate – a scan that the Louvre did of the *Angelus* (1859) on Dalí's request. From 1932 and until almost the end of his artistic life, Dalí would keep returning to Millet's painting, in the form of copies, variations and different motifs he would include in his paintings, drawings, sculptures, graphic work and ready-mades.

Dalí's *Angelus* iconography appears in such significant works as *Portrait of the Viscountess Marie-Laure de Noailles* (1932), *The sugar sphinx* (1933), *Gala and Millet's Angelus preceding the imminent arrival of the conic metamorphoses* (1933), illustrations for *Les chants de Maldoror* (1933-1934), *Atavism at twilight* (1934), *Gala's Angelus* (1935), *Archaeological reminiscence of Millet's Angelus* (1935), *Portrait of my dead brother* (1963), *Perpignan railway station* (1965), and *Dawn, midday, twilight, between lights* (1979).

The *Angelus* reminded Dalí of a pair of cypresses that stood in the garden of his primary school. When the "twilight of the monsters" arrived, the two trees would be tinged with a dark burgundy colour, and the taller one seemed to be leaning over the other. Dalí was convinced that a painting such as the *Angelus* would never have achieved universal fame if the pious Jean-Francois Millet had not hidden an implicit meaning in that painting, a significance which would persecute and obsess Dalí, who became determined to decipher it, as if it were a palimpsest.

Dalí added copies of several charcoal drawings (recently published by Bradley Smith) to the illustrations in *The tragic myth*: in these, Millet showed the close-ups of two gigantic couples involved in sodomy and fellatio. Dalí always suspected – and he continued to maintain – that the *Angelus* did not represent the chiming evoking the mystery of incarnation, coinciding with ghostly twilight – on the contrary, it represented the desolate burial of a child by his poverty-stricken parents. The scan they did for him at the Louvre revealed a kind of tiny coffin that lay at the feet of the praying peasant woman, under her basket of potatoes.

At that precise point in the book, when Dalí imagined Millet's peasant woman being transformed into a praying mantis (the female of the species, which is not unlike the grasshopper, bites and decapitates the male after copulation), the main characters of the *Angelus* stopped being "the husband" and "the wife" – they were now "the son" and "the mother". Thus, with the help of a painting from the previous century, the descendant of William Tell uncovered his brother's burial and the resurrection of "the terrible mother" (as the almost correct quotation from Lorca's poem runs: "but the terrible mothers / raised their irate heads") – also sometimes known as "the mother in *The great masturbator*".

Before the mother and her firstborn, dead in Millet's painting as he had died in the Dalí family, the father was no longer the father, he became the artist himself. We should deduce that Pollux, one of the sacred *Dioscuri*, shared immortality with the notary after having conceded it to his brother. However, *le mari* and *le fils*, the father and the son in Millet's *Angelus*, both seem to be suffering from impotence, as they are ashamedly hiding their sex behind their hats. We know that Dalí's father not only humiliated Dalí in his childhood and made him feel small – by comparing him unfavourably with his dead firstborn son – he also terrified him in his adolescence with his warnings about venereal diseases that could leave him useless and disfigured. As a consequence, Dalí would sometimes say, Gala was the only woman with whom he could achieve a sexual relationship.

However, Dalí would not have been Dalí if he had not closed his case for the *Dioscuri* with an impromptu ironic comment. In 1972, he surprised Luis Romero and Rafael Santos Torroella by enlarging a photograph of an adolescent that he had discovered in *La Vanguardia*, and which he was planning to paint and entitle *Portrait of my dead brother*. The print dots were turned into rows of pigmies, a possible metempsychosis of the Dalinean ants, which were used to define the boy's chin, lips, nose and eyes. This same motif was darkened on his forehead, and was metamorphosing into a bird of prey which was preparing to devour the young boy's head. The boy was inexpressive and indifferent, and bore no similarity at all to the young Dalí or to his dead brother. On one side, we can see some of the Maestro's other ghosts, in miniature: the wheelbarrow from *Angelus* (which signified impotence for Dalí), Millet's peasant woman, the two sacks (supposedly an emblem of incestuous sodomy) and the son who carried them in his arms, under orders from his mantis/mother.

THE LUGUBRIOUS GAME

In 1923, when Dalí met Lorca at the students' residence, Salvador was nineteen and Federico was twenty-five. Unlike Picasso or Rimbaud, neither of them had been a child prodigy; in Figueres, Dalí's private mentor for drawing and painting, Juan Nunez, placed Dalí among the poorest of his students. His friends at secondary school, including the watercolour artist Ramon Reig, could not understand how, from one day to the next, such an inept apprentice could turn into a magnificent artist, Dalinean self-publicity aside. Even though he denies it in *Secret life*, the truth was that the young Dalí was a bad imitator of all the contemporary Olympians, from Chagall to Matisse (as well as the inevitable Picasso), who could not find his own style. The notary wanted his son to qualify as an art teacher, and was doubtful as to whether the young Salvador possessed either the skill or the vocation to become a creative painter.

By the time he met Dalí, Lorca had published two slim volumes, *Impressions and landscapes* (1918) and *Book of poems* (1921). He had also succeeded in putting on stage (with a resounding failure) an ambiguous poetic ballet called *The curse of the butterfly* (1920). Even though he showed a gift for music and was an extrovert (very much the opposite of the shy Dalí at that time), he had still not discovered the true timbre of his poetic voice. His greatest expressive, conceptual achievement – the translucent accumulation of his metaphors and his highly original conception of nature – were all yet to come. Meanwhile, he was imitating all kinds of writers, from Zorrilla to Rubén Darío, with limited success and a fair amount of sentimentality.

Lorca, a known homosexual, fell in love with the great masturbator. In Madrid, Dalí avoided friendship with men to the same extent as he had shied away from the girls in Figueres. But twenty years later, in *Secret life,* he admitted that he had been extremely jealous of Lorca and he worried that the poet was distancing himself from him, and was going around with other friends. Their erotic relationship produced the dual manifestation of a poet and an artist who were among the greatest in the western world, in their century or in any other. But perhaps their dual transformation would have been impossible if Lorca had not assumed the sole character in a *tableau vivant* which he called *The lugubrious game*. We should mention here that the subject of the eponymous painting by Dalí has nothing to do with the monologue by Lorca.

Laid out in his bedroom and surrounded by friends, Lorca used to act out the first five days of his death. He described his body becoming ridden with worms, the coffin and the jolting of the funeral hearse on a steep hill in Granada, all the while the afternoon would fade into an ever-sinister twilight. When the others could no longer bear the tension, the young poet would leap out of bed laughing, throw them all out of his room, and sleep for hours to recover. This Lorca who had apparently turned into one of the living dead would become (in Dalí's mind) confused with the other of the *Dioscuri*: the Salvador Dalí who Salvador Dalí had to kill every morning so that he would not steal his soul. As that dead brother and butcher tried to snatch it away from him, at the very moment of his conception. Even though later he said that Lorca never managed to consummate his "possession" of him, Dalí did *almost* manage to take on the identity of his ghostly, implacable namesake by giving himself up sexually to the poet. Just like any lover, he attempted to dissolve his being into his other "self" (the object of his love) by melting together into the momentary nothingness of the sexual spasm and thus assuming – albeit briefly – the fleeting identity of his partner.

Before they became estranged by Dalí's sardonic criticism of *Romancero Gitano* in a letter he sent to Lorca when the book came out in 1928, the painter had created a complex iconography of the poet. He did an Indian ink sketch spotted with blots and smudges (1924) which shows the dark ghostly figure of Lorca breaking up and blurring. Meanwhile, *Head of a woman* (1927), an oil painting with additions of other mixed media, shows the symbiosis of the skulls of Lorca and Dalí. Their heads reappear in *Cenicitas* (1927 – 1928), with their throats slit and separated. Just like in other designs or paintings from that time, the lover's decapitated head is asleep and seems to evoke a presentiment Dalí had of Federico's approaching death.

Barcelona mannequin (1926-1927) shows the painter and the poet, intertwined and standing. Dalí expresses their homosexual relationship by the fact that they share breasts, a womb, a vulva and even a woman's shoes and stockings. In other paintings – and particularly in *Self-portrait being duplicated into three* (1927) – we can make out Dalí's patrician profile and Lorca's brachycephalic skull with his protuberant arched eyebrows ("He had the head of a farm labourer", the Granada poet Luis Rosales used to say of Lorca. Incidentally it was from Rosales' house that Lorca was taken, in 1936, to be murdered). Meanwhile, buried deep in shadow between the whitened, schematic images of Dalí of Lorca, we can see the tiny head of a little boy, who must be none other than the dead Dalí, the homonymous brother, who died in infancy.

Rafael Santos Torroella has analysed two of Dalí's oil paintings from 1934, one year before a fortuitous meeting in Barcelona between the two estranged lovers: *Atmospheric skull sodomising a grand piano* and *Skull with its lyric appendage leaning on a bedside table which should have the exact temperature of a cardinal's nest*. In *Atmospheric skull*, the poet's skull, which has been tossed around and gnawed at by the sea (or by death), bites and penetrates the piano. In *Skull with lyric appendix*, the keyboard extends the teeth of the skinless skull, while the piano tries in vain to escape from its ferocious bite.

As in a prior avatar of the piano and the skull, seven years before, Dalí and Lorca had posed together for a photograph in Figueres. Dalí was doing his military service and is shown in uniform, with his hands in his pockets. His hair has just been cut short and it is combed in the style of Rudolph Valentino, so that his lean features are almost greyhound-like. In contrast, Lorca's "farm labourer's head", on top of his thick neck and his wide shoulders, could easily transform itself into a fruit bowl or a dessert dish.

In August 1938, two years after his lover's murder, Dalí used this photograph – which was the last taken of them together – to create a magnificent triptych in homage to the poet, even though Dalí only mentions his name once: *Invisible Afghan with the apparition on the beach of the face of García Lorca in the form of a fruit bowl with three figs, Apparition of face and fruit bowl on the beach* and *The endless enigma*. Supposing that Dalí did not sketch or paint the three paintings together, the fruit bowl in the first one is reminiscent of the bust of Lorca in the Figueres photograph. However, the Afghan – the silhouette of which is comprised of thin, fleeting clouds – reproduces or mimics Dalí's profile in that same portrait.

The Afghan is transfigured into a Great Dane in *Apparition of face and fruit bowl*. In *The endless enigma* it becomes a hybrid beast with the neck and head of a greyhound, long legs with horseshoes at the ends, while the thighs of the horse metamorphose themselves into a translucent bird and a benign monster with a horse's limbs and forehead. In the three paintings from summer 1938, the well-known figure of Dalí's wet nurse, who is sitting on the sand by the Mediterranean in *The weaning of furniture – nutrition* (1934), is made up of Lorca's nose, lips and chin, on this beach that is so full of miracles.

Dalí never again developed his paranoiac-critical method to such a refined complexity than with the three paintings he did that summer, nor would the interweaving of Dalinean metamorphoses ever be nearer to Lorca's poetic criterion. In one of the last poems in Lorca's *Songs* (1927), "Otherwise", the poet contemplates how the elements of nature are transmuted into one another, with their appearances acting as the catalysts of this renewal. The flames of a bonfire become the antlers of a furious stag, while the mountain takes the form of its back. Meanwhile, the wind is a steed which caracoles over the plain as the smoke of a bonfire turns into a yellowing, sad agate. Only the poet feels determined by an untransferable identity and a unique name, which is as surprising to him as it is immutable: "How strange that I should be called Federico!"

By blending himself with his dead lover into nature's metamorphic dynamics, Dalí transcends the poetic conception of *Songs*. If, on the beach of miracles, the Lorca's ghost is a fruit bowl, then the artist is a greyhound, a Great Dane and the strange chimera of *The endless enigma*. If, in "Otherwise", the mountainside was the flanks of a stag, then in *The endless enigma*, and in the bay of Portlligat, the Pyrenees are transfigured into the apparition of a man, naked and lying down, who is covering his face with his hand.

In "*Ballad of the sleepwalker*", from *Romancero Gitano* (Gypsy ballads), Lorca suggested that all dead people (or at least the spectre of the unnamed gypsy woman in that poem) came to be confused with the living, with the unanimous metamorphosis of nature, even though the dead shadows were blind, "with eyes of cold silver", and they wandered about, de-memorised. Just the same as in the steep slopes in *The endless enigma*, the poet's ghost seems to be covering his eyes with his hand, as though he might be wondering about everything that has become forgotten since he first acted out "the lugubrious game" in Madrid. Meanwhile, half-buried on the beach, the peaceful three-headed amphibian stretches its long neck and delicately kisses the ghostly head of the murdered Lorca, with its Dalinean greyhound's muzzle.

Thirty years later, from 1968 to 1978, Dalí repeated his triple homage of 1938 and his rereading of Lorca's poems in the last of his masterpieces: *Hallucinogenic bullfighter*. Dalí conceived this huge canvas from a picture of the *Aphrodite* of Milo on a Venus Esterbrook box of crayons. As soon as he saw it, the artist thought he could see the Goddess' torso transforming into the bullfighter's face. In this way, as he told Luis Romero in Portlligat, the central thematic meaning of the painting he was about to begin – the apparition of the hallucinogenic bullfighter – would reunite him once again with Lorca and with all his dead friends.

In a bullring with empty rows of seats, and where Gala appears alone and the dim silhouette of a bullfighter takes off his hat to her, a procession of Venus de Milo statues begins. At the head of the cortege two of these sculptures face the viewer, but the ones behind become blurred and turn their backs on us. On the chest of the first Venus we can see the toreador's outlined shadow, while his face is traced above the bust of the next one. Another arrangement of shadows expresses the bullfighter's nose, mouth and chin on Aphrodite's torso, while the tunic wound round the goddess' hips is transformed into a red cape on the bullfighter's shoulder, and into his shirt front, adorned with a green tie.

While this bullfighter summoned by death symbolises all Dalí's dead friends – from Lorca to Robert Kennedy – it is also an emblem of his brother, who was reincarnated in Lorca when the poet acted out the lugubrious game. Dalí asserts that to all effects, apart from the strictly physical disappearance, the hallucinogenic bullfighter is already dead, as he is fully aware of his immediate, inevitable fate. Perhaps this is why he keeps his eyes open, just like Ignacio Sánchez Mejías did in the elegy Lorca dedicated to him: "He did not close his eyes / when he saw the horns up close, / but the terrible mothers / raised their irate heads"; Dalí clearly derived his reasoning on true death from these lines, as well as the emphatic way in which he expressed it to Luis Romero.

In addition, in one corner of *Hallucinogenic bull-fighter*, there is a bull with his neck pierced with *banderillas*, dying in the bay of Portlligat. Viewed in the context of "Elegy for Ignacio Sanchez Mejías" ("It's all over; what's happening? Look at his figure: / death has covered him with pale sulphur / and has given him the head of a dark Minotaur"), common death throes serve to blend the two reciprocal victims, the bull and the bullfighter, in a monstrous hybrid of the man and the beast. Dalí implicitly suggests that the *banderillas* in the Minotaur's neck are the ones that close Lorca's elegy to Ignacio Sánchez Mejías: the last ones, the darkest and most terrible. Behind rises the blurry image of a *Guardia Civil*, with his three-cornered hat and cape, synthesising one of the most significant ballads by Lorca, the one about the *Spanish Guardia Civil*. "The horses are black / the horseshoes are black. Their caps shine / with stains of ink and wax".

In front of Venus' gathered tunic and the rocky crags of the Pyrenees, two open roses floating in the air echo another of Lorca's emblematic verses, from *Ode to Salvador Dalí* (1926), "Always the rose, always, north and south of us!") The poet was saying here that while he would not eulogise Dalí's clumsy adolescent brush strokes, nor his paintings which were so imitative of others of his time, he would praise the rose, a symbol of their mutual creative vocations and Dalí's desire for "limited eternity".

Limited eternity, even though in this case it is open to the world, contains the bullring of *Hallucinogenic bull-fighter*. Not only does the bullfighter confront death with his eyes open, in addition Lorca's dynamics of appearances and realities are interwoven and interspersed with the "paranoiac critical" method. Everything reflects a concept of kaleidoscopic unity. Venus, who in Lorca's ode to Dalí

was "a still life", has now become one of Dalí's dead friends, in the same way that the hallucinogenic bullfighter is the bull, who gored him when he killed it, in the same way manner, together, they will turn into the Minotaur. As the muzzle of the dying bull transforms itself into the shadow of a Guardia Civil. Likewise, Lorca's rose reappears in the form of Dalí's rose. As the poetic criterion of Lorca is the pictorial criterion of Dalí.

But at Venus' feet, in the bay of Portlligat, Dalí reserved a very personal separate space for himself. On the beach, there are three small statues of Aphrodite guarded by five flies – insects which were always sacred in Dalí's mythology (unlike ants). The child Dalí, dressed in a sailor suit, contemplates the statuettes in the same way (and in the same outfit) that he observed the *Apparition of the spectre of sex appeal* in 1934. In both works (painted over 30 decades apart), he holds a ring in one hand and a skittle in the other, which he identifies as "a petrified penis", according to Dawn Ades. In other words, it is an oblique reference to his psychological impotence.

These paintings show Venus going through a dual transfiguration: in *Apparition of the spectre of sex appeal*, the goddess of feminine beauty (born from the Mediterranean and the genitals of Uranus or the firmament, father of time, and castrated by his son according to the Hellenic myth) turns into a monster, partly petrified and ossified, who is propped up by gigantic crutches. Her deformed breasts are the sacks on Millet's wheelbarrow, which Dalí copied that same year in *Atavism at twilight*. As has already been said, the artist sees the two sacks as a transfer of a sodomisation which, in *Perpignan railway station* (painted three years before *Hallucinogenic bullfighter*), was that of a son sodomising his mother.

Even though Dalí sometimes said that the monster of sex appeal represented the horror of venereal diseases that his father had instilled in him, it does seem more like a variation on the praying mantis figure from *The tragic myth of Millet's Angelus*, the book that – we should remember – the painter was working on in 1934. In other words, that monster would become the transformation of the devouring mother who, in *The font*, commits fellatio and in *The dream* is shown with her lips sewn together and eaten by ants. But the double appearance of Venus in *Hallucinogenic bullfighter*, not only in the ring with its empty seats but also in the bay of Portlligat, would become the final sublimated, redeeming reincarnation of the horrifying chimera of sex appeal.

On the beach shown in *Hallucinogenic bullfighter*, Dalí remained a perennial child beside the Mediterranean, in the same way that death kept his brother in an eternal infancy, while Aphrodite was transformed into the executed Lorca as well as all the friends of the painter who had been murdered or had simply died. When Dalí completed *Hallucinogenic bullfighter* in 1970, he had no way of knowing that in his *Pietà*, which he would paint seven years before his own death, the little boy in the sailor suit at Portlligat would have reached Christ's age at the time of his crucifixion. As we have seen, in Dalí's copy of Michelangelo's *Pietà*, the son of God descended from the cross is turned into the son of William Tell, lying limp and dead in the lap of his virgin mother. He seems to have finally reached the last of his twilight hours, even though it might not be precisely that of the *Angelus*, but that of the merciful redemption of all the monsters.

Carlos Rojas

Dalí's self-iconography

Almost every painter has, at one time, done a self-portrait, whether as a simple exercise in self-discipline, in search of knowledge, out of a desire for self-expression, out of pure narcissism or a combination of all of these factors. In any case, a self-portrait always tells us a great deal about the artist's relationship with his or her particular creative world – and much more so in Dalí's case, as he succeeded in raising his facial features to iconic status.

Dalí's autobiographical *Secret life* begins with the following declaration:

"At the age of six I wanted to be a cook, at seven I wanted to be Napoleon, and my ambition has grown ever since".

At first sight, we might take this comment of Dalí's as a mere joke, but if we analyse his words carefully, we see that they reveal two of the artist's most significant, constant features: his alchemical desire to transform matter, and his adherence to the maxim "everything influences me, nothing changes me". The words also give a hint of Dalí's narcissistic airs of grandiosity which, though they might have distanced him from the concept of reality (and all of its associated vicissitudes), they also helped to endow him with the energy he would need in his constant search for success.

The world had to wait for a while – until 1919, to be exact – for Dalí's first self-portrait. He painted it when he was fifteen years old, five years after the scenographer Sigrido Burmann gave him his first set of oil paints. This particular self-portrait does not show his face, only him in the act of painting, in his new studio on Llané beach, at Cadaqués; this was a studio that had previously belonged to Ramón Pichot, a friend of the family. However, in 1920, right in the middle of the Impressionist vogue (which Dalí discovered through Pichot), he suddenly began painting portraits of his father, his sister, his maternal grandmother and his aunt (who later became his stepmother). He also painted two more portraits of himself. The first of these is painted in the style of the French artist Eugène Carrière, with the cove Cala Jònculs in the background, while the second shows him with an elongated neck (loosely in the style of the Renaissance artist Raphael), with the cove Cala de Sa Sabolla in the background. Both paintings (which have a three-quarters view of him) are painted in summer, which was when Dalí was most active artistically, as it was then that he and his family would spend their holidays at the isolated fishing village of Cadaqués, the sea air being so beneficial to Dalí, who was a sickly adolescent.

The following winter, he did two more self-portraits: the first showed him in profile, with a pipe and a wide-brimmed hat. It is painted in dark oils, with browns predominating; the second is outlined in a wash of light, and also shows him with only one eye visible. Dalí kept the latter self-portrait following the death of his father (it was received as an ironic inheritance), and it was given pride of place on the wall of his study. In September 1922, one year after his mother's death, Dalí went to Madrid to study at the *Facultad de Bellas Artes San Fernando* (San Fernando Faculty of Fine Arts). Soon after his arrival he radically changed his appearance, and did away with his long hair, his look of melancholy, his bushy sideburns and that mysterious air of a nineteenth-century romantic painter that he so much liked to adopt.

Dalí's new image did not appear in any significant paintings until 1923, when he painted self-portraits for several publications, including *L'Humanité* and *La Publicitat*; these publications reveal Dalí's very specific reading interests and ideology at that time – communism and Catalan nationalism. The first of these self-portraits was painted in the "clownist" style invented by the Uruguayan artist Rafael Barradas: in this painting his almond-shaped face is reduced to a pair of pronounced eyebrows and empty eyes. The second was inspired by Cubo-futurism, and even though that the composition's syncopation is based on multiple planes, we can still make out the same empty face and the pipe he liked to include in his self-portraits, though it was never lit. From 1925 onwards, he produced numerous profiles – both paintings and sketches – in which we can make out Dalí's face thanks to a very specific physical feature of his: a pronounced cleft that ran from his chin to his lips, which was a result of the fact that he had never lost his first bottom teeth (commonly known as "milk teeth"). This detail, together with the almond-shaped skull, enables the viewer to identify Dalí's face when it appears in the same painting as the poet García Lorca, whose face was squarer and had sharper features.

This accumulation of physical characteristics and the circumstances of his life was all brought together in his most successful iconographic work, the face that is entitled "*The great masturbator*". Presenting his face in profile, with one eye closed (and which has a vague resemblance to a vagina), his superbly aquiline nose and with a grasshopper stuck exactly where his mouth should be, Dalí interpreted himself as if he were an object, in an attempt to depict his sexual fears and to try to escape from a mental state that was bordering on madness. He painted it in the summer of 1929 – just before he met Gala. This face appeared for the first time in *The lugubrious game*, a composition with an onanistic theme – the title of which was thought up by (fateful irony) Gala's husband, the poet Éluard – and it is developed (in a softer, simplified form) in his successive works, *The enigma of desire* and *The great masturbator*.

From 1929 onwards, Dalí would often use both the realist figurative model of himself and the one by which he portrayed himself as an object, such as in *The great masturbator* and *The persistence of memory* (1931), which is his most well-known work. Examples of this combination are the two last paintings in which he used both modes: *Dalí from the back painting Gala from the back eternalised by six virtual corneas provisionally reflected in six real mirrors* (1972) and *Soft monster in an angelic landscape* 1977.

DALÍ DESCRIBED BY HIS SISTER

Salvador was a charming little boy, and his child's face showed ingenuity as well as a great liveliness. His eyes have always had a penetrating gaze, while his smile has something of an old man's, though his mouth, when closed, possesses a childlike candour that he has never lost.

It is a curious fact that my mother, Salvador and I only have two upper teeth instead of four, but you wouldn't be able to tell unless you knew first, since our incisors are shaped in such a way that they completely hide this feature. In addition, my brother is also unusual in that he lost all of his milk teeth apart from two – the two lower middle ones. These tiny teeth, which are like grains of rice, produce a slight cleft in the shape of his lower lip. All the family were very fond of these two teeth, which were a reminder of his far-off childhood. Sometimes, Salvador became very aware of them, and we often spoke about them, and he used to say that they were turning transparent, and that if you looked closely, you could see the Virgin of Lourdes inside one of them, just like in the ivory toothpick holders that come from Lourdes.

He would wear cravats, jackets (he never liked wearing sports jackets or waistcoats), baggy trousers with knee gaiters, all crowned with that unmistakable face, which later would become the face of Dalí the painter. When I think of that pale, thin face – which looked even thinner because of his black sideburns – I have a distinct memory of his green eyes, of their intense gaze, and the way that they took on – at times when his soul was granted a moment's repose – the serene, restful appearance of my father's eyes.

Anna Maria Dalí
Noves imatges de Salvador Dalí, 1988

The long shadow of the father

It is impossible to tackle the subject of Dalinean iconography without mentioning the powerful, persistent presence (for good and for ill) of his father.

Salvador Dalí Cusí (Cadaqués, 1872 – 1950) was the son of Galo Dalí, a native of Cadaqués who moved to Barcelona, and whose progressive paranoia led him to commit suicide in 1892.

Desiring to return to the Ampurdan, the region of his birth, Salvador moved to Figueres in 1900, after having been awarded the position of local notary by public examination. Shortly afterwards, he married Felipa Domènech Ferrés (Barcelona, 1874 – 1921), who soon after became pregnant.

The first Salvador Dalí Domènech was born on 12th October 1901, only to die twenty-two months later, of (the death certificate tells us) an "infectious gastrointestinal chill". The parents, who were heartbroken by their son's death, kept a photograph of him on the chest of drawers in their bedroom, next to a reproduction of Velazquez's *Christ*. In the rural culture of the time it was common practice both to keep a photograph of a deceased child, as well as give the name of a dead child to the next child that was born.

On 11th May 1904, nine months and ten days after the death of his brother, the second Salvador Dalí came into the world. And four years later, Anna Maria – their third and last child – was born. Years later, Salvador tried to capitalise on the existence of his first brother, using it to explain his notoriety for disgraceful conduct, as he had been obliged by a paternal betrayal to compete forever with a ghost. He even went so far as to compare the situation with that of the mythical brothers Castor and Pollux, the sons of Zeus and Leda.

In 1910, the family was further enlarged when the notary's mother-in-law and sister-in-law (Maria Anna Ferrés and Caterina Domènech) moved into the house.

The young Dalí grew up overprotected, capricious and spoiled by his parents, who were fearful of losing yet another son. As a result, by the time Dalí reached adulthood, he still did not have a clue about the practicalities of life.

In 1921, Felipa died of cancer of the womb. Soon after, the grandmother also died, and Salvador the elder married his sister-in-law Caterina, who Dalí and his sister continued to affectionately call "Tieta" (Catalan for "Auntie").

Dalí described his father as a "giant of strength, violence, authority and imperious love. Moses and Jupiter combined." His mother, meanwhile, was like an angel to him: "She was the honey of the family. I would have liked to drink from her in the same way that the Matas family – our Argentinean friends who lived on the second floor of our house – sipped their *mate* (an Argentinean herb tea) from their little silver *mate* receptacles at six o'clock every afternoon". After his mother died, Dalí felt extremely vulnerable all of a sudden. "She was the only one who could have transformed my soul. For me, her death was like a challenge, and I resolved to avenge myself on fate by striving to turn myself into an immortal being", he told the journalist André Parinaud in the last years of his life.

His father tried to safeguard his son's future by sending him to the *Escuela especial* of the *Facultad de Bellas Artes San Fernando* in Madrid where, on completing his studies, he would be qualified to teach art, and would therefore have a regular means of income. He also tried to protect his son from venereal diseases by the expeditious method of placing a medical book – which was profusely illustrated with pictures of bodies infected with syphilis – on top of the piano at home. Dalí later said that this extreme method of prevention was a major influence that determined his subsequent aseptic sexuality.

An atheist, a Catalan nationalist, a Republican federalist and a freethinker, Salvador the elder was pressured by the authorities during the Primo de Rivera dictatorship to withdraw an accusation he had made about an electoral fraud. As he refused to back down, his son was jailed as an agitator, though he was set free without charge three weeks later.

Dalí's father was concerned about his son's complete practical ineptitude, and worried about the uncertain future that awaited the young Dalí once he had decided to follow his artistic vocation; however, in 1925 the notary began pasting all the reviews of his son's exhibitions that he could find into an album. Even so, he still had his misgivings: "The success that he has obtained with his paintings is much greater than I would have ever believed possible. But I would have preferred it if this success had come at a later date, after he had completed his studies and found a position as a teacher".

But the final tragic rupture between father and son took place in 1929, when Dalí began an affair with Gala Éluard, a "shameless" foreigner who was already married and mother to a little girl. Shortly before the end of the year, Dalí's father found out that his son had exhibited a *Sacred Heart* in the Goemans gallery in Paris, which bore the inscription "*Parfois je crache par plaisir su le portrait de ma mère*" (Sometimes I spit on my mother's portrait for sheer pleasure). A violent family argument ensued which ended up with Dalí being banished from his paternal home.

This rupture was the culmination of a process that had come about as a result of Dalí's interest in Sigmund Freud, and specifically Freud's theory that the true hero was the man who succeeded in vanquishing his father. Dalí began by provoking his father, systematically – though at the same time, with great care – seeing as: "I could not, in any way (and at the risk of great danger, of seeing my personality dissolve, like sugar in coffee, into a permanent delirium) cease to admire him, and even identify with him, copying his structure and moulding myself in the image of his strength". And so, "Moses was stripped of his beard of authority, and Jupiter of his thunderbolt. Nothing was left but a William Tell".

In 1913, with his first earnings from his Paris exhibition, Dalí purchased a fisherman's cabin in Portlligat – twenty-one metres square in size – for 250 Pesetas. His father, who was alarmed to see his son was getting his own way, gave the order that no one in Cadaqués should provide him with lodging, in addition to reporting Gala to the authorities for being a cocaine dealer. This terrible struggle was depicted in a series of paintings in which Dalí portrays the entire family as victims of a paternal depravity.

Curiously, this situation suddenly resolved itself in 1934, when Dalí made his first attempt to make his peace with his father. He partially achieved this in 1935, following an emotional reunion organised by Rafael, the notary's brother.

After the Spanish Civil War, Dalí's father experienced a strange mystical conversion, and even managed – to a certain extent – to accept Gala as his son's wife, after she and Dalí had returned to Spain in 1948. He even let Gala take him out for a drive in the brand-new Cadillac that Dalí had brought from America, as an emblem of the great success he had achieved as an artist.

Salvador Dalí the elder died of prostate cancer in 1950. The fact that he drafted eight separate wills between 1929 and his death gives some idea of the roller-coaster nature of the father-son relationship. However, the last will settled entirely in favour of Dalí's sister, granting the son only 22,000 Pesetas, and none of the paintings that the artist had had to leave behind suddenly when he was banished from home in 1929.

Deep down, Salvador Dalí's real audience was his father, and – by extension – the people of the Ampurdan. As for the rest of humanity, he never felt he had to prove anything to them.

LETTER FROM DALÍ THE NOTARY TO LUIS BUÑUEL

My dear friend:

I trust that you received my letter of last Saturday.

If you are still friends with my son, would you do me a favour? I have not written to him because I do not know his address.

Yesterday he passed through Figueres, I am told, and he left for Cadaqués with *la madame*. He was very fortunate in that he only stayed in Cadaqués for a couple of hours, because during the night the Guardia Civil – following orders they had been given – paid him a visit. Thus he avoided an unfortunate experience, because if he had stayed the night in Cadaqués he would have had a bad time of it.

My son has no right to ruin my life. Cadaqués is my spiritual refuge, and my spiritual tranquility is upset if my son is there. In addition, my wife's sanatorium will be destroyed if my son befouls it with his indecent conduct.

I am not prepared to suffer any longer. And so I have made preparations to ensure that he will not be bothering me this summer.

I am now in possession of the means to ensure that my son will not befoul our lives, this summer and the following one. When these means are no longer effective I will use any means I have to hand – even an attack on his person. My son will not go to Cadaqués, he must not, he cannot.

Not this summer, nor the next, because I have other means to prevent him from bothering me, but when those means that I now have available are no longer effective, we will have to go at each other with sticks, to decide who is the winner, and I warn you that as I want to win at all costs, I will increase my advantage by seeking help from men who will help me to give him a beating, or I will find a suitable occasion when I can give him a few blows without receiving any myself. This can no means be considered a despicable act, because I am duly informing the murder victim of my intentions, and as a consequence if he wishes to go to Cadaqués, he should take suitable precautions, in order to either defend himself or to attack (whatever he wishes).

I am completely convinced by his theories. He believes that in this world, the point is to commit all the evil you can, and I also believe this. I cannot do him any spiritual harm because he is a completely vile being, but I can cause him physical harm because he is still made of flesh and blood.

Best wishes from your dear friend,
Salvador Dalí

Letter from Dalí's father to Luis Buñuel, March 1930

Anna Maria Dalí, from model to object of hatred

Anna Maria Dalí (Figueres, 1908-Cadaqués, 1990) was not only the artist's sister, right from her adolescence she was also his typist (the one who had to try and give some order to his scrawled articles and letters), she translated his texts into Spanish when they were to be published, she was his accomplice at key moments in his creative development and, from 1923 to 1926, she was his muse, and virtually his only model.

Rafael Santos Torroella was the first critic to point to the existence of Dalí's "Anna Maria" period; this came directly before his "Lorca" period, which would set the painter from Portlligat on the path to Surrealism. Even though she was replaced by Lorca as the main subject of her brother's paintings, Anna Maria managed to turn the Federico-Salvador relationship into a triangle of insinuated love, in which nothing was what it seemed. The situation was that Anna Maria adored her brother and was in love with Federico; meanwhile, during his stays in Cadaqués, Federico loved and let himself be loved, using Anna Maria in the periods of estrangement between him and Dalí so as to "worship the Saint through the base of the pedestal" as the Spanish expression has it. And in fact, most of the photographs that show Federico and Salvador together in Cadaqués were taken by Anna Maria.

Anna Maria gives us a few clues as to what her brother would have been like if he had not taken his leap into the void, to burn the bridges of pictorial and family tradition. Her writings and reactions show us how much of her brother's character was "human", how much was typical of the Dalí family (though the people of Cadaqués all agree that it was a family that was unlike the rest of us mortals) and how much was pure invention.

Just like her brother, Anna Maria suffered greatly from the loss of their mother and their father's absorbing personality. She travelled with her brother to Madrid, when he had to take the entrance exams for the school of the *Facultad de Bellas Artes San Fernando*. She also travelled with him to Paris, in 1926, where he first met to Picasso and visited the Louvre. They then travelled on to Brussels, so that her brother could admire the works of the Flemish masters "in the flesh", especially those of Vermeer.

1925 was Anna Maria's big year, as it was the year of her brother's first individual exhibition, which was held at Galerías Dalmau in Barcelona, in November 1995. Out of a total of seventeen paintings and five sketches, the exhibition featured eight portraits of her.

Most of Dalí's portraits of Anna Maria show her seated. In the first one, *Portrait of my sister* (1923) she is seated in an armchair. In late 1926, Dalí retouched the painting in a brutal manner by inserting a Picasso-inspired face at the bottom of the painting, and entitled the resulting mess *French pack of cards*.

These portraits all focus on the bust of the model, and her facial features and hands are depicted with great meticulousness. By 1925, Dalí had come to prefer his sister's back to her face, as can be seen from his two masterpieces of the period, *Girl from the back* (which was praised by Picasso), and *Girl at a window*, which is one of Dalí's most well-known paintings. Dalí's obsession with Anna Maria's back developed in two complementary directions: one was the fact that the centre of gravity in the portraits gradually descended to focus on her backside (as can be seen in *Nude in the water* and *Venus with cupids*, from 1925), while the other tendency was the way Dalí began to paint the idealised profile of his sister falling as a shadow onto provocative female shapes, such as in *Neo-cubist academy* and *Figure on the rocks*, from 1926. In addition, there was the series of profiles on the theme of *Venus and a sailor*, all of which reveal that something was beginning to twist in Dalí's entrails.

Anna Maria's adoration of her brother turned to loathing after the family split and she was replaced by Gala. And in spite of the subsequent reconciliation, Anna Maria never forgave Gala – in fact she could not stand her, and blamed her for her brother's "twisted" morality. Anna Maria made this accusation publicly when she published her personal reply to *The Secret Life* (1942) – it was entitled *Salvador Dalí seen by his sister* (1949), and it led to further estrangement between the siblings. But it was hardly surprising that Anna Maria had to put the blame on someone for the moral depravity she had seen manifested in Salvador's cruel, allusive paintings of his family that he produced from 1929 to 1934, as well as for all her brother's false memories in his "secret" biography, and especially for the poem he had written about her in *L'amour et la memoire* (1932):

> *The image of my sister*
> *The anus red*
> *with bloody shit*
> *the half-swollen*
> *dick*
> *resting elegantly*
> *upon*

a huge
colonial
and personal
lyre
the left testicle
half-submerged
in lukewarm milk
the glass of milk
placed
inside
a woman's shoe.

After their father's death and the reading of the will – which even denied Dalí his own paintings, and they remained in his paternal home – the artist refused to see his sister again.

In addition, Anna Maria never ever worked, and lived partly off the sale of sketches and paintings by brother through a Barcelona gallery, and this only served to exacerbate the loathing Dalí felt for her.

However, Dalí and his sister did meet one last time; it was in 1984, when he was convalescing in the Clínica del Pilar, in Barcelona, after having suffered serious burns during a fire at Púbol castle. And even though he had not seen her for thirty years, Dalí still managed to summon up sufficient strength to send her out of his room with screams and insults.

Anna Maria did not go to her brother's funeral. She died a year later, of breast cancer. Though she knew she was ill, she did not mention it to her doctor (who, oddly enough, had also been her brother's doctor) until it was too late. This doctor, Manuel Vergara, gave his opinion on the two: "Both brother and sister let themselves die of what I would call the 'Dalí syndrome'. The Dalís were slightly paranoiac, and would always kept a tight rein on their fears, which they pushed to the bottom of their consciousness. Then suddenly, without any warning, they just gave up the ghost".

AN IDYLLIC PAINTING SESSION

During the hours when I modelled for him, I never tired of staring out at that landscape (Cadaqués), which has now – and forever – become a part of myself. He always painted me by a window. And my eyes had time to examine even the smallest details. And then, the far-away breeze would rustle the leaves in the olive trees, bathing them in light and shade, and this was a clear sign that we should go for a swim and then have lunch.

The morning session was over. The crystal-clear water welcomed us in, and we floated on it, ducking our heads under the surface and opening our eyes underwater to see the clumps of seaweed swaying to and fro amidst the patches of sunlight that the water would make

shimmer, jelly-like, and the fishes that swam off when they saw us coming.

The days went by, beautiful and perfect.

The studio filled up with canvases, which Salvador would choose with care. The portrait of my father, portraits of me, Cadaqués landscapes and portraits of two women friends of his – both of them blond, pretty, and fair-skinned.

Salvador still had the immaculate appearance that he had acquired in Madrid. His suits were impeccable and elegant, his hair was well-combed, and it followed the shape of his head. His whole persona gave off an air of serenity and well-being.

In the tranquillity of our home, my father had discovered a new pleasure – it was a large notebook which he had had bound in parchment. He used this book to collect all the articles that mentioned his son. And the book became thicker and thicker. Patiently, and full of hope, tenderness and enthusiasm, my father – as he saw his enthusiasms become reality – stuck more and more articles and reproductions onto the white pages, all the while making notes in the margins, together with pertinent comments important dates; and this is how the most accurate bibliography of my brother began.

Anna Maria Dalí
Salvador Dalí seen by his sister, 1949

Federico García Lorca and the myth of St. Sebastian

After Dalí had moved into the students' residence in Madrid, a few months went by during which he did not speak to almost anyone. With his laconic behaviour and his outlandish appearance, people assumed he was virtually subnormal. But then, one afternoon, the Aragonese José "Pepín" Bello wandered into Dalí's room (the door of which had been left ajar), and discovered – to his surprise – two cubist paintings.

The news spread quickly through the residence – the "*Polaco*" painter (this was one of the nicknames they had given to Dalí – *Polaco* means "Polish", a common nickname for Catalans in the rest of Spain) was a cubist, and cubism was the latest thing in avant-garde art! Soon he was invited to join the most worldly, dandified, cynical group of students in the residence, a group which included Luis Buñuel – who was studying entomology –

Federico García Lorca, a law student and Pepín Bello, a medical student.

In record time, Dalí replaced his romantic attire with English-style suits and golfing jackets, while his hair – which before flowed down his back – was cut short in an elegant style. At the bar of the select Hotel Palace (known as the Rector's Club), Dalí learned to get drunk and to appreciate the jazz of the Jackson Brothers, as well as becoming an expert dancer of foxtrots and tangos.

Federico García Lorca (Fuentevaqueros, 1898 – Granada, 1936) was the son of a wealthy family. In 1918, his father financed the publishing of his first book, *Impressions and landscapes*, while in 1920 his first play, *The curse of the butterfly*, was performed for the first time (without much success), and then in 1921 he published his first *Book of poems*. He was a playwright, a poet, an excellent pianist, an eloquent

conversationalist, a passionate storyteller, and he could even turn his hand to drawing. But above all, his fascination lay in his great ability to get on with people; the poet Jorge Guillén recalled that "when you spent time with Federico, the weather wasn't cold, it wasn't hot, it was just… Federico."

Dalí and Federico both had a passion for the poetry of Rubén Darío and for French culture. Pepín Bello said that Dalí "possessed an admirable purity, and it was that purity, that virginity, that attracted Federico – the homosexual, of course, that existed in Federico". As Dalí wrote in his autobiography, "Lorca made a tremendous impression upon me – he was a complete poetic phenomena, in 'real flesh and blood', and he appeared suddenly before my own flesh and blood, confused, injected with blood, viscous and sublime, vibrating with a thousand fireworks and a subterranean biology, just like all matter that possesses the originality of its own form. I reacted, and immediately adopted a rigorous stance against the "poetic cosmos". I never said anything that was definable, nothing for which an "outline" or a "law" could be established, nothing that could be "digested".

And so straight away an intense emotional and intellectual relationship was established between the two creative artists, the dialectics of which would enrich their respective work.

As a result of this friendship, Federico came to Cadaqués twice. The first visit, in April 1925, left the Dalí family completely dazzled after Lorca had generously deployed all of his charms – which included a private reading of his new play: *Mariana Pineda*. Dalí took Federico on a guided tour of all the little nooks and crannies of Cadaqués, including Cabo de Creus, where they ate a rabbit flavoured with "salt and sand", after a "dangerous" boat trip. In turn, Federico was overawed by the fertile flatlands of the Ampurdan region, and the Greek ruins at Ampurias.

Lorca then invited Dalí to come and visit him in Granada, but Dalí decided to stay and prepare for his first individual exhibition, to be held at Galerías Dalmau in Barcelona. Influenced by Italian metaphysicians, he painted *Still life. The bottle of rum*, a composition that was inspired by Morandi's still lives; he gave it to Federico as a present, and as an example of his new pictorial poetics.

Federico returned the favour in April 1926, when he published *Ode to Salvador Dalí*, his best-known poems. Dalí was very flattered by Lorca's well-chosen praise and – it might have been in May of that year – agreed to take part in an odd ritual: as Lorca could not have penetrative sex with Dalí, as he wanted to do (Dalí complained that "it hurts too much") the poet made love with a young girl while the painter looked on. This was Lorca's first and only sexual experience with a woman. As Dalí said, "the sacrifice made by the girl was compensated by Lorca's own sacrifice".

In that same year, Dalí commenced his "Lorca period", with *Still life (invitation to a dream)*, a canvas which took its inspiration from a photograph that Anna Maria had taken in Cadaqués. The photo showed Lorca recreating the ritual of his own death – which he would act out every night in his room at the students' residence, as a kind of exorcism. Shortly afterwards, Dalí produced his masterpiece from that period: *Composition with three figures (Neo-cubist academy)*. The central character of the painting – flanked by two female figures representing virtue and vice – was St. Sebastian, the patron saint of Cadaqués, and the symbol of the relationship between Dalí and Lorca. As they were both aware that this saint was also the unofficial patron saint of homosexuals, Federico and Salvador began to develop their respective poetry and emotions using a kind of code. While Federico would emphasise the beauty of the model, Salvador would remind him that the model had his backside jammed up against a column. It was then that Dalí began a series of paintings (influenced by Picasso, who he had recently met) which showed his own face and Federico's sharing the same head; the most famous of these is *Still life by the light of the moon*, painted in 1926.

The Lorca period came to an end after Federico's second visit to Cadaqués in summer 1927, which was also when Dalí's article "St. Sebastian" (which presented Dalinean aesthetics in creative code) appeared in the Sitges magazine *L'Amic de les Arts*. That summer, Salvador began two emblematic paintings: *Honey is sweeter than blood* (the whereabouts of which is currently unknown) and *The sterile efforts*, later entitled *Cenicitas (Little Cinders)*. Both of these paintings show the heads of the two friends – though now separate – in the middle of a landscape that is influenced by the aesthetics of Yves Tanguy; a coastal landscape strewn with anthropomorphic "apparatus" which includes mutilated bodies, rotten fish and donkeys. This summer Federico tried – for the second and last time – to make love with his friend, but failed for the same reason as before. By now their friendship had reached an *impasse*. They continued to write to each other until 1930, but they did not meet again until 1935, when they met up in Barcelona – Dalí was with Gala and his sponsor Edward James – and they went on a trip to Tarragona.

Dalí heard no more from Lorca until the poet's death in 1936, but he never forgot him, as can be seen from the series of paintings that began with *The endless enigma* (1938), the show "*Café de Chinitas*" that he put on in New York, and the interview he gave to Ian Gibson in 1985, after Gala had died. In this interview, the now-decrepit Dalí confessed that the experiences he had shared with Federico were the most crucial ones of his life. The St. Sebastian paintings that he painted during the course of his life were the finest testimony to a relationship that has no equal in the history of contemporary aesthetics.

POETICS IN OPPOSITION

Dear Federico,

I have read your book carefully and I could not refrain from making a few comments.

Your current poetry has become very traditional, and though I detected in it the greatest poetic substance that has ever existed, it is entirely conjoined with the rules of all old poetry, which are incapable of moving us or satisfying our present desires. Your poetry is bound hand and foot to old poetry. You may, perhaps, believe that some of the images are daring, or you might find an increasing amount of irrationality in your little things, but I must tell you that your poetry works by illustrating common places.

You yourself work within accepted, anti-poetic notions. You mention a jockey, and this supposes that he is riding a horse and that the horse is galloping; you are making a great supposition, because in fact, it would be a good idea to discover whether it really is the jockey who is on top – whether the reins are not an organic continuation of the jockey's actual hands, whether in fact the hairs on the jockey's testicles are growing faster than the horse is galloping, and whether the horse is, in fact, a motionless object that is stuck to the ground by vigorous roots... etc., etc..

Little things must be left free from the conventional ideas to which intelligence has subjected them. Then these lovely little things will, all on their own, function in accordance with their true, essential way of being. Let them decide for themselves the direction in which their shadows lie!

My dear Federico, in your book – which has led me through all those mineral places as I read it, I have seen you, that little beast that you are, that erotic little beast with your sex and the small eyes of your body, and your hair and your fear of death and your desire that if you do die, that the gentry should know about it, your mysterious spirit made up of silly little enigmas with a close horoscopic correspondence; your thumb in close correspondence with your dick and with the wetness of the lakes of dribble of certain species of hairy planets that exist. I love you because of what your book reveals you to be, which is the complete opposite of everything that the putrefied ones have forged in you. A brown-skinned gypsy with black hair and a childlike heart, etc., etc.

Farewell. I believe in your inspiration, in your sweat, in your astronomical fatality.

My best wishes,
Dalí.

Fragments from a letter from Salvador Dalí
to Federico García Lorca, on publication of
Romancero Gitano, September 1928

Gala, the stolen muse

When Dalí met Gala, the Catalan artist had come to a dead-end: on one hand, he needed to give free rein to his overflowing creativity – which was inseparable from his complex sexuality – but on the other, he needed his family for economic, practical and emotional reasons. He was consumed by an anxiety that took the form of overpowering fits of laughter which left him breathless and writhing on the ground. In a matter of months, he would have crossed the threshold into madness, without any hope of return.

When Elena Dimitrevna Diakonova (Kazán 1894 – Cadaqués, 1982) – or "Gala" – met Dalí, her marriage to the poet Paul Éluard was deteriorating rapidly. After having forced her husband into a *ménage à trois* with the German painter Max Ernst, there was nothing left of their marriage but a deep friendship and an ever-declining sexual activity, which was interspersed with capricious infidelities on both sides.

However, after Éluard's shares lost a great deal of their value in the 1929 Wall Street crash, he and Gala had decided (together with Magritte and his wife and the gallery owner Camille Goemans) to come and visit the studio of the young Catalan artist Dalí on the not-particularly-glamorous Girona coast. It would be a cheap holiday for the Éluards, a far cry from the luxurious bathing spas to which they were accustomed.

According to a habit of Éluard's, the poet virtually threw Gala into Dalí's arms, suggesting that she go for a walk with the artist along the coves of Cadaqués, during which Gala should sound out the painter on his interest in coprophagy. This was because a few days before, the group had been admiring one of Dalí's oil paintings, which became called *The lugubrious game* (in fact it was Éluard who came up with the title), and in the foreground of the painting there was a man whose underwear was soiled with excrement. From the first moment he saw Gala, Dalí could not take his eyes off her, and on their walk, he explained to her that in his paintings he was merely exorcising his fears, which included a fear of locusts, of excrement and of blood. Or rather, that there was nothing coprophagous about him. And then Cupid's arrow struck them and she took his hand. Dalí had the impression that he was reliving a childhood love (for Julieta/Dulita Pichot). And so the virgin Dalí was initiated into the art of sex by a very experienced Gala. The friends then returned to Paris, including Éluard, but not Gala; she had seen Dalí as a "child-genius lost in the world", his terrifying laughter no more than a cry of desperation, "the last message from an intelligence that was lost in the labyrinth of nothingness", and she took him under her wing and gradually freed him from his complex-

es. She then said to him, "my little one, we will never ever part". And that is how it turned out. With Gala as his mediator, Dalí managed to dispel his sexual fears (albeit in a rather peculiar way, given that he was terrified of vaginas, and found complete pleasure in voyeurism and masturbation), as well as managing to rid himself of many of the incredible obstacles he had to leading a practical life – for example, he had been incapable of even crossing the road on his own, and was unable to work out the value of money. Gala had fallen hopelessly in love with a man who was ten years younger than her and who, after having been banished from his family home, would spend several years living in poverty until he regained – gloriously – his previous position of privilege. After that, for much of the year he kept her (Gala, the inveterate urbanite) away from the noise of the world, shut away in a tiny fishing huts in the virtually deserted cove of Portlligat.

Now that he was freed from all his domestic and administrative tasks, Dalí could get on with his work uninterrupted, and by the early nineteen-thirties, he was signing his work with both their names. Gala, who was in fact shy in social life, turned out to possess a real business brain. From very early on, she would negotiate contracts, sign checks, choose the work and calculate the profits. When time was pressing, she would even lock Dalí in his room until he had finished something he had been commissioned to paint.

Both of them suffered from the same fears: fear of illness and fear of poverty, which as far as they were concerned were synonymous. Gala, who had once suffered from tuberculosis, never went anywhere without two bulky suitcases: one filled with medicines, and the other filled with cash, which she would fritter away frantically in casinos. In fact, the anagram AVIDA DOLLARS that Breton devised from Dalí's name, in criticism of the money-loving attitude of his old companion from the Surrealist group, really describes Gala better than it did Dalí, as he was more obsessed with money as a synonym of security than with the specific figures or amounts.

Gala had married Éluard in church in 1917. On the advice of her first husband, she married Dalí in a registry office, in 1934. In 1958, six years after Éluard's death, Dalí and Gala celebrated their marriage again with a private church wedding.

As the years went by, Gala began to tire of Dalí's active socialising, and the fact that he had started inviting "dirty hippies" who he had picked up anywhere to his house in Cadaqués. As Dalí could not satisfy her sexually, he used to procure occasional lovers for her (who became increasing-

ly younger and more mercenary), and he spent a fortune on gifts and favours. Meanwhile, during Gala's increasingly long absences (during which she stayed in Italy or in the castle he built for her at Púbol), Dalí would stage orgies for his own visual recreation, using agency models and the occasional social climber. On top of all this, the couple were ageing badly: Dalí needed an increasing amount of medical care, and he refused to be seen by a doctor if Gala was not present. Meanwhile, Gala was in despair because plastic surgery could no longer hide her decrepitude from the mirror, and because her last lover did not want to see her again. Moreover, she refused to allow any visits by Cécile, her only daughter from her marriage to Éluard, and for whom she had never taken any responsibility.

Gala died in Portlligat one June afternoon in 1982, after prolonged death throes. She was taken in secret to Púbol and buried in the crypt next to an empty tomb that was to have been for Dalí. However, Dalí changed his mind about this at the last minute, and was finally buried together with his work, at the Theatre-Museum of Figueres.

The many portraits of Gala that feature in Dalí's iconography are somehow a kind of self-portrait. Even when he painted his muse naked or with one breast exposed, her perfect body never gave out the slightest hint of eroticism. Her hard features show – without a hint of idealisation – a face that was cold, arrogant and even unfriendly – which happened to be what most of the people she dealt with thought about her. However, Gala never interfered with the quality, the talent or the content of Dalí's works; her virtue was to have been the right antidote to stop Dalí from dying from his own poison.

I NEVER WENT MAD BECAUSE GALA TOOK ON MY MADNESS

Gala revealed Dalinean love to Dalí. I had achieved an almost total narcissism, but the culmination of my pleasure came at the moment when, just before the sperm came, a powerful image would appear and dazzle me, and it was like the negation of my act: my father on his deathbed, for example, or perhaps I would look intensely at other image, as if I wanted to engrave it within myself and to immobilise time. I have had my pleasure while looking at the bell tower at Figueres through the barn skylight – and it was before my eyes, even though that bell tower was demolished during the Spanish Civil War. This delight in images which were expelled from my memory, or which I registered intensely at the moment of pleasure, represented my real erotic enjoyment. I am an enjoyer of images, and my painting is the percussion of ecstasy.

I might have been nothing more than a voyeur who was passionate about watching couples consumed with desire. But Gala allowed me to achieve the spiritual delights of Eros, she pulled down the barriers of my childish ghosts, and my fears of death, by placing herself naked before me, with her own obsessions. It was she who cured me of my self-destructive rage by presenting herself as an offering on the altar of my rage for life. I never went mad because Gala took on my madness.

She has created a classical order out of the most terrible sickness of my spirit, out of my fantastic wanderings,

my paranoiac visions and my delirium. She has de-lim-it-ed (or should say Dalí-imited) my delirium and has established mental mechanisms to help me recognise what is real. Thanks to her, I can differentiate between what is a daydream and reality, between my ethereal intentions and my practical inventions. Through constant exercise, thanks to her intelligence, I have developed my sense of objectivity, whilst leaving free an irreducible part of my paranoia, which is where I extract my genius from. This duality is the

most incredible originality of my being. I have achieved the sublime mutation of evil into good, of madness into order, and I have even persuaded my contemporaries to admit and to share my madness. Dalí has projected himself into the world, and has become truly Dalí.

Salvador Dalí
Unmentionable confessions,
collected by André Parinaud, 1973

Figueres and Ampurdán

At the height of his fame, Dalí used to say – and only half-jokingly – that he aspired to be "the best painter in his province", Girona. The fact is that this province has not provided the history of art with any other painter worthy of note, but Dalí was also speaking seriously, since all the prizes and honours he won in Europe and the United States would have been utterly worthless if he could not show them off in the land of his birth, the Ampurdán region. In fact, Dalí was acting for the benefit of his father and his people – the inhabitants of Figueres – and did not rest until he had succeeded in creating a museum dedicated to him, in the city where he was born.

An avid reader of Montaigne, Dalí followed one of the philosopher's mottos to the letter: "The only way to become universal is by being ultra-local", given that it is the *specificity* which distinguishes us from others that gives us back our humanity. Very early on in Dalí's career, his paintings began to feature actual places in the region, such as Figueres, Cadaqués, Portlligat, Cabo de Creus, the Medes islands and, to a lesser extent, Vilabertran, Vila-Sacra, Tonyà, Roses, Palamós and Púbol. In fact, in his permanent struggle to become "ultra-local", during his final years he managed to change the title he had been granted – Marquess de Púbol – to Marquess *Dalí* de Púbol. He did not want to monopolise the area, only his very personal view of it.

Figueres has a square called Plaza Salvador Dalí, as Perpignan also does (by the railway station), though there is no square by this name in Barcelona. In fact, during Spain's period of transition to democracy, Figueres city council made a controversial decision to change the name of the square back to Plaza del Teatro, as it had been called before the Civil War. However, the massive protest – both local and international – caused the council to back down at the last minute.

His childhood in Figueres (and for many of us, childhood is our true homeland), is given great importance in his autobiography *The secret life* (1942). He was born at number 20 (now No. 6) Calle Narcís Monturiol, a street that was named after a utopian socialist who invented the submarine. Then in 1911, the family moved to a flat on the corner of that same street, where it joined the Plaza de la Palmera. In 1926, he painted *The girl of Figueres* from a window in this flat. The painting shows the nape of the neck of a young girl who is sewing on her balcony; in the background there is the square, a poster for Ford cars, the Roda mountain chain and, to the left, *El Colegio de las Francesas*, the school that Anna Maria went to.

Few people in Figueres even knew of the existence of *My secret life*, as it was not published in Spain until 1981. Characters in it include "poor Butxaques" (with whom Dalí confessed to being in love as a child), who was Joan Butxaques, his schoolmate who took his first communion alongside Dalí, and yet was never aware of his friend's devotion. The book also mentions his friends Joan Miravitlles (with whom Dalí shared a prison cell in 1924) and Joan Subias, who helped him to decorate the float for the Kings' day procession in 1921. Everyone was so impressed by this float that the trees on Figueres' *Rambla* were promptly trimmed to enable it to move down the street unhindered.

Dalí also designed two posters for the Santa Creu local fairs, he put on an "Exhibition of Old and Modern Art" at the Sala Edison, and he was responsible for decorating the cornices of the hall.

After his stay in Madrid (during which he alternated between Cadaqués, Figueres, Barcelona – where two individual exhibitions of his work were held – and of course the capital city), Dalí returned to Figueres to write the script for *Un Chien Andalou* ("An Andalusian dog"), together with his friend Buñuel. Buñuel moved into the Dalí family flat to write, having brought his typewriter, a bottle of White Horse whisky and a pack of Lucky Strike cigarettes. Meanwhile, Dalí was in the Cafe Emporium, sipping a Gin fizz.

During the period when he first became estranged from his family, Dalí used to express as much repulsion for his homeland as he did for his family, declaring at one point, "I am thinking of that abominable, ignoble land of my birth, where I spent my adolescence". However, while he was exiled in the United States, when he was writing *My secret life*, he began to recall nostalgically the "dear plains of the Ampurdan and their unique geography, and their terrible vigour" which "has moulded all of the aesthetics of Dalinean philosophy onto the countryside". In fact, during the course of his life, he only painted three landscapes which did not feature – even remotely – the land of his birth: *Semi-pagan landscape* shows Florence, *The invention of the monsters* features the Semmerling mountains, near Vienna, while the Californian landscape appears in *Autumn sonata*.

Dalí was the number-one publicist for the Costa Brava in the United States, and only natives of Ampurdán who were resident in New York (such as his childhood friend Jaume Miravitlles) understood why his friend never worked on Thursdays – it was because Thursday was market day in Figueres. Even in 1948, a year before he returned, he signed a sketch of *Leda Atomica* with the phrase "*Dalí de Figueres*" (and not with his customary "Gala-Salvador Dalí"), so much was he missing his homeland. And in 1951, when an American journalist asked him about the nuclear threat faced by the West, he replied by recounting an idealised version of Armageddon, and ended with the cry "*Visca Figueres*" (Catalan for "Long live Figueres"). This cheerful comment became the title for a *New York Times* editorial.

Following his triumphant return to Figueres in a Cadillac, Dalí settled in Portlligat, and in 1958 he married Gala – in church, this time – at the Santuario dels Àngels, near Púbol.

Dalí had achieved his dream: he was now famous amongst his own people. And so, full of pride, he would be seen publicly at the terrace-bar outside the Cafe Astoria, and he would often have lunch at in El Celler de Ca de la Teta and Restaurant Duran. He would also drop in at Can Canet, the bookshop on the Rambla, he used to buy the slippers he liked so much at the Roig shoe shop, as well as stopping by at the drugstore which supplied him with a special gum to help him to keep his moustache curled in that characteristic shape.

Two other places near Figueres which were important as Dalinean landscapes were Vilabertran (where there is a small Romantic-style lake which inspired Dalí to paint the Portlligat swans, and El Molí de la Torre, an estate that belonged to Pepito Pichot, a friend of his father. It was here that the young Dalí spent the summer of 1916, and discovered impressionism, through the paintings of Ramón Pichot, Pepito's brother (and also a close friend of Picasso). It was also here that Dalí first fell in love, with the Pichot family's adopted daughter, who was four years older than him. This girl, who was affectionately called Julita, was transformed into "Dulita" by Dalí in his erotic *Revêrie* (1933), a painting which outraged the puritans in the French Communist Party. El Molí de la Torre is also an ideal vantage point to gaze out over the Ampurdán plains.

Dalí also painted the bay of Roses (where his grandmother was born) in a series of paintings that included *Apparition of my cousin Carolineta on the beach at Roses* (1933) as well as the inland area, such as *The phantom cart* (1933), *Paranoiac astral image* (1935) and *Chemist lifting with extreme precaution the cuticle of a grand piano* (1936); the main character of the latter work is the father of the historian Alexandre Deulofeu, the inventor of the unusual "mathematics of history", and the owner of the chemist's that stood opposite the Dalís' house in Figueres.

Dalí spent his latter years at Torre Gorgot, which was transformed into Torre Galatea after a controversial "Dalíization" of the historic building had been carried out – the building was festooned with loaves of bread and crowned with eggs similar to the ones he had used on his house at Cadaqués. During the last years of his life, he decided he wanted to be buried in Figueres, beneath the dome of his Theatre-Museum – to die as an Ampurdán artist, and not as Gala's husband, or merely as a man.

DALÍ'S LANDSCAPE

At that time (1926) Dalí used to eat like a starving leopard. And it was just puppy fat, though he hated it. And, in fact, providing that he expressed himself with true sincerity during these years, his artistic qualities immediately appeared to aid him in his discovery: the discovery of the landscape of the upper Ampurdán region, which has always been, and will always be his life's great obsession. In this way he made his first attempts towards his later great syntheses, all executed with prodigious precision and lucid realism. When we, the people of the Ampurdán, saw that two-wheeled cart on the wide plain, beneath the vaulting of that clean, clear, immense shining sky, we realised that "our" painter had arrived – a painter who had discovered and truly understood our land, as well as a farmer could have done.

After this discovery, Dalí has used this landscape in all of his works, right up to the present. And we can be sure that the painter will never be able to separate himself from this landscape, because it is a basic element of his training which he has absorbed into himself, in its truest sense. Later on, and for very natural reasons, he believed that he had to specialise within a specific area of this landscape, and as he emphatically thought that the Cadaqués coast represented the purest alkaloid of the landscape, he set up home there.

All of Dalí's paintings are in fact touched by the mirage of nearness – by the way the landscape invades your senses to make you feel its presence, as a result of the collision that is sometimes literally physical. It is not a languid, passive landscape that reveals itself with a blasé indifference, touched by an instinct of separating coolness. On the contrary, it is like a sharp remark that upsets you – whether cordial or brusque – which fixes itself in your eye, and you can never get rid of it again. The mirage of nearness, of invasion, that is created by the so-often-mentioned meteorological phenomenon of this region does not only represent the spirit of the surrounding land, it is also an extremely important element in Salvador Dalí's paintings. He attempts to create a type of painting that is invasive, overwhelming, a painting that approaches you, triumphal and present. All thanks to the *genius loci* of the land.

Josep Pla
Homenots, 1958

Cadaqués and Portlligat

For Salvador Dalí, there were two different manifestations of Cadaqués: the first was the Cadaqués of his childhood, which he associated with the family house in the area of Llané Petit, and with his Moses-father, while the second Cadaqués was the town post-1930, after he had been thrown out of his father's house. This second Cadaqués was centred around his own house in Portlligat, and his wife, Gala.

In 1908, Dalí's father received an invitation from his friend Pepito Pichot (one of a large clan of bohemian artists) to visit his new summer residence in the cove of Es Sortell, south of Cadaqués. Soon after this, Salvador the elder rented an old renovated stable where he could spend his summers in the village of his birth. It was there that a very young Dalí used to go with his neighbour Joan Salleras, an amateur painter, on his painting excursions; Dalí would carry his equipment and ask him endless questions about the magical activity of painting. Salleras' daughter claims that it was her father who gave Dalí his first paint box, in 1914.

However, another version of that story claims that in that same year, a German scenographic artist called Sigfrido Burmann arrived in Cadaqués, after having escaped from French Morocco (the First World War had just broken out), and it was he who gave Dalí his first paint box. Whoever gave it to him, the fact is that in 1914 Dalí was already painting in the style of the German artist (except for the perspectives, of course), and that between this period and 1926 (according to the journalist and Ampurdán historian Josep Playá) Dalí painted Cadaqués no less than eighty-two times. Dalí's Cadaqués at this time was bordered by Cabo de Creus to the north, by the cove Cala Jònculs to the south, by the sea to the east and by the Pení massif to the west, though most of his paintings feature the area between Es Sortell (the Pichot family home) and Torre de les Creus, which stands just behind Cadaqués.

Dalí's successive changes in style show us different versions of Cadaqués; he began painting the village using the pointillism that he learned from Ramón Pichot, after which he moved on to the "caricature-festive" technique inspired by Xavier Nogués, Joaquim Sunyer's Mediterranean landscape style, the purism of Ozenfant and Morandi´s geometry. His painting would reflect the clear, new objectivity of the period between the wars, and would even include features inspired by the paintings of Arp and Max Ernst.

Looking from the top of the hermitage of St. Sebastian, he painted three festive temperas to commemorate the annual pilgrimage that took place there. And as Dalí was incapable of relinquishing any of his preoccupations, he even began making arrangements – by letter, during his American exile – to purchase the hermitage, with the intention of decorating it with frescoes dedicated to St. Sebastian, the patron saint of Cadaqués, as well as being the symbol of his particular view of aesthetics and sensuality.

In Cadaqués, Dalí was delighted by all the odd little idiosyncrasies of the town's inhabitants – and especially those of Lidia Sabana, a fisherman's widow who had gone mad and had come to believe that she was *Teresa la Bien Plantada*, the main character in a book written by the art critic Eugeni d'Ors. Her paranoiac delirium helped to inspire the Dalinean method of "paranoiac criticism", as well as helping to subjugate the spirit of García Lorca.

Following his expulsion from his father's house and his decision to remain in Cadaqués, Dalí bought a half-ruined hut from Lidia which her sons (who were also prone to paranoia) had used for storing their fishing nets. From that point on, the "paternal" Cadaqués disappeared from Dalí's scenography, to focus on his new home: the cove of Portlligat. The name of the cove means "closed harbour", as it was an ideal place for boats to drop anchor, to shelter from bad weather.

However, Dalí did spend a short period back in his paternal home, following a fragile father-son reconciliation on his return from America. Later on, Dalí began to mix with the residents and seasonal inhabitants of Cadaqués, including the writer Henry-Francois Rey (who dedicated a book to him) and the artist Marcel Duchamp. The photographer Robert Descharnes wrote that the painting *Sun table* (1936) features one of the tables at the Casino de Cadaqués, as well as some floor tiles just like the ones that Dalí had ordered to be laid in the kitchen of his renovated hut.

With the passing of time, the hut was rebuilt into a labyrinth that became crowned with gigantic eggs, and the solitary cove of Portlligat became a Mecca for hippie pilgrimages. In 1935, when Dalí lived there in poverty (even during the bleak, inhospitable winters), and everything had to be brought in on mules or in boats, it was such an isolated spot that the writer J. V. Foix wrote a eulogistic article in which he dubbed Dalí "the recluse of Cabo de Creus". The article described the artist as an ascetic whose paintings "uncover the mystery of our geology. Without the landscape of Cabo de Creus, there is no easy way of interpreting the most personal of Dalí's themes".

Buñuel filmed *L'Âge d'Or* on Cabo de Creus, and in 1930 Dalí and Gala received their first visitors: Paul Éluard and his new partner, Nush. The following summer, they were visited by René Crevel, who spent his stay writing his famous essay *Dalí ou l'antiobscurantisme*. André Breton and Valentine Hugo also came to visit in March 1932, followed by Marcel Duchamp and Man Ray in the summer of 1933.

On his return from his American exile, Dalí's new-found fame brought more and more visitors to an increasingly busy Portlligat: the art critic Eugeni d'Ors came on the trail of Lidia Sabana, followed by other famous personages such as Humberto of Savoy, the deposed King of Italy, the Duke of Windsor, the multimillionaires Arturo López and Niarchos, and Walt Disney.

As a result of the boom in tourism on Girona's Costa Brava, as well as the fact that Dalí himself was now attracting more visitors, Portlligat began to be threatened by development. Dalí reacted quickly and, thanks to the influence he possessed, in 1953 he got Franco to sign a decree which officially declared "the coast of Portlligat of Cadaqués and the immediate mountainous area" to be "a picturesque spot", and thus it became a protected area.

Cabo de Creus first appeared in Dalí's work in 1929, in paintings such as *The great masturbator*, *The enigma of desire*, and *Imperial monument to the child-woman*. Dalí also revealed that one of his most famous paintings, *The persistence of memory* (1931), showed "an area close by Portlligat where the rocks were lit up by a transparent, melancholy twilight". And the actual cove of Portlligat appeared in *Paranoiac woman-horse* (1930), a painting which was destroyed in Paris during the uproar that followed the showing of the film *L'Âge d'Or*.

Shortly after he returned from the United States, Dalí painted the area of Portlligat once again, in his first *Madonna of Portlligat*. In his mystical period he kept returning to this cove, in works such as *The Christ of St. John of the Cross* (1951), *Corpus Hypercubicus* (1954) and *The Last Supper* (1955).

All of Dalí's artistic periods (while he was with Gala) feature the landscape of Portlligat. However, immediately after she died, in 1982, he moved to Púbol, never to return to the house he had shared with the woman with whom he had matured as an artist with his own voice. Without Gala, Portlligat no longer had any meaning for him.

A LANDSCAPE OF STRUCTURE

That thing which is called and which I call a "landscape," exists uniquely on the shores of the Mediterranean Sea and not elsewhere. But the most curious of all is that where this landscape becomes best, most beautiful, most excellent and most intelligent is precisely in the vicinity of Cadaques, which by my great good fortune (I am the first to recognize it) is the exact spot where Salvador Dali since his earliest childhood was periodically and successively to pass the "esthetic courses" of all his summers.

And what are the primordial beauty and excellence of that miraculously beautiful landscape of Cadaques? The "structure," and that alone! Each hill, each rocky contour might have been drawn by Leonardo himself! Aside from the structure there is practically nothing. The vegetation is almost nonexistent. Only the olive-trees, very tiny, whose yellowtinged silver, like graying and venerable hair, crowns the philosophic brows of the hills, wrinkled with dried-up hollows and rudimentary trails half effaced by thistles. Before the discovery of America this was a land of vines. Then the American insect, the phylloxera, came and devastated them, contributing by its ravages to make the structure of the soil emerge again even more clearly, with the lines formed by the retaining walls that terraced the vines accentuating and shading it, having esthetically the function of geodetic lines marking, giving emphasis and architectonic compass to the splendor of that shore, which seems to descend in multiple and irregular stairways adapted to the soil; serpentine or rectilinear tiers, hard and structural reflections of the splendor of the soul of the earth itself; tiers of civilization encrusted on the back of the landscape; tiers now smiling, now taciturn, now excited by Dionysian sentiments on the bruised summits of divine nostalgias; Raphaelesque or chivalric tiers which, descending from the warm and silvery Olympuses of slate, burst into bloom on the water's fringe in the svelte and classic song of stone, of every kind of stone down to the granite of the last retaining walls of that unfertilized and solitary earth (its teeming vines having long since disappeared) and on whose dry and elegiac roughness, even today, rest the two bare colossal feet of that grandiose phantom, silent, serene, vertical and pungent, which incarnates and personifies all the different bloods and all the absent wines of antiquity.

Salvador Dalí
The Secret Life of Salvador Dalí, 1942

Madrid and *"los putrefactos"*

In the mid-nineteen-twenties, a new word became fashionable in Madrid's avant-garde artistic and literary circles: it was *putrefacto* (meaning "putrefied", or "rotten"). The word was an attempt to show a new form of sensibility that was closely connected to the changing generations.

"Putrefacto" was used to describe everything that was connected to the old regime, everything that was outdated, sentimental and old-fashioned. It included everything from the ridiculous (mainly in terms of fashions and customs) to artistic vulgarity. Thus the word came to embody not only a split between generations but also the nature of that split: it was critical of academicism, of romanticism and of past forms, but at the same time it employed healthy irony, "banalisation" and even an affectionate indulgence. But the concept of *"putrefacto"* also had dark undertones, given that this was the word that was used for animals (especially asses and donkeys) which were left on cliff tops after their death, to be devoured by predators. Such a sight was probably the first contact a child would have had at the time with physical death and the destruction of the flesh.

Specialists say that the word *"putrefacto"* was first used in this sense by the group of friends who were lodging at the now-famous students' residence in Madrid, and who included Salvador Dalí, Federico García Lorca, José Pepín Bello and Luis Buñuel.

Jorge Guillén attributes the origin of the word to García Lorca, and the drawings of grotesque figures he used to do to illustrate them. Federico would often do such drawings during the "El Rinconcillo" gatherings in Granada, in around 1920.

However, the poet Rafael Alberti, who was at that time a fine arts student, said that Dalí's putrefied figures sometimes reminded him of "the schematic figure of Pepín Bello" and he believed that the word was invented by his great friend Bello, and was appropriated by the student from Figueres.

Though the final result was probably an amalgam of hall of residence "in-jokes" and the sharp observations of these four young geniuses, chronologically the word appears as early as 1920 in Salvador Dalí's diaries, two years before he moved into the students' residence. In these diaries he describes a court judge as a "Bagaría type" (referring to a caricaturist) "…a complete donkey. Myself and Díaz" (a friend of his) "dubbed him 'putrefied' immediately". Later on, he describes the judge as being "the professor type, with a big belly, glasses, a Kaiser moustache and a German spike on top of his head which, even though you cannot see it, you are in no doubt that it's there".

During a short period of time (from 1924 to 1926) much of Dalí's private correspondence was filled with delicious small or medium-size sketches which were blatantly ironic, showing cubist influences and an ingenuous *joie de vivre*. To a certain extent, we could compare the half-cynical, half-affectionate way in which Dalí treats his *putrefactos* with the affectionate irony that Cervantes uses to describe his outdated Quixote.

In a letter to Federico García Lorca, Dalí defines the tone and scope of his *putrefactos* by contrast: "Grosz (German) and Pascin (French) have already tried to capture putrefaction, but they have only painted figures such as the foolish gentleman, with his hatred, his brutality and his anger, and in a social setting. Thus they have only scratched the first layer (...). We, on the other hand (...) have reached the poetry of human stupidity, but with such a sincere affection and gentleness towards that almost Franciscan stupidity".

The most frequent types of *putrefactos* included people such as the *naïf* painter Henri Rousseau ("the Pontiff of putrefaction"), as well as civil servants and professors, various long-haired, moustachioed types, soldiers, "Christs", absurd paternal figures, the military classes, conservative politicians, cripples, men who haunt cafes, people at high society musical evenings, gentlemen walking their dogs on Sunday mornings, hunters, fishermen and troubadors.

When he conceived the book *Los Putrefactos*, Dalí may have been influenced by *La Catalunya pintoresca* ("Picturesque Catalonia" – 1919) and *50 ninots* ("50 cartoons" – 1922), both by the Catalan illustrator Xavier Nogués, who had already inspired Dalí during his "church period" in 1922. Both books used affectionate sketches to ridicule outdated and ridiculous attitudes, which were very often a consequence of people's attacks of stupidity. In addition, and in order to disinfect the book from so much putrefaction, Dalí was also planning to include six stylised geometric drawings entitled "An invitation to astronomy".

This Dalí-inspired word gained so much in importance that in 1925, he decided to publish a book including his best drawings, with a prologue by Federico García Lorca. The book never came to fruition, owing to the aesthetic and emotional differences of opinion between the two – and which were expressed in both Lorca's *Ode to Salvador Dalí* (1926) and in Dalí's programmatic article on *St. Sebastian* (1927). Dalí's painting *Cenicitas*, which he began in summer 1927 and completed in 1928, was a pictorial representation of the divergent points of view held by the two creative artists.

And so the word *"putrefacto"* had its moment of glory, and then disappeared into oblivion, as Dalí began evolving towards his own personal aesthetic of putrefaction that would lead him on to Surrealism. Even so, we can still find isolated examples of these funny caricatures until 1948, including some Dalinean illustrations of his stay in America.

THE POETICS OF PUTREFACTION

Putrefaction is the other side of St. Sebastian's multiplying glass. Viewed through this, everything was anguish, darkness and even tenderness; tenderness even because of the exquisite absence of spirit and naturalness.

Preceded by I-don't-know-which verses by Dante, I observed the entire world of the *putrefactos*: the transcendental, tearful artists who were far from any kind of clarity, those cultivators of all germs, who knew nothing about the exactness of the graduated double decimetre.

The families who purchase *objets d'art* to display on the piano, the public works employee, the associate member, the professor of psychology… I don't wish to go on any further.

A desk clerk's delicate moustache moved me.

I felt all his exquisite, Franciscan poetry in my heart. My lips smiled, even though I felt like crying. I lay down on the sand. And the waves lapped at the beach, with the soft tones of Henri Rousseau's *Bohémienne endormie*.

Salvador Dalí
"St. Sebastian", Gallo, Granada, February 1928

The Dalí route

Following his expulsion from the family home in 1929, Dalí had no fixed abode. When he had finally made his hut at Portlligat habitable – and even later when he had enlarged the house considerably – the bitter winters and the furious *Tramuntana* wind made this idyllic spot a desolate hell which could push the sanest person into madness.

From that moment on, Dalí established a regular route – which he made as monotonous as possible – that he would follow every year. However, the swings of fortune did not grant him this stability until his definitive triumph in the United States in 1940. In the meantime, he alternated between living in Portlligat and various dwellings in Paris. These included the luxurious apartment that Éluard had provided for Gala at 30, Rue Becquerel, and the functional building at 33, Rue Gauget, in the working-class neighbourhood of Montrouge. The latter became Dalí's first studio in Paris, and he promptly painted each of the rooms a different colour. Then finally, in October 1937, his financial situation now having stabilised, he stayed in a sumptuous flat at 88, Rue de l'Université; the entrance hall contained an enormous polar bear, which was a gift from his English patron, Edward James. This bear would later decorate the entrance hall at Portlligat, after having changed its colour several times.

Dalí soon became used to working in other peoples' houses and in hotel rooms. He would often paint in Italian mansions such as Villa Cimbrona (owned by Edward James), and there was a room reserved for him for use as a studio at La Posa, Coco Chanel's residence at Rocabruna, on the French Costa Azul. Meanwhile, at certain hotels he would ask for an extra room that he could use as a studio – for example, the Hôtel du Chateau in Marseilles, where he stayed with Gala in 1929. It was there that he began painting *The Invisible Man*, using a chair as an easel.

Having fled from the Nazi advance, Gala and Dalí moved into Hampton Manor, the Virginia mansion that belonged to Caresse Crosby. While they stayed there they met Henri Miller and Anaïs Nin – with whom Dalí got on very well. However, they had to make a quick exit from the mansion one night when Caresse's husband (they were in the middle of divorce proceedings) turned up drunk and on horseback, and began shooting into the air like a real cowboy. To persuade the tenants to leave the house, he threatened to burn Dalí's paintings, which naturally produced the desired effect straight away.

During the period 1940-1948, Gala and Dalí spent every summer at the Del Monte lodge, a luxury hotel on the Monterey coast (California). Meanwhile, Dalí rented a beautiful studio inside a garden a few kilometres away in Carmel. They spent their winters in New York, putting on exhibitions and enjoying the social whirl. Dalí would stay first at the Saint Moritz hotel, and later move on to the luxurious Saint Regis hotel, on 55th Street with Fifth Avenue, very close by Central Park and the Rockefeller Centre. Dalí was a man of fixed habits, as in this way he saved himself the bother of wondering what to do at any given moment. In addition, he always knew what to expect from each situation and place. For example, at the Saint Regis, he always stayed at Suite 1016 on the first floor. It was at this time that Dalí stopped painting Ampurdan landscapes for a while, in order to paint finicky, expensive portraits of American tycoons, duly festooned with melting watches and other Dalinean accessories. However, when he returned to Portlligat in 1948, he commenced a new annual migration route that went as follows: from late March to mid-October, the couple lived in their solitary paradise at Portlligat; Dalí would paint from dawn to dusk, and led an almost monastic life that was interrupted by brief trips to Barcelona (where he stayed at the Hotel Ritz), Madrid (and the Hotel Palace) and Rome. In November, when the weather at Cadaqués was beginning to get worse, Gala packed their bags and his canvases, while Dalí would lie in bed, reading. When everything was loaded into the Cadillac, Gala would shout *"Tout esta à point, mon p'tit Dali! Allons! Il faut partir!"* At this, Dalí would put on his coat, say goodbye to the servants and throw a few coins into the sea, just to make sure that he would return in the spring.

They would then drive to Perpignan station, where they caught the train to Paris. Later on, Dalí developed a particular theory about this station, claiming that it was the centre of the universe, as well as being the reason why (according some theory of his to do with tectonic plates) Spain was not joined to Australia.

Once in Paris, Gala and Dalí spent a couple of weeks at the Hotel Meurice, near the Louvre. They always stayed at Suite 106-108, which looked onto the Tuilleries. This was called the "Royal suite" because Alfonso XIII had stayed there in 1907, at the age of 20, and then years later returned to this same room after his long exile. The room is impersonal in style: seventeenth-century style furniture, light-blue coffering, heavy curtains, thick carpets and an air of anonymous luxury. Nowadays, the cheapest room costs around €600 a night. In the afternoons, Dalí would receive photographers, editors, journalists, gallery owners, scientists and an increasingly numerous *troupe* of fairground "phenomena" and ambitious models.

They would then drive from Paris to the port of Le Havre, where they boarded a ship for America, on a two-week voyage. Both when boarding (and they always travelled on Trans-Atlantic liners such as the *France* or the *Queen Elizabeth*) and disembarking there was always a crowd of journalists there waiting, hungry for any new Dalinean declarations. Incidentally, the shipping companies did not charge Dalí and Gala for their passage, in exchange for the publicity they attracted, and sometimes Salvador even deigned to create an advertisement for their magazines.

On disembarking in New York, Dalí would unpack all the canvases he had painted during his summer in Cadaqués, dreaming of huge American fortunes. He would then put on a big exhibition where he sold his work for astronomical sums of money.

For some reason, he was not allowed to receive visitors at his suite at the Saint Regis, and so Dalí would do business in the hotel bar. Normally he chose to dine out, at the Laurent, La Grenouille or Le Cirque, but some days he would dine at the hotel restaurant, rubbing shoulders with celebrities such as Warren Beatty, Paloma Picasso, Andy Warhol, Mick Jagger and Diana de Fürstenberg.

According to the writer Henri-Francois Rey, Dalí used to follow this peculiar migratory route because he wanted to "eliminate chance in his day-to-day life". And even though the route in itself was monotonous *ad nauseam*, it was made more enjoyable by the increasingly wild "Court of miracles" with which he would surround himself – models who charged by the hour, midgets, transsexuals (with or without a title), twins and mere bloodsucking sycophants.

Michael Stout, his American agent, complained one night that "with his transvestites and his eccentric models, with their outlandish costumes, Dalí spent $3,000 one Sunday at Trader Vic's in New York, on models who hired by the hour and other people who came to take advantage of the occasion. All very pretentious, but vacuous". But as the hair stylist Lluís Llongueras said, in fact "this was the kind of fun that replenished his genius". Being Dalí every day was not within the grasp of any mere mortal.

A PAGE FROM DALÍ'S DIARY

Portlligat, 1st September 1958.

It is hard to keep the world's attention for more than half an hour. I have succeeded in doing so for over twenty years. My motto has always been "Let everyone talk about Dalí, even if it's to say something good about him". For twenty years I have managed to ensure that the newspapers published the most fantastic news of our age, which were sent in by teletype:

Paris. Dalí gave a conference at the Sorbonne on *The lace maker* by Vermeer and the Rhinoceros. He arrived in a white Rolls-Royce containing a thousand white cauliflowers.

Rome. In the gardens of the Princess Pallavicini, illuminated with torches, Dalí was reborn; he emerged suddenly from a cubic egg covered with magical inscriptions by Raimon Llull, and gave an explosive speech in Latin.

Girona (Spain). Dalí has just secretly married Gala, in the hermitage of our Lady of the Angels. He declared: "We are now angelic beings!"

Venice. Dressed as nine-metre-high giants, Gala and Dalí descended the stairway at the Palacio Beistegui and danced with the crowd that had congregated in the square, and who all applauded them.

Madrid. Dalí gave a speech in which he called on Picasso to return to Spain. He began by proclaiming: "Picasso is Spanish – and so am I! Picasso is a genius – and so am I! Picasso is a Communist – and neither am I!".

Glasgow. Dalí's famous work *Christ of St. John of the Cross* was purchased by the municipality, to unanimous agreement. The high price paid for the painting caused indignation and led to a bitter controversy.

Barcelona. Dalí and Luis Miguel Dominguín (a famous bullfighter) have decided to stage a Surrealist bullfight, at the end of which a helicopter – dressed as an *infante* in a costume designed by Balenciaga (a renowned designer) – would carry the sacrificed bull off into the sky, taking it immediately to the mountain of Montserrat, where it would be devoured by vultures.

New York. Dalí disembarked at New York dressed in a golden astronaut's suit, inside the famous "ovocipede" of his own invention: it is a transparent sphere which represents a new form of locomotion, is based on the ghosts that are created from the paradise of the womb.

Salvador Dalí
Diary of a Genius, 1964

The theatre-museum as an interior landscape

The Dalí Theatre-Museum is one of the most-visited museums in Spain. Strangely enough, it would never have existed were it not for the tenacity of Ramón Guardiola, the Mayor of Figueres, and the generosity and inventiveness of Dalí himself.

When Ramon Guardiola was appointed Mayor of Figueres in 1960, he announced his plan to create a room dedicated to Salvador Dalí in the already-existing Museo del Ampurdán. Then in May 1961, it was finally decided that this proposal should be submitted to the increasingly less-reclusive "Recluse of Portlligat", through a mutual friend (the Figueres photographer Melitón Casals).

Predictably unpredictable, Dalí replied that rather than simply create a room dedicated to him, they should build a whole museum. And furthermore, he had already decided on the perfect site – the ruined old Teatre Municipal of Figueres. He had chosen this spot for three reasons: firstly, he considered a painter to be an eminently theatrical personage, secondly, the building stood opposite the church where he had been baptised, and thirdly, it was there that he had held his first exhibition, in a room on the main floor, in 1918.

In August of that year, the city paid homage to him in the form of a Surrealist bullfight, an idea that came from an old project which involved a submarine emerging from the middle of the square, while a helicopter would carry away the bull's dead body to dump it on the top of Montserrat – Catalonia's mountain-sanctuary – where it would be devoured by vultures. However, in the end the bullfight had to be stripped of all these exquisite details, and was limited to the controlled explosion of a plaster bull sculpted by Niki de Saint-Phalle and Jean Tinguely. At the close of the event, the procession moved to the ruins of the Teatro Principal, where the creation of the new museum was announced, a museum which, Dalí assured everyone, would be "the only Surrealist museum in the world. The state of the premises is marvellous, and there is no need to repair anything. There will be no original work". The museum had been left in ruins after an accidental fire following the arrival of Franco's troops at the end of the Civil War. But Dalí's idea not to carry out any renovation work derived from an exhibition he had held at the Salón de las Cariátides at the ruined Palacio Real in Milan, which had been bombed during the war.

Incidentally, Dalí's real incentive to create a Dalí museum may well have been the fact that Picasso – his eternal rival – was planning to open a museum in Barcelona, following the efforts made by Picasso's secretary, Jaume Sabartés, and a group of his artistic friends in Barcelona. And so it was that in July 1960, the Picasso Museum was created by agreement with Barcelona city council, and it finally opened in 1963. It cannot have been mere coincidence that Joaquín Ros de Ramis, an architect from Ampurdan who was the designer responsible for remodelling the Palau Aguilar (which housed the Picasso Museum) also designed – together with Alejandro Bonaterra – the plans for Dalí's new Theatre-Museum in Figueres. However, the inhabitants of Figueres (not to mention the Ministry of Fine Arts) were reluctant to finance and carry out the project, as a result of Dalí's "odd" personality. After being rejected by the Ministry of Tourism, the project ended up being financed by the Ministry of Housing, thanks to a grant system that existed for the reconstruction of buildings that had been demolished during the Civil War; this particular anecdote suggests that the government of the Franco regime had already been infected by Dalinean Surrealism.

Finally, in June 1970, the government body the Consejo de Ministros, which had met at the Ampurdan castle of Perelada, approved the project to build the museum, and it was duly opened in 1974. The budget for the project totalled 12,212,168 Pesetas (a little over €73,000).

Work began in October 1970, and by the end of the year, Dalí had officially opened the central fragment of the painting which illuminated the ceiling of the theatre hall, now called the "Palacio del Viento" (Palace of Wind).

In 1972, Dalí decided to start building "the house with the roof first", by mounting a geodesic dome on it, just like the ones designed by the architect Samuel Fuller in the United States. In the end, he commissioned the young Spanish architect Pérez Piñero to carry out this project, though sadly the architect died the same year in a road accident. With time, this particular architectural feature has become the emblem of the Theatre-Museum, as well as of the city of Figueres.

And finally, on 28th September 1974, the museum had its official opening; this was an event that brought an avalanche of guests, journalists, artists, people from the world of culture and politics as well as many others who had just come to look. Dalí donated a few works to the museum, left some others that he owned in store, reconstructed a few more that he considered worthy of resurrection (which had long since disappeared, owing to their fragility), as well as creating a few more, especially for the museum.

The most important aspect of the Dalí Theatre-Museum is the museum seen as a whole, the entire building, since the works are not organised (and this was by Dalí's express command) either chronologically or by subject. Basically it is a gigantic work-in-progress which is inspired by the Duchampian concept of the "ready-made" – the perversion of the object so that its decontextualisation gives it a new meaning.

During this period, Reynolds and Eleanor Morse, a couple who where Dalí's greatest collectors, decided to open up their house in Cleveland as the first Dalí museum, which was officially opened by Dalí in person in 1971. However, as a result of the overwhelming influx of visitors, the museum was moved to St. Petersburg, Florida, where it opened in March 1982. This museum contains more Dalí oil paintings than any other institution, and the works have been laid out chronologically, which leads one to conclude that it is a better *museum* than the one in Figueres, but it is also a less Dalinean construction in the broadest sense of the word.

The Theatre-Museum of Figueres represents the artist's true inner landscape: it reveals his phobias about death and sexual contact, his love of concealed obviousness and his particular conception of life and art. It is a space in which the visitor can begin to understand the phenomenon of the enormous amount of light in the region, and to feel the power of its great purifying wind, the *Tramuntana*. The periods that are best-represented in the museum are the nineteen-twenties (14 works), the nineteen-sixties (13 works), the nineteen-seventies (28 works) and the nineteen-eighties (63 works). The museum's systematic chaos includes some of the works that Dalí gave to his beloved Gala for her birthday, his excellent private collection of works by artists from different periods (such as Duchamp, El Greco, Meissonier, Piranesi and Modest Urgell), as well as spaces provided for other Ampurdán artists from later generations, such as Antoni Pichot. But

curiously, whoever painted them, once these works have been hung in the museum, they somehow become "Dalís": the Dalí whose mandala was "Everything influences me, nothing changes me".

THE GENESIS OF THE MUSEUM

Without hurry, but without stopping. That is how the museum in Figueres is being built, while conserving the structure of the old theatre. Dalí expects it to be completed within a few years:

"Three years is the period the Ministry of Housing estimates is needed to rebuild and fit out the building. However, as I am such a paradoxical person, I wanted the central part of the roof to be mounted without worrying about the other work. That is the section into which Dalí has invested his gold, and which will be above the poor and the visitors' heads".

Some people were of the opinion that a museum in Figueres would be unlikely to attract many visitors, but Dalí was of the completely opposite opinion:

"You have to go through Figueres to get to – and to leave – the Costa Brava. It is a compulsory passing place if you want to reach the French border. In addition, it is a great achievement for Figueres, and let us not forget that I am ultra-localistic. The more effort that people have to make to come here to see my museum, the better. My museum will be the complete opposite of Picasso's; his is

a marvellous museum, a didactic museum which shows not only his work but also the way in which the painter works. Visitors learn about his passion for Velazquez, who he loves, and how he has interpreted *Las Meninas*. In contrast, my museum is ab-so-lu-te-ly theatrical!"

He shows me some plans. "You see, basically the museum is turned into a theatre. It is a classical theatre, the 'Teatre Principal' (Main theatre) of Figueres. I had my first exhibition here. There will be Surrealist sculptures in all the boxes of the theatre. My work will be illuminated by a '3-D' system that I have discovered. The people who come to see the exhibits will leave with the impression of having had some sort of theatrical dream – much more than having simply visited a museum".

He places enormous importance on the dome. "It is a polyhedral dome made to cover a trapezoid space over the Dalí museum. It is being created by a great architectural genius, a Spaniard called Emilio Pérez Piñero. This dome, and this architecture will be the anti-Parthenon." Because the idea of the Parthenon irritates Dalí:

"The Parthenon is the symbol of the Republic. It is something that is inevitably filled with cobwebs and swallow shit. In contrast, the dome is hereditary and eternal. This is why I have chosen a dome which, like the Monarchy, is the most modern thing existing in the world, as well as the most legitimate".

Antonio D. Olano
"The Dalí museum will take three years to build".
Mediterráneo, *Castelló,* 3rd February 1971

Empathy and training

The first twenty-five years of Salvador Dalí's life as an artist began with him scratching the figures of some swans onto the wooden tabletop in his family home in Figueres, and culminated in Cadaqués in summer 1929, with Dalí's simultaneous acceptance of his artistic personality and his sexual identity, both of which are depicted in the painting *The great masturbator*.

The young Salvador embarked on his investigation of artistic styles and techniques by devouring the small "Gowan's Art Books" manuals, as well as by spending time with his Cadaqués neighbour, the amateur painter Joan Salleras, and by taking notes from Sigfrid Bürmann, an excellent scenographic painter who took refuge in Cadaqués

during the First World War. There are two different versions of the story (both of which might have been true) of whether it was Salleras or Bürmann who gave the child Dalí his first paint box. Whoever it was, the fact is that Dalí started painting in 1914, influenced by everything he had seen until then.

In 1916, Dalí stayed for a few days at Moli de la Torre, an estate owned by Pepito Pichot, who had been a schoolmate of Dalí's father, and was still a close friend. It was on this stay that Ramón Pichot – who was Pepito's brother and a close friend of Picasso – revealed the wonders of impressionism to young Dalí. From that point until 1921, all Dalí's paintings were influenced by Catalan post-impressionism,

as well as including occasional subtle touches borrowed from the landscape artists Meifrén and Joaquim Mir.

Then in autumn 1916, Dalí started going to school, where an excellent art teacher (who had trained at the *Facultad de Bellas Artes San Fernando* in Madrid) revealed to him the secrets of engraving and charcoal sketching. Salvador's favourite subject for painting during this period was Cadaqués, which he liked to paint during the village's busy summer season.

From 1921 onwards, Dalí's work was influenced by Catalan *noucentistes* trends, which represented an attempt to exalt Mediterranean culture through a reaffirmation of the artistic and cultural personality of the renascent local culture. Thus, Dalí created a series of popular, festive tempera illustrations in the style of the Bacchic frescoes that the painter Xavier Nogués had just painted on the walls of the cellar of Galeries Laietana, in Barcelona. He also imitated the Cezannesque structure and colour of Joaquim Sunyer, a painter from Sitges who was the greatest exponent of pictorial *noucentisme*: female nudes in flower-filled Mediterranean landscapes, scenes of motherhood, very stylised trees, fruits, goats, horses and autochthonous birds, the sum total of which was an idyllic Cadaqués Arcadia.

Before he moved into the students' residence in Madrid in September 1922, Dalí's last works were comprised of a few experiments in cubism and futurism, schmaltzy compositions in the style of Picasso's "blue" period and even Fauvist experiments in the style of Matisse.

Soon after arriving in Madrid, Dalí became influenced by the purist cubism of Juan Gris and Ozenfant (who was interviewed by the magazine *L'Esprit Nouveau*), as well as Morandi's metaphysical paintings, which often appeared in the Italian magazine *Valori Plastici*. It was at this point that Dalí began his slow evolution toward the aesthetics of a "new objectivity", which eventually emerged in the form of his "Anna Maria" period. This period was dominant in his first individual exhibition, held at *Galerias Dalmau*, in 1925. In that same year, Dalí – who was a subscriber to *L'Humanité* as well as being (from 1924) an assiduous reader of Freud – surprised the art world with the magnificent works *Port Alguer*, *Portrait of Luis Buñuel*, *Soda siphon and small bottle of rum* and, in 1925, *Girl from the back*, *Girl at a window*, *Venus and a sailor*, and *Depart. A homage to the 20th Century Fox newsreels*.

In late 1926, following his expulsion from the *Facultad de Bellas Artes San Fernando* (which had been premeditated for a long time, just like everything Dalí did), he crossed the threshold into a new form of aesthetics, which was at the same time the antithesis to, and the result of his ambiguous relationship with the Andalusian poet Federico García Lorca; this new form of aesthetics was presented in his excellent article "*St. Sebastian*", published in the magazine *L'Amic de les Arts* in summer 1927. It was the first article Dalí had ever published, apart from a few youthful efforts that had appeared in the Figueres student magazine *Studium*. As a result of this new aesthetics, in summer 1926 he painted some of his best works from that period, including *Composition with three figures*, *Neo-cubist academy*, *Basket of bread*, *Girl from Figueres*, *Venus and cupids* and *Figure amongst the rocks*.

His "Lorca" period culminated in summer 1927, with Federico's second and last visit to Cadaqués and Dalí's realisation that the relationship had reached a dead-end. The main characteristic of this period in his work is the way Dalí portrays the faces of Lorca and himself as sharing the same head, tracing their profiles in shadows or disguising them as classical statues – sometimes with references to St. Sebastian, others to Pierrot and Harlequin. It cannot be denied that Picasso also influenced Dalí at this time, as a result of a visit that Dalí paid to the Malaga

artist in Paris at Easter in 1926. This rich period produced works such as *Still life. Invitation to a dream*, *Still life in mauve moonlight*, *Barcelona mannequin*, *Table in front of the sea*. *Homage to Erik Satie* and *Self-portrait being duplicated into three*, all from 1926. Meanwhile in 1927, he produced *Still life by the light of the moon*, *Apparatus and hand* and the now-disappeared *Honey is sweeter than blood*. That summer, he also began painting *Cenicitas*, which he finished in 1928. This work – the centre of which features a bleak "Birth of Venus", portrayed the divergent aesthetics of the two friends, through their facial expressions.

At the beginning of November of that same year, he announced (in a letter to his friend from the students' residence, Pepín Bello) "I now have a wonderful, thin moustache!" The Dalí that we know today was beginning to emerge.

In early October 1928, he exhibited two works at the Sala Parés "third autumn salon". One of these, *Figures on a beach* (later called *Unsatisfied desires*) was withdrawn, owing to possible obscene interpretations of the painting. After a bitter controversy, Salvador was forced to accept the decision, though he reaffirmed his beliefs in the lecture he gave (held as part of the *salon*) which was entitled "Modern-day Catalan art related with the most recent young intelligentsia". The language that he used in the lecture and the force of his proposals provoked a vigorous controversy which spread outside the exhibition, once the local press had got wind of it. And it was now, on the occasion of this minor controversy, that Dalí was interviewed for the first time. From that point until three years before his death, he would be interviewed by the press no less than three hundred and fifty times. The withdrawal of his painting from the Autumn Salon prompted Dalí to begin a short, strange aesthetic series of paintings which involved him sticking sand from Cadaqués onto works which dealt with the subject of female sexuality, and which represented the figures schematically as "lumps of meat". This series also dealt with the themes of auto-eroticism (symbolised by a phallic finger or a shell-hand), and death, which he represented using the dead bodies of donkeys, birds and goats. Alternating with this series, he also produced some abstract paintings that alluded to the fishing community of Cadaqués. The influence of Hans Arp, Joan Miró and Max Ernst is apparent in all of these works.

In 1929 in Figueres, Dalí and Buñuel drafted the script for *Un Chien Andalou*, which was filmed in Paris in the first fortnight of April. In Paris, Joan Miró introduced Dalí to all the Surrealist circles, where he met Tristan Tzara, René Magritte, Hans Arp and the man who would become his art dealer, Camille Goemans who, in turn, introduced Dalí to the poet Paul Éluard. That summer, several of them came to Cadaqués, including Goemans, Magritte, Buñuel, Éluard,

his wife Gala and their daughter, Cécile. When everybody left in September, Gala decided to stay on for a few more weeks with Dalí, and from that point on they were virtually inseparable.

During this short period of time, Dalí painted five masterpieces: *The lugubrious game*, *The great masturbator*, *The enigma of desire*, *Portrait of Paul Éluard* and *Imperial monument to the woman-child*.

FOR THE MEETING AT SITGES

"Gentlemen,

"We wear our shoes for as long as they are of use to us, and when they get old, we throw them out and buy some more. We should ask no more of art: when it is old and unusable as far as our sensibilities are concerned, we should throw it out. It has turned into history. The art that we need today, an art that is adapted to our needs, is definitely avant-garde art, or rather, new art. The art of the past, of all the different ages, was once (believe me) the 'new art' of its time, just as the art of today has been conceived in accordance with the needs of its time and, therefore, in harmony with the people who will be using it.

"The Parthenon was not built in ruins. It was built by following a new plan, and with no patina on it, just like our cars.

"Even though we may have loved him very much, we do not tend to carry around our father's dead body on our shoulders, putting up with all the stages of his decomposition. No, on the contrary, we bury him, respectfully, and we remember him with affection.

"We would like to see the great sense of respect that we profess for the art of the past become more generalised, as well as for everything that represents archaeology, that obliges us to conserve carefully the heritage of our forefathers and to file it away, exactly and tenderly before its putrefaction becomes a hindrance to our comfort and to our status as civilised persons.

"Nowadays, however, shit is a cult object. What is patina? Patina is no more than filth which, over time has accumulated on buildings, objects and furniture, etc.

"Nowadays, however, we adore patina. Our artists love everything that time – or the hand of the antiquarian – has left on the object of adoration, that characteristic yellowish tone, which is so repugnant, so similar, in fact, to the effect produced at the street corners where dogs go to piss".

Lecture given by Dalí in March 1928 in the Ateneo El Centaure in Sitges. *L'Amic de les Arts, Sitges,* 31st May 1928

In the land of dreams

Gala's Dalí was a completely different Dalí: freed from the pressure of an impossible sexuality, his art developed increasingly towards the ideology of the Surrealist group, whose "Pope", André Breton, took off his hat to Dalí's genius.

In December 1929, Buñuel and Dalí met again in Cadaqués to work on their second film, *L'Âge d'Or*, which was produced by the Viscount of Noailles. However, an argument Dalí had with his father about a piece Dalí had exhibited in Paris (on which Dalí had written "Sometimes, out of sheer pleasure, I spit on my mother's portrait") complicated matters. Having worked himself into a fury, Salvador the elder demanded that his son publicly retract the work, but Dalí refused. And so, in what was an almost biblical scene, Dalí was banished from the family home, with his father's curse ringing in his ears, which apparently went something like: "May you die alone, without friends or money". And that is just what happened, sixty years later.

In his paintings, Dalí was experimenting with carefully detailed images, either presented as part of a secret grammar (like the one suggested in Bosch's *The garden of earthly delights*), or by developing an increasingly complex system of double images. Meanwhile, everything he painted was subjected to his "paranoiac-critical" method, which was constantly evolving but which had an unvarying basic mechanism: it involved him maintaining a kind of "safe" consciousness. While one part of his consciousness explored the most irrational depths of his nature in a kind of free-fall, the other one would hold madness at arm's length by analysing everything that was happening, and transposing it – in lavish detail – onto the canvas. It was a procedure that was as creatively spontaneous as it was original and premeditated in its resolution. As a result of this method, none of the many features that inundate Dalí's paintings is gratuitous.

As he developed his own personal iconography in this way (and all the while following Freud's dictates to the letter), Dalí depicted the family conflict he had experienced with his father by relentlessly ridiculing the father figure: sometimes showing him as a lewd William Tell with breasts, others as an obsessive bureaucrat, but always as a castrating figure. He also petrified desires and living beings, at the same time as giving life to inanimate objects. Meanwhile he was developing his many obsessions: with figures with their backs to the viewer (as previously suggested in the paintings of Boecklin, Modest Urgell and Chirico), bloody phantoms on their knees, the cypresses at Figueres, rampant horses (and other symbols of his impotence), soft watches, fried eggs without plates, the characters from Millet's *Angelus* and instrument-skulls.

In January 1930, Dalí heard rumours that Goemans, his French art dealer, was on the verge of bankruptcy. Gala tried to recoup some of their money, and Dalí offered a painting – *The old age of William Tell* (1931) – to Noailles for 20,000 Francs. Dalí used this money to buy a fisherman's hut in Portlligat from his friend Lidia Sabana.

In November 1933, Dalí held his first exhibition in New York, at the Julien Levy gallery, though at that time he could not summon the courage to cross the Atlantic. However, in November 1934 he was present at the opening of his third New York exhibition. As he did not speak English, his friend Caresse Crosby (the inventor of the brassiere) organised everything and acted as his interpreter at his first press conference in America. No sooner had he had unwrapped his painting *Gala with two lamb chops balanced on her shoulder* (1933) than he immediately caught the interest of the press, and thus his media success was assured. However, for good measure, before disembarking, he had ordered a printed handout to be distributed containing the words *New York salutes me*.

During the first half of the nineteen-thirties he painted several important works such as *The persistence of memory* (1931) – which was purchased by Levy and later sold to MoMA – *Partial hallucination. Six apparitions of Lenin on a grand piano* (1931), *The enigma of William Tell* (1933), *The spectre of sex appeal* (1934), *The weaning of furniture – nutrition* (1934), *Atmospheric skull sodomising a grand piano* (1934) and *Archaeological reminiscence of Millet's Angelus* (1935). He also published his first book, *The visible woman* (1930), which he followed up immediately with *Love and memory* (1931), *Babaouo* (1931), *The conquest of the irrational* (1935) and *The metamorphosis of Narcissus* (1937).

In early July 1936, Dalí gave a lecture entitled "True paranoiac fantasies" as part of the International Surrealist Exhibition, held in London. Dalí turned up dressed in a diving suit, an outfit that was symbolically suitable for exploring the depths of the spirit. However, soon after he had begun the lecture, he realised that he was running out of air, and that he was about to expire amidst the laughter of the audience while Edward James, his English sponsor, desperately searched for the key to open the suit.

When the Spanish Civil War broke out, he decided not to return to his country until it had ended. He went back to New York and, on the day before his fourth exhibition opened at the Julien Levy gallery, his face appeared (photographed by Man Ray) on the front page of the prestigious weekly *Time* magazine. The issue featured a report on the exhibition at MoMA entitled *Fantastic art, Dadaism and Surrealism*, in which Dalí had also participated.

As a result of the surrealists' new-found success, the department store Bonwit Teller's commissioned a group of them to create a series of Surrealist window designs. The crowd of spectators what were attracted by Dalí's window was over six rows deep. In 1939, on the occasion of that year's Dalí exhibition in New York, the same department store repeated the commission. However, as this time Dalí's stipulations were not respected (they were considered too daring for the age), the furious Dalí promptly dismantled his entire montage, but as he was emptying a bathtub which was part of the set, he accidentally broke the shop window and poured the water out onto Fifth Avenue. Dalí was immediately arrested, though the subsequent trial only brought him the fame (as well as the moral justification) that he needed to become popularly known in the United States.

In September 1939, Hitler invaded Poland and the Second World War broke out. Two days before the Nazi troops reached Hendaya, Gala and Dalí crossed the frontier and boarded a ship for the United States. Europe and Surrealism (at least, in its more orthodox version) were left behind.

During the second half of the nineteen-thirties, Dalí painted many works of exceptional quality, including *The pharmacist of Ampurdan in search of absolutely nothing* (1936), *Soft construction with boiled beans / Premonition of the Civil War* (1936), *The metamorphosis of Narcissus* (1937), *The endless enigma* (1938) and *The enigma of Hitler* (1939).

The rotting donkey

A violently paranoiac desire to systematise confusion could result in an activity that has a moral tendency.

The very fact of paranoia and, particularly, the consideration of its mechanism as a force and power, leads us to the possibilities of a mental breakdown which is perhaps equivalent in nature (but at the same time diametrically opposed) to the crisis to which the fact of the hallucination also subjects us.

It seems to me that the moment has come when, by means of a method of thought that is actively paranoiac in its nature, we will be able (simultaneously with automation and other passive states) to systematise confusion and to provide a contribution to the total discrediting of the world of reality.

The new simulacra that paranoiac thought can suddenly arouse do not only have their origin in the unconscious, the force of paranoiac power will also be placed at their service.

These new, threatening simulacra will act skilfully and corrosively with the clarity of physical, diurnal appearances, making us dream (because of their special auto-embarrassment) of the old metaphysical mechanism with something that we willingly confuse with the very essence of the nature that, according to Heraclitus, delights in hiding itself.

As far away as possible from the influence of sensorial phenomena with which the hallucination can be considered to be more-or-less connected, paranoiac activity always derives from controllable and recognisable matter. It is sufficient that the delirium of interpretation has managed to connect the meaning of the images of the heterogeneous paintings that hang from a wall, so that nobody can deny the real existence of that connection any

longer. Paranoia uses the exterior world to highlight obsessive ideas, with the disquieting particularity that it makes the reality of this idea clear to others. The reality of the exterior world serves as an illustration and as proof, and is placed at the service of the reality of our spirit.

Using a thoroughly paranoiac process, a double image may be obtained: that is to say, the representation of an object which, without the slightest figurative or anatomical modification, is at the same time the representation of another completely different object, stripped in turn of any kind of deformation or abnormality which could reveal some sort of agreement.

Nothing can stop me from recognising the multiple presence of simulacra in the example of the multiple im-

age, even if one of its states takes the appearance of a rotting donkey, and even if this donkey is real and horribly rotten, covered with thousands of flies and ants and, as in such a case one could not suppose the meaning by oneself of the different states of the image outside the concept of time, nothing can convince me that this cruel putrefaction of the donkey is anything other than the hard, dazzling reflection of new, precious stones.

Idealists without participating in any ideal. The ideal images of Surrealism placed at the service of the imminent crisis of conscience, at the service of the Revolution.

Fragments from "The rotting donkey", *Le surrealisme au service de la révolution,* No. 1, July 1930

Classicism and detonation

On the suggestion of Caresse Crosby, Dalí and Gala came to stay at Hampton Manor, her home in Virginia, which was a mansion that had been built in 1836 for Thomas Jefferson. Dalí made good use of his stay by beginning to rebuild his network of media and commercial contacts, while carefully following the progress of the war in Europe.

Dalí's continuing emotional stability enabled him to draft the text of his autobiography (he was 36 at the time) which he called *The secret life*; it was published in 1942 by Dial Press of New York, in an excellent translation from the French by Haakon Chevalier. The book was a great success in terms of sales, and its scandalous confessions – which were a mixture of truth, exaggeration and pure invention – were widely commented upon by the nation's press.

In April 1941, while he was still residing at Hampton Manor (where he met, incidentally, Anaïs Nin and Henry Miller) the sixth and last Dalí exhibition was held at the Julien Levy gallery. At this exhibition, Dalí announced that he was about to begin his "classical" period, which would be influenced to a certain extent by the artists of the Italian Renaissance, but would not represent a break with his most recent work. In spite of all Dalí's claims, the announcement does sound suspiciously more like a commercial manoeuvre carried out to distinguish himself from orthodox Surrealism than a return to any diffuse classicist canons that might have been inspired by Leonardo or Raphael.

He spent summers at the luxurious Del Monte Lodge, on Peeble Beach, near Monterey. And since that part of the Californian coast was similar in some ways to his beloved Costa Brava, he decided to set up a studio there, in the neighbouring town of Carmel.

His personal conception of art was displayed to the full at his *Night in a Surrealist forest*, a benefit event that was organised in September 1941 for artists who had been exiled from Europe. Among those invited were Clark Gable, Bob Hope and Bing Crosby, who flew in from Hollywood, while from New York came Hitchcock and his wife, Ginger Rogers and a goodly number of millionaires. The setting was picturesque in the extreme: sacks had been hung from the ceiling to simulate a grotto, and the tables were bedecked with all kinds of "Surrealist" decorations, such as the live toad covered with sauce that hopped onto a surprised Bob Hope. Naturally, all the newspapers in the country produced a report on the party.

In November 1941, his first retrospective exhibition opened at MoMA in New York. He shared a space with Joan Miró, but it was Dalí that got all the attention. The disappointed Miró later declared that in New York, Dalí was more interested in decorating neckties than doing any serious painting. 10,000 copies of the catalogue were printed, all of which sold out in a very short time.

The exhibition travelled throughout the entire United States, and was attended in droves; two people who saw it were an enterprising young couple called Eleanor and Reynolds Morse who, over the years, would become the main collectors of Dalí's work.

In New York, Dalí lived off numerous scenographic commissions, advertising and book illustrations, as well as the sales of his memoirs, his only novel, *Hidden faces* (1944), and the treatise *Fifty secrets of magic craftsmanship* (1948). However, his main source of income was the many commissions he received from American millionaires who wanted their portraits painted, "Surrealist style". Many

of these portraits were exhibited in June 1943 at the Knoedler gallery in New York.

When U.S. aeroplanes dropped an atom bomb on the Japanese city of Hiroshima on 6th August 1945, it shook Dalí "seismically", and he promptly announced the dawning of the atomic age; this age (he said) would be characterised by a disintegration of forms, all of which would maintain a prudent distance, never actually touching each other.

In September 1945, a dream that Dalí had designed was filmed in Hollywood for the movie *Spellbound*, which was directed by Alfred Hitchcock and starred Gregory Peck and Ingrid Bergman. However, owing to the numerous cuts, Dalí was very disappointed with the results, though he earned – to his great joy – $4,000 for his work.

In that same year, his second *Basket of bread* was used as the symbol of the Marshall plan to help rebuild Europe. By now, Dalí had reached the zenith of his fame, and he had gradually begun to abandon the more scandalous, personal elements of his iconography to paint less gruesome, more "photogenic" subjects, in accordance with the tastes of his new clientele.

In early 1946, he began painting *Leda Atomica*, which he did not complete until 1949. He also did numerous sketches together with the mathematician and Rumanian prince, Matila Ghika, who was the standard bearer for Luca Paccioli's *Sección aurea*.

In July 1948, he packed up all his belongings (including his Cadillac), and took a boat for Le Havre. He travelled by train from there to Figueres, where he was welcomed by the quantity surveyor Emili Puignau, who had made numerous renovations to the house at Portlligat, in accordance with the written instructions Dalí had sent during his exile.

From his "classical" and "atomic" periods, Dalí's best paintings were *Allegory at sunset* (1940), *Soft self-portrait with grilled bacon* (1941), *Poetry of America / The cosmic athlete* (1943), *One second before awakening from a dream caused by the flight of a bee around a pomegranate* (1944), *Galarina* (1944), *Basket of bread / Death before dishonour* (1945), *The temptation of St. Anthony* (1946), *Portrait of Picasso* (1947) and *Leda Atomica* (1946 – 1949).

ANTI-MATTER MANIFESTO

If physicists can produce anti-matter, painters should also be allowed to paint it, since they are already specialised in painting angels. S.D.

During the Surrealist period, I wanted to create the iconography of the inner world, the world of marvels, of my father Freud, and I have achieved this.

But now, the outer world – the world of physics – has transcended that of psychology, and today, my father is Dr. Heisenberg.

Using pi-mesons and the most gelatinous and indeterminate neutrinos, I want to paint the beauty of the angels and of reality. I would also like to do this very soon.

My ambition, now and always, consists of integrating the experiences of modern art into the great Classical tradition. The latest work that has been done in microphysics by Klein, Mathieu and Tàpies must be re-used "for painting", because these are exactly what – at that time – Velazquez's "brushwork" was, the painter who the sublime poet, Quevedo, said painted using "stains and separated dots".

Salvador Dalí
Anti-Matter Manifesto, published in the catalogue for his exhibition at the Castairs Gallery, New York, 6th December 1958

Mysticism without a background

Josep Pla tells us that in 1948 there were six copies of *The secret life* (printed in Argentina and translated by César August Jordana) circulating around Spain, and that if you wanted to read it you had to wait your turn. The Franco regime deemed the book to be unpublishable, owing to its sadistic, sexual and exhibitionist content. It was finally published in Spain in 1981.

Dalí returned to General Franco's Nationalist-Catholic Spain amidst a hostile, distrustful atmosphere which led him to complain that he was the object of a media silence. He simply could not get used to the fact that he could go anywhere and pass unnoticed, or that the press was not celebrating his return, on a daily basis.

That summer, he worked on the first version of his *Madonna of Portlligat*, which was to spearhead his new "mystical-nuclear" style, a style which, in time, turned into "mystical-spectacular". In accordance with the new spiritual-artistic direction his life had taken, he visited the Pope in November 1948 to show him the painting. However, he also wanted to ask permission for two things: firstly, that he be allowed to marry Gala (Éluard was still alive), and secondly, that he be granted a *nihil obstat* for a larger version of his Madonna. Naturally, he only achieved his second objective.

Meanwhile, at the very same time, André Breton, who was revising the new edition of his *Anthology of black humour*, included the anagram "Avida Dollars" to describe his old friend's recent career. Thus Latin was still used for solemn occasions, whether it was on purpose or not.

In early 1950, the Flemish poet Emmanuel Looten gave Dalí a rhinoceros horn. From that point on, Dalí began to see horns in all his work – including paintings from his previous periods. As a result, in 1954 he produced *Young virgin auto-sodomised by the horns of her own chastity*, which was purchased by the Playboy collection of Los Angeles.

In 1955, he gave a lecture at the Sorbonne; he arrived in an open-top Rolls-Royce laden with cauliflowers, which he crashed noisily into fourteen motorcycles that were parked in front of the lecture hall. The lecture (which cost 200 Francs to attend) commenced with five minutes of dancing, by Dalí himself, to demonstrate that *The lace maker* was the first case of crystallisation into the shape of a rhinoceros horn, a shape which could also be found in the sunflower (the seeds of which he found sad) as well as in the cauliflower. The audience began to sing the *Marsellaise* and to stamp their feet, on which Dalí suddenly executed a half-turn and ran out the back door. He did not return. During the nineteen-fifties, he took part in a great number of provocative acts such as this, during which he was invariably booed by members of the audience, though there would always be a silent majority that would smile at his antics.

In November 1950, Dalí's father died of prostate cancer, and his will left everything to Dalí's sister, Anna Maria. Dalí demanded the immediate return of his youthful works, his magazines and his *Espasa* encyclopaedia. Shortly before the death of his father, he had given a lecture (a serious one, this time) at the Ateneo in Barcelona, entitled *Why I was sacrilegious, why I am a mystic*. In April of the following year, he published *Mystical manifesto*, in a bilingual Latin-French edition.

During the nineteen-fifties, Dalí – who declared that he was a Catholic without the gift of faith – discovered that there was a great demand for contemporary religious art, especially from certain pious American millionaires. Therefore, almost every year he would produce a large painting on a religious theme: in 1950, he painted the second *Madonna of Portlligat*, and in 1951, he painted the *Christ of St. John of the Cross*, which was purchased by Glasgow Art Gallery. In 1952, he exhibited six religious paintings at the Carstairs gallery in New York; among these was *Assumpta corpuscu-*

laria lapislazulina, which dealt with the Atomic anti-bomb, or rather, with the "reconstitution of the real and glorious body of the Virgin Mary in the kingdom of heaven". In January 1955, the Metropolitan Museum of New York purchased (through the banker Chester Dale, a collector of French Impressionists) the crucifixion scene entitled *Corpus hipercubis*. Price: $15,000. In that same summer, after the painter-scenographer Isidoro Bea had joined him in his studio (and with whom he would work for the next 20 years) Dalí began painting his *Last Supper* which, after having been purchased in 1956 by the aforementioned millionaire, was donated to the Washington National Gallery. It was exhibited on Easter Day, and received more than 10,000 visitors in the first hour. In that same year, he began painting *St. James the Great*, which ended up at the Beakerbrook art gallery in Fredericton, Canada. In 1958, the president of West airlines (which flew between Florida and Mexico) commissioned Dalí to paint the *Virgin of Guadeloupe* – the patron saint of Mexico – for $25,000. In 1960, Dalí brought this long series of monumental religious paintings to an end with the mediocre work *The Ecumenical council*.

It may have been as a result of his particular faithless mysticism that Dalí decided to marry Gala, in August 1958; the ceremony was a strictly private affair at the sanctuary of *La Virgen de los Angeles*, near Girona. Afterwards, they discovered that some rather callous person had written "Picasso is better than Dalí" on the windscreen of Dalí's Cadillac. Éluard had been dead for six years.

Dalí ended the nineteen-fifties with a grand finale in the form of *The discovery of America by Christopher Columbus / The dream of Christopher Columbus* (1959), which was commissioned by the millionaire Huntington Hartford, heir to the A&P drugstore empire. In order to maximise the publicity that would result from this sale, Dalí disembarked from a ship at New York "riding" an outlandish vehicle of his own invention, the Columbus "Ovocipede". This was a personal system of transport that consisted of a transparent sphere, 1 m 40 cm in diameter, and was propelled by the pressure of the rider's foot against the pavement.

Gala, meanwhile, apart from being the main character of many of Dalí's religious and historicist paintings, was also the one who ran the business. In 1959, George Keller finally retired, after having been Dalí's gallery owner since 1948 (the Bignou gallery). Dalí and Gala urgently needed a new agent, and so they contacted Peter Moore, who they had met in 1955 to discuss a commissioned portrait of Laurence Olivier as Richard III. As Moore possessed the honorary rank of Captain, Dalí proposed that he should be his "military adviser"; he would receive no fixed salary, but he would get 10% commission on all the business that he generated. With the exception, of course, of the paintings and drawings, which were Gala's business. Given these conditions, Moore saw that his fortune lay in the reproductions market – and in fact ended up going a bit too far.

Mystical manifesto

In 1951, the two most subversive things that could happen to an ex-superrealist were, firstly, that he could turn mystical, and secondly, that he would know how to draw: I have just attained these two disciplines simultaneously. Catalonia has three great geniuses: Ramón Sibiuda, the author of Natural theology, Gaudí, the creator of Mediterranean Gothic, and Salvador Dalí, the inventor of the new paranoiac-critical mysticism and the saviour (as his name suggests) of modern painting. The paroxysmal crisis of Dalinean mysticism is fundamentally based on the progress of the particular sciences of our age, and especially on the metaphysical spirituality of the substantiality of quantum physics, and upon a plane of not-so-substantial simulacra, upon the most ignominiously super-gelatinous results and the actual coefficients of the monarchical viscosity of all general morphology.

The objective of mysticism is mystical ecstasy. One reaches mystical ecstasy through the path of perfection described by St. Teresa of Avila, and by the following penetration of the spiritual dwellings or castle. Aesthetically speaking, through the fierce self-inquisition of the most rigorous, most architectural, most Pythagorean, and the most extenuating of all "mystical daydreams", the mystical artist has to train himself by means of the everyday grilling of these artistic daydreams, within a dermo-skeletal soul (with the bones outside, and the very thin flesh inside), such as the one that Unamuno attributes to Castille, where the flesh of the soul can only grow towards heaven Mystical ecstasy is "super-joyful", explosive, disintegrating, supersonic, undulatory, corpuscular and ultra-gelatinous, because it is the aesthetic aperture for the greatest heavenly happiness that human beings are capable of experiencing on earth.

No more denying or retreating – super-realist malaise and existential anguish are finished with. Mysticism is the paroxysm of happiness within the ultra-individualist consolidation of all the heterogeneous tendencies in man over the absolute unity of ecstasy. I want my next Christ to be a painting that possesses more beauty and joy than all the other paintings I have ever painted. I want to paint a Christ who is the complete opposite to the Christ of the materialistic, savagely anti-mystical Grünewald!

Salvador Dalí
Mystical manifesto, 15th April 1951

Optical juggling

The last thirty years of Dalí's artistic life were years of slow decadence. The *Maestro*, as he liked to be called, had become weary of surprising the world on a daily basis, though the money continued to pour into his coffers – in spite of the very poor technical quality of some of his work. The "mass-media" Dalí had swallowed up Dalí the craftsman, who now had no ethical qualms about doing things such as signing thousands of blank pieces of paper so that editors could promptly use them for printing reproductions of his most well-known works.

Dalí liked to surround himself with what he called his "Court of miracles", which included members of the nobility who were down on their luck, androgynous models, social climbers, hippies, people with deformities, and the occasional film star. Gala, who was sick of all this chaos (not to mention terrified that one of this retinue might infect her with some kind of disease), began to slowly distance herself from Dalí. In 1969, he gave her Púbol castle, so that he could enjoy himself in complete peace and quiet together with his young "friends", such as the student Michel Pastore and the actor Jeff Fenholt.

In New York, Dalí would often meet up with Andy Warhol and the hyper-realist painter Richard Estes. Meanwhile, in Portlligat he was visited by such luminaries as the deposed King Humberto of Italy and Maria Pía of Braganza Saxony, the daughter of the last Portuguese monarch.

The Franco dictatorship began to accept Dalí, and in October 1969 he was given a private audience with Franco, *El Caudillo*. In 1960, he was awarded a Gold Medal for Girona province, and in 1972 he received the first Gold Medal for Fine Arts. In 1974 he opened his Theatre-Museum at Figueres, and was awarded a Gold Medal by the city of Figueres. In 1982, with the advent of democracy in Spain, he was given a Gold Medal by the Generalitat of Catalonia, and in that same year, he was given the highest decoration the country could offer, the *Gran Cruz de la Orden de Carlos III*, in addition to the title of Marquess Dalí de Púbol.

In September 1960, *Radio Television Français* decided against broadcasting a documentary on Dalí because it included footage of the artist making "erotic declarations which surpassed the limits of decency".

In October 1962, on the occasion of the centenary of the battle of Tetuan, Dalí presented his own version of General Prim's exploits as a contrast to the great work painted by Maria Fortuny in 1866. Some parts of Dalí's version (which is utterly kitsch) were inspired by a photograph of a Berber charge that he found in *Life* magazine. Even so, the painting was purchased by the millionaire Huntington Hartford and donated to the Museum of Modern Art in New York.

In 1970, the collector Reynolds Morse purchased Dalí's last painting: *The hallucinogenic bullfighter*, though by now Dalí was incapable of painting anything with even the minimum of quality. It was at this time that Dalí began to become more interested in stereoscopic painting, and he carried out a series of optical experiments which included the modern technique of holograms. In spite of his incredible technique, there were two basic elements that Dalí had never managed to master in his paintings: the size of objects and their position in the distance – or rather, the illusion of three-dimension. During his last period, Dalí tried to master the 3-D effect by using methods that had more to do with recreational physics than with the rules of perspective. It is only in this way that one can understand the absurdity of the paintings that he created using stereoscopic photography (a method that had been used at the turn of the century to create 3-D tourist postcards), not to mention his early holographic compositions. Even so, Dalí would periodically return to his perennial themes: Gala, St. Sebastian, rotting donkeys and the face of the great masturbator, all conveniently simplified.

As he got older, Dalí became increasingly unable to accept commissions, and in June 1968 he was ordered by the New York High Court to pay $71,000 for non-fulfilment of contract, as he had failed to complete a painting of the Statue of Liberty for the National Historic Shrine Foundation

Inc. The work was to have been used to collect funds for the American Museum of Emigration.

After a sudden accelerated process of ageing, Gala died in 1982, and Dalí lived on – virtually without painting, eating, or speaking to anybody – until 1989. His last canvas, *The end of catastrophes* (which may have been completed with the help of the scenographer Bea, owing to Dalí's advanced Parkinson's disease) was painted in 1983.

During this last period, he produced some important works, including *Gala nude from behind* (1960), *Fifty abstract paintings which, seen from two yards, change into three Lenins masquerading as Chinese* (1963), *The apotheosis of the dollar* (1965), *Tuna fishing* (1957), *Dalí from the back painting Gala from the back* (1973), *The cheerful horse* (1980) – which may have been the last work to have been painted solely by Dalí, *The three glorious enigmas of Gala (second version)* (1982), and the onanistic *Bed and two bedside tables ferociously attacking a cello* (1983).

If Vermeer of Delft or Gérard Dou had lived in 1973, they would no doubt not have considered it unsuitable to paint the interior of an automobile or the outside of a telephone booth, with all the reflections involved. In spite of his passion for Leibnizian holography, Salvador Dalí is more or less an artist. At least, he has a certain artistic sensitivity. Well, this same Salvador Dalí went this summer from Portlligat to Barcelona in a nice enough automobile, and as a sybarite he enjoyed all the reflections of the nickel inside the car –to such an extent that upon arriving in Barcelona, he noticed that not once had he looked out of the window at the countryside of the province of Gerona, wich is the one he loves best in the world. The miracle was entirely due to the hyperrealist movement, thanks to which we are now beginning to enjoy sybariritically the modern world that surrounds us and that everyone distrusts.

Amid the innumerable chaotic reflections of the city, telephone booths are parallelepipeds whose four exterior strictly transparent rectangles are living Leibnizian mirros of an ultra-local universe, enclosing within them a living informative biology.

In a universe of virtual images, each telephone seems a parallelepipedal holograph of our visible reality, an existential mesozoa. Each telephone booth is like the Perpignan railway station, it is a legi intimus, it is a Fatherland.

"Sharp Sybaritic realism",
Hyperrealism,
New York, 1975

The Multiplication of the Loaves

The Catalan language – like many others – has a series of set expressions that associate an object of concept with the act of eating. Thus, for example, when we search for the means to understand something, we ask "How does one eat this?'; a mother loves her baby so much that she would "devour it with kisses'; or someone expresses their desire for another person by "devouring them with their eyes'.

Catalan culture, which formed part of Dalí's upbringing, belongs to a Catholic culture the main ritual of which is to eat the body of the Son of God materialised in bread. It need not surprise us, therefore, that Dalí should associate his own particular cognitive mechanisms with a certain cannibalism, which at specific moments took the visual form of the "culture of bread'.

While for the majority of mortals thinking is based on the logic of cause and effect, for Dalí this relationship was far from clear. His thinking took the form of images free form any a priori associations, and these connected images were the object of brilliant analysis. If his beloved Gala posed with lamb chops over her shoulders, it is because the artist loved both; if viscous fried eggs hang in mid air without the support of a plate, it is because he found no better way to express his only intrauterine memories; and if a lobster replaces a telephone receiver, this is simply because the shape of one resembles that of the other. And if he delights in drooling, half asleep, after a gargantuan meal, it is because he imagines the geometrical crystals of his dry saliva enlarged under a microscope, when not openly envying the saliva of spiders as they weave their webs in accordance with mysterious mathematical laws. In short, for Dalí there was no difference between the beautiful and the edible.

Two of his best-known works, painted with an interval of nineteen years in between, each feature a basket of bread. The first, executed as an exercise in virtuosity in 1926, shows a white tablecloth with a complex set of folds on which the basket rests that normally stood on the Dalí family's dining table. The loaf, cut into several slices, stands out against a chiaroscuro background. Curiously enough, this would be one of the first works that the artist exhibited in the United States. In contrast the 1945 basket, painted during the winter at the Del Monte Lodge in Peeble Beach, California, while still set against a chiaroscuro backdrop, contains a whole loaf and stands at the edge of an austere table. No loaf had ever conveyed such a potent sense of immobility.

If there was indeed a "bread period' in Dalí's oeuvre, this would be in 1932, when after a revealing flight of fancy in Cadaqués, the painter returned to Paris, where he spoke of nothing else to his surrealist colleagues. "'Has he turned communist?' they wondered, jokingly. For they had surmised that the purpose of my bread, the bread I had invented, was not exactly to maintain large families. My bread was ferociously anti-humanitarian, it was the bread of the revenge of imagined luxury against the utilitarianism of the rational, practical world. It was the aristocratic, aesthetic, paranoiac, refined, Jesuit, phenomenal, paralysing, hyper-clairvoyant bread that the hands of my brain had kneaded for two months in Portlligat'.

Thus he painted a stage with glass panels, an allusion to his film *Babaouo*, in which numerous bearded bureaucrats on bicycles appear among cypresses with a long loaf of bread on their heads, he drew is father as an average bureaucrat wearing a hat-loaf on which rest three inkwells, in which he would christen "hypnagogic clocks', and he also sketched flaccid loaves in his masterly *Paranoiac Metamorphosis of Gala's Face*. He would even construct a surrealist object in which he added to a female bust a long loaf on which the characters from Millet's *Angelus* pray, transformed into a golden inkwell. Two canvases, from that same year, underline the phallic possibilities of loaves. Without forgetting the popular expression that likens sexual intercourse with "dunking bread in milk', in *Anthropomorphic Loaf*, also known as *Catalan Loaf*, an inkwell, the paternal symbol, rides on an erect loaf sheathed in white cloth, from the top end of which hangs a melting clock. The fine thread that the inkwell uses as reins accentuates the idea of the tip of the loaf as a glans. On the other hand, the second *Anthropomorphic Loaf* although sheathed in the same white cloth and in an erectile position, also suggests the cocky posture of someone leaning against a wall as he waits. The position chosen for this canvas may stem from an anecdote that Dalí relates in his *Secret Life*: "I had eaten until I was stuffed and was looking distractedly, though fixedly, at a piece of bread. It was the hard crust of a very long loaf that had been left on the table and I could not help staring at it. Eventually, I picked up the piece of bread and kissed it at the end; then I kissed it again and again to soften it. Having done this, I squashed the softened part on the table, where it remained standing upright.' The canvases that complete the "bread year' are *Female Character with Catalan Loaf* – in which a loaf touches a young girl's breast –; *Half a French Loaf with Two Plateless Fried Eggs Riding a Horse, Attempting to Sodomise a Crumb of Portuguese Bread*, *The Invisible Man* and the detail of the phallic loaf half sheathed by a white cloth that emerges from his father's head in *The Birth of Liquid Desires*.

Dalí's delirious fantasies of 1932 would lead the artist to imagine a Secret Society of Bread that would spread chaos by making huge loaves of between fourteen and forty metres long to be placed in emblematic sites of Europe: "The poetic, provocative sense of abandoned gigantic loaves will create total confusion leading to collective hysteria (...). Loaves would be discovered abandoned on every pavement, in front of monuments, on the knees of statues of great personalities. Pieces of bread would be thrown into the faces of politicians as they parade through the streets. Bread would be hurled at heads for no apparent reason. Cretinisation would invade the entire would as total delirium...'. The fact is that, in 1958, Dalí would present, openly and with none of the aforementioned treacherous spirit, a twelve-metre-long loaf made by the bakers' guild of Paris, as the main element in his "Hysterical Discourse on the *Cosmic Glue* of Heiselberg' at the Théâtre de l'Étoile.

Although with less intensity, bread would continue to appear sporadically in Dalí's works, the most perfect of which would be *Two Slices of Bread Expressing the Feeling of Love*, painted in 1940 shortly before the artist left France for America. After *The Bread Basket* of 1945, symbol of the Marshall Plan for the reconstruction of Europe, Dalí would include loaves in major works such as *Evangelical Still Life* and *Nuclear Cross*, both from 1952, the second *Portlligat Madonna* (1955) and, of course, *The Last Supper*, from 1955. Without forgetting the invisible bread that Dalí used as an eraser to correct his sketches.

Much later, in 1972, Dalí commissioned from the Figueres baker Pau Masó a *pa de crostó*, a kind of cottage loaf typical of the region that had gone out of production after the Spanish Civil War, from which to make a mould for the 1,200 gypsum replicas that cover the façade of Torre Galatea. Bread had never come to form part of architecture with such naturalness...

THE FIRST BREAD BASKET

I was twenty-nine years old and was painting my first breadbasket, during the months of June, July and August, using a mixture of poppy and walnut oils without either varnish or turpentine. Throughout that three-month period, I never removed the mixture from its receptacle. As the quantity was very small, every day it became thicker and more viscous. Every day the sun, through the open window, shone on my little white receptacle for the space of approximately one hour. One morning, I discovered that a hornet had drowned in the liquid. The colour of the oil shining in the sun, combined with the black and yellow stripes of the wasp, fascinated me, so I did not remove it from the mixture.

During the three long months in which I was painting my first bread basket, I became so accustomed to regularly and periodically gazing at the stripes of my wasp glistening in the sun that I could not proceed without doing so. Introspectively, I tried to analyse the tenderness my eyes had developed as regards these stripes until after a series of experiments I came to the following conclusion: during long painting sessions, the eyes need to look periodically at a small mottled or striped object. If the dots or stripes contrast with the colours of the painting, an occasional glance at them helps you to reassess the colour relations of what you are painting. If you gaze constantly at a series of colours, with no object of contrast that strikes your retina from time to time, sooner or later – and this is no exaggeration – you will end up painting "blind', that is, without a permanent awareness of the painting's colour values, which at each moment must convey to your eyes the taste, the salt, pepper and sweetness of every colour.

Salvador Dalí
50 Magic Painting Secrets, 1948

Venus's Dream

The female nude is one of the most recurrent themes in the Western painting tradition. Dalí's first nudes appeared in 1921 and are inspired by this tradition. *La Merienda sur l'Herbe* is based on Manet's work, while *Cadaqués Muse* is a transposition to the Mediterranean of Titian's classical pose. Neither of these two nudes involves the observer, since their gazes are sidelong. On the other hand, *The Smiling Venus* looks straight into the observer's eyes, and the pointillist technique employed here would culminate in the large frieze *The Bathers of Llané* (1923).

Although shy, as a youngster Dalí felt a normal attraction for the opposite sex. He made no secret of his teenage love affair with Carme Roget, which would have lasted some five years. Dalí wrote her somewhat affected, romantic letters, in which he openly imagined "the sunset in Carme's eyes, now thoroughly moist with emotion'. In one of his last simultaneist watercolours before he became engulfed in the maelstrom of Madrid, *The First Days of Spring*, the young couple appears, arms around each other's waist, admiring the waxing moon. Everything seems to indicate that their relationship was purely platonic.

1925, however, was the year of the first sexual outburst: in contrast to the indifferent *Female Nude* executed at the Academy of San Fernando stands the fleshy *Faceless Female Nude*, from the previous year and painted at the Academy of Julio Moisés, on Pasaje de la Alhambra, Madrid, which Dalí attended after his first expulsion. Both nudes are frontal and modest. Dalí found the female genitals repugnant, although he adored the female buttocks. His sister's were those he had closest to hand: merely suggested in *Girl at the Window*, or bare in *Nude in the Water*, he would convert the buttocks into a myth in his minor masterpiece from 1925, *Venus with Little Cupid*.

Love as a furtive approach to Venus is the origin of the series *Venus and a Sailor*, limited chronologically to 1925 with one tribute each to the *Poetavanguardistacatalà Salvat-Papasseit* and the *Noticiario Fox*, which features Dalí's first "apparatus', clearly inspired by De Chirico's metaphysical constructions.

The Casanova-like sailor appeared for the last time in Dalí's imagery as San Sebastián, halfway between platonic and carnal love, both embodied by two robust Picassian figures in a masterful *Composition with Three Figures. Neocubist Academy*, from 1926. In this legendary canvas the artist plays with different levels of language in which reality and representation merge. In this way, he attempts to clarify the ambiguous nature of the relationship that linked him with Federico García Lorca. As from that moment and until Gala appeared, Venus would never abandon the rocks of Cadaqués, although she would be progressively mutilated, becoming increasingly abstract in the eyes of a Dalí exasperated by series of complexes that would drive him to unfettered onanism and quasi-paranoia.

On the one hand, he would proceed along the path on which he set off in 1927 with *Honey is Sweeter than Blood* and *Cenicitas*, in which Dalí concludes that it is impossible to go any deeper in his relationship with Lorca due to their divergent attitudes regarding the female sex. Thus, in this canvas before the mutilated body of a *Birth of Venus* with its back to the observer, Lorca sleeps beside a yellow rule – an allusion to his *Ode to Salvador Dalí* –, while the eye of his friend, seen in profile, is converted into female genitals and his teeth grind in anxiety: the impulse of the libido is irresistible, but it symbolises death, symbolised by dead donkeys and fish with skylark's heads. A skylark very similar to the one he heard as a little boy, during his first exhibitionist act, when he pretended to be asleep at the table with his penis in full view, to scandalise the maidservant. He had to remain still, but a small crust of bread was sticking painfully into his elbow when the skylark was singing. Dalí records this as one of the most sublime moments in his life.

It was at this precise moment that the theme of onanism began to come to the fore in two series of paintings. In the first, dominated by ochres, Dalí incorporated sand and gravel from the beaches of Cadaqués. Taking the figure of his sister as his departure point, as Picasso did in *Figure among the Rocks*, the pose of the reclining bather would increasingly suggest what the painter described as "pieces of cunt". He would build islands to separate both sexes, and phallic fingers ejaculating before formless masses of pink flesh, as in *The Unsatisfied Desires* (1928), large shells that suggest a closed, guilty hand, or fingers beside dead birds, symbolising the moment after. The next step would be the abstraction of the female genitals in a series of canvases alluding to the local fishwives, like *Sun, Four Fishwives in Cadaqués*, remotely inspired by the poetics of Jean Arp.

The second series, featuring landscapes inspired by the works of Max Ernst, in which blues prevail, as in *Apparatus and Hand* (1927) or *Surrealist Composition* (1927), subsequently retitled *Inaugural Hen's Flesh* (1928), would lead Dalí to the brink of sexual paroxysm expressed in canvases like *Le Jeu Lugubre* (1929).

The appearance of Gala, who though taken aback greatly admired this work, resolved Dalí's conflict between libido and death. This gradually generated a series of compositions with incisive sexual contents relating to the castrating, menacing role of the artist's family, his father above all. Venus would be relegated to food-related reinterpretations, as in *The Spectre of Sex-Appeal* (1934), *Venus de Milo with Drawers* (1936), conceived by Dalí though executed by his friend Marcel Duchamp, or the impossible *Venus's Dream* (1939), an erotic-festive attraction for the New York World Exhibition, whose Boticelli body with a fish's head was banned by the sponsors, the reaction to which was the famous *Declaration of the Independence of the Imagination and of the Right of Man to his own Madness*, which further contributed to Dalí's rise to stardom.

On the other hand, the theme of onanism, in which Dalí continued to engage both physically and in his paintings, would reappear repeatedly concealed behind the bucolic image of a girl skipping rope, not far from a belfry. Dalí needed, as he himself declared several times, to aim at three belfries in order to carry out his solitary activities. The phallic nature of church spires, the bells' resemblance to glans and the fact that to ring them involved pulling ropes in an onanist gesture provide us with a vague idea of Dalí's mental mechanism, invariably guided by visual analogies. When swinging, the bell, in turn, recalls a girl skipping rope, the object of desire converted into an analogous object.

Venus as a presence never entirely freed from mortal connotations would continue to be one of Dalí's themes until his last period. An example of this would be *The Hallucinogenic Bullfighter*, inspired, according to Carlos Rojas, by Federico García Lorca's *Romance del Emplazado*.

DALÍ'S EROTIC BRUSH

'Is eroticism the main source of inspiration in your work?'

'No. There are two sources. And it is Freud who established them: the sexual instinct and fear of death.'

'When did Dalí the artist discover eroticism?'

'Eroticism entered my body through the elbow. Some feel it in the heart, others in the head or the stomach. It penetrated me, I repeat, through the elbow. I was a young boy; it was a summer's evening with the song of nightingales. It happened when I was engaged in an act of exhibitionism to shock one of the family maidservants. My family had gone to the cinema and I was alone. I pretend-

ed to have fallen asleep, after supper, in the dining room: with my head resting on my hand and my elbow on the table. I had put on my night-shirt in such a way that when she came to remove the tablecloth, she saw my penis. But it so happened that beneath my elbow there was a crust of bread, sharp as a needle. The pain was terrible. Even so, when she came in, and I observed her absolute coldness, I had to remain completely motionless and withstand a kind of terrible electrical discharge that paralysed my arm. It felt as if the crust of bread was penetrating my body through the elbow. At that precise instant, the nightingale began to sing. Since then, when an erotic image comes to me during my siesta, I automatically touch my elbow.'

'Some of Dalí's titles go as follows: *The Great Masturbator*, *Atmospheric Cranium Sodomising a Grand Piano*, *Young Virgin Self-Sodomised by her own Chastity*, *The Spectre of Sex-Appeal*. But aren't the titles sometimes more clearly erotic than the works themselves?'

'Yes, I have to admit that. And notice that they all relate to sodomy.'

'Why?'

'Simply because I dislike the cunt.'

'Can you explain what 'the great masturbator' is about?'

'It reflects the guilt feelings of a face completely without life force after having masturbated so much. Its nose touches the floor and ends in a revolting boil. Whenever I lose a little milk I'm convinced that I've wasted it. I'm always left with guilt feelings.'

'Dalí was a virgin due to his impotence complex and his morbid fear of contracting venereal disease.'

'First of all, I'm not so impotent. Even so, I regard myself as fortunate because only the impotent achieve great things, like Napoleon, Hitler and so on. Notice that the potent do nothing more than produce children... Secondly, I admit that I'm horrified by the thought of contracting venereal diseases. At home, on top of the piano my father left a medical book with illustrations showing the terrible consequences of venereal diseases. They petrified me. My father believed that this book should be in every home as a lesson to the children.'

Fragments from Lluís Permanyer, "El Pincel Erótico de Dalí"*, Playboy, Barcelona, January 1979*

Resurrection through Science

Few artists have ever been as genuinely interested in science as Salvador Dalí. Indeed, we might have to go back to the Renaissance to find a comparable case. Even so, Dalí was interested only in purely speculative science, as part of his philosophical thirst for determinism.

This uncommon interest was based on two needs: on the one hand, for knowledge of the laws of nature in their strictly cosmic sense, as we might deduce from his constant torturing of animals. In this thirst for intuitive knowledge of the laws of the universe, Gaudí preceded Dalí, and both were very aware of the role of the angel as possessor of the cosmic vision they so earnestly pursued.

On the other hand, science was his means to solve the mysteries of life, even to discover its secret. His objective was none other than to avoid sickness, decrepitude and death. Dalí was never as happy as when it was announced that a cryogenic chamber would be built. A man of religious beliefs during the second half of his life, his only faith was that of science.

Dalí's most meticulous biographer, Ian Gibson, managed to read the front cover of the magazine the artist was holding when the famous group photograph was taken with Federico García Lorca and the editorial staff of the journal *L'Amic de les Arts*, in Sitges. The cover was of the June 1927 issue of the New York publication *Science and Invention*. Although Dalí could not read English, he could interpret, in his own way, the illustrations and he adopted the posture of a lover of hygiene and the concrete. Even when he painted the beach at Cadaqués, he boasted that the waves in his painting could be counted...

At that time, the beauty of machines fascinated Dalí and he countered any hint of sentiment or putrefaction with imaginary instruments of measurement, such as the "heliometer for the deaf".

Later, he would put his readings of Freud into practice to psychoanalyse himself and develop his own particular paranoiac-critical method. Psychoanalysis was a wonderful science by which it was possible to identify and resolve all human conflicts. Dalí therefore moved firmly in this direction until in 1938 he visited Sigmund Freud, exiled in London and suffering from the terminal cancer that would soon put an end to his life.

Invariably led by his fantastic intuition, in 1931 Dalí painted *Persistence of Memory*, which could quite feasibly illustrate an article by Einstein on his theory of relativity. Dalí read Max Planck, whose quantum theory – particularly quantum optics – influenced Einstein, who conceived a light quantum (the photon), which behaves like a particle. Einstein's other theories explained the equivalence be-

tween mass and energy, the particle-wave duality of photons, the principle of equivalence and, above all, relativity. Quantum mechanics turned the fundamental concepts of Newtonian physics completely upside-down.

Another figure whom Dalí deeply admired, to the extent that he delivered a lecture as a tribute to his theories, was the German Nobel Prize-winning physicist Werner Karl Heisenberg who, following the paths marked out by Planck and Einstein, would develop a system of quantum mechanics the uncertainty principle of which exerted deep influence on twentieth-century physics and philosophy. Heisenberg was head of research into the German atomic bomb during World War Two. Under his supervision, attempts were made to build a nuclear reactor in which a chain reaction would take place so quickly that it would produce an explosion. The attempts failed, however. Dalí was also fascinated by the theories of one of Heisenberg's colleagues, Oliver Lodge, who justified the need for ether as "cosmic glue", without which a universe of matter would be impossible.

Given all this, it is hardly surprising that Dalí associated a curious atomic faith based on quantum physics with his Catholic mysticism. In his *Mystic Manifesto*, from 1952, he states that "the deep crisis of Dalinian mysticism is based essentially on the progress of the specific sciences of our era, particularly on the metaphysical spirituality of the substantiality of quantum physics...'.

Alongside his love of quantum physics, Dalí was much given to exhibitions of "recreational physics" to astonish his audiences, such as when he attempted, in vain, to make square soap bubbles to accompany *Le Ballet de Gala* in 1961.

And this without overlooking his passion for the scientific philosophies of two geniuses from his own culture: the medieval Ramon Llull and his contemporary Francesc Pujols, of whose *Concepte General de Ciència Catalana* Dalí regarded himself as the international champion.

In the field of mathematics, Dalí was an avid reader of *Divine Proportion*, by the renaissance monk Luca Pacioli, and he even worked together with Matila Ghyka, a Rumanian mathematician who had settled in San Diego, whose favourite axiom was "beauty is aptitude expressed". According to Ghyka, "the rectilinear segment determined by two points is in geometry, in mechanics and in architecture the simplest element to which ideas of measurement may be applied. The easiest operation to which these concepts lead is the choice of a third point, thereby passing from unity to duality to attain proportion. When the straight line is divided in extreme and medium ratio, this means that the smaller to the larger segment is what the latter is to the whole. In this case, we say that it follows the

harmonic proportion f (form-utility-finality).' Fruit of this collaboration was Dalí's *Atomic Leda* (1949).

In 1953 Watson and Crick, two young researchers at Cambridge, announced that they had managed to display the molecular structure of deoxyribonucleic acid, otherwise known as DNA. To this end, with pieces of cardboard, metal and rods they built a structure in the form of a double spiral. When he learnt of this discovery, Dalí exclaimed, "For me this is definitive proof of the existence of God!' Indeed, all his artistic research into memory acquired renewed vigour after this scientific discovery had been made, although it appeared on his canvases in the form of facetious anecdotes and certain optical effects that would lead the artist, in the early seventies, to carry out a series of experiments with stereoscopic lenses – inspired by his admiration for Gerard Dou – and to take an interest in holography, a visual recording procedure based on beams of light, the result of research conducted by the Nobel Prize-winner Dennis Gabor.

Dalí's last obsession with science would come with the "mathematical theory of catastrophes", brainchild of mathematician René Thom: "a new way of considering all transformations that take place suddenly, dramatically, unexpectedly, by applying topology.' A building that suddenly collapses, the last drop that spills water out of a glass or a sudden earthquake are examples of discontinuous processes that generate changes of states. The theory of catastrophes set out merely to obtain an order of comprehension in the disorder of discontinuity. And if Dalí sought certainties in uncertain destiny, these he found in the method conceived by Thom. The castreiforme writing, obsessively present throughout his final period, was merely the artist's way of scrutinising the inevitability of his own death.

In 1985, in the knowledge that his end was near, at the Teatre-Museu Dalí convened a symposium entitled *Culture and Science: Determinism and Freedom*, in which Thom and Ilya Prigorgine confronted each other. Dalí, who followed the sessions on video from his room, still had sufficient strength to beg them to make up...

As a token of his constant interest in science, Dalí's library contains one hundred or so books, with his own notes in the margins, along with numerous journals to which he subscribed. The last book he was reading was Stephen Hawking's *The History of Time*.

Dalí and Science

"Have the scientists you've met invariably regarded you as crazy?'

"On the contrary, they've all taken to me and, regarding my declarations, commented that 'You don't talk such nonsense as we've been led to believe'. My advantage is that I am totally ignorant, which allows me to air the most whimsical and irrational of my fancies, based on the little I've read. And since I'm blessed with a certain degree of genius, from time to time I say something that doesn't strike them as entirely improbable. As regards cancer, for example, I based my arguments on what I knew about messengers, which carry and deliver parcels. In biology, the messenger is RNA, ribonucleic acid. In Figueres, the motto of one of these deliverers – let's call him a ribonucleic – was 'I am lightning, wherever they call me I go'. Well, during the time when anarchy was rife, bombs were delivered by messengers. So I said to Donald Reynolds, a biologist, 'When RNA carries a message to the cytoplasm, in other words, to the city, why don't we look and see

what's inside?' Reynolds was astonished by this suggestion. Now, biologists are much more concerned with the study of RNA. But I let this idea out one day in a café, not in fun but quite seriously.

I've made my latest discovery in collaboration with the philosopher Newman, who introduced me to Jacques Lacan. It concerns entropy. As you know, according to the law of thermodynamics, we are all moving towards total disorder, entropy, death. The law states that the universe must come to an end one day. But Newman and I realised that all the philosophers, all the great humanists from Antiquity to the modern era, from St. Augustin to Malebranche and Leibniz, have invariably opposed the idea of

entropy. The modern philosopher most opposed to the idea is Schrödinger, who believes it's impossible that human thought will be erased one day by time. And this is textual. Newman and I have compiled an anthology of all those who, from the Greeks to Stephan Lupasco today, have spoken of the immortality of the soul. Of course, the immortality of the soul is nothing other than neguentropy (the logarithm of the probability of a state)."

Fragment from an interview conducted by Jean-François Fogel and Jean Louis Hue, "Les Mandales de Dalí", *Le Sauvage,* October 1976

Picasso, the Broken Mirror

If Dalí articulated his biography around the figure of his biological father, whom he admired enormously but had to bring down in order to be himself, the same was true of Picasso. Dalí was one of the latter's greatest devotees, and he spent his life morbidly spying, seeking inspiration in, calling attention to and attempting to associate his activity with the figure of Picasso. By 1923, he was already attempting to recreate the *Malagueño*'s Blue Period in his canvases. And at his Cadaqués studio there are several photos of Dalí posing beside some of his pictures and a great poster proclaiming "Viva Picasso!".

Picasso had been at Cadaqués in the summer of 1910, the guest of painter Ramon Pichot, the same person who in 1916 introduced Salvador to Impressionism. Furthermore, Picasso and Fernande Olivier stayed at the house of Lidia Noguer, the picturesque character who would be the source of inspiration for Dalí's paranoiac-critical method, and the *Malagueño* painted some of his cubist canvases at Pichot's studio in Es Sortell. This was the same studio that Ramon would hand over to Dalí in 1921. Pichot died in 1925, and as a tribute to his friend Picasso featured him as the central figure in *The Dance*.

Dalí liked to recall an episode that took place that summer. Maria Gay, an opera singer and Ramon's sister, was being pursued at the time by a tenor who, one day in desperation, burst into her room. Picasso witnessed how she, without thinking twice, jumped out of the window shouting "*Pel juliol, ni dona ni cargol*"! (In July, neither women nor snails). For many years after the incident, every July Dalí would send Picasso a telegram featuring that saying as the only text.

Dalí had hung in his room a reproduction of *Two Women Running on the Beach (The Race)*, from 1922. His

1925 canvases are clearly influenced by Picasso's classicism. It was precisely in November of that year that he held his first one-man exhibition at the Galeries Dalmau, in Barcelona. In his *Secret Life*, Dalí relates that Picasso had visited the show and praised "the painting of a girl's back", although this might be a "false memory" rather than an actual fact.

Dalí visited Paris, in the company of his sister and his "auntie", in April 1926. Thanks to the intercession of painter Manuel Ángeles Ortiz, one of Lorca's Granada friends, Picasso agreed to receive him. According to Dalí, as soon as he entered the artist's apartment on Rue de la Boëtie, he exclaimed "I've come to see you before visiting the Louvre!". "And you've done the right thing", Picasso apparently replied. Next, Dalí showed him his *Girl of Figueres*, which Picasso examined for fifteen minutes without making any comment. Then the *Malagueño* devoted two hours to showing Dalí his latest canvases which, although we cannot be absolutely sure of this, may well have been collages, classically inspired compositions and still lifes such as *Head and Arm in Gypsum* (1925).

Many of the elements in Picasso's studio would later appear "Dalinised" in *Composition with Three Figures (Neo-cubist Academy)*, from 1926, and a substantial number of drawings from the Lorca period, like *Lorca on Empúries Beach*, published in *L'Amic de les Arts*, or *The Beach*, published in the Murcia journal *Verso y Prosa*.

The element that most impressed Dalí about *Head and Arm in Gypsum*, its dismemberment apart, was the classical head and the disturbing shadow it cast. He would therefore exploit this head by combining its outline with Lorca's in oil paintings such as *Still Life in the Light of the Moon*, from 1927.

Another canvas by Picasso, *The Seamstresses*, from 1926, is the obvious source of inspiration for *Two Figures*, from the same year. For the umpteenth time, Picasso's formalism served Dalí as the basis from which to reveal to initiates his complex emotional relationship with García Lorca.

A third of Picasso's influences on Dalí would be the surrealist bathers the painter from Málaga began in 1928, consisting of entwined stone elements whose culmination, in *Figures beside the Sea*, is not very far removed from the "Javanese dummy" in the *Imperial Monument to the Woman-Girl* (1929) or the "self-phagia" that first appeared in the *Les Chants de Maldoror* engravings (1934). Then there was a later borrowing: *Remains of an Automobile Giving Birth to a Blind Horse Gnawing a Telephone*, from 1938, contains several elements from the legendary *Gernika* (1937), in particular the horse and the light hanging from the ceiling.

Another of Dalí's quirks was his tendency to repeatedly recount apocryphal events to anyone who would listen: Picasso's dog had eaten the bread placed on the head of his *Retrospective Bust of a Woman* (1933), exhibited at the VI Salon des Surindépendents; Dalí was with Picasso in Paris when the latter received the telephone call officially announcing that he had been appointed director of the Prado Museum; or – and this may be the only true anecdote – that Picasso had lent him some money for his travelling expenses on his first trip to the United States. Needless to say, the money was never returned.

And before the Spanish Civil War was to cause their permanent estrangement, Dalí invented a Machiavellian collaboration with Picasso in the form of an etching that they had supposedly executed together. It is a unique copy, donated anonymously to the Musée Picasso in Paris, to which Dalí added elements from his illustrations for *Les Chants de Maldoror* to the inverted image of Picasso's etching *Three Bathers* (1933). We assume that Dalí, through Éluard, managed to get hold of the original copper cliché, copied it and added his own contribution. He would then have given it to a professional engraver, since Dalí did not master the technique and always had his engravings made by a third party.

After the war, Dalí painted a bust of Picasso in 1947 as a huge mass of flesh with a flagstone on the head, a long spoon stretching from the brain and emerging as the tongue, fallen breasts and a carnation at the base, elements that do not greatly differ from the renderings of his father from the early thirties. On the other hand, in 1971 he would portray Picasso as an emperor, with his unmistakable gaze and significantly crowned with a laurel wreath.

During the Franco regime, Dalí and Picasso engaged in two major confrontations (the minor ones are innumerable). The first took place in 1950, when he refused publicly and in writing to form part of a commission to attempt to persuade President Truman to abandon the arms race. The commission would be led by the Archbishop of Canterbury and Picasso. When Picasso painted his dove of peace, Dalí countered with a beautiful *Medal of Peace* (1954), in which two pairs of golden hands form a cross against a lapis lazuli background.

On the occasion of the First Latin-American Art Biennial, held in 1951, Dalí delivered a talk at the Teatro Maria Guerrero, in Madrid. The title, *Picasso and I*, heralded a major controversy, and the auditorium was packed. Years later Picasso himself admitted to journalist Antonio Olano that, when he first heard the most famous fragment from the talk, "Picasso is a communist... and neither am I!", he exclaimed "That damned youngster has wit! And I love him, mind!"

Dalí was still to ask the photographer Halsman to merge his own portrait with one of Picasso, paint his own version of Velázquez's *Las Meninas* after Picasso had done the same, and believed more than ever in his own museum after the one devoted to Picasso had been opened in Barcelona, to which he would donate an exemplar of Ovid's *Metamorphosis* engraved by Picasso and a collage that the *Malagueño* had given to Gala. However many differences lay between them, Dalí would never have been Dalí without the traces of Picasso.

PICASSO AND I

Once again, Spain is honoured to be the land of greatest contrasts, this time in the persons of the two most antagonistic painters in contemporary art, Picasso and yours truly.

Picasso is a Spaniard, so am I. Picasso is a genius, so am I. Picasso is around seventy-two and I am around forty-eight. Picasso is internationally famous, so am I. Picasso is a communist, neither am I.

Why did Picasso turn communist? Because of the nuptials between the whitest of White Russia with the whitest of white generals – his love of misery. If it were possible to buy misery with money, I would be ruined by now.

In the not too distant future the monstrously curious fact will emerge that such a Spanish aesthetic phenomenon as Cubism – invented essentially and substantially by two Spaniards, Picasso and Juan Gris – will have been regarded for years as the heritage of French intelligence.

Strange though it may seem, I believe that Picasso has turned communist because Cubism has not triumphed in Spain. The origins of Cubism lie in the "iconoclastic geometry" of Moorish art which has emerged, after centuries, in Picasso's anarchical mind. The Alhambra in Granada contains polychrome fragments of a staggering resemblance to some of the cubist canvases by the *Malagueño* Picasso.

Beauty will be possible once again. And we owe this fact, paradoxically, to the absolutely diabolical efforts of Picasso, who set out to destroy it. Recently I wrote to Picasso "Thank you, Pablo! With your Iberian genius you have murdered the ugliness of modern painting. Without you, the measure and prudence that characterise and constitute the quality of French painting might threaten us for one hundred years more with painting that would gradually become uglier and uglier, culminating in your horrifying, though occasionally sublimely bizarre, monstrosities. With a single, categorical stroke of the sword, you have slain the bull of pure biology and, above all, the blacker one still of absolute materialism. Now a new era of mystical painting is beginning with me, with Dalí.

Fragments from Salvador Dalí, *Picasso and I,*
talk delivered at the Teatro Maria Guerrero,
Madrid, November 11 1951

What is not Tradition is Plagiarism

Dalí was one of the few avant-garde painters who did not believe in breaking away from tradition. His favourite dictum was "everything affects me, nothing changes me". Indeed, Dalí visually engulfed everything that surprised and subjugated him and incorporated it into his oeuvre, irreversibly "Dalinised". It is not that Dalí stole, he simply saw everything in his own original way.

After the death of Picasso, whom he admired obsessively, his only comment was: "I believe that in the work of Picasso magic is romantic, that is, made from upheaval and commotion, whereas mine is possible only through the accumulation of tradition. I differ totally from Picasso because he was concerned not with beauty but with ugliness, and i am increasingly interested in beauty."

Dalí became familiar with the great masters of the pictorial tradition thanks to the small volumes of the Gowan's Art Books collection that his maternal uncle, bookseller Anselm Domènech, procured for him in their French edition. As Dalí's primary education was in French, one assumes that he devoured the texts as well as the illustrations.

It was precisely in a short-lived seondary-school journal, *Studium*, that he published a series of six essays on his favourite masters: Dürer, Goya, El Greco, Michaelangelo, Leonardo da Vinci and Velázquez. About El Greco he wrote: "Soul, all soul are the canvases of this great artist. His works are purely spiritual and divinised. El Greco shunned academicism as if it were a perturbing phantasm and did without what we vulgarly term matter." Fifty years later, he would temper his enthusiasm: "As he was almost entirely lacking in personality, he behaved like the snails of Burgundy, which have no taste in themselves, their flavour depending on the herbs and spices used to season them. While in Venice, he was a Venetian painter. When he later came to Toledo, he became the most Spanish of Spaniards and the most mystical of painters. He could only please a theatre lover, and for this reason he pleased Philip II, who was a great actor. The entire Escorial is nothing other than a gigantic stage set with Death as the leading character."

But apart from the great masters of the classical tradition, Dalí also admired some of his contemporaries and immediate forerunners in the Catalan school, like Ramon Pichot, Joaquim Mir and Meifrén, all of whom inherited the impressionist legacy, Xavier Nogués and Joaquim Sunyer, champions of *Noucentisme*, Juan Gris, Jeanneret and Ozenfant, representatives of pure Cubism, Morandi and De Chirico, ascribed to the journal *Valori Plastici*, Picasso of course, and Joan Miró, Jean Arp, Max Ernst and Tanguy in his pre-surrealist phase.

Dalí went to Madrid expecting, at the Escuela Especial de la Real Academia de Bellas Artes de San Fernando, to receive a disciplined classical training. His teachers, however, were more concerned with encouraging their pupils to "interpret" than with subjecting them to the stringency for which the Academy had become famous. Dalí learnt by visiting the Prado every Sunday and making numerous excursions to Toledo together with his friends Luis Buñuel, Federico García Lorca and Pepín Bello.

In Bosch's *Garden of Delights*, lost amidst innumerable simultaneous actions that recall the composition of *Cenicitas*, we find a face suspiciously similar to that of *The Great Masturbator*.

When Dalí opened his first one-man exhibition, in November 1925 at the Galeries Dalmau, he headed the catalogue with three dictums from Ingres's *Pensées*, his bedside book at the time: "He who exploits his own ingenuity only will soon be reduced to the most miserable of imitations, that of his own works", a veritable declaration of principles; "drawing is the probity of art"; and "beautiful forms are straight planes with curves, in which small details do not compromise the overall appearance of large masses". Three declarations of principles to which Dalí invariably adhered.

In April 1926 Dalí travelled to Paris to meet Picasso and visit the Louvre, to Brussels and Bruges. There he admired the Flemish painters, above all Vermeer, another of his painterly obsessions. Curiously enough, hanging in his father's office was a reproduction of Vermeer's *The Lacemaker*, while another reproduction of *Christ*, by Velázquez, hung in his bedroom. These two works, along with a copy of Millet's *Angelus*, in the corridor of the primary school that Dalí attended, would exert a powerful influence on his creative imagination. The lacemaker, for example, was the departure point for a series of actions in which the artist attempted to unite the principle of pleasure with the horn of the rhinoceros and the golden section, all this based on the gesture of the girl as she uses the needle. What influenced him most about Velázquez was the precise coldness with which the Sevillian treated human flesh and his ability to "place air" between the different planes, something that Dalí never managed to achieve. And lastly, Millet served to sharpen his paranoiac-critical mind and make the discovery that his *Angelus* had in fact originally been the burial of a child, a parallelism with the child Salvador. *The Tragic Myth of Millet's Angelus*, the manuscript of which Dalí lost before going into exile in America and did not reappear until twenty years later, is one of the best examples of twentieth-century artistic literature.

During the mid-thirties Dalí, in his unceasing exploration of his own subconscious, came to the realisation that once again he was bordering on the same madness that threatened him in 1929. He therefore decided gradually to return to Classicism. Leonardo, Raphael, Vermeer and Velázquez would never abandon him, and traces of the influence of these masters are observable in all his subsequent output.

A further facet of his interest in tradition is his reading of treatises on painting by renaissance authors such as Luca Pacioli and Juan de Herrera. The product of this would be his overwhelming *50 Secrets of Magic Craftsmanship* (1948), a bizarre mixture of anthology, humour, method and painterly knowledge inapplicable to the art.

During the sixties, Dalí showed an especial interest in the French *pompier* painters, like Meissonier and Bouguereau, and he contributed to a positive re-evaluation of their work. What he most admired about them was their technical rigour and their absolute lack of originality: "Meissonier is completely annihilated before what he believes the motif of his painting must be. What is left is a kind of total stupidity without either the intervention or the tradition that operates the subconscious."

Dalí, a somewhat eclectic collector, revealed himself to be a peculiar transgressor of tradition: he purchased sixteenth-century and seventeenth-century Dutch canvases which he would retouch in identical accordance with the spirit of the student who amuses himself by manipulating the illustrations of a textbook. He even dared treat an entire series of Goya's *Caprichos* in this way (1977). Dalí regarded Goya as excessively caricaturesque, and to his engravings he added crutches, clocks, atmospheres and even captions in the unmistakably Dalinian style.

His theory on tradition may be summarised in the following comments on Raphael and Picasso he made to Alain Bosquet: "Raphael copied exactly what his master, Il Perugino, had created. His exact replicas differ from the original works only in minor nuances. It's much better to copy and correct with many small touches than to proceed to transform everything. Those who not only proclaim total revolution but who also want to change everything, like my brilliant fellow-countryman Picasso, are nothing more than horrible cuckolds. Urged on by Picasso, they attempt to make everything fly off, they pulverise tradition, eliminate perspective, and in the end they are disloyal to themselves."

TABLE COMPARING VALUES ACCORDING TO THE DALINIAN ANALYSIS CONDUCTED OVER TEN YEARS

	Professionalism	Inspiration	Colour	Drawing	Genius	Composition	Originality	Mistery	Authenticity
L. da Vinci	17	18	15	19	20	18	19	20	20
Meissonier	5	0	1	3	0	1	2	17	18
Ingres	15	12	11	15	0	6	6	10	20
Velázquez	20	19	20	19	20	20	20	15	20
Bouguereau	11	1	1	1	0	0	0	0	15
Dalí	12	17	10	17	19	18	17	19	19
Picasso	9	19	9	18	20	16	7	2	7
Raphael	19	19	18	20	20	20	20	20	20
Manet	3	1	6	4	0	4	5	0	14
Vermeer	20	20	20	20	20	20	19	20	20
Mondrian	0	0	0	0	0	1	0.5	0	3.5

Salvador Dalí
50 Secrets of Magic Craftsmanship, 1948

Dalí the writer

Dalí said on several occasions that he was a better writer than he was a painter. And was right, even though essentially everything that Dalí created was simply "a Dalí", regardless of the support or particular code that he used.

The advantage that writers have is that all they need are words. Dalí would anarchically scribble down his floods of thoughts, all expressed in detailed images and with a meticulous attention to detail, occasionally doing a little correction of the spelling (he suffered from a condition which we could call "mis-spellitis"), the punctuation and other syntactical mistakes. In the beginning, his sister used to correct and type out all his articles on a typewriter, and translate them into Spanish when they had to be published outside Catalonia. Later on, it must have been Gala who corrected his French which, though magnificently structured, was affected by the same "mis-spellitis". In fact, anyone who read his original manuscripts would have thought that either he had no idea at all about the most basic notions of spelling, or that he simply wrote like that to draw attention.

Dalí the writer worked in various genres: the diary, the narrative, poetry and – within the sub-genre of artistic literature – art theory, programmatic articles, cultural agit-prop pieces and even criticism. And let us not forget his eloquent skill as an orator, not to mention his works of drama, though the latter were sometimes difficult to comprehend owing to the playwright's idiosyncrasies.

Dalí began by writing a diary, of which seven notebooks have been conserved, dating from the years 1919 and 1920. As with the diaries of most adolescents, these volumes were not subjected to any kind of stylistic correction. In addition, he only wrote a diary during the winter, when he did less painting – which shows how his priorities were clearly marked out from the very beginning.

In 1920, he obviously felt confident enough to produce his first novel: it was called *Tardes d'Estiu* (Summer afternoons), and it had deeply romantic overtones.

One year earlier, he published six short articles on the painters that he most admired, in *Studium*, a Figueres magazine for young people. His articles were on Velazquez, Goya, El Greco, Michelangelo, Durero and Leonardo da Vinci, and thus he made his first foray into art criticism.

But it was not until 1927, with the publication of his article entitled *Sant Sebastià* (which was a magnificent example of an aesthetic program expressed in hermetic code) that the editing team of the Sitges magazine *L'Amic de les Arts* opened their doors to him and invited him to co-write a series of contributions. In March 1928, he co-wrote (together with the art critic Sebastià Gasch and the literary critic Lluís Montanyà) the *Catalan anti-artistic manifesto*, which was popularly known as the *Yellow manifesto* owing to the colour of the paper on which it was printed. Having adopted the structure of *L'antitradition futuriste* (1912) by the poet Guillaume Apollinaire, Dalí (who was the ideological and stylistic heavyweight of the three writers) praised the beauty of machines, sport and hygiene, at the same time as denigrating regionalist culture and putrefied romanticism, all of which provoked a heated controversy in the Catalan press. After the Yellow manifesto, the same three writers produced another series of articles, about cinema and the commercial advertisement.

His friendship with Lorca created a kind of good-natured competition between them which encouraged the poet to draw and the artist to write poetry. His *Poem of the little things* was initially written in response to the sentimentalism of Lorca's *Romancero Gitano*, while *Fish pursued by a grape* must be seen as a key text in the development of Dalí's paranoiac-critical method. Dalí monopolised the last issue of *L'Amic de les Arts* (now published in a smaller size) in order to create a sort of Surrealist letter of presentation prior to the premiere of *Un Chien Andalou*, in Paris.

After he moved to Paris, Dalí published a series of programmatic articles (thanks to the influence of Gala and the support of the Surrealist group) in the magazines *Surreálisme au Service de la Révolution* and *Minotaure*. He also published five books in seven years: *The visible woman* (1930) was an anthology of articles that laid the basic ideas for his paranoiac-critical method, *The love and the memory* (1931), *Babaouo* (1982), which was a script that was never filmed, the programmatic *Conquest of the irrational*, a short article on abstraction, and *Metamorphosis of Narcissus*. Most of these were published in short print runs as part of *Éditions Surréalistes*.

After fleeing the Nazi advance and moving to the United States (where he stayed at Hampton Manor, the home of his friend Caresse Crosby), Dalí dedicated himself to writing his personal autobiography, *The secret life of Salvador Dalí* (1942). Written in French, and brilliantly translated (though not without some difficulty) by Haakon Chevalier, the book was a great success in terms of sales, and was widely commented upon by all the American press, thanks to the scandalous confessions (some of which were true, some exaggerated and others invented) that the book contained. Josep Pla mentioned that in 1948 there were six copies of *The secret life* circulating around Spain (they had been printed in Argentina and translated by Cèsar August Jordana), and if you wanted to read it, you had to wait your turn. The Franco regime deemed the book to be unpublishable, owing to its sadistic, sexual and exhibitionist content. And thus Dalí's literary masterpiece was unknown to his compatriots until shortly before his death.

In autumn 1943 he shut himself away on an estate that belonged to the Marquess Cuevas in Franconia (New Hampshire) and in four months he wrote the novel *Hidden faces*. In this book, he formulates the theory of *Cledalism* – a word derived from the name of the main character, Solange de Cledal – which dealt with the consummation of eroticism without any physical contact.

In early 1948, he published the treatise *Fifty secrets of magic craftsmanship*, in which he showed off the amazing amount of artistic knowledge he possessed, which he had derived from his numerous lectures and his technical experience.

In 1956 he published his theories on tradition and the avant-garde in *Dalí on modern art: the Cockolds of antiquated modern art*, and in 1963 he miraculously recovered an article of his which he had left behind during his escape from Arcachon in the face of the Nazi advance in 1940. Entitled *The tragic myth of Millet's Angelus, a "paranoiac-critical" interpretation*, this essay – which is linked with his personal family odyssey – is one of the most lucid articles in all of contemporary artistic literature.

The most interesting work by Dalí the writer (as with Dalí the painter) was all produced before the mid-nineteen-fifties. His narratives, which were obsessively detailed and showed baroque influences, inspired writers of the stature of Mishima, whose *Confessions of a mask* is clearly inspired by *The secret life*.

Diary of a genius, which appeared in 1964, saw a return to the diary genre (forty-five years later), and featured the same irregularities and numerous repetitions of scenes that had been included in *The secret life*. In the same sense, *Les Passions selon Dalí* (1968) – written by Louis Pauwells – and *The unspeakable confessions of Salvador Dalí* (1973) – collected by André Parinaud under the original title of *Comme on devient Dalí* – are further attempts at exploring the most influential factors in the "Dalí Myth" that he forged from his media success.

Even after his death, unpublished texts by Salvador Dalí continue to appear – narratives, lectures or programmatic articles – all of which reinforce the opinion that sooner or later, Dalí will be judged to be one of the great writers of the twentieth century.

Illustrator and erudite

As well as being a great writer, Dalí was also an avid reader. He read books on art, science, philosophy and poetry, though he scorned what we would call conventional narrative, as he did not consider it very believable.

On the subject of art, his reading tastes ranged from short essays from the Gowan's collection to *Pensées* by Ingres, as well as the autobiography of Benvenuto Cellini, the Renaissance treatises of Luca Pacioli (*The divine proportion*) and Juan de Herrera's *Treatise on architecture and machines*. His scientific reading was limited mainly to populist magazines such as *Scientific American*, though he had also read much of the work of Einstein and, especially, Freud. As for philosophy, he read Nietzsche, Auguste Comte, Descartes, Pascal and his compatriots Ramón Llull and Francesc Pujols. Montaigne was the philosopher he admired the most, while Voltaire was the one he most detested. With respect to poetry, the Nicaraguan poet Rubén Darío was one of the idols of his youth, the Catalan futurist poet Joan Salvat-Papasseit was his inspiration for the series *Venus and a sailor* (1925), he followed the work of the Barcelona "*sud-realista*" poet J. V. Foix with interest (in addition to maintaining a rich personal and epistolary relationship with the writer), though his special favourites were Federico García Lorca and Paul Éluard. Meanwhile, he hated Juan Ramón Jiménez and his well-known *Platero and I* with a particular vehemence.

During his years in Madrid, he was passionate fan of *Les Chants de Maldoror* (1869) by Isidor Ducasse, the Count of Lautreamont, and during his period in Paris, he became enthralled by another wretched soul: Raymond Roussel, whose *Impressions d'Afrique* (1910) remained on Dalí's bedside table to the end of his days.

The last work of importance to "Dalí the reader" was the monumental seventy-volume edition of the Espasa encyclopaedia, which Dalí's father had purchased in instalments, sending each volume on to his son at the students' residence in Madrid as they came out. When his father died, Dalí demanded that his sister give him the encyclopaedia back, as well as a number of paintings of his from his youth, but if you look closely at the encyclopaedia that is on display at the Gala-Salvador Dalí foundation in Figueres, you will see that it is a later edition, and thus we can deduce that his sister refused to return the original, and he had to buy another set. Incidentally, Dalí's eternal fascination for encyclopaedias was manifested in the avalanche of knowledge that Dalí liked to regurgitate during his numerous interviews and public appearances.

As an illustrator, Dalí was a rather unusual artist. When he was working under commission, he often did not even bother to read the book he was supposed to be illustrating. On other occasions, when he had actually made the effort to read the book, the images he produced were so much the result of Dalí's own personal interpretation that readers would be left mystified as to what they actually signified.

Dalí's work as an illustrator can be divided into four basic areas: firstly, illustrations for periodical publications, secondly, illustrations for books with normal print runs, thirdly, engravings for numbered editions, and fourthly, a mixture of advertisements, leaflets, exhibition catalogues and posters.

At the age of thirteen, Dalí was already drawing elaborate cartoon stories for his sister's enjoyment, and he would illustrate his textbooks with his own personal daydreams. The first drawing he published appeared in the special "*Calendar for 1919*" issue of the children's magazine *Patufet* (1918), which had a circulation of around

40,000. This drawing was the first to be pasted into the album of cuttings that Dalí's father kept to record his son's professional triumphs. Dalí also illustrated the chapter letters and headings for the Figueres young people's magazine *Studium* (1919), he illustrated numerous articles for the Sitges magazine *L'Amic de les Arts* (1927 – 1929), in which he also published programmatic articles, and he also contributed illustrations to the Granada magazine *Gallo* (1928), which was founded by his friend García Lorca.

In the United States, he did numerous illustrations for magazines, such as the series of double-page spreads he drew for *American Weekly* (1935) on all kind of aspects of Surrealist life, as well as the imaginative covers he produced for the American edition of *Vogue* (1939, 1946 and 1972) and *Town & Country* (1948).

In Catalonia, he illustrated the books *The witches of Llers* (1924), by the Ampurdan poet Carles Fages de Climent, *Uncle Vincent* (1936), by J. Puig Pujades and he also illustrated the political essay *The rhythm of revolution* (1933) – written by his friend from Figueres Jaume Miravitlles – with drawings that were originally to have been used for his never-published *Los putrefactos* (The putrefied ones).

In the United States, he also illustrated numerous books with normal or limited (albeit large) print runs, including *Fantastic memories* (1944), *The labyrinth* (1945) and *The limit* (1950), by Maurice Sandoz, *Macbeth* (1946) by William Shakespeare, his first *Don Quixote* by Cervantes (1946), Cellini's *Autobiography* (1946) and the *Essays* of Michel de Montaigne (1947), for which Dalí himself chose the essays to be included. And of course, he did illustrations for his own books, including *The secret life* (1942) *Hidden faces* (1944, with a special cover for the 1952 Spanish version) and *Fifty secrets of magic craftsmanship* (1948).

Dalí also did numerous engravings and lithographs to illustrate works with print runs of around three to four hundred copies. Sometimes these were frontispieces (as in the case of *The Immaculate Conception* [1930] by André Breton and Paul Éluard, *The invisible woman* [1930] by Dalí and *Onan* [1934] by Georges Huguet), though he also produced many illustration plates, such as the ones he did for the magnificent *Les chants de Maldoror* (1934) by Lautreamont. Incidentally, Dalí never actually did these engravings himself, he only did the drawings; these were later turned into engravings using the technique of helium engraving onto copper plate, which was then retouched by a specialist. Naturally, this technical information was never made public.

As for the lithographs, an article by Robert Descharnes in *Le Figaro* (1990) revealed that the *Maestro* had actually only produced twenty-five on stone, and that the rest were interpretations. These included works such as *Don Quixote* (1957) and *Dalí illustrates Casanova* (1967), an example of the numerous Dalinean editions of erotica, which were always very popular with a select group of readers. Another example was Dante's *Divine comedy*: in November 1954, the Italian government decided not to publish his illustrations for a deluxe edition of this classic work by Dante (for which he had been paid an advance of several million Lira) because some of the one hundred and two watercolours were either deemed obscene, or simply had no connection with the actual contents of the text. Later on, Dalí confessed that he had not in fact read the book, and had illustrated it by "pure intuition". However, this candid admission did not stop him from collecting pay-

ment for the same book once again in 1960, when it was published in Paris by Joseph Foret.

Dalí also illustrated posters, such as his early one for the Figueres *Fires i Festes de la Santa Creu* (1921), as well as the series of posters he did for *Chemins de Fer Français* (1969) and the *España* advertisement for the Spanish Ministry of Information and Tourism. Other works by Dalí the illustrator or graphic designer included a wide range of advertisements, Christmas cards, programs, playing cards, record covers, and some of the best catalogues produced for his exhibitions, such as the ones that were published by the Julian Levy Gallery in 1936 and 1939.

LITHOGRAPHIC *BULLETISM*

During summer, José Foret arrived at Portlligat in a boat carrying a load of very heavy lithographic stones, as he was desperate for me to illustrate his *Quixote* by working on these stones. Well, at that time I was against lithographic art for aesthetic, moral and philosophical reasons. I found the process to be lacking in discipline, monarchy, and inquisition. In my view, it was nothing but a liberal, bureaucratic, soft process. However, as a result of Foret's perseverance (he kept bringing me more stones) he challenged my desire for anti-lithographic dominion to the

point of aggressive hyperaesthesia. I was in this state when an angelic idea suddenly dazzled the jawbones of my brain. Was it not Gandhi who said, "the angels master overall situations without any need for maps"? And thus, instantaneously, and like an angel, I had the situation of my *Quixote* under control.

Though I could not shoot a bullet from an arquebus onto a sheet of paper without ripping it, I could fire at a stone without breaking it. Having been persuaded by Foret, I photographed to Paris, to ask them to get an arquebus ready for my arrival. It was a friend of mine, the painter Georges Mathieu, who presented me with a lovely fifteenth-century arquebus with ivory inlays on the butt. On 6th November 1956, surrounded by a hundred lambs that had been sacrificed as an offering onto the only parchment copy, I fired the arquebus from a boat on the river Seine, shooting the first lead projectile in the world that had been impregnated with lithographic ink. The splattered bullet announced the dawning of the age of *bulletism*. A divine splash appeared on the stone, a kind of angel's wing, the aerial details and dynamic rigor of which surpassed all the techniques that had been employed until that moment.

Salvador Dalí
Diary of a genius, 1964

Dalinean objects

Of all the fields of Dalinean creation, sculpture was the one that he used least often. This was for two main reasons: firstly, although Dalí was not "anti-material" – on the contrary, he loved malleability and collages of objects – the dialectics of carving simply did not fit in with his creative methods. And secondly, he always had problems with the "third dimension", because as dreams were always the subject matter for his painting, the depth of field was always relative.

Dalí saw sculpture as the art of machinating objects – things that could be apprehended, even if only by the intellect. He delighted in Lautréamont's aesthetics, according to which there was nothing more beautiful than "the fortuitous meeting of a sewing machine and an umbrella upon a dissection table", and Dalí's wonderful intuition was dedicated to bringing about fortuitous meetings.

In addition, we should also mention, apart from the everyday objects he would assemble using little more than glue, or the wax figures he modelled, Dalí always used to

delegate the other processes to others, after which he would play only a supervisory role.

During the first half of the nineteen-thirties (and as part of the research for his paranoiac-critical method), Dalí created a series of Surrealist objects that he grouped into six categories: firstly, "Objects with a symbolic function and of automatic origin" (without the intervention of the intellect or feelings – created out of pure instinct), such as *Shoe and glass of milk* (1932); secondly, there were "Transubstantiated objects of emotional origin", such as the *Soft watch*; thirdly, there were "Objects for projection, of dream origin"; fourth, there were "Wrapped objects", fifth, there were "Machine-objects", such as the *Rocking chair for thinking* and, finally, there were "Moulded objects, of hypnogogic origin", such as *Automobile-table-chair-screen*. All of these objects appear in his work, though some of them (and mainly those with a symbolic function), were specifically used to develop full three-dimensionality.

The most well-known of his Surrealist objects with a symbolic function are *Shoe and glass of milk* (1932) – which has clear erotic connotations – and *Retrospective bust of a woman* (1933), in which a female bust is wearing a zootrope film like a scarf, and is also decorated with corncobs hanging from its shoulders, painted ants running across its front, and with a gigantic loaf of bread crowned by an inkstand with Millet's Angelus as a hat. Another of Dalí's objects – *Hysterical, aerodynamic female nude – The woman of the rock* (1934) is a simple camouflage arrangement based on phallic horns upon a seated female nude. There is also the *Bust of Joella Lloyd* (1934), which Dalí created during his stay in New York. Incidentally, Dalí only painted this mask (it was made by Man Ray), though he must have been satisfied with the result because, 40 years later, he repeated the technique *ad infinitum* in *Bust of Velazquez metamorphosing into three people conversing* (1974) and *White eagle* (1974)). *Aphrodisiac smoking jacket* (1936) led to a serious confrontation between Dalí and the Communist poet Aragon, who considered that it was an insult to the poor, working-class children of Paris, since the glasses in the smoking jacket contained milk. Other pieces include *Lobster-telephone* (1936), created using the formal analogy technique, the installation *Rainy taxi* (1938), which he made for the International Exhibition of Surrealism in Paris (it is comprised of dummies inside a car being sprinkled continuously with water, while snails crawl all over the bodywork) and *Mae West Lips Sofa* (1936 – 1937), which could be described as another of the useful objects that emerged from the process of objectifying certain Dalinean obsessions. Incidentally, the sofa that was recovered from *The face of Mae West which can be used as a Surrealist apartment* (1934 – 1935), ended up as part of the installation contained in the *Mae West room* in the Theatre-Museum, which was created by Dalí working together with the architect Tusquets, while the hair was provided by the renowned beautician Lluís Llongueras. All of the aforementioned objects were created out of fragile, outmoded materials, as a result of which they suffered a slow deterioration until the late nineteen-seventies, when they were restored and seriated replicas were made. Of course, the *Venus de Milo with drawers* (1936) is the most famous of Dalí's sculptures: after the artist had conceived the idea and had sketched the drawers onto the plaster statue, he got his friend Marcel Duchamp to create the definitive model. Thus the work combined the creativity of both artists to create a 100% Dalinean "ready-made" art object which was designed to reveal the darkest secrets of classicism. A series of varnished bronze copies of this piece (which is too important to be forgotten) was produced in 1971.

After the Second World War, Dalí's sculpture began to follow a less automatic path in order to maximise the practical, fun aspects of the pieces. Surrealist automation was replaced by visual poetry in its widest sense, and even Dalí-designed commercial products such as lip-shaped perfume bottles (1981) or semi-phallic brandy bottles should be considered, if not as "statues", then at least as paradigms of industrial design.

For example, *Surrealist lamp* (1954), is based on a trimmed photograph of a female face, with the chin as the base, while the screen has the appearance of a girl's blond hair. Similarly, *Game of chess. Homage to Marcel Duchamp* (1968) transforms the chess pieces (which we move with our fingers) so that they become fingers themselves.

Dalí began working in the world of jewellery design in around 1938. From then until the nineteen-seventies, he designed numerous sculpture-jewels, mainly for the New York jeweller's Alemany and Ertman. His diagram designs were precision-made by a team of silversmiths from whom the artist demanded perfection of execution. On the subject, he said: "I design, I invent and I imagine, just like the great artists of the Renaissance, and then when the piece has to be created I place myself in the hands – as artists have always done – of perfect, skilled craftsmen, whom I supervise".

And so Dalinean symbology began to dress for the occasion in gold, rubies, sapphires, diamonds, lapis lazuli and other precious stones, which were used to decorate objects such as telephones, soft watches, crosses, vegetable hands, molluscs, eyes, marine corals and sea snails. Most of these pieces are merely examples of excessive riches, and many verge on the kitsch, though some can still disturb – and even hypnotise – with their mysterious poetry; pieces such as *The eye of time* (1949), *Ruby-coloured lips* (1950) and the mechanical *Real heart* (1953).

Dalí also created a few small sculpted objects worthy of mention, such as the *Bomb of the apocalypse* (1959): this featured the round *Orsini* – type of bomb (the favourite of Spanish anarchists at the beginning of the century) which is resting on a gigantic copy of the Apocalypse of St. John, and is about to explode (and thus exert its redeeming power). There is also *The Christ of waste* (1969), which is a marvellous, ephemeral piece of "*arte povera*". The ashtray that he made for Air India, *Swan-elephants and snake* (1967), which is made up of shells and sculptures of swans, was so well-received by the directors of the airline that they repaid Dalí with the gift of a young elephant. *Lilith (Homage to Raymond Roussel)* (1966) is comprised of two angels that are joined by means of a penis made out of hair grips which the hairdresser Llongueras had left behind. And, finally, there was the original *Sword*, for which Dalí was sworn into the Academie Françis in 1978: this is a double image which is simultaneously an Imperial eagle and a human face. Cast in gold, the penetrating gaze of this piece might well have held the key to the mystery of his inaugural speech, entitled *Gala, Velazquez and the Golden Fleece*.

DALINEAN OBJECTS

The objects with a symbolic function were conceived as a corollary and a consequence of the mute, moving object, Giacometti's hanging ball, an object which established and contained all the essential principles we needed to define us, but which still depended on the actual medium of the sculpture. These objects with a symbolic function admit no possibility for formal preoccupations, they only depend on the amorous imagination of each one, and they are extra-plastic.

Surrealist objects are found in their almost embryonic stage, but an analysis of them enables us to forecast the whole violent fantasy of their next prenatal life.

The concept of man's true spiritual education appears to exist increasingly in function to his capacity to pervert his thoughts, given that self-perversion means always being led by desire, the degrading capacity of the spirit to modify and change into their opposite the unconscious thoughts that appear beneath the rudimentary simulacrum of phenomena.

Large automobiles – three times larger than life size and with a minutiae of details which will exceed the most exact copy – will be reproduced in plaster and onyx, and they will be shut away (wrapped in women's underwear) in tombs, the location of which could only be revealed by the aid of a fine straw watch.

Museums will soon fill up with objects whose uselessness, size and amalgamation will mean that special towers will have to be built in deserts to house them.

The doors of these towers will be skilfully disguised, and in their place an endless fountain of real milk will flow, which will be thirstily absorbed by the hot sand. In this age of knowledge, the metal shoes of man will crush bread crusts, and will later be stained and splashed with ink.

The culture of the spirit will be identified with the culture of desire.

OBJECT, BY SALVADOR DALÍ

A women's shoe, into which a glass of lukewarm milk has been placed, in the centre of a ductile paste that is the colour of excrement.

The mechanism consists of submerging a lump of sugar (onto which the image of a shoe has been painted), with the object of observing the sugar as it dissolves and, as a consequence, the image of the shoe dissolving into the milk. The object features several accessories, such as pubic hairs stuck to a lump of sugar and a small erotic photograph, together with a refill box of sugar lumps and a special spoon which is used to stir lead shot inside the shoe.

Salvador Dalí
"Surrealist objects". *Le Surréalism au service de la Révolution,* Paris 1931

The theatre of life

Dalí always liked theatrics. As far as he was concerned (he, whose only aspiration was "to be Dalí"), naturalness was the equivalent of anonymity. His passion for dressing up, his ability to keep his interlocutor on tenterhooks and the scenographic nature of his painting were the three fundamental pillars of a personality which could only understand life in terms of an endless shadow-play of appearances.

The heightened sense of the Dalinean spectacle was on show every day, though it became institutionalised into two forms: set design and the lecture-cum-"happening".

In November 1924, he acted for the first time (and, strictly speaking, for the last) in a play entitled *The desecration of Don Juan*, which was directed by his friend Luis Buñuel, who also played the main character. The play, which was put on at the students' residence in Madrid, was a satire of Zorrilla's *Don Juan Tenorio*, and Dalí played Don Luis, the antagonist.

In March 1927, Dalí painted the sets for *The Harlequin family*, which was put on in Barcelona by Adrià Gual's company, *Teatre Íntim*. Then in June of that same year, he designed the sets and costumes for *Mariana Pineda*, which was the first successful dramatic work written by his friend Lorca, and which was put on by the Margarita Xirgu company at the Goya Theatre in Barcelona.

However, Dalí had more ambitious plans than merely painting sets: he wanted to create a ballet that would be a complete work of art. In November 1938, he and Léonide Massine conceived the ballet *Tristán loco* (Mad Tristan). The ballet was inspired by the impetuous music of Venusberg, from the Wagner opera Tannhauser. All the action in the ballet is part of a hallucination suffered by King Louis II of Bavaria. To prepare for the show, Dalí spent four months at the designer Coco Chanel's house, near Monte Carlo. Chanel designed the costumes for the ballet, which eventually became re-named *Bacchanale*. Dalí later said, "Chanel worked on the show with friendly enthusiasm, and created the most luxurious costumes that have ever appeared in a theatre. She used real ermine, real jewels and the gloves she created for Louis II were so heavy with embroidery that we were worried about whether the dancer would be able to dance in them".

The outbreak of the war meant that the ballet opened at New York's Metropolitan Opera House, in November 1939. However, since Chanel's costumes did not arrive in time, they were forced to cobble together new ones in the space of only four days, and the show suffered as a result.

In October 1941, Dalí and Massine worked together again in New York, on *Labyrinth*, a ballet inspired by the myth of Theseus, Ariadne and the Minotaur. Massine was in charge of the choreography, and Dalí wrote the libretto and designed the sets and the costumes. One of Dalí's sets featured a gigantic bust of a man with his head shaved and his skull split open.

1944 was the most prolific year for "Dalí the set designer". He designed the sets and costumes for *Sentimental colloquy*, which was based on a poem by Verlaine and featured music by Paul Bowles. The main curtain showed a group of cyclists (each with the inevitable stone on their heads) cycling along in a line that stretched out to the horizon. He painted two impressive sets for *Café de Chinitas*, a show starring La Argentinita which featured a selection of popular Spanish dances adapted by Federico García Lorca. The background curtain showed a ballerina whose body had turned into a guitar, and who was crucified upon a cracked wall. And in that same year, Dalí still had time for another attempt at *Tristan loco. The first paranoiac ballet based on the eternal myth of a love that lasts until death*. These shows were always rather uneven in terms of overall quality, as the more creative freedom Dalí had, the worse the narrative stagnation and chaos.

On his return to Europe, Dalí worked almost simultaneously on the sets and costumes of three scenographic projects: firstly, there was *Rosalind* or *As you like it*, by William Shakespeare, which opened in November 1948 in Rome, directed by Luchino Visconti. Secondly, he worked on *Don Juan Tenorio* by Zorrilla, which was directed by Luis Escobar and opened at the Teatro Maria Guerrero in Madrid in November 1949. And finally, he participated on Oscar Wilde's *Salome*, directed by Peter Brook, and which opened a few days after *Don Juan* in London.

August 1961 saw Dalí's last foray into the world of the theatre, with *The ballet of Gala. The Spanish lady and the Roman gentleman*, a ballet which was inspired by a piece by Scarlatti, and choreographed by Maurice Béjart. The ballet's opening night at the La Fenice theatre in Venice was a perfect example of how Dalí was totally unable to orchestrate complex ballets with even a minimum of order. Before the ballet was about to start, Béjart wanted to discuss some important details with Dalí, but he could not find him because Gala had shut her husband away in a hotel room until he had finished two paintings for some rich Americans. Dalí's plans for the ballet included the creation of square soap bubbles and using a whale's membrane on stage, but it all came to nothing. On the first night he simply appeared dressed as a gondolier, and wearing a *barretina* (a typical Catalan cap) on his head. He splashed a bit of paint on a canvas and released a few doves from his box. The public whistled at the end, and Dalí simply disappeared. The following April the ballet travelled to Brussels, where Dalí, who turned up at the theatre wearing a rhinoceros head, suddenly shouted: "This show is repugnant. I'm going! *Bon soir*!", and he left, with a slam of the door.

In 1974, he did finally succeed in expressing his concept of art as spectacle, interaction and simulation, with the opening of his new Theatre-Museum, which effectively brought contemporary museum trends forward by two decades. During the opening ceremony (which was Dalí's penultimate moment of glory) he had been preceded by an anarchic procession of regional folk groups, majorettes, military bands, *gigantes* and *cabezudos* (traditional processional figures), men armed with blunderbusses and – last but not least – Jazmine, a baby elephant who had been brought from the African reserve at Sigean, in France. Unfortunately, the elephant became increasingly frightened every time the blunderbusses were fired, and took shelter inside a shop, three times.

A few months earlier, Dalí recorded his opera-poem *Être Dieu* in Paris; it had a libretto by Manuel Vásquez Montalban and music by Igor Wakhevich, though it was never put on for the public.

All his life, Dalí had tried to shock the middle-classes, shock the working-classes and to shock (though not *too* much) his wealthy potential clientele. To do this, he developed a complicated ceremony of confusion in which the chaos was programmed down to the last detail – from his first "lecture-scandal" at the Sala Parés in Barcelona in 1928 to his last press conference at the Theatre-Museum of Figueres, in 1980. At the latter event, a decrepit Dalí demonstrated to the cameras of the world's media (and to the Wagnerian chords of Tristan and Isolde) how to transform incipient Parkinson's disease into an exercise in controlling one's hands.

THE THEATRE OF LIFE

On 22nd August, *The Spanish lady and the Roman gentleman*, a comic opera with music by Scarlatti, opened at the La Fenice theatre in Venice. *The ballet of Gala* was also on the same program, and both works were directed by Salvador Dalí. Ludmilla Tcherino danced before a set that was filled with soap bubbles. Maurice Béjart, who did the choreography, recounts his memories of the show:

"I telephoned Dalí to tell him that I couldn't see him that day. 'That's okay', he said 'I'll be in Barcelona tomorrow. They want to interview me on television. Find a good receiving apparatus and switch on at nine o'clock'. At the appointed hour, I switched on the television and Dalí appeared. Actually I didn't hear what the interviewer's question was, but Dalí simply replied, 'Today I have nothing to say to the public. I have to speak to Maurice Béjart: my dear Béjart, look, this is a replica, a miniature, of what I want to do with the stage at La Fenice theatre'. The television screen promptly showed a table on which there was a small wooden cube and other, smaller cubes, which Dalí began dipping into a receptacle filled with soapy water: 'Here we have the first cubic soap bubbles!' He said, and explained carefully his plans for our future ballet, which was to be called *Gala*. When he had finished speaking to me about his models, and had given me all the instructions I needed, he just stopped talking and the televised interview came to an end".

Dalí has used tricks of recreational physics many times for his creations, but the *Ballet of Gala* featured things that were even more fun: when the curtain rose, the audience saw a woman ironing clothes, while a blind man sat in front of a television set. The singers Fiorenza Cossotto and Lorenzo Alvarez then began singing a duet amidst a number of absurd apparitions – a group of characters crossed the stage covered in black veils, carrying a woman in a cage who was flailing her legs in a desperate manner. After that, a peasant woman, all dressed in black, crossed the stage, going to and fro, while on her back she was carrying a sack of sand that she was busy whitewashing.

In the intermission, Dalí himself appeared onstage, with a Catalan *barretina* upon his head. He stopped in front of the curtain, then bent down as if he was trying to look through a keyhole, drew a mysterious sign in the air with his stick, and then went off without a word.

In March 1962, the *Ballet of Gala* was put on once again at the Champs Elysées theatre in Paris. After the show, Dalí tried to sue the theatre management for having altered the costumes and the sets without his consent.

J.J. Tharrats
Dalí and ballet, 1983

At 24 frames per second

Dalí learned to love the cinema from the earliest days of his childhood. At the age of four, he had a small manual projector which his mother would wind patiently for him, while his aunt rewound the film. Dalí's favourites from that time were short films featuring Charlie Chaplin and Max Linder, a short documentary about the Russian-Japanese war, *The fall of Port Arthur*, and a film entitled *The student in love*. Then in 1914, the first permanent cinema opened in Figueres – the Sala Edison – and Dalí began to widen his film knowledge considerably.

In Madrid, his cinematic tastes ranged from the popular 20th Century Fox newsreels to comedies featuring Harry Langdon and Buster Keaton. The peculiar relationship that both of these comics had with their surroundings (reminiscent of the Freudian perverse polymorph) fitted in perfectly with the anti-artistic theories that Dalí was developing at that time. Dalí even dreamed up an ironic collage of the film *Seven chances* (1925) for his friend García Lorca – it was an anti-love story that Dalí re-named *Buster Keaton's wedding*.

In 1927, he published an important theoretical article in the Madrid magazine *La Gaceta Literaria* entitled "Art-film, anti-artistic-film". In this article, Dalí said, "the light of the cinema is a light that is completely spiritual and physical. Cinema is able to capture unusual beings and objects, which are more invisible and ethereal than the apparitions in spiritualist muslin". He proposed a peculiar conception of anti-artistic film, according to which: "far from any conception of grandiose sublimity, it should show us not the illustrative emotion of artistic ramblings, but the completely new poetic emotion of all the most humble, immediate facts, which had been impossible to either imagine or to foresee before the advent of cinema".

Dalí soon had his first opportunity to express his ideas on film. In 1928, his friend Buñuel told him that he was planning to make a film, financed by his mother, and based on an idea by the avant-garde writer Ramón Gómez de la Serna. Dalí promptly suggested that they work together to write a different kind of script, "one that would be capable of revolutionising contemporary cinema". As Buñuel recalled: "Dalí invited me to spend a few days at his house, and when I arrived at Figueres, I told him about a dream that I had had a short time before, in which a frayed cloud cut through the moon, and a razor blade cut into an eye. He, in turn, told me that the night before he had dreamed about a hand that was covered with ants". They wrote the script in under a week, using a peculiar, arbitrary method: "One of us would suggest, for example, 'The man takes out a double bass'. 'No', replied the other. And the one who had proposed the idea immediately accepted the other's decision. It seemed fair to him. However, when one of us proposed an image and it was accepted by the other, it immediately seemed to us to be something luminous and indisputable, and it was immediately included into the script".

Buñuel filmed *Un Chien Andalou* in Paris. Dalí joined him four days before filming was finished, as he was the one who had to throw tar into the eyes of the stuffed mules. The film, which opened on 6th June at the Studio des Ursilines, was a resounding success.

Though *Un Chien Andalou* is considered to be one of the masterpieces of cinema, *L'âge d'Or* did not manage to achieve the same success. Buñuel arrived in Figueres to write the script for his new film at Christmas 1929, at the exact moment that Dalí's father was having a heated argument with his son about Gala.

Given the delicate situation at home, Dalí proposed to Buñuel that they should go and work in Cadaqués. They spent three days there, but this time they could not agree on anything. Finally, Buñuel wrote the script alone while staying at the Hyères estate, which belonged to the Noailles family, and he only included one of Dalí's ideas. The film, which had a soundtrack this time, was banned a week after it opened at Studio 28, in Paris. Sadly, the sublime, disconnected poetry of *Un Chien Andalou* became crude blasphemy in *L'âge d'Or*. The film was missing the "Dalí touch".

Dalí tried to get over the disappointment of *L'âge d'Or* by writing the script for *Babaouo* (1932), a Surrealist film that was never made. The script was preceded by a *Compendium of critical history of the cinema*, which expounded all Dalí's cinematographic tastes and theories. As far as Dalí was concerned, contemporary cinema was merely "psychological, artistic, literary and sentimental rubbish. Only those films with an irrational tendency mark the true path of poetry". At the summit of this category he placed the Marx Brothers, and especially Harpo, "the one with the curly hair".

In 1937 he travelled to the United States, after having decided to escape the repressive Marxism of some of his Surrealist companions to enjoy the instinctive poetry of *Animal Crackers*, Dalí's favourite Marx Brothers film. While in Hollywood he got in touch with Harpo, to whom he gave a harp that was stringed with barbed wire. Harpo acknowledged receipt of the gift by sending Dalí a photograph of himself with bandaged fingers. Dalí then suggested that Harpo make a film with a script he had written himself, which would bring together all the obsessions that were plaguing the artist at that time – soft watches, burning giraffes, cyclists – and the music of Cole Porter.

The script was never completed and, from that point on, Dalí nurtured a number of film projects that never came to fruition, though he did work sporadically on several different films for other people.

For example, in September 1945, Dalí designed a dream sequence to be filmed in Hollywood for the film *Spellbound*, directed by Alfred Hitchcock and starring Gregory Peck and Ingrid Bergman. Though he considered the result to be very much below his expectations, he cheerfully pocketed the $ 4,000 that had been agreed as payment.

Three months later, he announced – to a great fanfare – that he was going to be working together with Walt Disney: they were planning to make a film called *Destino*, which would be a fusion of photography and drawings, and would form part of a series of "package films" or films in episodes. However, only an experimental sequence lasting just fifteen seconds was ever filmed, and in the end Disney decided not to continue with the project.

Shortly after returning to Spain, in 1948, Dalí declared that his project with Disney had been merely postponed, not scrapped. He announced a series of film projects he would be working on, though he did not reveal many details: he said he was going to make a mystical film about St. Teresa of Avila, as well as *The fishermen of Spain*, a neo-realistic essay set on the Costa Brava, starring Paulette Goddard, and *The meat wheelbarrow*, a neo-mystical project based on the story of a woman who sees eighty-two symbols in a wheelbarrow, including a coffin, a bridal bed, a wardrobe, a *prie-dieu* and a man. It was, naturally, a paranoiac film, and included scenes such as a group of cyclists plummeting off the cliff at Cabo de Creus. For each cyclist, an umbrella would also be seen falling, until "at the end of the scene, the entire panorama is full of umbrellas and dead cyclists". None of these projects ever came to fruition.

From 1954 to 1961, Dalí filmed a few scenes from *The prodigious story of the lace maker and the rhinoceros*, assisted by a young photographer from Nantes called Robert Descharnes. The Frenchman would take some 18,000 photographs of Dalí, and he continued to be a close collaborator with the artist after Gala's death.

Dalí's last film, which he made in 1974, was *Journey to outer Mongolia*: this was an irregular mish-mash of a film that was inspired by the poetics of his much-admired Raymond Roussel. It included images taken using an electronic microscope, as well as scenes from a failed "happening" in Granollers.

In 1983, after Gala had died, Dalí suggested to Buñuel that they make one last film together. He sent him two telegrams, and Luis Revenga even filmed a scene on video showing Dalí singing the whole of *La filla del marxant*, a popular Catalan song. Buñuel politely declined the offer, and replied thus: "I retired from the cinema five years ago, and I never even leave the house anymore. Pity. Best wishes". Even if they could have agreed on anything, Dalí's deteriorating health would have prevented them from filming together. Otherwise, who knows what might have come from it.

FILMING INSTRUCTIONS

Paris, 22nd March 1929.

Dear Salvador,

I am very busy and extremely worried about my film, and so that's all I'm going to write about.

I've got a studio ready to start filming on 2nd April. Batchef and a young German – who is strong, blond, square-jawed, glowing with health, and extremely elegant – will play the part of the young man waiting on the beach, and he'll do it for free. He has worked for a year at UFA, and so he should know what he's doing. On Monday, my cameraman and camera operator are coming, to start getting everything ready. I've still got nothing. I have met a girl who is very fat – and even better, she has a wonderful little head – to play the part of the girl who takes the man's hand in the street. Now I'm waiting for the one I want to play the leading lady. I hope I can tell you what she's like before I post this letter. So far I've only seen a photograph of her.

Without anymore ado, you can go right ahead and get the ants. We won't be able to find any here. Make sure you get them on the same day that you travel, and bring them to the studio as soon as you arrive in Paris, and I will film them straight away. You'll have time to get them and come any day until the ninth. After that it will be too late. I am depending on you, or I'll have to film the hand with caterpillars or flies or rabbits on it. Bring the ants in a small wooden box which is completely sealed except for a small hole covered with very thin metal mesh. Put cotton wool inside the box. If you get them the day before, I think they'll live for two days. Ask some farm worker in Cadaqués to get them for you – and pay him well, because it will be included on the film budget. Your father will advise you on how much to pay and what to do. I don't think you'll have any difficulty getting them in Cadaqués. You could try catching a few ants yourself beforehand, and keeping them for two days on cotton wool to see if they die. I'm counting on you, though I could still try to get them some other way, but I think it would be difficult.

The leading lady has just come to see me. She'll do. She's got an exciting little body. She's got quite a good expression, even though I don't think you'll like it much. I think we can use her. I gave her half of what she asked. She's the best of the bunch.

Best wishes and write soon,
Luis.

Batchef has dropped his price considerably and is only asking 10,000 francs. I didn't think I'd take it, but as I am already very busy and going half crazy, I think I will take it in the end. I've telephoned him, and tomorrow I will know for sure.

Luis Buñuel
Letter to Salvador Dalí with instructions
for the filming of *Un Chien Andalou*, 1929

Constructing the character

We will never know who Salvador Dalí really was. Was there any difference between the human being and the mask? And if so, what was it?

Dalí was the master of many arts, one of which was the "ceremony of confusion". He appropriated for himself Heraclitus' definition of irony: "Nature likes to conceal itself". And Dalí hid in order not to leave his flanks uncovered.

Though (as he says in his *Secret life*) he once wanted to be a chef, and then Napoleon, what Dalí really always wanted was simply to be Dalí. Though he did not begin to push it to extremes until the late nineteen-twenties, he had always felt an irresistible desire to be the centre of attention: whether he had to give away money to do so, or to throw himself down the stairwell at school, or to cry and stamp his feet at his father until he nearly asphyxiated himself, the results always compensated him for any dangers that might be involved.

Dalí also liked dressing up. The first important gift he received was a king's fancy dress costume; it had an ermine cape, a ceremonial staff and a crown which he would not take off, even during his masturbatory old-age.

During his adolescence, he liked to dress as a French bohemian, wearing an overcoat that was several sizes too big, a wide-brimmed hat, shoulder-length hair and outrageously bushy sideburns. In imitation of his father, he would carry a pipe, though he never ever lit it.

The pipe was the only feature he did not discard after arriving at the students' residence in Madrid, where he suddenly transformed into an immaculate dandy with a *garçon* haircut, hair liberally slicked back with brilliantine, Oxford jerseys, impeccable sports jackets and baggy trousers.

After Lorca's last visit to Cadaqués in 1927, Dalí began to grow a thin moustache, and a few months later he gave his first "lecture-scandal" in Barcelona. The public Salvador Dalí that we all know today was taking his first faltering steps.

The financial security that Gala and he were beginning to attain in Paris (where they were rubbing shoulders with aristocrat-patrons and powerful fashion gurus) meant that the couple could start buying elegant clothes. The thin, dark and very handsome Dalí succeeded in overcoming his acute shyness, to give rein to an elegance that was bordering on the extravagant.

Dalí never considered himself to be in anyone's debt; no matter how much someone might do for him, he would always act ungrateful, unless the person in question could still be of use to him. He was a flatterer, who surrendered himself to the power of money without even a hint of shame. When André Breton devised the anagram "Avida Dollars" out of his name, Dalí took it as praise. And anyway,

one of his favourite sayings was "Let people talk about me, even if it's to say something good". But in fact Dalí was tight-fisted, unsympathetic and mean-minded for one single reason – he possessed an utter horror of illness and poverty, and this fear had been exacerbated still further by his father's curse, which rang in his ears as he was flung out of the family home: "You will die alone, lice-ridden, with no money or anyone who will even bring you a miserable bowl of soup!" Dalí associated sentimentalism with putrefaction, death and illness. And he made a point of avoiding both scroungers and sick people.

His morals were based on the accursed literature of symbolism, Lautréamont, Baudelaire, Roussel and the thoughts of Freud and Nietzsche. Taking his inspiration from the Nietzschean Superman, he believed himself to be above good and evil.

Dalí was doing very well in France until 1940, when the war forced him to leave the country. He went to the United States, where he had already been on three occasions. On his first visit, in 1934, he delighted the press with *Portrait of Gala with two lamb chops balanced on her shoulder*, on his second (1936), he appeared on the front page of the prestigious weekly *Time* magazine, while during his third visit (1939) he was arrested for breaking the display window of Bonwit Teller's department store, on Fifth Avenue. But he came out of the escapade well, and became popular with the general public.

It was as a result of all this that Dalí chose the United States as his place of exile in 1940 – it was a powerful country that was at peace, as well as being full of *nouveau riche* who wanted to buy his work (providing that he played down the sexual content) and with an enthusiastic press: from 1940 to the mid-nineteen-sixties, not a day went by without Dalí's name appearing at least once in the American mass media – even if it was only to use it as an adjective.

It was a new Dalí who emerged from the broken shop window incident – a Dalí who knew how to captivate his new public, and how to catch their attention every day. And so he gave full rein to the "superstar" that dwelt within him, though he began this process in a very peculiar way: he grew his thin little moustache longer and longer, and began shaping it. In April 1941, he exhibited his *Self-portrait with fried bacon*, which revealed that his moustache had grown quite a lot, and the tips had began to ascend slightly. By 1942, his moustache had grown to fifteen centimetres in length, and in 1945 he carried out the first psychoanalytical analysis of his moustache, in his self-worshipping publication the *Dalí News*.

When he returned to Spain in 1948, his moustache had grown wider to just above the corner of his mouth, to make it look more like Velasquez's moustache in *Las Meninas*. And in 1954, on the occasion of a "press conference-renaissance" held in Rome, he displayed his longest moustache ever: it was a full twenty centimetres in length. In that same year, together with the brilliant photographer Halsman, he published *Dalí moustache*, a creative album based entirely on his moustache.

During the nineteen-fifties, his moustache tended to point straight up skywards, though sometimes the ends split into two, and often they would curl back inwards to imitate the curve of the rhinoceros horn – an object which was Dalí's main concern at that time.

During the nineteen-sixties, Dalí alternated his Indo-Mexican shirts, his lurid bracelets, his collection of walking sticks, and even his *barretinas* (Catalan caps) and typical Majorcan *alpargatas* (sandals) with adaptations of the hippie attire that was in fashion at the time. As he was losing his hair, he ordered wigs in the style of his dearly loved "accursed" poets from the beautician Lluís Llongueras, as well as false moustaches as a precaution against an attack on his facial hair.

Dalí's physical and creative decline was matched by a corresponding lugubriousness in his moustache: the bourgeois version, which matched the curly wig he wore in 1979 when he was sworn in as a member of the *Academie de France*, and the one he wore in his last official photo, taken in 1983, in which he wore a robe and a white biretta. He is shown seated and holding a walking stick, and even though he knew he was physically decrepit, he still managed to summon up one last proud gaze for the camera.

All that remains to us of the character that Dalí created in 1940 (and which was equally – or more – important than his previous work) is: an attitude: Machiavellian, provocative, egocentric and irreverent; an image: a defiant moustache, elegant attire interspersed with extravagant touches, his Majorcan *alpargatas*, his Catalan *barretina*, lurid bracelets and amulets; and his "olive-coloured" voice which, in whatever language, sounded like Catalan spelt out slow-ly and arr-o-gant-ly.

Dalí's will declared that when he died, his face should be covered with a handkerchief. If the man could not separate himself from his character, he would show, once and for all, his most deep-seated emotion: shame.

A STUDY OF THE IMAGE OF SALVADOR DALÍ DOMÈNECH

Multidisciplinary, multifaceted artist and painter.
Religion: Non-practising Agnostic – Catholic.
Nationality: Spanish (universal Catalan).

Race: Caucasian. 1.74m tall.

Weight: approximately 80 kilos.

Head: large. Skull: flat. Angular profile, wide neck, large ears.

Body type: mesomorph, according to Kretschmer and Sheldon.

Thorax: well-formed. Musculature: well-defined and nervous, wide hips, muscular arms, and square-shaped hands.

Face: angular features, smooth, olive skin, large almond-shaped eyes, fleshy lips and strong jawline.

Wide forehead, with a receding hairline and a fair complexion: extremely light-bearded.

Healthy, wavy hair. Dark brown, and long.

Type of look: original/unique. Wardrobe: out of fashion. Colours: standard with a few loud notes. Shoes: size 44, classic styles + *alpargatas* in summer.

Accessories: minimal. Catalan *barretinas*. Does not wear hats.

Studies: average qualifications / autodidact.

Languages: Catalan, Spanish and French. Spoken and written. English and a little Italian.

Voice: characteristically serious. Diction: fluid, rapid and rational. Tone: low. Timbre: persuasive.

Look: direct, horizontal.

Habitual gesticulation: quick, controlled and sometimes aggressive and fast. Adaptable according to his mood.

Very expressive use of arms, hands and eyes.

Very personal body language: direct, imposing, self-confident.

Way of walking: normal, confident.

Balanced, Mediterranean diet. Abstemious and non-smoker. Good physical strength.

Character: introverted, cerebral, disciplined, methodical, audacious; all contrasted by a youthful timidity.

Image: attractive, informal, sometimes elegant, always original.

Outstanding features: "antenna" moustache and long hair. *Savoir-faire*, very professional.

Good physical expression. Great self-assurance. Great powers of communication.

Oral expression: expansive, powerful, determined, categorical, shows great learning.

In all, an original character, out of the ordinary. Unforgettable and very characteristic.

Lluís Llongueras,
Todo Dalí, 2003

"Advertising is me"

In fact, Salvador Dalí's public life grew in importance at the same time as the quality of his paintings diminished, that is to say, after 1940, when he went to live in the United States. The life of any artist is always an endless round of difficulties and financial uncertainty, a life lived at the mercy of the whims of sponsors, fashions and the public. But Dalí was different – he decided not to wait until he went into a decline, because his art went beyond the materiality of his work, and so he turned himself permanently into a human advertisement for himself, reinventing himself each autumn at his public presentations in Paris and New York, which were his natural markets.

Dalí adored fame, and showed no compunction about deploying all his exhibitionist talents to ensure that he would be talked about. After his appearances, Gala hired press services and organised the cuttings. As these were in English (which the couple never learned to speak well), they would organise the cuttings through others. "The most important thing" Dalí would repeat, *ad infinitum*, "is that people should talk about you, even if it's to say something nice about you..."

And even with his unintelligible English, Dalí managed to ensure that every day, he would be mentioned in some newspaper or other, even if it was only to call something "Dalinean" instead of branding it "absurd" or "ridiculous".

Dalí was an official madman, a lunatic who became popular, and whose pictures charmed both the public in general and the *nouveau riche* in particular. And by taking this path a little further, Dalí succeeded in becoming the first artist-superstar in the world, a person who – apart from his paintings and his writing – was in fact a work of art in himself. Later, on his own path to fame, Andy Warhol didn't think twice about imitating him. Forced to choose between genius and talent, Dalí chose the first option. The publicity was more important than the work, because the eyes of the public were determined by the context.

Actually, Dalí should be studied by students of marketing and advertising for the revolutionary that he was in this field. He learned to create scandals and controversies through his "lecture-spectacles" and "happenings", which would invariably end up with half audience booing him and the other half in rapt applause. And as for journalists (and especially interviewers), he could twist all of them round his little finger.

An excellent example was Dalí's last multitudinous "happening", which he put on in New York in 1966. In spite of the fact that the tickets weren't cheap, 3,000 people crowded into the newly-opened Philharmonic Hall at the Lincoln Centre. The event was comprised of a series of acts that took place simultaneously: while the Catalan composer Leonard Balada conducted a small orchestra and improvised on the organ to Dalí's "*duende*" (magical spirit), the Catalan gypsy Josep Barrera was dancing flamenco, and interpreting the genius painter's brush strokes. There were also two quartets and a rock and roll band playing at the same time, around a huge transparent plastic bubble where Dalí was painting, assisted by the (also Catalan) poster designer, Carles Fontseré. In addition, the film *Un chien andalou* was being projected onto the surface of this bubble. Meanwhile, the enigmatic figure of Moondog – a blind poet who lived off public char-

ity – stood barefoot on a pedestal, wearing a Viking helmet and surrounded by all kinds of dancers and ballerinas, photographers, Ben Grauer (a famous television presenter) and Silva, the extraordinary striptease artiste from the Crazy Horse Saloon in Paris, who ended up taking off every item of clothing she wore. In short, it was complete chaos, blessed by an indulgent audience.

As for the press, the Centre for Dalinean studies at the Gala-Salvador Dalí foundation in Figueres contains some 20,000 press clippings on Dalí, of which 3,000 were interviews. Nobody has yet made a count of how many times he appeared on television, though in France alone, he appeared ninety-two times between 1956 and 1983; many more television appearances than in Spain, the country of his birth, but much fewer than in the United States. His scandalous live appearances (which generally focused on sex) led, on one occasion, to the sacking of the program presenter, the actor Yul Brynner. And in September 1960, it was decided that a documentary made by the liberal French television would not be broadcast because it contained "erotic declarations which exceed the limits of decency".

But there was also the Dalí who would provide advertisements or endorsements for products which had nothing to do with his persona, with the result that these products would end up becoming utterly "Dalí-ised". The first example is in a 1926 issue of the Madrid University magazine *Residencia*, for which he designed a series of advertisements: one for a carpenter's workshop, another for the book *Cuarenta canciones españolas* (Forty Spanish songs), by Eduardo Torner, and a third for Isotta, a deluxe make of cars.

Once he had arrived in America, from 1943 onwards he created advertisements for all kinds of products, especially for perfumes and cosmetics, as well as for textile products. These adverts would generally combine a photograph of the product being advertised with a Dalinean collage of all kinds of images, such as soft watches, classic Venus de Milos, Ampurdan landscapes, crutches, ants and Renaissance gentlemen.

Two of his main clients were the line of perfumes produced by his friend Elsa Schaparrelli (Radiance Powder and Lipstick) and the silk stockings sold by Bryan's Hosiery, though he created many other adverts for products such as Farnsworth television sets (1946), Crisálida tranquillisers (1958), the Jack Winters Sports Clothing line (1959), Perrier mineral water (1969), the Datsun 610 Wagon (1972) and even shirts made of "Dalí fabric" (1963). Most of these advertisements appeared in *Vogue* magazine (the magazine's 500th edition. which came out in 1971, contained numerous adverts by Dalí, to celebrate the event), as well as other publications such as the *Art News Annual*, the deluxe catalogues for the *Ballet Russe de Monte Carlo* and the magazines published by the transatlantic shipping lines which covered the Le Havre – New York route. Incidentally, Dalí and Gala used to travel free on these voyages, provided that he would advertise to the four winds who it was that the ship had on board.

Dalí also designed many advertising posters, such as the series for the railway company *Chemins de Fer Français* (1969), the exhibition *Regards sur Gaudí* at the Musée d'Art Moderne in Ceret (1970), *España* (1970), a publicity promotion by the Spanish Ministry of Information and Tourism, and the adverts for the *Fifth National Conference on Biochem-*

istry (1971) and the *Homage to Professor Severo Ochoa on his 70th birthday / International symposium on enzymatic mechanisms in biosynthesis and cell function* (1975).

In March 1973, an incident took place in the lobby of the luxury hotel Saint Regis that was anecdotal, yet at the same time revealing: a group of people approached Dalí and asked for his autograph. The artist promptly decided to charge five dollars for each one, and in five minutes he had made forty-five dollars. This might have been small change for Dalí – compared to the $10,000 he was paid in 1970 to yell at a camera "*Je suis fou du Chocolat Lanvin*" (I'm crazy for Lanvin chocolate), or the unknown amount he received for another television advert for Alka-Seltzer – but at least it was improvised, which was what Dalí liked most.

DALÍ AND MELINA MERCOURI TALK ABOUT PUBLICITY

Mr. Dali: Ah, I love publicity in all its forms. I am an exhibitionist. I like it when everybody is talking about Dali, even when it is in good terms. But when it is in bad terms, it is marvelous! I love it when everybody is busy with Dali. For example, the day my book *Journal d'un Génie* came out in Paris, I spent the whole day with journalists. Gala was against the principle, but I said yes, and it was the most enjoyable day of my life. It was marvelous! I took a taxi-a photo! I helped myself to a piece of Camembert an-

other photo! Photos! Photos! Photos! Photos! And the following morning, when I got the contacts with my breakfast, I lived again those unforgettable moments. I remembered each taste, much better than Proust when he was writing his memoirs. . . But you, as an actress, you must know what publicity is like.

Miss Mercouri: All your publicity is perfectly useless if you are not capable of creating something worthwhile. But I as an actress, and especially as a movie actress -I am not a creator. And considering the little films I make, I believe that publicity helps me a lot by making me known to and liked by the public. But if I were a true artist -a writer, for example- I would never accept that publicity should drag me into things that are contrary to my ideas.

Mr. Dali: In my own experience, all the things that came out best in ml life were done without organized publicity. As soon as a little man came and said, "Now we are going to do something marvelous publicity-wise"-nothing! Three lines in the press! But everything I did in my life, without giving a thought to publicity, that was a great success.

Miss Mercouri :You are the greatest press agent in the world!

Mr. Dali: I don't think I like publicity in itself. What I like is to prove to me that 'I exist, symbolically. . .

Melina Mercouri and Salvador Dalí
"Two fiery artists matched in an uninhibited dicussion of love, wealth, fidelity and death". *Reedbook*, 1965

Dalí and the seventh commandment

The history of art has been plagued with robberies and forgeries, and no artist or artistic movement that is considered to be of any value has escaped being robbed or mystified. But what if an artist's work was stolen, and then invariably returned or abandoned by the thieves?

That was the case with Salvador Dalí: between 1949 and 1973, when his work was spread through a huge number of museums and private collections in Europe and the United States, six of his works were stolen, and all six robberies ended the same way: the pieces were either returned or abandoned by the thieves, in very odd circumstances.

The first time it occurred was in 1949, when Dalí returned to Spain after a prolonged absence. He had made a success of himself in the United States and he wanted to repeat his heroic deeds among his own people. His first commission was the set and costumes for a highly original version of *Don Juan Tenorio* directed by Luis Escobar. He

spent all summer working on the project, and in September 1949 he sent everything by lorry to the Maria Guerrero Theatre in Madrid. However, on the way, the lorry was robbed, but no sooner had the police been notified, than the sets were found in a car, which had been abandoned in the middle of the road.

Then, in June 1955, twenty-one of Dalí's pieces of jewellery were exhibited at the Cleveland Art Museum. In front of over a hundred people, a thief broke the protective glass and ran off with a piece called *The eye of time* (1949), a lovely "eye-clock" made out of platinum, rubies and diamonds. The police used all the resources they had to solve the case, including the new technique of fingerprinting. But then on the last day of the exhibition, a mysterious cigar box was delivered to the museum by ordinary mail (and incidentally, with insufficient stamps). The museum organisers duly paid the twelve cents postage, opened the box,

and found *The eye of time*, in perfect condition. All that was missing was the return address.

In June 1964, the collection brought together by the actor and film director Vincent Price for the Sears department store chain was transported from Las Vegas to Los Angeles. It included a Dalí oil painting entitled *The Madonna of the mystical rose* (1963), which had been valued at $25,000. Lithographic copies had also been made, for sale during the exhibition. The convoy was comprised of three large lorries filled with works of art. However, the last lorry – which contained the Dalí as well as five hundred other oil paintings, watercolours, engravings and lithographs – mysteriously disappeared. Two days later, the driver was found, drunk, coming out of a bar in Alhambra. The lorry was found a few blocks away, with its load intact.

In April 1970, the oil painting *Paranoiac-astral image* (1934) disappeared from the third floor of the prestigious Wadsworth Atheneum in Hartford (Massachusetts). The painting – which happened to be small in size – was later found in a paper bag by the slip road for the Interstate 91, by a man who worked in a restaurant. The work was valued at over $50,000 at the time, and James Elliott, the museum director, had offered a reward of $1,000 for its recovery.

But as all the robberies of Dalí's work took place where "the recluse of Portlligat" was most famous, the next robbery took place in Paris, in 1971. This time it was a *Christ* by Dalí, which was painted on a gold panel and was to be used as the cover of "the most expensive book in the world", a one-off edition of the *Apocalypse of Saint John*. The strange thing is that one year after it had disappeared, it was returned to the owner of the gallery responsible for printing the book. It was, of course, delivered in an anonymous envelope.

And finally, there is the story of one of the most spectacular robberies of a Dalí painting. It was spectacular not only because of the methods used, but also because of the very size of the painting: as it measured 3 x 4 metres. The work was *Tuna fishing* (1967), which was a Dalí interpretation of one of his father's colourist tales. It was purchased by the millionaire distiller Paul Ricard, who hung it in the Ricard Foundation on the island of Bendor, not far from Marseilles. Then on 14th July 1973, Ricard (who in November 1971 had already had a Dalí lithograph and an early watercolour stolen) woke up to find nothing but an empty frame. It seems that the thieves, who had made their getaway in a Zodiac inflatable launch, had sliced the oil painting straight out of the frame to speed up the operation. The owner was so upset that Dalí publicly offered to paint the work for him again (which, of course, he never did). Then in October 1978, *Tuna fishing* – which had been valued at one-and-a-half million francs – turned up again, wrapped up in a simple canvas, in the left luggage section of the Air France terminal at Puerta Naillot. The police said that "as it was such a well-known work, the people hiding it must have finally realised that it would be impossible to sell, and so they decided to simply abandon it".

Another case, which involves a "Dalí" that reappeared without any prior robbery, concerns the scenery for Dalí's ballet *Bacchanale*. After the Butler University (Indianapolis) had decided to restore their collection of background curtains from the dance company *Ballet Russe de Monte Carlo*, they discovered the original sets for Dalí's Wagnerian ballet (which had opened in New York in 1939) in their storerooms, all signed by the artist.

There were other unsolved cases of stolen "Dalís", such as the one that took place in 2003 in New York's Riker's Island prison. The piece was a sketch that Dalí had given to the institution in 1965, after having failed to honour his promise to visit the prison. The work, which showed the crucifixion of Jesus, was exhibited for sixteen years in the prison canteen. However, when it became stained with coffee during one of the frequent prison brawls, the work was put away in a cupboard. Then, after its market price had been verified (approximately $175,000), in 1981 it was hung in the entrance hall, protected by a glass screen. However, the work was stolen from there and replaced with a crude copy. According to experts, the sketch is now valued at around $500,000.

One of Dalí's works that was actually recovered by the police – the painting *The motionless swallow*, which was stolen from a house in Púbol in 1999 – is a good example of how so many works of art make long, clandestine journeys, carried by illegal dealers. *The swallow* made its way through a number of European countries, transported by three Frenchmen and two Spaniards. One of them tried to auction the work in London through the prestigious Sotheby's auction house, though it was finally sold to an antiquarian in Madrid, who claimed he had purchased it in good faith from a Barcelona art merchant. The canvas is valued at $300,000.

Naturally, the estimates produced for stolen works tend to be higher than the figures they actually reach at auctions: in 2003, Sotheby's auctioned the paintings *Young*

virgin auto-sodomised by her own chastity for €2 million, and *Birth of the New World* for €1,200,000, as well as acting as intermediary between a Japanese collector and the Gala-Salvador Dalí Foundation in the sale of the painting *Le peché originel* (1941), for slightly less than €3 million. The market price for art works represents the best incentive to break the seventh commandment.

DALÍ PAINTING RETURNED TO ATHENEUM

Harford, Conn. (UPI) - A painting by Salvatore Dali valued at $50,000 was back with its owners today, three days after it was reported taken from a third-floor gallery of the Wadsworth Atheneum here.

The small painting, measuring six and a half inches by eight and 11-16 inches, was returned Thursday apparently not damaged.

An unidentified man, who said he found the painting inside a brown paper bag near an entrance ramp to I-91, turned it over to museum officials and police.

A $1,000 reward was offered by the museum for the return of the work.

A museum spokesman said the reward was being held up pending an investigation of the discovery by police.

Police said the man who found the painting returned it at a prearranged meeting in a restaurant where he worked.

The Dali work, entitled "Paranoic-astral Image", was obtained by the museum in 1935, a year after Dali painted it.

The painting was removed from its windowbox frame that hung from wires suspended from the ceiling.

"Dalí Painting Returned To Atheneum",
Naugatuck News (CONN.), 1970

Scandalous forgeries

Dalí loved it when people forged his works, and he stated this publicly on more than one occasion. Of course, legally speaking, forgery is a punishable crime, but Dalí was not so misguided when he made that statement, since if an artist's work is being forged, then this means that there is an unsatisfied demand for his work – which is, of course, a desirable situation for any market. In addition, Dalí was forged more than he was imitated, given the difficulties involved in interpreting his own particular creative world.

It is also difficult to forge a Dalí painting because of the great technical skills the Maestro possessed, apart from the difficulty involved in correctly articulating his particular "grammar" of elements. Thus the picture of his that was most commonly forged was the simple *Basket of bread*, rather than his famous soft watches.

Curiously, the first Dalí forgery that came to light coincided with Dalí's return to Spain. Shortly after he had moved back into Portlligat in 1948, he gave a formal party at the Hotel Ritz in Barcelona. One of the guests, the art

critic and editor Rafael Santos Torroella (who later became a great scholar of the painter's work) saw it as the ideal opportunity to show Dalí the proofs of the book he was about to publish, entitled *Lies and truth about Salvador Dalí*, by Dr. Oriol Anguera. After having leafed through the book, Dalí mentioned that two of the paintings in the book were not by him. These works had been recently purchased on the Costa Azul by a renowned Barcelona collector; fortunately, the editor had enough time to remove them from the book before printing.

It was about that time that Angel Planells, a painter from the Costa Brava (he was from the town of Blanes, and he knew Salvador Dalí), painted a series of paintings which – whether consciously or not – would later become considered as works by the Maestro of Portlligat – and they came complete with the Dalí signature.

These paintings were *Bread with walnuts* (1925), *Bread with grapes* (1926) and *Bread with eggs* (undated).

Another way of forging a "Dalí" was to add a false signature onto one of the artist's unsigned authentic paintings, so as to bump up the sale price. This was the accusation that was levelled against nine works (owned by Dalí's ex-secretary, Peter Moore) which were displayed in the retrospective exhibition *Dali in Perpignan* (1982). In addition, a "100%" forgery entitled *Cosmic metaphysic* (1945) was removed from the same exhibition. Moore was also accused of having tampered with a drawing by Dalí that shows the Statue of Liberty raising both arms, with a torch in each hand. Once Dalí had died, this work was made into a bronze statue which now welcomes tourists to Cadaqués with (naturally) open arms.

Signor and Signora Albaretto of Turin, who became great collectors of Dalí's work in the nineteen-sixties, were also dragged into a scandal after part of their collection was placed on show in an exhibition entitled *Salvador Dalí. Life is a dream*. It was held in the Bricherasio palace in Turin, in 1997. According to Dalí's ex-secretary, the photographer Robert Descharnes, no less than fifty of the 135 works on show were forgeries. Another great collector of Dalí's work, Reynolds Morse, claimed that the Albarettos had been knowingly amassing forged "Dalis". Even so, the Albarettos did possess several "Dalis" that were irrefutably original, including *Still life. Invitation to a dream* (1926), and *Christ of the Vallés* (1962). Furthermore, the Albarettos used to buy directly from Gala, and it is not beyond the bounds of possibility that she might have sold them a few forgeries without Dalí's knowledge, to defray some of their expenses. This accusation was made by Manuel Pujol Baladas, a Catalan painter, who claimed that Gala wanted to take him under her wing and to "re-orient" his style of painting, to make it more commercial. This strongly suggests that the Muse was trying to boost her husband's now-scanty production with the help of a fresh, anonymous hand. Whatever the truth of the story was, Pujol Baladas did end up painting watercolours in a new, Dalinean style, and which were subsequently sold as the Maestro's work – with signature inclued. This took place in the second half of the nineteen-seventies.

In at least one case, a "Dalí" painted by Pujol Baladas was certified as authentic by José Gudiol, the head of the prestigious *Instituto Amatller de Arte Hispánico*. It was a watercolour entitled *Colloquy* (1960-1965). However, in August 1988, Robert Descharnes issued a "counter-certificate" for the work, attributing it to Pujol Baladas. He added that Gudiol himself had publicly recognised his mistake in a conversation with a journalist on the weekly magazine *Cambio 16*. However, in support of Gudiol, it should be pointed out that he was a great expert on Spanish painting, and his judgement was almost always irreproachable. But

since this specialist met his own particular Waterloo, no new Dalí experts have come onto the scene.

Another specialist who famously certified numerous forged "Dalís" was Nicolás Osuna of Cordoba, who was the director of the pompously-named "Institute for the diffusion of Spanish culture", and was an "honorary academic to important academies in Europe and the United States". Osuna certified works on an almost industrial scale, through books with limited editions and small circulations, such as *Pictorial essences from the 15th to the 20th-century*. "Anteroom to the fin-de-siecle", and *Salvador Dalí. Graphic series*, which were true masterpieces of artistic deception, saturated with pompous, vacuous text. Osuna placed reproductions of forged "Dalis" alongside reproductions of incontestable original works by the Maestro to make the collection as a whole seem more credible, for the purpose of either selling individual works or using a collection of them as security for large banking transactions .

However, the most blatant case of Dalí forgery actually involved Dalí himself. In 1975, following his declaration that he was in favour of executing five members of the terrorist group ETA (as well as his remarks in support of the Franco regime), his image as a humane, political person had turned into an absurd caricature of himself. However he did still enjoy a certain cachet as an artist, as he now had his own museum which, shortly after it opened, became the second-most-visited museum in Spain. Unfortunately, in that same year, French customs officials stopped a van carrying 40,000 blank sheets of paper, carrying Dalí's signature. They belonged to Jean Lavigne, a Parisian editor who was a resident of Palm Beach, Florida. However, as no law seemed to have been broken, the customs officials decided not to take the matter any further.

Dalí used to sign blank sheets of paper at great speed: approximately a thousand an hour, and he charged $100 for each signature – in cash. And so, in one single afternoon he could allay all of his financial worries, and not even have the bother of paying tax. Inevitably, this system soon went awry when the not-terribly-scrupulous publishers who had purchased signatures from Dalí decided to increase their print runs by manufacturing a few more signatures themselves, in addition to printing images without any kind of quality control. When this tawdry story of the signed blank sheets of paper and the resulting police interest came to light, it seriously undermined Dalí's reputation as an artist.

In fact, Dalí had begun signing blank sheets of lithographic paper in 1965. According to Peter Moore, the French editor Pierre Argillet persuaded Dalí to sign several blank sheets so that the painter would not have to travel all the way to Paris to sign them, as they had previously agreed. Argillet paid Dalí $10 more than he usually paid for his signature. During his first session, Moore tells us, Dalí signed 10,000 sheets.

Gilbert Hamon, who is considered to have been one of the main producers of forged "Dalí" prints, was arrested in 1988, and was found to possess 67,000 forged lithographs. The Demart company – managed by Robert Descharnes – sued Hamon, along with the entrepreneurs Leon Amiel, Pierre Marcand and Jean-Paul Delcourt.

The case dragged on until late summer in 1990, when they were all given heavy fines – and light prison sentences for William Mett and Marvin Weissman, the owners of the Centre Art Galleries chain, of Haway, for selling forged lithographs by post. It would be hard to establish even an approximate figure for the numbers of unauthorised reproductions that were made, but numbers of spuriously signed sheets are thought to be between 100,000 and 300,000.

PUJOL BALADAS AND HIS "DALIS"

Last October the city of Sapporo agreed to put on an exhibition of approximately three hundred "Dalí" engravings and lithographs. The exhibition, which was sponsored by the *Generalitat* of Catalonia, was organised by *Kobe Shimbun*, the local newspaper of the city of Kobe. Afterwards, the exhibition was going to travel all around the land of the rising sun.

Below we have the confession of Manuel Pujol Baladas:

I can tell you – and other people can confirm this – that I have seen Dalí signing reams of blank sheets of paper which were to be sent to Japan, to make lithographs with. I saw it with my own eyes, okay?

The confusion that has just broken out in Japan does not surprise me at all, and it is just a small part of a much bigger story. As for me, I have painted more original Dalí imitations, on paper, than the Maestro himself, and these paintings are now on show in many museums throughout the world, all labelled as the work of Dalí. I can give you two examples: I have heard that there is a "Dalí" of mine in the Dalí museum in Cleveland. I also know that the museum of Bogota has a painting of an elephant, which I painted, and which is attributed to Dalí. I can also say that two works of mine were exhibited in the Tate Gallery in London, and were later auctioned at Sotheby's, as original "Dalís".

My "Dalis" began to circulate in the years 1976-1977. They were mostly drawings, watercolours, washes and a few oil paintings. Five hundred and thirty pieces in total. And I have calculated that in 1981, my production of imitation works on paper was greater – in terms of quantity – than that of the Maestro.

J. Castellar-Gassol
"Dalí and the other Dalis",
Xarxa, November 1987

Recapitulation: no looking inwards

Dalí is a western contemporary cultural icon, and the significance of his persona and his work varies depending on one's national, political, aesthetic and cultural standpoint. It is interesting that the artist has not enjoyed great popularity in Spain (though this is now changing), owing mainly to Dalí's tendency to keep close to whoever was in power. A national clown, an apolitical right-winger (even though he used to correspond with the Romanian Communist leader Ceausescu and he illustrated an edition of Mao Tse Tung's poems), an anti-democratic monarchic anarchist and an apologist for the last, desperate shows of strength of the late Francoist period, he was roundly scorned by Spain's unanimously progressive, left-wing intellectuals. He was also spurned by many people within Franco's National Catholic regime because, apart from his clowning antics, Dalí's sexual opinions (*The Secret Life* was banned and was not published in Spain until 1981), his histrionic behaviour and his ambiguous mysticism were also frowned upon. Nor was Spain his natural market, as the Spanish did not tend to buy "Dalis".

We should also ask ourselves why *The Secret Life* sold best in English and Japanese editions, these being two societies which are characterised (at least until recently) by a very restrictive, "castrating" form of education and social rules.

The fact is that Dalí constructed a body of work and a persona, and he managed to publicise them so well that - scandals apart - no art historian, not to mention any historian of popular culture, marketing or image consultancy could afford to ignore him.

In the United States, Dalí's mediatic presence was so great that between approximately 1940 and 1965, not a day went by in which his name did not appear somewhere in the mass media. In France, between 1950 and 1980, he also appeared on the covers and in the pages of generalist magazines and newspapers. In contrast, when he went back to Spain in 1948 from his exile and there were scarcely a dozen media references to the painter's return, he complained of a "media silence".

But what or who made Dalí? Or, more importantly, how and why do we perceive Dalí in the way that we do nowadays?

There are many factors at play here, the first being Dalí's own relentless determination to be Dalí,

the winner who captures the world's attention. Then there is his family, particularly his irascible father, from whom he adopted numerous character traits as a kind of vaccine, and his sister, who was his muse and a little more than that. There were also his (few) friends from Figueres, such as Butxaques, Jaume Miravitlles and Joaquim Xirau, and the others from Madrid, including Pepín Bello, Federico García Lorca and Luís Buñuel. Dalí learned from all of these people, and the way he related to them influenced his character and his expectations.

Rather than contributing to "making Dalí", Gala was the great stabilising force for this mass of unbridled terrors that was Dalí, as well as being an excellent wife/mother (his own, of course) and manager. Without her, Dalí would have ended up in a mental asylum by 1930.

Dalí's patrons also contributed to his financial and emotional stability: the Noailles and the Zodíaco group during the first half of the 1930s, the Englishman Edward James during the rest of that decade, the Morses from Cleveland (writers and editors of numerous Dalinean studies) from the 1940s onwards, and the Albarettos of Turin from the 1960s.

In addition, the 1960s also saw the advent of an indispensable series of Dalí's "free associates", better known (though not recognised as such) as "secretaries". However, these could also be controversial figures: the ex-Captain Peter Moore, of Irish origin, was Dalí's secretary from 1959 onwards, and had no fixed salary but was granted a ten percent commission on all sales, except for the paintings and drawings, which were exclusively Gala's domain. A man with a great sense of discipline, it was Moore who led Dalí into the reproductions market, and contributed to his image by giving him an ocelot cub as a present.

As he was suffering from a tumour, Moore was replaced in 1974 by the Catalan Enric Sabater, a restless person with many different talents: he was a footballer, a pilot of small planes, a journalist and a photographer, among other attributes. He possesses a large number of unpublished photographs of Dalí in private, and these reveal the artist to be a human, pleasant person. Following a series of controversies, and a brief *interregnum* by the Gascon Jean Claude du Barry, the owner of a Barcelona modelling agency, Robert Descharnes, the photographer from Nantes, took over

the running of Dalí's affairs, as the painter was suffering from a deep depression following Gala's recent death. Dalí had met Descharnes in 1954, and they had worked together on the filming of *The prodigious history of the lace maker and the rhinoceros.* During all that time, Descharnes took over 18,000 photographs of Dalí, and in 1984 he published the monumental volume *Dalí. The work, the man,* which was the first attempt at a well-reasoned catalogue.

Dalí was also the subject of many excellent photographs taken by a number of people: his sister Anna Maria, his friend Luís Buñuel (immediately after Dalí's expulsion from his father's home), the American photographer and artist Man Ray, who produced the emblematic portrait of Dalí which appeared on the front page of Time magazine (1936), Brassaï, known as "The eye of Paris" during the 1930s, and Cecil Beaton, the English portrait photographer of chic society, whose photographs for *Vogue* magazine (and his photos of Gala and Dalí were no exception) involved studied, theatrical poses. There was also Philippe Halsman, a Latvian based in the United States who produced - under Dalí's supervision - numerous studio compositions, including the works published in *Dalí's Moustache* (1954), Juan Gyenes, a Hungarian living in Madrid, the Catalan neo-realist Francesc Català Roca, whose snapshot of Dalí holding a three-dimensional wooden cross has become an inseparable item in the iconography of the genius of the Ampurdan, the Catalans Josep Postius and Melitó Casals (known as "Meli", and who produced what is the most extensive series of photographs of Dalí), and the Frenchman Marc Lacroix who, between 1970 and 1980, took a great many photographs of Dalí in private, as well as advising him on technical matters for his stereoscopic paintings.

There were also many artists and caricaturists who painted and sketched Dalí's face, though most of them remain anonymous. Some of the most memorable are the 1928 drawing by the Uruguayan artist Rafael Pérez Barradas, the retrospective painting produced by the scenographer Burmann of Dalí as a child in Cadaqués, the caricatures by the Frenchman TIM, the portrait-homage by Modest Cuixart (who was also based in Cadaqués) and the lavish pen portraits written by the great poet and art critic Rafael Santos Torroella.

In fact, Santos Torroella was the first editor who dared to publish a book on Salvador Dalí: *Mentira y verdad de Salvador Dalí* (*Lies and Truth of Salvador Dalí*) written by Dr. Oriol Anguera and published in 1948 by Torroella's *Cobalto* press. His main contribution to Dalinean studies was *La miel es más dulce que la sangre. Las épocas lorquiana y freudiana de Sal-*

vador Dalí (*Honey is sweeter than blood. Salvador Dalí's Lorca and Freudian periods*, 1984) and the trilogy *Dalí residente* (1992 -1995). Other important works of research on Dalí's life and work include those by James Thrall Soby, in the catalogue for the first Dalí retrospective in New York (1941), the aforementioned works by Robert Descharnes and Reynolds Morse, *The Salvador Dalí case* (1959) by Fleur Cowles, *In quest of Dalí* (1969) by Carlton Lake, *The persistence of memory. A biography of Dalí* (1992) by Meredith Etherington Smith, *Todo Dalí en un rostro*, (*All of Dalí in one face*, 1975) and *Psicodálico Dalí* (*Psychedalic Dalí*, 1991) by Luís Romero, *Salvador Dalí. La construcción de la imagen 1925 – 1930* (*Salvador Dalí. Constructing the image 1925 – 1930*, 1999) by Felix Fanés, *The shameful life of Salvador Dalí* (1998) by Ian Gibson, *Dalí and Surrealism* (1982) and *Dalí's optical illusions* (2000) by Dawn Ades, *Salvador Dalí. A life of scenography and hallucination* (1987) by Meryl Secrest and *Todo Dalí* (*All Dalí*, 2003) by the beautician Lluís Llongueras.

There have also been numerous eyewitness accounts produced to satiate public curiosity, and which contain memories and anecdotes on Dalí of varying reliability; these include the volume by Anna Maria Dalí, *Salvador Dalí seen by her sister* (1949), *Sex, Surrealism, Dalí and me* (2001) by Carlos Lozano and Clifford Thurlow, *Amanda's Dalí* (1985) by Amanda Lear, *Dalí y su museo. La obra que no quiso Bellas Artes* (*Dalí and his museum. The work that Fine Arts did not want*, 1984) by Ramon Guardiola, *Vivències amb Salvador Dalí* (*Personal experiences with Salvador Dalí*, 1995) by Emili Puignau and, finally, Peter Moore's still-unpublished memoirs, *Hard times, soft watches*.

Many journalists have also attempted to portray Dalí, with varying success. The better works include the books of interviews by Del Arco, *Dalí al desnudo* (*Dalí stripped bare*, 1952) and Alain Bosquet's *Entretiens avec Salvador Dalí* (1966). There is also Miguel Utrillo's panegyrical *Salvador Dalí y sus enemigos* (*Salvador Dalí and his enemies*, 1952), A.D. Olano's *Dalí secreto* (*Secret Dalí*, 1975), and the ex-

cellent work of research by Màrius Carol, Navarro Arisa and Jordi Busquets entitled *El último Dalí* (*The last Dalí*, 1985).

Carol revisited Dalí in narrative form with the novel *Las seducciones de Julia* (*Julia's seductions*, 1996). Other writers and literati who have dealt with the world of Dalí (including works of research) are Carlos Rojas, with his *The magical and mythical world of Salvador Dalí* (1985), Antonio Fernández Molina, with *Dalí. Testimonios y enigmas* (*Dalí. Testimonies and enigmas*, 1998), Patrick Gifreu's *Dalí, un manifest ultralocal* (*Dalí, an ultra-local manifesto*, 1996) and Henry-François Rey's volume *Dalí en su laberinto* (*Dali in his labyrinth*, 1975).

And finally, there are all the large-scale retrospectives have enabled us to rediscover Dalí's entire works: *Salvador Dalí. Paintings, Drawings, Prints*. MoMA, New York, 1941-1942, *Salvador Dalí. Rétrospective*, 1920 – 1980. Centre Georges Pompidou, Paris, 1979-1980, *Salvador Dalí 1904 – 1989*. Staatsgalerie, Stuttgart / Zurich, Kunsthaus, 1989, *400 works by Salvador Dalí from 1914 to 1983*. Madrid, MEAC, 1983, and *Salvador Dalí: The early years*. Hayward Gallery, London, 1994.

But there still remains a great deal to be said and to be written about Dalí, whether it be in the form of popular culture, such as the song *"Eungenio" Salvador Dalí* (1988) by the Spanish pop group Mecano, or by periodic visits to his Theatre-Museum in Figueres, or through academic research, by means of the indispensable *Centre d'Estudis Dalinians* (Centre for Dalinean Studies), which is the institution responsible for storing and promoting the collection that the painter bequeathed to the Spanish nation.

It may well be that given Dalí's complicated personality, we will never be able to discover who he really was, nor the extent of his artistic achievement, but the mere fact of trying will be nothing if not an enriching experience. In view of the attempts that have been made so far, we can be sure that this is, without any doubt, the artist's main contribution: that studying his never-ending egocentricity in greater depth will help us to know ourselves a little better.

ODE TO SALVADOR DALÍ

Oh Salvador Dalí, of the olive-coloured voice!
I speak of what your person and your paintings tell me.
I do not praise your halting adolescent brush,
but I sing the steady aim of your arrows.

I sing your fair struggle of Catalan lights,
your love of what might be made clear.
I sing your astronomical and tender heart,
a never-wounded deck of French cards.

I sing your restless longing for the statue,
your fear of the feelings that await you in the street.
I sing the small sea siren who sings to you,
riding her bicycle of corals and conches.

But above all I sing a common thought
that joins us in the dark and golden hours.
The light that blinds our eyes is not art.
Rather it is love, friendship, crossed swords.

Not the picture you patiently trace,
but the breast of Theresa, she of sleepless skin,
the tight-wound curls of Mathilde the ungrateful,
our friendship, painted bright as a game board.

May fingerprints of blood on gold
streak the heart of eternal Catalunya.
May stars like falconless fists shine on you,
while your painting and your life break into flower.

Don't watch the water clock with its membraned wings
or the hard scythe of the allegory.
Always in the air, dress and undress your brush
before the sea peopled with sailors and ships.

Federico García Lorca
Oda a Salvador Dalí, 1926

Index of photographs

mented (possibly after 1926) with a relatively sketchy smiling figure which is aligned in the opposite direction. This sarcastic addition explains why Dalí subtitled it years later as "French pack of cards".

Page 52. *Portrait of the artist's sister*, 1924. Oils on card, 55 × 75.2 cm. Fundació Gala-Salvador Dalí, Figueres.
This work, which is very poorly conserved, exemplifies the multiple studies which belong to what became called Dalí's "Anna Maria period". Seated sideways in the usual studio chair, Anna Maria – who is wearing a simple summer dressing gown – is seated in a forced posture which hides one eye (wisely eliminated for the sake of compositional economy) and one shoulder. The exaggerated arm and hand are the main feature of the picture, duly affecting the proportions of the left forearm. The composition is painted in a restrained mood, in a Catalan Mediterranean style with Cezanne-like resonances.

Page 53. *Portrait of the artist's sister*, circa 1924-1925. Oils on canvas, 92 × 65 cm. Fundació Gala-Salvador Dalí, Figueres (Dalí legacy).

Page 54. *Girl at a window*, 1925. Oils on canvas, 103 × 75 cm. Museo Nacional Centro de Arte Reino Sofía, Madrid.
This is one of Dalí's best-known masterpieces, as well as being the culminating work of his "Anna Maria period". In this Mediterranean composition, Salvador focuses on two of the things that he most admires in the world: his sister's plump backside and the landscape of Cadaqués. Rafael Santos Torroella was the first to notice that the painting's secret touch consists of Dalí's use of an opportune piece of cloth to cover one of the window jambs, thus removing a reflection which would have interfered with his reflected side view of Cadaqués. In his analysis of this deeply serene work, Torroella also pointed out that, "you can even count the waves".

Page 55. *Girl's back*, 1925. Oils on canvas, 103 × 73.5 cm. Museo Nacional Centro de Arte Reino Sofía, Madrid.

Page 56. *Girl's back*, 1926. Oils on board, 32 × 27 cm. The Salvador Dalí Museum, St. Petersburg, Florida.
This is a detailed study of one of the artist's favourite parts of his sister's anatomy. Executed from the same eye level as the model, the painting employs the dramatic technique of back lighting to reveal to us – in a mysterious, intimate atmosphere – a naked shoulder and a detailed portrayal of his sister's hair, which is tied into three lovely ringlets. As with *Girl at a window*, any facial peculiarities which could have been distinguished from this posture are left blank. Dalí was very proud (and erroneously, it seems) that Picasso had admired and praised this painting at Dalí's second individual exhibition at the Galerias Dalmau, in Barcelona (1926).

Page 57. Salvador Dalí and his sister at Cadaqués, circa 1925.

Page 58. Salvador Dalí, Federico García Lorca and Anna Maria Dalí at Cadaqués, 1927.

Page 59. Part of *The invisible man*, 1929. Oils on canvas, 140 × 180 cm. Museo Nacional Centro de Arte Reino Sofía, Madrid.

Page 60. *Still life. Portrait of Federico García Lorca*, circa 1923 – 1924. Oils on card, 74.6 × 52 cm. Fundació Gala-Salvador Dalí, Figueres (Dalí legacy).
This is the first portrait Dalí painted of his friend, the poet Federico García Lorca, shortly after he had moved into the students' residence in Madrid. The work, which is executed in a style that approaches cubo-futurism, shows us – in blue and violet tones – the poet while he is declaiming one of his poems – which he was wont to do. The whiteness of the page centres the viewer's attention on the image, and specifically on Federico's tie, suit, hat and even his hair – as well as his cranial structure. Some of the decorative features suggest that this portrait could have been painted in a room at the residence.

Page 62. *Buster Keaton's wedding*, 1925. Sized paper, 21.3 × 16.8 cm. Fundación Federico García Lorca, Madrid.
– *Ex-libris for Federico García Lorca*, 1926. Crayon on paper, 22.5 × 19 cm. Private collection.
– *Composition with three figures. Neo-cubist academy*, 1926. Oils on canvas, 200 × 200 cm. Museu de Montserrat, Barcelona.
This masterpiece was virtually unknown until a few years ago. It was purchased by some friends of the family at Dalí's second individual exhibition at Galerias Dalmau, and was not shown in public until it was donated to the Museu de Montserrat. Painted after Dalí's definitive expulsion from the Academia de San Fernando, it attempts, on one hand, to demonstrate the young artist's ability to create an "academy", and on the other, to establish the new foundations for his relationship with Lorca and the world of creation. Conceived as a series of overlapping paintings and realities within a pyramidal structure, it is directly inspired by Picasso in the way it presents the figures of Vice (who is brazenly showing off her sex) and Virtue, who has her legs crossed. Both figures possess the disturbing shadow of Anna Maria. Meanwhile, the plaster head that combines the faces of the poet and the painter also shows for the first time the figure of St. Sebastian, the emblem of the new relationship between these two creative artists – a relationship which was more platonic than carnal, more ironic than sentimental, and littered with blatantly phallic objects.

Page 63. *Still life. Bottle of rum*, 1924. Oils on canvas, 125 × 99 cm. Museo Nacional Centro de Arte Reino Sofía, Madrid.

Page 64. *Still life with moonlight*, 1926. Oils on canvas, 148 × 199 cm. Fundació Gala-Salvador Dalí, Figueres (Dalí legacy).
A colourist scene stands out against a series of clear colour fields, one of which represents a table. In this scene, a mauve full moon serves to centre a contrived perspective of a street in Cadaqués, which is depicted in the style of the scenography for Lorca's *Mariana Pineda*. A bust with the outline of Lorca's head contains a little fish which is about to penetrate a sphere – a possible allusion to the poet's first attempt to sodomise his friend. The solid bust liquefies onto the surface to produce a Dalinean face which is a precursor to the face in *The great masturbator*. Various "ironicised" human remains surround the scene: an eye-stone, a bone-fish, coral-veins, and an apparatus: a humanoid figure which is composed of geometric elements and inspired by the work of De Chirico. On the far right, a monochrome bust of Lorca sleeps – and simulates death – with its eyes closed, in the same posture that Dalí painted him in *Cenicitas*.

Page 65. *Still life. (Invitation to the dream)*, 1926. Oils on canvas, 100 × 100 cm. Albaretto collection, Turin.

Page 66. *Honey is sweeter than blood*, 1927. Oils on canvas, dimensions unknown. Whereabouts also unknown.

Page 67. Lorca and Dalí at Cadaqués, possibly listening to a foxtrot, circa 1927.

Page 68. *Cenicitas*, 1928. Oils on board, 64 × 48 cm. Museo Nacional Centro de Arte Reino Sofía, Madrid.
This extremely complex composition was conceived as a *Birth of Venus*. However, the three identifiable female figures are either mutilated or simply turned into a mish-mash of flesh. It also contains a number of birds (a symbol of lyricism and sentimentality in Dalinean grammar) as well as rotting fish and donkeys (symbols of the sexual impulse fatally transformed into death). A few apparatus and references to Max Ernst and De Chirico have a cooling effect on the composition. Meanwhile, floating in space are the faces of Lorca (sleeping and indifferent to the female sex) and Dalí (with his eyes popping out and his teeth gnashing), images which provide the clue to their respective attitudes to the increasingly pressing situation of sexual anxiety. Originally it was entitled *The sterile efforts*, but Dalí, true to his well-known talent for never giving away too many clues, renamed it *Cenicitas* (Little Cinders).

Page 70. *Gala and Millet's Angelus preceding the imminent arrival of the conical metamorphoses*, 1933. Oils on board, 24 × 18.8 cm. National Gallery of Canada, Ottawa. Previously part of the Henry P. McIllenny collection.
According to Robert Descharnes, the character in the room is Lenin, and the man at the door is Maxim Gorky. But the work could also be showing the last apparition of the father figure, holding the door. Seen with his back to us, Dalí – with his head shaved as he was after his expulsion from his home, and dressed in the style of Vermeer – is looking at a strange leaning object consisting of a cube and a pearl. A reproduction of Millet's *Angelus* is the clue that reveals that this is his father's home, while the smiling presence of Gala in the background suggests that she is the one for whom this mysterious story was created.

Page 71. *Gala nude, kneeling*, circa 1925.

Page 72. *Automatic beginning of a portrait of Gala* (unfinished), 1932. Oils on board, 14 × 16,2 cm. Fundació Gala-Salvador Dalí, Figueres.
– *Portrait of Gala with two lamb chops balanced on her shoulder*, 1933. Oils on board, 6,8 × 8,8 cm. Fundació Gala-Salvador Dalí, Figueres.
In the foreground, Gala is shown sleeping happily with her head resting on a pillow, turned to one side. The sun is shining down on her. Some delicious lamb chops are balanced on her shoulder, while all around her Portlligat is portrayed as a desolate spot in which the viewer can make out a well and Dalí as a child, dressed in a sailor suit and with a toy hoop. On Dalí's first visit to New York, this unusual picture pleasantly surprised the New York press. Dalí justified the scene by arguing that he liked Gala just as much as he did lamb chops, and so why not paint them together?

Page 74-75. *Couple with their heads full of clouds*, 1936. Oils on board, man: 92.5 × 69.5 cm, woman: 82.5 × 62.5. Museum Boymans-van Beuningen, Rotterdam.

Page 76. *Galarina*, 1944-1945. Oils on canvas, 64.1 × 50.2 cm. Fundació Gala-Salvador Dalí, Figueres.

Page 77. *Leda atomica*, 1949. Oils on canvas, 61.1 × 45.3 cm. Fundació Gala-Salvador Dalí, Figueres.
This unusual mish-mash of Greek mythology and science shows all the elements suspended in the air, halfway between gravity and non-gravity. This is Dalí's attempted allusion to the balance of energy that exists between the forces of repulsion and attraction inside the atom, and which mirror the intensity of the relationship between Leda and Zeus incarnated as a swan. Dalí declared that *Leda atomica* "is the most important painting in our lives. Everything is suspended in space and nothing is touching anything else. Death itself is elevated to a distance away from earth".

Page 78. *Gala posing for "Madonna of Portlligat"*, 1949. Private collection.
– Study for *Madonna of Portlligat*, 1949. Indian ink on paper, 13 × 10.5 cm. Private collection.

Page 79. *Madonna of Portlligat* (first version), 1949. Oils on canvas, 48.9 × 37.5 cm. Marquette University, Milwaukee, Wisconsin.
Smaller in size, and much more faithful to the Italian *quattrocento* tradition than his second version, this canvas (which Dalí presented to the Pope in Rome in the hope of obtaining a *nihil obstat*) commences Dalí's mystical period. It deals with the subject of the Immaculate Conception. The Virgin Mary, crowned with Gala's face split into two, has a triangular structure and no forearms. The space that is occupied by drawers in his Venus de Milo contains simply nothing here. The baby Jesus is floating on a velvet cushion and is holding the cross and the orb, a symbol of earthly power. However, the shadow reveals that the cross and the hand are not touching.

Page 82. *The first days of spring*, 1922. Indian ink and watercolours on paper, 22,8 × 15 cm. Fundació Gala-Salvador Dalí, Figueres.

Page 83. *Landscape*, circa 1914. Oils on card, 14 × 9 cm. Albert Field collection, New York.

Page 84-85. *Fiesta de la Santa Creu*, 1921. Tempera on card, 52 × 75 cm. Fundació Gala-Salvador Dalí, Figueres.
A relaxed composition showing the popular fiesta in Figueres, which was Dalí's favourite. This was the first time that he tried to paint this subject, when he was in the middle of his tempera period, having been strongly influenced by the painter and caricaturist Xavier Nogués, and with incorporations of "plane-ism" which was introduced (as a variation on the simultaneism of Torres-García) by the painter Celso Lagar. This evocative, colourful work shows a pleasant evening when everybody in Figueres goes out into the street, including his sister (bottom left) and his friends from the sports club Unió Esportiva Figueres.

Page 86. *The Ampurdán*, 1923. Pencil on paper, 24 × 32 cm. Private collection, Cadaqués.
– *The girl of Figueres*, circa 1926. Oils on board, 21 × 21,5 cm. Fundació Gala-Salvador Dalí, Figueres.
Dalí took this painting to Picasso by way of a calling card. Picasso examined it in silence for over fifteen minutes, and then showed Dalí his latest paintings. Though the girl in the paint-

ing is not Anna Maria, the view is the one from their family home in Figueres.

Page 87. *Girl with curls (The girl from Ampurdán)*, 1926. Oils on plywood, 51 × 40 cm. The Salvador Dalí museum, St. Petersburg, Florida.

Page 88. *The phantom cart*, 1933. Oils on board, 19 × 24.1 cm. G. E. D. Nahmad collection, Geneva; previously of the Edward James collection.

The Girona writer Josep Pla said that if he had to choose any one of Dalí's paintings, this would be the one, because in his view, it captures the region's landscape better than any other painting. The sensation that the cart is travelling away from the viewer towards a phantasmagorical horizon was achieved thanks to the scenographic techniques Dalí learned from the Italian metaphysicians and the Swiss painter Boecklin.

Page 89. *The pharmacist of Ampurdan in search of absolutely nothing*, 1936. Oils on board, 30 × 52 cm. Folkwang museum, Essen; previously of the Edward James collection.

Page 90-91. *Suburbs of a paranoiac-critical town: Afternoon on the outskirts of European history*, 1936. Oils on board, 46 × 66 cm. Museum Boymans-van Beuningen, Rotterdam; previously of the Edward James collection.

This shows an invented city standing on the Ampurdan plain, built out of fragments of other towns in the area, as well as some invented architecture. It also shows Dalí's cousin Carolineta playing with her skipping rope, the motion of which suggested to him that of the bell in the background – one of Dalí's most perfectly-achieved visual finds. Meanwhile in the foreground, Gala offers the viewer a bunch of grapes, a fruit she often ate with Dalí.

Page 92. *Olive trees*, 1921. Oils on canvas, 62.5 × 82 cm. Eulalia Dalí collection, Barcelona.

Page 94. *The fiesta at the hermitage*, 1921. Wash drawing on card, 52 × 75 cm. Fundació Gala-Salvador Dalí, Figueres.

The most important fiesta in Cadaqués is the one for St. Sebastian. Looking down from the hermitage, from a height which offers a good view of Cadaqués and the sea, Dalí centres the viewer's attention on the little gypsy girl dressed in yellow, and frames the composition with dark cypress trees. His sister, Anna Maria, has her back to the viewer; she is with her friend, and is chatting to a boy who is interested in her. In the background, someone holds up a baby to show him the paper balloon that they used to fly on the occasion of this fiesta.

Page 95. *Cadaqués*, 1923. Oils on canvas, 96.52 × 127 cm. The Salvador Dalí museum, St. Petersburg, Florida.

Page 96. *Still life (Purist still life)*, 1924. Oils on canvas, 99.3 × 99 cm. Fundació Gala-Salvador Dalí, Figueres.

Page 97. *Port Alguer*, 1924. Oils on canvas, 100,5 × 100,5 cm. Fundació Gala-Salvador Dalí, Figueres.

This work was influenced by the *noucentista* painter Joaquim Sunyer, though it also shows a few Cubist touches. According to Rafael Santos Torroella, this is actually Port Doguer, not Port Alguer (both of which are in Cadaqués), though the definitive title could be *Cadaqués church at seven o'clock in the morning*. The two female figures shown in the foreground are carrying typical green Cadaqués *dolls* (earthenware jugs) on their heads.

Page 98. *The average, fine and invisible harp*, 1932. Oils on board, 21 × 16 cm. Private collection.

The foreground shows the sons of Lidia of Cadaqués, the fisherwoman who sold her hut to Dalí; both of these men were suffering from an incipient madness which would lead to their deaths, and the enlarged skull of one of them is an obvious sign. Gala makes an appearance, wearing a jersey like the one she would wear in many paintings at that time, and is about to enter the hut; meanwhile, several mysterious figures shrouded in red fabric add a disturbing dimension to the deep blue of the sky.

– Portlligat in 1930.

– Oriol Clos: Evolutionary study of Dalí's house at Portlligat summarised into nine stages.

Page 99. *The angel of Portlligat*, 1952. Oils on canvas, 58.4 × 78.3 cm. The Salvador Dalí museum, St. Petersburg, Florida.

It was the philosopher and art critic Eugenio d'Ors who led Dalí to start believing in angels. The last of his *Fifty secrets of magic craftsmanship* concerns discovering the angel that each of us has with us, an idea that goes far beyond mere inspiration. The angel is posing here in Portlligat, and it is observing the changes in the atmosphere and the light. Even though it has its back to the viewer, it looks suspiciously like Gala.

Page 100. *Sleepwalking dreams*, 1922. Indian ink and watercolours on paper, 31.7 × 24.3 cm. Fundació Gala-Salvador Dalí, Figueres.

Page 101. A meeting of the "Order of Toledo" at the Venta de los Aires, 1924. From left to right: Pepín Bello, Jose Moreno Villa, Maria Luisa Gonzalez, Luís Buñuel, Salvador Dalí and Juan Vicens.

Page 102. *Hunting/Fishing*, 1924. Indian ink on paper, 21 × 16.5 cm. Museo Nacional Centro de Arte Reina Sofía, Madrid.

Hunters and fishermen who exaggerated their tales of heroic deeds were two of Dalí's favourite types of *putrefactos*. He believed these sports should be countered by others that were more in accordance with the new times, such as boxing or motor racing.

– *Heliometer for the deaf*, 1924. Indian ink and pencil on paper, 27 × 21.5 cm. Pont collection, Barcelona.

This heliometer for the deaf is one of the few existing "astronomies" in Dalí's book on *putrefactos* which were intended to reduce the level of sentimentality.

– *Radicals and socialists*, 1925. Ink on paper, 7.5 × 8 cm. Pont collection, Barcelona.

Page 103. *Readers of* La Veu de Catalunya, 1925.

– *Crucifixion 2*, 1925.

– *Fishing 3*, 1925. Indian ink, fountain pen and pencil on paper, 17.5 × 70.5 cm. Pont collection, Barcelona.

– *Viva Russeau [sic]*, 1925. Ink on paper, 21 × 16.5 cm. Museo Nacional Centro de Arte Reina Sofía, Madrid.

Dalí's circle considered the customs officer Henri Rousseau to be the "pontiff of putrefaction". This composition was created on the occasion of Rousseau's first canvas being hung in the Louvre museum in Paris.

Page 105. *Large Harlequin and small bottle of rum*, 1925. Oils on canvas, 198 × 149 cm. Museo Nacional Centro de Arte Reino Sofía, Madrid (Dalí legacy).

This is a curious transition work that shows the only *putrefacto* type which actually made its way onto canvas. The "Harlequin" in the title refers to one of the typologies Salvador Dalí adopted for his paintings, in this work with the added feature of the unlit pipe. Other elements from the purist aesthetics that the painter adhered to during his Madrid period include the empty bottle of rum in the foreground, the love letters and the stylised flute-cum-measuring rod. The sea in the background is reminiscent – in a simplified form – of the sea that appears in most of his self-portraits, with the added feature of the "Mantegna-style" clouds; these are suggestive of the cloud just before the famous eye-cutting sequence in *Un Chien Andalou*. The disturbing shadow behind Harlequin is that of his friend Federico, dressed as a Pierrot. The composition employs a skilful arrangement of planes and shadows to exploit the illusion of the painting-within-a-painting.

Page 106. *Poetry of America*, 1943. Oils on canvas, 116 × 79 cm. Fundació Gala-Salvador Dalí, Figueres.

This one of the first times – if not the very first – that a Coca-Cola bottle appears in a painting, twenty years before Andy Warhol picked up on the idea. This is a composition inspired by the metaphysical paintings of De Chirico and the Italian Renaissance masters. The landscape is the Ampurdan, but the other features conspire disturbingly – such as the soft continent of Africa hanging from the church clock, the young meditative lancer, and the two central characters: a new, athletic man is born out of the back of one of them, and he covers his face before a human figure without a face or hands, revealing a seam of felt. This may have been a meditation on black people in the New World, and the future problems this involved.

Page 108. *Portrait of Mrs. Isabel Styler-Tas*, 1945. Oils on canvas, 65.5 × 86 cm. Staatliche Museum Preussischer Kulturbesitz Nationalgalerie, Berlin.

The "Recluse of Portlligat" preferred to paint portraits of himself and Gala, but for obvious financial reasons he agreed to paint portraits (for which he charged astronomical sums) of the American *nouveau riche*. These are oil paintings with a fair number of Surrealist features, a hyper-realistic technique and which are inspired by the Renaissance. As the years passed, Dalí painted these commissioned works with greater unwillingness, and he was served several lawsuits by disappointed clients.

Page 109. *Retrospective utilisation of aranarium*, 1946. Ink and fountain pen on paper, 30 × 22.5 cm. Private collection.

– A Salvador Dalí "happening", in his suite at the Hotel Meurice in Paris, circa 1960.

– Advertisement for the transatlantic liner *S.S. America*, circa 1950.

Page 110. *The apotheosis of the dollar*, 1965. Oils on canvas, 300 × 400 cm. Fundació Gala-Salvador Dalí, Figueres.

Dalí loved money in its abstract form, since he could never work out its exact value. It was Gala who was always in charge of their finances, and with well-known results. Thus it was unfair for Breton to give Dalí the anagram-name "Avida Dollars", when it was Gala who really deserved it. The work contains numerous *op-art* features, while the undulating columns in the centre and a few similar decorations suggest the elaborate watermarks on banknotes, about which Dalí throws out numerous clues to the viewer.

– *Perpignan station*, 1965. Oils on canvas, 295 × 406 cm. Museum Ludwig, Cologne.

"On 19th September 1964, while at Perpignan station, I experienced a kind of cosmogonic ecstasy that was stronger and more intense than any I had ever felt before. I had a precise vision of the construction of the universe. The universe, which is one of the most limited things in existence, was (proportionally speaking) similar to Perpignan station because of its narrowness. It was from that station that I left for Paris and New York every year". To portray this ecstasy, Dalí makes a return to the myth of Millet's Angelus, to produce a particular sodomitic variation that includes a crucified Christ who is raised to heaven by four powerful beams of light. He also adds some train carriages, in allusion to the station.

Page 111. *View of Púbol*, 1971. Oils on stone, 9 × 20.5 cm. Fundació Gala-Salvador Dalí, Figueres.

– Dalí at Bomarzo, Italy; the Surrealist-Renaissance complex inspired him to decorate Púbol castle.

Page 112. View of the "Mae West" installation (created by Dalí together with Oscar Tusquets).

This is a three-dimensional version of the Dalí photograph retouched in gouache entitled *Face of Mae West which may be used as an apartment* (1934-1935). To help with the scenography, Dalí enlisted the Barcelona architect and designer Oscar Tusquets, who had created a new seriated version of *Sofa-saliva-lips* (or *Saliva-sofa*), a work which had been commissioned in 1936 by Dalí's sponsor, Edward James. The technical architect Pedro Aldámiz also worked on the project. Dalí retouched two photographic enlargements of pointillist views of Paris and used them for the actress' eyes, and he made models of the nose in a studio in Olot and placed burning logs in the nostrils. He also commissioned (without ever paying) the beautician Lluís Llongueras to produce the wig of natural hair that frames the face. The entire arrangement could be viewed through a lens that Descharnes mounted at the top of a staircase, concealed behind an advertising sculpture of a camel.

Page 114. Retouched photograph of the Caryatids Hall, at the Royal Palace in Milan. Private collection.

Page 115. Workman installing the dome at the Dalí Theatre-Museum. Photo: Meli.

In 1964 Dalí announced to *Time* magazine that the work on his museum would "begin with the roof", thus paraphrasing a popular saying in Catalan which condemned the disorganised design to failure. In the same article, Dalí added that the museum would begin with the installation of a spectacular dome designed by Fuller; this transparent, reticular structure would be located above the theatre's stage. Finally, the project was commissioned to the Spanish architect Emilio Pérez Piñero, about whom Dalí was very enthusiastic. Work began in October 1970, but unfortunately Piñero died in a traffic accident in 1972. Dalí wanted to use a helicopter to install the dome, but in the end it was mounted in the traditional manner.

– Dalí visiting the ruins of the Theatre-Museum. Photo: Meli.
– The Cadillac installation in the "Patio de butacas" (the courtyard where the stalls used to be). Photo: Meli.
– Dalí, with his assistant Isidoro Bea, painting the frescoes in the "Palacio del Viento". Photo: Meli.
One month after work had begun on the Theatre-Museum, Dalí inaugurated the central fragment of the painting that illuminated the ceiling of the theatre space – now called the "Palace of the Wind". Much of the frescoes was painted by Isidoro Bea, who was Dalí's consummate scenographer and assistant from 1955 onwards.

Page 116. View of the stage and the Cadillac courtyard.

Page 117. View of the "bedroom" hall, with accesses to the Palacio del Viento.

Page 119. Torre Galatea. The "goose-skin" façade created using triangular loaves of bread, designed by Dalí in 1983.

Page 122. *Apparatus and hand*, 1927. Oils on board, 62 × 48 cm. The Salvador Dalí museum, St. Petersburg, Florida.
This important work, which serves as a link between Cenicitas and the "gravel" series, glorifies the apparatus, a playful construction which Dalí created out of fragments of objects he found on the beach of Es Llaner, where the painting is set. The apparatus (the shadow of which is as important as the actual object) de-dramatises the erotic desire which is provoked here by a swimmer whose body is reminiscent of Anna Maria's. The apparatus is ejaculating siren-like female figures, and its head is crowned with the guilty hand.

Page 125. *Cadaqués from behind*, 1921. Oils on canvas, 42,3 × 53,3 cm. Fundació Gala-Salvador Dalí, Figueres (Dalí legacy).

Page 126. *Still life*, circa 1924. Oils on canvas, 79 × 49 cm. Fundació Gala-Salvador Dalí, Figueres (Dalí legacy).

Page 127. *Venus and the sailor (Homage to Salvat-Papasseit)*, 1925. Oils on canvas, 216 × 147 cm. Ikeda museum of 20th-century art, Shizuoka, Japan.
The form of the composition is inspired by Picasso, though as to its subject matter it may have also been influenced by the illustrations of the sailors in Cocteau's *Le gran écart*, as well as by the work of the "Catalan avant-garde poet" Joan Salvat-Papasseit. The sailor's profile and pipe suggest that Dalí is identifying with the character, while Venus, portrayed as a fleeting love affair, represents a dreamed-of desire. Dalí developed the thematic series of *Venus and the sailor* in half-a-dozen similar paintings and oil paintings, which become progressively explicit in their sexual oneirism.

Page 128. *Two figures*, 1926. Oils on canvas, 148 × 198. Museo Nacional Centro de Arte Reino Sofía, Madrid (Dalí legacy).
– *Dialogue on the beach* (later renamed *Unsatisfied desires*), 1928. Oils, shells and sand on card, 76 × 62 cm. Private collection.
In 1928, Dalí began a series of aesthetic experiments which did not last into 1929. It was a series of paintings that referred to his urgent sexual desires, manifested in what he called "lumps of cunt", as well as allusions to onanism (represented by a phallic hand) and to lyrical sentimentalism, symbolised by picturesque corpses of rotting goats, fish and donkeys. Most of these works also contain sand from the beaches at Cadaqués.

Page 129. *Inaugural chicken skin* (formerly *Female nude*), 1928. Oils on board, 76 × 63.2 cm. Fundació Gala-Salvador Dalí, Figueres.

Page 130. Lines drawn by Dalí in order to decipher the geometric secrets of *Venus and cupids*.

Page 131. *Venus and cupids*, 1925. Oils on board, 20.8 × 20.8 cm. Private collection.

Page 132. *Portrait of Paul Éluard*, 1929. Oils on card, 35 × 25 cm. Private collection.
Dalí began this painting during the poet's stay at Cadaqués, during which Gala and Dalí swore never ever to part. Dalí's pictorial grammar had now taken a new turn: people were being used as objects, and objects had come to life. A hand squashes the terrifying grasshopper on Éluard's forehead, while the lion of uncontrollable desire emerges from his head, pointing towards a jug-shaped face which is a symbol of virginity. Another hand pokes its finger into a wound in another giant grasshopper, next to the face of the great masturbator. Finally, two hands (Gala's and Dalí's) can be seen clasped above Éluard's genitals.

Page 134. *The invisible man*, 1929. Oils on canvas, 140 × 80 cm. Museo Nacional Centro de Arte Reino Sofía, Madrid.

Page 135. *Eggs on the plate without the plate*, 1932. Oils on canvas, 60 × 42 cm. The Salvador Dalí museum, St. Petersburg, Florida.

Page 137. *The enigma of William Tell*, 1933. Oils on canvas, 201.5 × 346 cm. Moderna Museet, Stockholm.
This canvas has the gigantic dimensions of a huge historic painting. And in fact, Dalí wanted to replace the old paintings with their saints and 19th-century *Pompier* historicism with Freudian narrative works of humanity's great myths, ghosts and complexes. In this work, the father-William Tell has the face of Lenin, even though he is still wearing the bureaucrat's socks (and a suspender belt). The characteristic kneeling pose enables the artist to enlarge the right buttock, which is an allusion to sadistic desires, while the food arranged on his buttocks alludes to his carnal nature.

Page 138. *The weaning of furniture-nutrition*, 1934. Oils on board, 18 × 24 cm. The Salvador Dalí museum, St. Petersburg, Florida.

Page 139. *Soft construction with boiled beans / Premonition of the Civil War*, 1936. Oils on canvas, 100 × 99 cm. Philadelphia Museum of Art, Philadelphia.

Page 140. *The dream*, 1937. Oils on board, 51 × 78 cm. Private collection.
– *Burning giraffe*, 1937. Oils on board, 35 × 27 cm. Kunstmuseum, Basle.

Page 141. *The metamorphosis of Narcissus*, 1937. Oils on canvas, 50.8 × 78.3 cm. The Tate Gallery, London.
This is the Dalí painting that has been most exhaustively studied by psychoanalysts. Brilliantly composed, the detailed use of the double-image technique alludes to the death of the first Salvador Dalí and the tragedy of self-absorption. Narcissus died tragically, after having fallen in love with his own reflection in the water. Dalí, who was at the crossroads of self-discovery, would endlessly ask himself this question using different codes; in his desperate efforts to survive as best he could, he was seized by feelings of shame and a horror of death.

Page 142. *Daddy longlegs of the evening...Hope!*, 1940. Oils on canvas, 40.5 × 50.8 cm. The Salvador Dalí museum, St. Petersburg, Florida.
This was one of the first oil paintings Dalí produced after having settled in the United States at the beginning of his eight-year exile. In a certain sense, this is a composition with its roots in the Renaissance. The cupid, who habitually makes a suggestive gesture to show the length of his love, covers his eyes with one hand, closes the other and points a withered finger, suggesting his sex. The central figure, crowned on one side with two inkwells and a woman's breast, is an allusion to the father playing the cello – a motion which recalls the artist's onanistic tendencies. Images of rampant desire and carnal failure spring up to the left of a metaphysical canyon, before the ghost of a fleeting Victoria of Samothrace. The daddy longlegs, which is common in Virginia, replaces the grasshopper in this work.

Page 144. *Soft self-portrait with grilled bacon*, 1941. Oils on canvas, 61.3 × 50.8 cm.Fundació Gala-Salvador Dalí, Figueres.
Dalí's first self-portrait in the United States contained the best of his two typologies: the flaccid great masturbator and a few naturalistic features. The result is a soft, structureless face held up from outside by countless crutches that rest on a pedestal. The image suggests a person who is capable of moulding himself to the paltry needs of the American market without losing his artistic integrity, someone who is as tasty and crunchy as a good rasher of grilled bacon. He had already used grilled meat in his work – the lamb chops on Gala's shoulder – when he made his first, triumphant visit to the United States.

Page 145. *Design for the interior decoration of a stable-library*, 1942. Picture card retouched with gouache and Indian ink, 51 × 40.6 cm. Fundació Gala-Salvador Dalí, Figueres.

Page 146. *Geopoliticus child observing the birth of the new man*, 1943. Oils on canvas, 45.5 × 50 cm. The Salvador Dalí museum, St. Petersburg, Florida.

Page 147. *One second before awakening from a dream caused by the flight of a bee around a pomegranate*, 1944. Oils on canvas, 51 × 40.5 cm. Fundació Thyssen Bornemiza, Museo Thyssen, Madrid.
"I have for the first time illustrated Freud's discovery concerning a typical dream with an extended plot, which is the consequence of a sudden accident that makes us wake up. In the same way that a bar dropping onto a sleeping person's neck provokes – simultaneously – waking and a dream that ends with a guillotine blade, here the buzzing of the bee produces the prick of the bayonet that wakes Gala up. All creative biology derives from the exploding pomegranate. Bernini's elephant, seen in the background, carries an obelisk with Papal attributes" (from *The secret life*).

Page 148. *Atomic idyll and melancholic uranium*, 1945. Oils on canvas, 65 × 85 cm. Museo Nacional Centro de Arte Reino Sofía, Madrid.

Page 149. *Inter-atomic balance of a swan's feather*, 1947. Oils on canvas, 77.8 × 96.8 cm. Fundació Gala-Salvador Dalí, Figueres.

Page 150. *Three apparitions of the visage of Gala*, 1945. Oils on board, 20.5 × 25.5 cm. Fundació Gala-Salvador Dalí, Figueres.

Page 151. *The disintegration of persistence of memory*, 1952-1954. Oils on canvas, 25.4 × 33 cm. The Salvador Dalí museum, St. Petersburg, Florida.

Page 152. *Dalí nude, in contemplation before the five regular bodies metamorphosed into corpuscles, in which suddenly appears Leonardo's Leda, chromosomatised by the visage of Gala* , 1954. Oils on canvas, 61 × 46 cm. Private collection.
The title can also be taken as a detailed description of the actual painting. Set at Cabo de Creus, it shows Dalí naked, though modestly and ironically covered, gazing ecstatically at Leda, who has been converted – thanks to genetic chance and the "recomposition of flesh" – into Gala. Thus Dalí is recognising Gala as his wife, lover, mother and muse. As he was especially keen on scenography, Dalí shows us here – beneath the mantle of the sea, the geological cataclysm of the Pyrenees sinking into the Mediterranean, at the foot of which there is a mysterious dog asleep, an allusion to states of consciousness.

Page 154. *Madonna of Portlligat*, 1950. Oils on canvas, 144 × 96 cm. Minami Art Museum, Tokyo.
– *The Christ of Saint John of the Cross*, 1951. Oils on canvas, 205 × 116 cm. Glasgow Art Gallery.
This work was a high point in Dalí's mystical period, and the originality of this Christ lies in his viewpoint (which is identical to that of Saint John of the Cross in a sketch attributed to the aesthete), as he is bending down as if offering himself to the lips of someone deceased. Portlligat, down below, suggests a direct link between the son of God and the humble fishermen. Dalí used a photograph of an athlete in this position, to achieve the correct proportions. Of course, the originality of this portrayal is the way it evades any confrontation with Velázquez's famous *Christ*, the picture in his parents' bedroom. Note that Christ is not even touching the cross and, of course, there are no nails piercing his body.

Page 155. *Assumpta corpuscularia lapislazulina*, 1952. Oils on canvas, 231 × 144 cm. John Theodoracopoulus collection.

Page 156. *Young virgin auto-sodomised by her own chastity*, 1954. Oils on canvas, 40.5 × 30.5 cm. Private collection.
This is a reinterpretation of *Girl at a window*, from 1925, though it is simplified here, adapted to Gala's body and decomposed according to Dalí's rhinoceros theories, which combined the golden number with Dalinean desire – typically accompanied here by a beautiful pair of buttocks.

Page 157. *Corpus hipercubis*, 1954. Oils on canvas, 194.5 × 124 cm. Metropolitan Museum of Art, New York.

Page 158-159. *The last supper*, 1955. Oils on canvas, 167 × 268 cm. National Gallery of Art, Washington.
This is a picture which is very common in many homes, and has often come to replace prints of Leonardo da Vinci's *Last supper*. Dalí introduces new features such as the transparent structure above the ceremony, the twilight hour, the landscape of Cabo de Creus, and the incarnation of the body of Christ in the Eucharist. The apostles, who are dressed and organised in a theatrical manner, pray anonymously with their heads bowed. In the short time that it was shown at the National Gallery of Washington, it was seen by over 10,000 visitors in the first hour alone.

Page 160. *Santiago El Grande*, 1957. Oils on canvas, 400 × 300 cm. Beaverbrook Art Gallery, Fredericton (Canada).

Page 161. *The discovery of America by Christopher Columbus*, 1958-1959. Oils on canvas, 410 × 284 cm. The Salvador Dalí museum, St. Petersburg, Florida.

Page 162. *The battle of Tetuán*, 1962. Oils on canvas, 308 × 406 cm. Minami Art Museum, Tokyo.

This is a disorganised composition prompted by the gigantic *pompier* historical work painted by the artist from Reus, Marià Fortuny, on the occasion of the centenary of the famous battle, which was won by General Prim, also from Reus. Inspired by a photograph of a Berber charge from *Life* magazine, in this work Dalí is playing with identifying characters and numbers, landscapes and *op-art* effects taken from other compositions. We can only conclude that, on this occasion, Dalí had lost his fragile sense of proportion and composition, and thus the theme was diluted into a series of insubstantial anecdotes.

Page 164. *Fifty abstract paintings which, seen at a distance of two yards become three Lenin's masquerading as Chinese, and seen from a distance of six yards appear to be the head of a Royal Bengal tiger*, 1963. Oils on canvas, 200 × 229 cm. Minami Art Museum, Tokyo.

Page 165. *Holos! Holos! Velázquez! Gabor!*, 1972-1973. Hologram, first three-dimensional collage. 42 × 57 cm. Fundació Gala-Salvador Dalí, Figueres.

This is a double homage to the pictorial tradition – embodied by Velázquez – and to science as creativity's hope for the future, symbolised by the man who invented of the technique of three-dimensional laser reproduction, popularly called the hologram. In his desperate search for the third dimension (and even the fourth), Dalí took a lot of wrong turnings, but that is not the case with this very personal hologram, which is charged with tradition, innovation, irony, chance and pop art.

Page 166. *Dawn, midday, dusk and twilight*, 1979. Oils on board, 122 × 244 cm. Fundació Gala-Salvador Dalí, Figueres.

This is one of Dalí's last returns to the theme of Millet's Angelus, which here only features the figure of the praying mother. Strangely, Dalí uses pointillism in this painting, which is unusual for him, though it may be due to intervention by assistants in his studio. Thematically speaking, it could be interpreted as an allegory of his own death, which he may have foreseen, as he had done with Gala's demise.

– *In search of the fourth dimension*, 1979. Oils on canvas, 123.5 × 245.5 cm. Fundació Gala-Salvador Dalí, Figueres (Dalí legacy).

Page 167. *The fire of Borgo*, 1979-1980. Oils on board, stereoscopic work, 32.1 × 44 cm. Fundació Gala-Salvador Dalí, Figueres.

Page 168. *Gala looking at the Mediterranean ocean which, at a distance of twenty metres, transforms into a portrait of Abraham Lincoln – Homage to Rothko* (first version), 1974-1975. Oils on photographic paper, 420 × 318 cm. Fundació Gala-Salvador Dalí, Figueres.

Page 169. *Bed and two bedside tables ferociously attacking a cello* (final version), 1983. Oils on canvas, 73 × 92 cm. Museo Nacional Centro de Arte Reino Sofía, Madrid (Dalí legacy).

Page 170-171. *The cheerful horse*, 1980. Oils on board, 122 × 244 cm. The Fundació Gala-Salvador Dalí, Figueres.

This is a marvellous oil painting in which Dalí returns to his obsessions from the period 1927 – 1929. With languid brushstrokes and fleshy tones, this composition, which is charged with meaning, represents Dalí reminding himself about the dangers of the sentimentality to which he was prone. The horse that leads a happy life, he concludes, meets the same end as any other horse, whether it is sentimentalised or not. A dark vision of the future at a time when Parkinson's disease was beginning to affect the artist's hands.

Page 174. *Basket of bread*, 1926. Varnishing on board, 31.5 × 32 cm. The Salvador Dalí museum, St. Petersburg, Florida.

This painting shows the bread basket the Dalí family used every day at home – a fact that has been corroborated by Anna Maria in her book *Salvador Dalí seen by her sister* (1949). The picture is a landmark of Dalinean perfectionism in which the play of light and shade reinforces the dramatic quality of a perfect basket sailing peacefully on a rough sea of white details, which takes the form of a tablecloth. Here Dalí is proclaiming his theory of art as a mere representation or simulation of reality, without the probability of replacement or any desire at all for the absolute.

Page 176. *The invisible man*, 1932. Oils on canvas, 16.5 × 23.8 cm. The Salvador Dalí museum, St. Petersburg, Florida.

Page 177. *Anthropomorphic loaf of bread* (Catalan loaf of bread), 1932. Oils on canvas, 24.2 × 33 cm. The Salvador Dalí museum, St. Petersburg, Florida.

Page 178. *Anthropomorphic loaf of bread*, Oils on canvas, 23.8 × 16.3 cm. Property of Figueres City Hall, in store at the Fundació Gala-Salvador Dalí, Figueres

– *Ordinary French loaf with two fried eggs riding without a plate, trying to sodomise a crumb of Portuguese bread*, 1932. Oils on canvas, 16.8 × 32 cm. Museum Boymans-van Beuningen, Rotterdam.

The extraordinary thing about this painting is its extended title, which was not invented to shock the spectator, but to show the multiple possibilities of the everyday. It contains no more than what is represented, no veiled allusions, simply the poetics of the everyday absurd.

Page 179. *Retrospective bust of a woman*, 1933. Painted china. Reconstruction created in 1970. Fundació Gala-Salvador Dalí, Figueres.

Page 180. *Two pieces of bread, expressing the sentiment of love*, 1940. Oils on canvas, 81.3 × 100.3 cm. Fundació Gala-Salvador Dalí, Figueres (Dalí legacy).

This canvas was painted in Arcachon, near Bordeaux, while the world was waiting to see how the Second World War would develop. It was from this town that Dalí and many other artists travelled to Lisbon, fleeing the Nazi advance, to sail for New York. Dalí later recounted an anecdote about this painting to Descharnes: at that time Gala and Duchamp "used to play [chess] every night, while I was painting slices of bread. I was trying to create a very smooth surface on which I could place a few very rough crumbs of bread. Very often things fell onto the floor, such as the pawns from the chess board. One day, one of the pawns dropped into the middle of my still life model, and remained there, standing. After that they had to find other pawns to carry on playing with, because I was now using this one and I wouldn't let them take it away from me..."

Page 181. *Basket of bread*, 1945. Oils on board, 33 × 38 cm. Fundació Gala-Salvador Dalí, Figueres.

Dalí always returned to his themes, like a murderer to the scene of the crime. About his second basket of bread, he wrote: "Bread has always been one of the oldest fetishes and obsessions in my work, the first fetish to which I remained faithful. I painted the same subject nineteen years ago. If you compare both paintings exactly, you can make out the entire history of painting, from the linear charm of primitivism to 'stereoscopic hyper-aesthecticism'".

Page 182. *The lugubrious game*, 1929. Oils and collage on card, 44.4 × 30.3 cm. Private collection.

When Gala and Paul Éluard arrived in Cadaqués, Dalí was painting a canvas which the French poet had the honour of entitling *The lugubrious game*. Curiously, Federico García Lorca used the same expression for his habitual nightly show at the students' residence, in which he carefully simulated the process of his death and burial. The Surrealist group was rather uneasy about the stained underpants of the figure in the foreground, and they concluded that Dalí was coprophagous. Just to make sure, Gala was sent off to interrogate the artist, who was at that time in an extremely agitated, excitable state. Dalí did not tell her at the time, but this figure was derived from an incident that had recently occurred to his father. In any case, the painting reflects Dalí's disturbed sexual impulses and his fear of consummating the sexual act, as well as the remorse he felt for his frenetic onanism: he was trapped in a cul-de-sac, and the only possible exits were Gala or a mental asylum.

Page 184. *Figure on the rocks*, 1926. Oils on plywood, 27 × 41 cm. The Salvador Dalí museum, St. Petersburg, Florida.

Until Gala appeared, Anna Maria was Dalí's plastic representation of carnal desire. And even afterwards, those portraits of Gala, which were very contained and aseptic, never exuded the same eroticism that the figure of his sister did. Still influenced by Picasso, the model's uninhibited, provocative pose on the rocks of the Cadaqués coast would evolve towards stylised elements such as what Dalí called "lumps of cunt", displayed in the outrageous work *Unsatisfied desires* (1928).

– *Sun, four fisherman's wives at Cadaqués*, 1928. Oils on canvas, 147 × 196 cm. Museo Nacional Centro de Arte Reino Sofía, Madrid.

Page 185. *Anthropomorphic beach*, 1928. Oils, cork, stone, sponge painted red, finger sculpted in polychrome wood on canvas, 47.5 × 27.7 cm. The Salvador Dalí museum, St. Petersburg, Florida.

Page 186. *The great masturbator*, 1929. Oils on canvas, 110 × 150.5 cm Museo Nacional Centro de Arte Reino Sofía, Madrid (Dalí legacy).

Together with *Persistence of memory* (1931), this is Dalí's most famous painting, and provides us with an inner portrait of the artist, who is obsessed by the dangers of sex – symbolised by the rotting grasshopper, which is stuck right over his mouth, and the lion with its prominent tongue and eyes popping out of its head, which represents uncontrollable desire. The fear of death through "emptiness" is also present, in the form of the flaccid face and the architecture that supports it and, finally, contagion, which is evident in the unconsummated fellatio.

Page 187. *The phenomenon of ecstasy*, 1933. Photographic collage, 27 × 18.5 cm. Vercamer collection, Paris.

– *Erotic scene*, 1933. Indian ink and pencil on paper, 24 × 18.5 cm. Private collection.

– *Venus de Milo with drawers*, 1936. Whitened bronze and ermine buttons, 98 × 32.5 × 34 cm. Museum Boymans-van Beuningen, Rotterdam. Dalí conceived the drawers and his friend Marcel Duchamp created the piece.

In Dalí's work, people with drawers are almost as common as soft watches. His first works using the former feature are the *Venus de Milo* and the *Anthropomorphic writing desk*. Speaking about these unique accessories, Dalí justified himself in this way: "The only difference between immortal Greece and the contemporary age is Sigmund Freud, who discovered that the human body – which was purely platonic during the age of the Greeks – is full of secret drawers which only the psychoanalyst is capable of opening".

– Sirens from *The dream of Venus*, 1939.

Page 188. *Galacidalacidesoxyribonucleidacida*, 1963. Oils on canvas, 305 × 345 cm. The Bank of New England, Boston.

Dalí understood science in his own way – a way that was very intuitive but sometimes also accurate and visionary. The progressive discoveries about the composition of DNA – which was the key to the generation of life, as well as of the transmission of identity – awakened associations in Dalí concerning his conception of divinity and his particular interest in angels. Gala, with her back to the viewer, acts as a spectator to the secret of life.

Page 190. *The varicose veins book*, 1926. Sized paper, 7.6 × 25.6 cm. Museo Federico García Lorca, Madrid.

Dalí and Lorca used a complex system of signals to develop their creative adventure that was based on the apparent banalities of spoiled children, but which had a tragic, profound background. In *The varicose veins book*, Dalí constructs a brazen, ironic discourse on sentimentalism as being a source of illness and infection. Deep down, he was trying to steer Lorca away from "folklore-ism" and to imbue him with "Sacred objectivity".

– *Madonna corpuscular*, 1952. Pencil, sepia and Indian ink, 55.8 × 43.2 cm. Birmingham Museum of Art, donated by Mr. and Mrs. Charles W. Ireland.

– Painters assembling Dalí's models for the Wallace Laboratories stand, 1958.

Page 191. *Rhinocerotic disintegration of Illissus of Phidias*, 1954. Oils on canvas, 100 × 129.5 cm. Fundació Gala-Salvador Dalí, Figueres.

During the first half of the nineteen-fifties, Dalí was obsessed with the rhinoceros horn, convinced it was the curve that was needed in the progression towards the golden number. Previously, he had sought this curve in vegetables such as the sunflower seed and the cauliflower. Thus he was able to use the rhinoceros horn to measure the movement of the needle in Vermeer's *The lace maker*, as well as Raphael's face of the Virgin Mary and even the Illissus of Phidias, a classical character that Dalí located on the Mediterranean coast of Cadaqués with the (very common during this period) ocean surface taking the form of a floating mat.

Page 192. *Apropos of "Treatise on cubic form", by Juan de Herrera*, 1960. Oils on canvas, 59.5 × 56 cm. Museo Nacional Centro de Arte Reino Sofía, Madrid (Dalí legacy).
– *Homage to Crick and Watson*, 1963. Collage and Indian ink on photograph, dimensions unknown. Private collection.

Page 193. *Catastrophe-form calligraphy*, 1982. Oils on canvas, 130 × 140 cm. Fundació Gala-Salvador Dalí, Figueres (Dalí legacy).
– *The swallow's tail* (the catastrophe series), 1983. Oils on canvas, 73 × 92 cm. Fundació Gala-Salvador Dalí, Figueres (Dalí legacy).
This is considered to be Dalí's last work, though he may have had a lot of help completing it, as the "Recluse of Púbol" was now suffering from advanced Parkinson's disease. It is inspired by Catastrophe theory, which was devised by the French mathematician René Thom. After finishing it, Dalí declared "Imagination is no longer at the service of dreams, nor is automatism... I am now painting meanings that I have extracted from my own existence, from my illness and from the memories".

Page 194. *Table in front of the sea. Homage to Eric Satie*, 1926. Oils on canvas, 149.5 × 90 cm. Fundació Gala-Salvador Dalí, Figueres (Dalí legacy).
This is a homage to Picasso that originated from Dalí's recent visit (in April 1926) to the Parisian studio of the genius from Malaga. The allusion to Satie is probably justified by the instruments and sheet music placed on top of the table, which is covered with a tablecloth and a fishing net, and stands in front of the sea at Cadaqués. This still life also features a bust that is reminiscent of Dalí's head, but it throws a shadow in the shape of the head of García Lorca. This expressive feature was developed in numerous paintings from the "Lorca period", a definition that was coined by Rafael Santos Torroella.

Page 196. *Playing with bones*, 1923. Pencil on paper, 25 × 16 cm. Private collection.
– *Dalí in his studio*, 1925.

Page 197. *Family scene*, 1923. Oils on card, 103.7 × 75 cm. Fundació Gala-Salvador Dalí, Figueres (Dalí legacy).
Before he imitated the cubist Picasso, Dalí drew his inspiration from the "blue" period of the artist from Malaga, though he sometimes incorporated elements from later stages, mainly from Picasso's "primitivism". The humility and sentimentality evoked by this pastoral scene belong to that romantic, dreamy Dalí who had slowly begun to disappear following the death of his mother in 1921.

Page 198. *"Picasso Dalí cadavre exquis"*, 1933-1934. Graphite-proof with notes on the lead mine, on laid watermark, 36 × 42.5 cm. Musée Picasso, Paris.
This engraving is shrouded in mystery. Dalí claimed that he created it together with Picasso – who around that time financed his first trip to New York. But the reality seems to be much more obscure: all guesses point to an engraving that was stolen, copied onto celluloid, and completed by Dalí using figures from his own particular creative universe. Using this material, a professional engraver would then have produced the definitive result – which was deposited anonymously at the Musée Picasso in Paris. Dalí was capable of going to any extreme to link his name with that of the genius from Malaga.

Page 199. *Debris of an automobile giving birth to a blind horse biting a telephone*, 1938. Oils on canvas, 54 × 65 cm. MoMA, New York. Donated by James Thrall Soby.

Page 200. *Portrait of Picasso*, 1947. Oils on canvas, 65.5 × 56 cm. Fundació Gala-Salvador Dalí, Figueres.

Page 201. Manuscript from the lecture *Picasso and I*, 1952.
– *Moi, aussi, j'ai connu l'empereur*, (1970). Lithograph, 66 × 41 cm. Fundació Gala-Salvador Dalí, Figueres.
Dalí's last homage to the Pablo Picasso whom he so admired (and who he equally reviled in public). It was created in a fluid style, and is free from optical effects and embellishments, and Dalí confines himself to placing a crown of laurel leaves on the head of the Malaga artist, who he shows here in the prime of life. In a certain way, this work concludes the circle that began in Dalí's adolescence, when he used to paint portraits of himself next to a poster on which he had written "VIVA PICASSO!", in capital letters.

Page 202. *The image disappears*, 1938. Oils on canvas, 56.3 × 50.5 cm. Fundació Gala-Salvador Dalí, Figueres (Dalí legacy).

Page 204. *Spain*, 1938. Oils on canvas, 91.8 × 60.2 cm. Museum Boymans-van Beuningen, Rotterdam.
On the subject of the Spanish Civil War, Dalí wrote: "the disasters of war and the revolution that destroyed my country did no more than exacerbate the initial violence of my aesthetic passion and, while my country was questioning death and destruction, I was questioning another Sphinx: the one of the imminent European evolution: the Renaissance".

Page 205. *Homage to Meissonier*, 1965. Oils on canvas, 120 × 242 cm. Fundació Gala-Salvador Dalí, Figueres (Dalí legacy).
– *The cosmic athlete*, 1968. Oils on canvas, 300 × 200 cm, Palacio de la Zarzuela, Madrid (property of the state).

Page 206. *Raphaelesque head exploding*, 1951. Oils on canvas, 43 × 33 cm. Scottish National Gallery, on permanent loan from Miss Stead-Ellis, Somerset.
Dalí was a great lover of the Italian Renaissance. In the mid-nineteen-thirties, he took his inspiration from Renaissance themes to stop himself from sliding back into the same spiritual situation as in 1929 – that is to say, verging on madness. Updated and adapted to the European post-war period, this painting focuses upon Raphael's conception of artistic technique and the Virgin Mary as a return to mysticism – whether it be in the code of solid architecture (tradition) or of atomic physics (disintegration). The face of the Virgin (the only human in heaven who is physically intact) is made up of rhinoceros horns, which are wheelbarrows taken from Dalí's particular view of the Angelus.

Page 207. *Five or six, at least (Goya's whims)*, 1977. Fundació Gala-Salvador Dalí, Figueres.
There are many ways of coexisting with tradition: Dalí copied what he liked, but in his eagerness to place himself on the same level as some of the great masters, he sometimes based his work on their originals. Here, he retouches a work by Goya and distorts it with jokes that are sometimes in appalling taste. But even in this sense he was a visionary, as some of the more "energised" Young British Artists are now following in his wake.
– *Velazquez dying behind the window on the left side out of which a spoon projects*, 1982. Oils on canvas with collage, 75 × 59.5 cm. Fundació Gala-Salvador Dalí, Figueres (Dalí legacy).

Page 208. *Cuant cau cau [sic]. Homage to Pujols*, 1972-1973. Oils on canvas. 196 × to 97.5 cm. Fundació Gala-Salvador Dalí, Figueres.

Page 209. *Pietà*, 1982. Oils on canvas, 100 × 100 cm. Fundació Gala-Salvador Dalí, Figueres.
A serious work from Dalí's last period in which the artist deploys his new theories on colour and senses death (both his and Gala's) in a version of Michelangelo's *Pietà* which is perforated but without memories, merely views of the coast at Cabo de Creus.

Page 212. *Hidden faces*, New York, 1944.

Page 214. A page from the magazine *Studium* with an article by the young Dalí on Michelangelo, 1919. Fundació Gala-Salvador Dalí, Figueres.
Dalí wrote a series of six articles for this ephemeral student magazine on the great masters of painting: Goya, El Greco, Dürer, Leonardo da Vinci, Michelangelo Buonarrotti and Velázquez, presenting his impressions from studying the illustrations in the booklets from the popular Gowan's Art Book collection. Few of these opinions (except in the case of El Greco) would later change in Dalí's pictorial ideology; Dalí already had fixed views on art at the age of fifteen.
– *Manifest Groc* ("Yellow" manifesto), 1918.
This was Dalí's first scandalous work, which in structure is suspiciously similar to *L'Antitradition futuriste* (1912) by Apollinaire, the poet who had been granted French nationality. In contrast, the contents represent a free adaptation of the purist ideology of the magazine *L'Esprit Nouveau*, edited by Ozenfant i Jeanneret, and was seasoned with machinism, anti-localism and anti-sentimentalism. It was very widely read, and was translated from Catalan into Spanish and entitled the *Manifiesto antiartístico catalán* (Catalan anti-artistic manifesto). The "yellow" manifesto (called thus because of the colour of the paper on which was printed) was signed by Dalí, the art critic Sebastià Gasch and the essayist Lluís Montanyà, even though ideologicallly it is 100% Dalinean.

Page 215. Engraving for *La femme visible*, Paris, 1930.
– *L'amour et la mémoire*, Paris, 1931.
– *Babaou*, Paris, 1932.

Page 216. *Conquest of the irrational*, New York, 1935.
– *Metamorphosis of Narcissus*, New York, 1937.
– *Declaration of the independence of the imagination and the rights of man to his own madness*. New York, 1939.
– *The secret life of Salvador Dalí*, New York, 1942.
One of the key works of literature of the 20th century, it would later inspire other masterpieces, such as *Confessions of a mask*, by the Japanese writer Yukio Mishima. Dalí alternates real reminiscences, distorted memories and pure invention in order to construct an image that is just as public as it is labyrinthine and impenetrable; the secret is revealed, though nobody claimed to understand it. The book outraged the public and was not printed in Spain until 1981 (though it did appear in Spanish in Argentina). It is characterised by an energetic, apparently disorganised discourse which is filled with highly detailed descriptions.
– *Dalí News*, New York, 1945.
– *Fifty secrets of magic craftmanship*. New York, 1948.

Page 217. Cover of the magazine *Minotaure*, issue no. 8, Paris, 1936.

Page 218. *Manifeste Mystique*, Paris, 1951.
Written in Latin and French, this manifesto was Dalí's attempt to make amends, once and for all, for his Surrealist excesses. The *nouveau riche* market that appeared in the period after the Second World War was open to the theme of mysticism, and Dalí made use of the fact in his own way: he declared himself to be a believer without the gift of faith, though he did have scientific proof of the existence of God.

Page 219. *Les cocus du vieil art moderne*, Paris, 1956.
– *Le Mythe tragique de l'Angélus de Millet, interprétation "paranoïque-critique"* (*The tragic myth of Millet's Angelus, a "paranoiac-critical" interpretation)*, Paris, 1963.
– *Ma révolution culturelle*. Paris, 1968.

Page 220. Catalogue for the Dalí exhibition at the Julien Levy Gallery. New York, 1936.

Page 222. Illustration for the cover of *Per la música*, 1921. Watercolours on paper, 23.5 × 23.4 cm. Fundació Gala-Salvador Dalí, Figueres.
An illustration with a definite *noucentista* influence, in which the pastoral effect is reinforced by a wisely-organised range of blues, blank spaces and aligned green fields. The balance and perspective suggests an ideal Ampurdan which is worthy of the finest *hai-kú*.
– Dalí's first illustrations, published in *Patufet. Calendar for 1919*.
This was Salvador Dalí's first published drawing, a fact which is verified by his father's album of cuttings. It was published in the *Patufet Calendar for 1919*, and appeared in autumn 1918. The style is typical of the numerous cartoon stories that the young Salvador was drawing at that time to entertain his sister.

Page 223. Engraving-frontispiece for *L'immaculée conception*, Paris, 1930.
1930 was one of Dalí's most prolific years. Having recently immersed himself in the maelstrom of Surrealism, Dalí published works as never before. He illustrated the frontispiece to the *Second Manifesto of Surrealism*, and the front page and frontispiece to *L'immaculée conception*, by André Breton and Paul Éluard. Dalí associated divine conception free from physical contact with onanism, and developed this idea to delight in his particular sense of guilt and to examine more deeply his capacity for sacrilege, something which is amply demonstrated in his *Parfois, je crache par plaisir sur le portrait de ma mère* (1929).
– *L'Oncle Vicents*, Barcelona,1926.

– Engraving-frontispiece for *Onan*, Paris, 1934.
The inscription to this "etching with automatic lines" he did for Georges Hugnet's book *Onan* explains his particular creative procedure: "'Spasm-graphics' drawn using the left hand, while with the right one I masturbated until I drew blood, down to the bone, to the helixes of the calyx".

Page 224-225. An original cover created especially by Dalí for the Spanish edition of his novel *Rostros ocultos* ("Hidden faces"), 1952. Private collection.

Page 226. Page illustrated by Dalí for the periodical *American Weekly*, 1935: "How a superrealist saw Broadway".

Page 227. Poster advertising the exhibition *Regards sur Gaudí*, 1970.

Page 228. *Royal heart*, 1953. Gold, rubies and other precious stones, plus motor mechanism with reducer, 24.5 × 12.8 × 9.5 cm. Fundació Gala-Salvador Dalí, Figueres.
This is a disturbing piece of jewellery, with its mechanised movement, and it is also a panegyric to the monarchy as a political system. According to Dalí, "the throbbing rubies represent the Queen, whose heart beats through her people. The heart, in pure gold, symbolises the people, who support and protect her sovereignty".

Page 230. *Surrealist lamp*, circa 1954. Mixed technique, 22.7 × 16.2 cm. Private collection.
For Dalí, the undulations of the female chin, lips and nose were always extremely evocative. This fragment of a face inspired him to design perfume bottles, sofas and many other objects which sometimes did not get beyond the planning stage; one example is this lamp, which is based around a trimmed photograph, to which he merely adds a painted yellow lampshade. This procedure is not so far removed from that of modernist craftsmen.
– *Surrealist object with a symbolic function*, 1933-1970. Mixed technique, 53 × 34 × 23 cm. Fundació Gala-Salvador Dalí, Figueres.
– *Lobster-telephone*, 1936. Assembly, 30 × 15 × 17 cm. The Tate Gallery, London.
The similarity between the shape of a lobster and a telephone receiver, and Dalí's habitual interchange of qualities between objects and living beings gave rise to this simple but poetic object, in the wake of the "ready-mades" created by Duchamp – an artist whose fortunes rose at the same rate as the evolution of the telephone during the 20th century.

Page 231. Picture of the original "*Aphrodisiac dinner jacket*", 1936.
– *Cybernetic princess*, 1974. Computer chips and other elements. Fundació Gala-Salvador Dalí, Figueres.
This is a reproduction – made out of microprocessor chips – of the 160-cm-long jade mummy that was discovered with the life-size army of princes and horsemen in the archaeological dig at Ling-Tuong (China). Dalí also wanted the princess to recite phrases from Mao Tse-tung's "Little red book", but the political mood in Spain at that time made it inadvisable, and so he was forced to give up the idea.

Page 232. *Dafne*, 1967. Gold, topaz, pearls, diamonds and strips of fossilised wood, 42 × 37 × 7 cm. Fundació Gala-Salvador Dalí, Figueres.

Page 233. *White eagle*, 1974. Polychrome patinated bronze with oils, 52.5 × 47.5 × 25 cm. The Salvador Dalí Museum, St. Petersburg, Florida.
– *Christ of the rubble*, circa 1969. Photo: Enric Sabater.

Page 234. Study for the background curtain for the ballet *Mad Tristan* (act II), 1944. Oils on canvas, 60 × 96 cm. Fundació Gala-Salvador Dalí, Figueres.

Page 235. Scenography for *Mariana Pineda*, 1927.
Federico García Lorca had read his play *Mariana Pineda* to the Dalí family, to the great excitement of the notary and Anna Maria. The work opened at the Goya theatre in Barcelona on 24th June 1927, starring Margarita Xirgu. Dalí's sets were unusual, given what he was producing at that time.

Page 236. Stage set for *The harlequin family*, by Adrià Gual, 1927.

Page 237. Study for *Sentimental colloquy*, 1944. Oils on canvas, 26 × 47 cm. The Salvador Dalí Museum, St. Petersburg, Florida.
Study for *Bacchanale*, 1939. Mixed technique on photographic paper, 15 × 23.3 cm. Fundació Gala-Salvador Dalí, Figueres.
– Scenes from the ballet *Bacchanale*, 1939. Photo: Alfredo Valente.

Page 238. A scene from *Don Juan Tenorio*, by Zorrilla, circa 1949. Photo: Gyenes.
– Dalí at his "lecture-happening" at Park Güell, Barcelona, September 1956. Photo: Branguli.
After the Second World War, Dalí alternated his lectures with "action paintings", which included participation by all kinds of people – from international top models to traditional folk groups. The "happening" at Park Güell was a homage to the Modernist architect Antoni Gaudí, who Dalí always admired and promoted abroad; at this event, the artist created a gigantic reproduction of the *Sagrada Famila* out of tar, while the *Xiquets de Valls* built a human tower.

Page 239. Poster for *Don Juan Tenorio*, by Zorrilla, 1950.
Dalí's first *Tenorio* was a satire directed by and starring his friend Luís Buñuel, when they were staying at the students' residence. The second *Tenorio*, which was a Dalinean letter of introduction following his prolonged exile, was received by the public with mixed feelings, given that the work (which was directed by Luís Escobar) was put on at the Maria Guerrero Theatre in Madrid, a venue that was not particularly inclined towards Dalinean experiments and extravagance.

Page 240. Card advertising the publication of the script for *Babouo*, 1932. Fundació Gala-Salvador Dalí, Figueres.

Page 241. Stills from the eye-cutting scene from *Un Chien Andalou*, 1929.
In the first scene of *Un Chien Andalou*, a man (who was actually Luís Buñuel) is seen sharpening a cut-throat razor by a window, and watching a thin cloud sliding across the moon. The next scene shows the eye of a woman being sliced in half with a barber's razor. This scene produced an upheaval among the audiences that was only matched by the showing of *Train arriving at a station* by the Lumière brothers. Four people reported the film to the police, many fainted and two women miscarried in the cinema. Surprisingly, it was not banned and subsequently enjoyed a nine-month run.

Page 242. Still from *L'Âge d'Or*, with cadaverous bishops on the rocks of Cadaqués, 1930.

Page 243. *Surrealist gondola on burning bicycles*, 1937. Charcoal, watercolours and pastels on paper, 74 × 54 cm. Fashion Concepts, New York.
– *Dalí painting Harpo Marx's portrait*, 1937. 25.2 × 32.5 cm. Fundació Gala-Salvador Dalí, Figueres.
Dalí loved the Marx Brothers' films, just like he used to enjoy the movies of Buster Keaton and Harry Langdon. He believed that they embodied the spirit of Surrealism much better than avant-garde films. He was especially fond of Harpo – a man who was regressive to the point of voluntary muteness – and he once sent him a gift of a harp which was stringed with barbed wire. Harpo replied by sending Dalí a photograph of himself with all his fingers bandaged. Dalí painted a magnificent portrait of Harpo in Hollywood, during a break in filming, and they even agreed to produce a film together based on a script specially written by Dalí.

Page 244. Study for *Spellbound*, 1945. Oils on board, 89 × 113.8 cm. Fundació Gala-Salvador Dalí, Figueres.
A disturbing dream scene in which two partially-visible pyramids force a perspective that is marked by long, powerful shadows. A threatening hidden pair of pliers, the huge dark clouds in the sky, the cracks in the pyramids and even a few solitary rocks all serve to increase the sensation of anguish and uncertainty, which were frequent emotions in the Dalinean dream world.
– Study for *Spellbound*, 1945. Oils on board, 89 × 13.8 cm. Fundació Gala-Salvador Dalí, Figueres.

Page 245. Gregory Peck, Ingrid Bergman and Salvador Dalí during the filming of "Spellbound", by Alfred Hitchcock, 1945. Photo: Madison Lacy.
– Preparatory drawing for *Destino*, 1946-1947. Pen and ink on paper, 28.7 × 39.2 cm. André-Francois Petit collection, Paris.
Dalí made a series of drawings for this film, though the result, which was to have formed part of a series of sketches, was a minute and a half in duration, combining real images with cartoons and exploring the choreography of baseball. Finally, Disney – who was, like Dalí, a great fan of erotic drawings – decided not to go on with the project.

Page 248. Dalí with a fly on his moustache, 1969. Photo: Enric Sabater.

Page 249. *"Splash" Dalinean moustache*. Work designed to be printed on foulard, circa 1960. Private collection, Cadaqués. Previously of the Mafalda Davis collection.

Page 250. Evolution of Dalí's signature through the years.
Dalí always started with the D. As the years passed, he began exaggerating the accent over the í. He stopped using capital letters in 1925, and went back to them in 1934, when he began to sign his works "Gala-Salvador Dalí".
– The six evolutionary stages of the Dalinean moustache.
1928-1939. This was known as the "Catalan moustache": short and thin, it did not start growing until his arrival in the United States.
1940-1949. "Antennas". Maximum length: 25 cm, pointing heavenwards like antennas. He only cut this moustache on the occasion of the retrospective at MoMA in New York, in late 1941. After his return to Spain, the upper part of the moustache thickened out, to resemble more Velázquez's moustache.
1950-1959. The "Rhinoceros horn". Sharp and curved, in the shape of a rhinoceros horn, or of Pacioli's curve of divine proportion.
1960-1969. The "Petit-bourgeois". Balding had set in, producing a lack of hair above the lip. A small, pointed, very French moustache now appeared from the corners of his mouth.
1970-1989. Double-curved and greying. The moustache's droop echoed its owner's prolonged death throes.
Joan Gardy Artigas, a ceramist who was the son of Josep Llorens Artigas, another ceramist, cut off one of Dalí's moustaches at an opening in New York. From then on, Dalí asked the stylist Lluís Llongueras to create a collection of replacement moustaches for him, in case such an attack should be repeated.

Page 251. The cover of the book *Dalí Moustache*, by the photographer Halsman.
– Dalí, wearing a *barretina*, together with Gala. Photo: Enric Sabater.
Dalí was not openly a Catalan nationalist, but he did widely popularise Catalonia's most attractive characteristics and landscapes. Soon he began covering his head (just like his friend/enemy Picasso) with a Catalan *barretina*, and wearing his usual striped slippers. He also carried a cane, and amassed a large collection of them. His pronunciation when speaking French or English was heavily Catalan, a language with which he polluted his numerous declarations – which were often unintelligible. But Dalí, using words and through his work, was responsible for making the landscape of the Girona Costa Brava known to the world, as well as for saving his sanctuary of Portlligat from property speculation when it was on the point of being invaded by hotels and jetties.

Page 252. Dalí wearing a wig, together with Lluís Llongueras, circa 1975.
Just like the mythical Samson, Dalí always had long hair. When he began to notice that it was thinning, he decided to use all kinds of hats, such as the Catalan *barretina*, decorated helmets and other head coverings of his own design. He also commissioned the Catalan stylist Lluís Llongueras to create a series of a wigs for him in the style of his favourite writers, such as the French poet Baudelaire.

Page 253. Sketch including Dalinean writing, circa 1970.

Page 254. *Fit to be tied. Vintage ties of the forties and early fifties.* Publicity report on ties designed by Dalí in 1941.

Page 255. *Isotta*, 1926. Dalinean advertising for the University magazine *Residencia*.
The first advertisement Dalí designed was for this luxury make of cars. The commission was for the magazine *Residencia*, the organ of the students' residence in Madrid, where Dalí stayed during his studies. In the figure of the indolent dandy the viewer can just make out the face of Dalí's dear friend Pepín Bello Lasierra, who cheerfully lent his image to the enterprise.

Page 256. Advertisement for the back page of the magazine *Art News annual*, 1945-1946.
Dalí created an extensive series of advertisements for silk stockings manufactured by the company Bryan. These were

very imaginative, carefree collages and wash drawings in which the main features were generally female legs swinging joyfully, together with butterflies, anthropomorphic apparatus and details taken from Italian Renaissance paintings.

Page 257. Original of the advertisement for *Dalinal*, 1945. Indian ink on paper, 12 × 11 cm. Private collection.

This drawing was published in the first Dalí News (1945), a publication for the purpose of exalting Dalí, created together with his close friend from Figueres Jaume Miravitlles, who was the ex-chief of propaganda for the Republican government of Catalonia during the Spanish Civil War, and had been exiled in New York. The drawing ironically recalls a cure-all from his youth in Figueres called "Cerebrinal", though he stresses that it did not cure absolutely anything, quite the contrary.

– *Parfum Monsieur Marquay*, circa 1955. Advertisement. Fundació Gala-Salvador Dalí, Figueres.

– Advertisement for Old Angus, circa 1955.

Page 258. Stills from the "Chocolat Lanvin" television advertisement.

Dalí earned 10,000 dollars in ten minutes for this television advertisement. The simple phrase "*Je suis fou de Chocolat Lanvin*" (I'm crazy about Chocolat Lanvin) made him a fortune for a time, and Dalí's cachet for advertising absolutely anything on television increased spectacularly. Dalí was seen as a popular guy who might have been a little outlandish, but his ideas were those of a genius. It was this perception of him that that caught the attention of the various producers who paid him huge sums of money for a few minutes' work.

Page 259. Advertisement for *Dalí fabric shirts*, 1963.

Page 260. Backdrop for *Don Juan Tenorio*, 1950. Oils on wood, 250 × 350 cm. Museo Nacional Centro de Arte Reino Sofía, Madrid.

Page 262. *The eye of time*, 1949. Platinum and natural rubies. Clock with Movado movement, 4 × 6 × 1.7 cm. Fundació Gala-Salvador Dalí, Figueres.

Page 263. *Madonna with mystical rose*, 1963. indian link and watercolours on paper, 59 × 46 cm. Private collection.

This is one of Dalí's last works from his mystical period. The figures have perforated chests, without drawers, just like the Madonna of Portlligat. Dalí placed a rose in the Virgin Mary's chest, while the baby Jesus is painted in a Raphaelesque position. For the background, he uses his habitual simplified *quattrocento* perspective. The work was conceived to "gather funds" in the United States, a sector that he had been neglecting because of his huge mystical compositions – which were enormously expensive – and which he exhibited with great pomp and ceremony as soon as he had disembarked in New York.

Page 264. *Paranoiac-astral image*, 1934. Oils on board, 15.9 × 21.9 cm. The Wadsworth Atheneum, Hartford, Connecticut.

A small olive wood board from Cadaqués, very much in accordance with Dalí's production in summer 1934. An enigmatic painting with elements that may have been taken from the beach at Roses, revealed in the form of the amphora. It shows a summer afternoon with the child Dalí and his mother in a boat that had run aground because of the tides. On the right,

Salvador the notary strolls along, deep in meditation, as does another acquaintance or member of the family.

– Cover for *The apocalypse of St. John*, 1960. The most expensive book in the world, with covers by Salvador Dalí.

Page 265. *Tuna fishing*, 1966-1967. Oils on canvas, 304 × 404 cm. Paul Ricard Foundation, Island of Bendor, France.

In Dalí's words: "This is the most ambitious work that I have painted, as it is subtitled *Homage to Meissonier*'. It represents the re-updating of figurative painting, which was underestimated by everyone except the Surrealist group during the entire period of what was called 'Avant-garde art'. Though he was a notary in Figueres in Catalonia, my father possessed a narrative talent worthy of Homer, and he related this epic story to me. He also showed me a Swedish *pompier* engraving he kept in his office depicting tuna fishing, which I also used in creating this painting".

Page 266. *Still life*, 1926. Oils on board, 24 × 34 cm. Museu de Montserrat. Donated by Xavier Busquets.

This painting is still exhibited in a public museum as a work of Dalí. It is part of a donation made by the architect Xavier Busquets, though the remaining works he donated by other artists are unmistakably authentic. This *Basket of bread* should be attributed to the painter from Blanes, Àngel Planells, a Dalinean epigone who painted works in Dalí's realist style after the Spanish Civil War. A study of some of the realist paintings by Planells also reveals some chestnuts (which Dalí never ever painted) the same loaf of bread and even the same folds in the napkin. What is not known for sure is whether it was signed by Planells himself or by a third party, probably the purchaser.

Page 268. *Montre molles e formiche*, 1931. Oils on canvas, 70 × 58 cm. Private collection.

– *Millet's Angelus with cloud*, 1933. Oils on canvas, 89 × 109 cm. Private collection.

– *Montre molles*, 1939. Oils on canvas, 35 × 42 cm. Private collection.

A typical work created using fragments of other works which were mostly well known to the general public. Thus it includes the telephone and the branch from *The enigma of Hitler* and the soft watches with ants from *Persistence of memory*; however, the brushwork is finicky and the palette is lurid and impoverished.

Page 269. Blank sheet of paper, signed by Dalí, on paper with the stamp of Hotel St. Regis, New York, 1955.

Page 270. *Metamorphosis*, (undated). Oils on canvas, dimensions unknown.

Page 271. Colloquy, circa 1960 – 1965. Watercolours on Canson paper, 63 × 45 cm.

In the early nineteen-eighties, the market suddenly found itself flooded with a curious Dalinean "new period" that showed some very peculiar characteristics: human figures drawn in ink and watercolours using very stylised loose strokes, but without any of Dalí's most common fetishes, such as soft watches, rhinoceroses, burning giraffes, drawers in chests, ants or the face of the great masturbator. Finally, the Catalan painter Manuel Pujol Baladas announced that he had painted most of these works, though he was quick to add that he had never

signed them, he had simply painted them on commission, taking his inspiration from Dalí's creative world.

– *Couverture par les oeufs géodesique*, 1943. Oils on board, 44 × 25 cm. Private collection.

Page 272. Modest Cuixart: *Testa d'or i de mort* (Dalí) (Head of gold and death [Dalí]), 1983. Oils on canvas, 65 × 54 cm. Private collection.

Page 273. Dalí dressed in a woman's regional costume, circa 1907.

Page 275. Dalí on a front cover for the first time, photographed by Man Ray. *Time*, New York, December 1936.

– Rafael Santos Torroella: *La miel es más dulce que la sangre. Las épocas lorquiana y freudiana de Salvador Dalí*. (Honey is sweeter than blood. Salvador Dalí's Lorca and Freudian periods.) Barcelona: Seix Barral, 1984. Santos Torroella was the first critic to carry out a systematised iconographic interpretation of Dalí's early work.

– Del Arco: *Dalí al desnudo. Interviu de largo metraje*. (Dalí uncovered. Full-length interview.) Barcelona: José Janés, 1952. This extended interview is the best introduction ever published to the life and work of Salvador Dalí. It reveals the normal man that existed behind the histrionic image.

– Félix Fanés: *Salvador Dalí. La construcción de la imagen 1925-1930*. (Salvador Dalí. Constructing the image, 1925-1930) Madrid: Electa, 1999. Fanés investigated the evolution of the Dalinean character through artistic criticism and numerous unpublished documents.

– Ian Gibson: *The Shameful Life of Salvador Dalí*. Londres: Faber and Faber, 1997. The most extensive, well-documented biography of Dalí to date.

– Rafael Santos Torroella: *Retrato de Salvador Dalí* (Portrait of Salvador Dalí), 1970. Santos Torroella was one of the main authorities on Dalí, and apart from being a historian and an art critic, he was also an excellent poet and portrait painter.

– A Dalí-inspired comic-book cover. Steranko: *Nick Fury, agent of S.H.I.E.L.D.* Marvel Comics, December 1968.

– Federico García Lorca: *Viento del Este* (East wind), 1927. Gouache on paper, 50 × 32 cm. Santos Torroella collection, Barcelona. This work features a portrait of Dalí on the fan that is wafting a breeze towards the central figure. The breeze is an allusion to the *Tramuntana*, the mighty Ampurdán wind, while "East" refers to the location of Catalonia seen from Andalusia, the land of Lorca's birth.

Page 276. Sigfrido Burmann: *Salvador Dalí, de espaldas, en la playa de Sa Conca* (Rear view of Salvador Dalí, on Sa Conca beach), 1914. Watercolours on paper, 34 × 24 cm. Santos Torroella collection. The scenographer Sigfrido Burmann painted this portrait of Dalí in Cadaqués when the latter was ten years old. Burmann was passing through at the time, fleeing the First World War.

Page 277. Robert Descharnes and Jeanine Nevers, with drawings by Jean-Michel Renault: *La vie de Salvador Dalí en BD* (The life of Salvador Dalí in BD). Vilo: Olbia, 1998. Robert Descharnes was one of Dalí's closest collaborators, as well as one of his most prolific scholars.

– *Dalí watching television, in the kitchen*, circa 1975. Photo: Enric Sabater.

CRÉDITOS FOTOGRÁFICOS

Alfredo Valente
Archivo Santos Torroella, Barcelona
Archivo SCALA, Florencia
© Christie's Images / Corbis
CNAC/MNAM Dist. RMN
Domi Mora
Enric Sabater
Estudi Oriol Clos, Barcelona
Fundació Gala-Salvador Dalí, Figueres
Fundació Modest Cuixart, Barcelona
Fundación Federico García Lorca, Madrid
Institut del Teatre, Palau Güell, Barcelona
Josep Branguli
Juan Gyenes
Lluís Llongueras, Barcelona
Madison Lacy
Martí Gasull
© Melitó Calals, «Meli»/Fundació Gala-Salvador Dalí, 2003
Museo Nacional Centro de Arte Reina Sofía, Madrid
RMN – Hervé Lewandoski
© 2003 Salvador Dalí Museum, Inc., St. Petersburg, Florida
The Bridgeman Art Library / Giraudon

AGRADECIMIENTOS

Lunwerg Editores quiere expresar su reconocimiento más profundo a todos los museos, galerías, fundaciones y coleccionistas particulares que han accedido tan generosamente a facilitarnos sus documentos e imágenes. A todos ellos, queremos agradecerles que hayan hecho posible, con su colaboración, que esta edición haya visto la luz.

A Joan Manuel Sevillano, gerente de la Fundación Gala-Salvador Dalí, y a todo su equipo de Figueres, y en especial al equipo del Centre d'Estudis Dalinians, dirigido por Montserrat Aguer, Comisaria del Año Dalí, al The Salvador Dalí Museum de Saint Petersburg, Florida, a Maria Teresa Santos Torroella, a Joana y a Ricard Pont, a Pere Vehí, a Enric Sabater, a Lluís Llongueras, a Joan Tharrats y a Vicenç Altaió.

LUNWERG EDITORES

Presidente: Juan Carlos Luna Briñardeli
Director de Arte: Andrés Gamboa
Directora literaria: Carmina de Luna
Directora técnica: Mercedes Carregal
Coordinación de textos: María José Moyano
Coordinación editorial: Claudia Berns
Diseño gráfico: Susana Pozo
Traducción: Michael Bunn y Richard Rees (inglés)